M000164989

Capturing Chinese:
Short Stories From
Lǔ Xùn's Nàhǎn

鲁迅 于北京 二〇〇九年四月

Capturing Chinese:
Short Stories from
Lǔ Xùn's Nàhǎn

Edited by
Kevin Nadolny

Illustrated by
Baidi & Gege

Capturing Chinese Publications LLC
www.CapturingChinese.com

© 2009 by Kevin Nadolny. All rights reserved

ISBN 978-0-9842762-0-2

CIP Data Pending

Additional Online Resources

Including FREE Audio MP3s of

Lǔ Xùn's Nàhǎn

available for download at

www.CapturingChinese.com

Cover design by:
Kevin Nadolny

Illustrations provided by:

www.baidigege.sm4.biz
bgartinfo@gmail.com
+86 13910996120

CONTENTS

Preface

Lǔ Xùn (1881-1936) is one of the most influential and famous writers of modern Chinese literature. His stories have been read over and over by young Chinese students, and translated into English a variety of times, most notably *Selected Stories of Lu Xun* translated by Yang Hsien-yi and Gladys Yang and *Diary of a Madman and Other Stories* translated by William A. Lyell. While these translations are excellent, the true meaning and spirit of Lǔ Xùn's stories are best understood by reading the stories in the original Chinese. Some Chinese words and phrases don't lend themselves to translation into English, while some English words lack the historical significance of the original Chinese.

In addition, due to its complex writing system Chinese is also one of the most difficult languages in the world. Full literacy of Chinese requires a working knowledge of three to four thousand Chinese characters. Breaking into reading real Chinese literature is a daunting task and many students give up after just a few pages.

Capturing Chinese: Short Stories From Lǔ Xùn's Nàhǎn helps readers to enjoy Chinese fiction without the frustration of spending countless hours looking up difficult characters in the dictionary or needing a teacher's assistance to get through the text. Currently, one common method of reading Chinese stories is to buy a book, sit down with a dictionary in hand, and spend hours looking up characters by radical while slowly gaining an understanding of the text. Besides the drudgery of this approach, dictionaries lack many of the difficult words, lack historical explanations, and don't list important historical figures and places. Also, since many Chinese characters have multiple meanings, knowing which meaning is appropriate in the given context is an additional obstacle. Therefore, even the most diligent student can get bogged down on a few difficult characters and phrases.

Capturing Chinese: Short Stories From Lǔ Xùn's Nàhǎn is a tool to help students break into reading original Chinese literature. Each of Lǔ Xùn's stories from his compilation, *Nàhǎn,* is included and is accompanied with a short historical introduction for each story. With a better understanding of the historical context, the reader will have a greater appreciation of the significance of Lǔ Xùn's short stories. Only his story, *The Real Story of Ah Q,* (阿Q正传) is not included due to its length. We thought it best to keep this book to a reasonable size. *The Real Story of Ah Q* will be published separately.

All stories in *Capturing Chinese: Short Stories From Lǔ Xùn's Nàhǎn* have *pinyin* below each paragraph in the story. The *pinyin* is provided to help refresh one's memory of certain characters and to help with looking up difficult characters, and is not intended to be read along with the characters. Therefore, the *pinyin* does not follow the characters, character by character, but instead only paragraph by paragraph. In this way, the reader's eyes do not drift to the *pinyin* every time he or she is stuck on a character.

Difficult words and phrases are footnoted and accompanied by a definition. If the reader encounters an unfamiliar character not defined, he can use the *pinyin* that is listed below each paragraph to immediately look up the difficult words or phrases. Instead of using the complex method of looking up characters (recognizing the radical, counting strokes, finding the character's pronunciation, and then looking up the definition), the reader will be able to directly use the *pinyin* to find the definition for the unfamiliar character. Students will save countless hours of flipping through a dictionary and instead be able to focus on learning new characters while enjoying Chinese literature.

Each story defines each word or phrase once. In that way the student is encouraged to learn the characters as they read, but this rule resets for each story. Therefore, the student can begin reading any story that he or she desires in any order.

Capturing Chinese: Short Stories From Lǔ Xùn's Nàhǎn is a bridge for students to break away from fabricated textbook stories and into real substantial

Chinese literature. The goal of this book is not to translate the story into English for the reader, or have the reader read *pinyin* instead of the characters, but only to provide him with tools so that he can read the text on his own, come up with his own translations, and master reading Lǔ Xùn's stories in the original Chinese.

How to use this book

Each story is ranked to help the reader choose to start with the easier stories and slowly progress to the more difficult ones. Level I stories are easiest while Level V are hardest. Some of the best stories in the collection are written at a more advanced level so start with the easier stories and work your way up.

Each paragraph of characters is followed by their corresponding *pinyin*. Due to the length of some paragraphs and in order to keep the *pinyin* and the characters on the same page, some paragraphs have been broken up. "***" indicates when the paragraph has been split up. All necessary information to read the characters are on one page with no need to flip back and forth.

It is suggested that the student improve her language skills by using different phrases from the stories in everyday life. One of my favorites is from *Kong Yiji* (孔已己), when Kǒng Yǐjǐ tells the little kids who are looking for more fennel flavored beans, "多乎哉? 不多也" (duō hū zāi, bù duō yě - How much can it be? Not much. See page 71 for this phrase in context.) Using this phrase in daily life has helped me remember the phrase and has kept my Chinese friends thoroughly amused.

Remember, Lǔ Xùn was not writing these short stories for foreign students of Chinese, but rather for Chinese in revolutionary China. He frequently refers to current events of the time which readers of the day would pick up on quickly. For this reason a short historical explanations has been added to each story. If you find the short historical summaries too short, ask your Chinese friends about the mentioned historical figures and places. Most likely they will know them quite well and will be able to add some more details.

To get the most out of this book, tackle each short story slowly. First, using only the Chinese portion, read each paragraph slowly. On your second time through use the *pinyin* below. On your third time, begin using the definitions at the bottom. Learning languages is all about repetition so reread a story until you thoroughly understand it.

Enjoy these masterpieces of Chinese fiction and 加油!

Kevin Nadolny

Introduction

Lǔ Xùn (鲁迅) was born in Shàoxīng (绍兴城) in 1881. Shàoxīng is a part of Jiāngsū (江苏省) province and has been home to many of China's literary giants throughout history. During Lǔ Xùn's time it was also a hotbed for anti-Qing revolutionaries who frequently appear in his stories. Lǔ Xùn was born with the name Zhōu Zhāngshòu (周樟寿). He later changed his name to Zhōu Yùshān (周豫山) and took the courtesy name of Zhōu Shùrén (周树人). A courtesy name was primarily used by males after reaching 20 years of age as symbol of adulthood and respect. He chose the pen name Lǔ Xùn when writing his first short story, *A Madman's Diary,* in May of 1918. He chose Lǔ (鲁) in commemoration of his mother, whose maiden surname was Lǔ (鲁).

Lǔ Xùn had two younger brothers: Zhōu Zuòrén (周做人) who was four years younger and Zhōu Jiànrén (周建人) who was five years younger. While Lǔ Xùn did have a third younger brother, this brother died very young.

The Zhou family was well-educated and Lǔ Xùn's paternal grandfather, Zhōu Fúqīng (周福清), had held a post at the prestigious Hanlin Academy (翰林院 Hànlín Yuàn). However, after his grandfather tried to procure an official post for Lǔ Xùn's father, the family's fortunes began to decline. His grandfather was arrested for bribery and almost beheaded. Such crimes in ancient China threatened all the family members since the authorities would commonly punish the whole family for one member's transgressions. Lǔ Xùn's father had his *xiucai* (秀才) degree stripped and was banned from taking further exams. (For an explanation on *xiucai* (秀才) see *Kong Yiji* (孔己己) and *The White Light* (白光)).

Lǔ Xùn was brought up by a servant called Ā Cháng (阿长) whom Lǔ Xùn called Cháng Mā (长妈). Ā Cháng was a very superstitious woman and shared many stories with Lǔ Xùn including those about the Long Hairs (长毛 Cháng Máo). The Long Hairs were also known as the Taipings and were the rebels of the Taiping

Rebellion (1850-1864). She also gave him a copy of the *Classics of Mountains and Seas* (山海经 Shān Hǎi Jīng), which included many mythical tales about the world and became his favorite book during childhood.

After Zhōu Fúqīng's imprisonment, Lǔ Xùn's father began drinking and became addicted to opium. He contracted a chronic illness and had traditional Chinese doctors care for him for the last four years of his life. One of these doctors was called Dr. He Jianchen whose surname appears in both *The Madman's Diary* (狂人日记) and *Tomorrow* (明天). From this experience, Lǔ Xùn learned to distrust and even despise traditional Chinese medicine and other superstitions. In the preface to *Nàhǎn* he recalls having to pawn the family's valuables in order to buy esoteric medicine prescribed by his father's doctors. His father eventually died from tuberculosis during Lǔ Xùn's adolescence. The poor standard of care for his father's chronic illness inspired Lǔ Xùn to study western medicine and eventually led him to Sendai in Japan.

Before heading to Japan, Lǔ Xùn studied at Jiangnan Naval Academy (江南水师学堂 Jiāngnán Shuǐshī Xuétáng). He left after his first year and continued his studies at Jiangnan Army Academy's School of Mining and Railroads (江南陆师学堂附设的矿务铁路学堂 Jiāngnán Lùshī Xuétáng Fùshè de Kuàng Wù Tiělù Xuétáng) for the next three. He graduated in 1902.

After the first opium wars in 1839 China was forcefully opened up to the outside world and the Chinese began to grasp their dire need to modernize. Not only were the Western powers infringing on Chinese sovereignty, but their neighbor, Japan, also came to exploit China. As a response China sent large numbers of students abroad to learn the West's "secrets." Due to their similar language structure, Japan was an easier place than either America or Europe to study. In 1902, having successfully obtained a government scholarship, Lǔ Xùn went to Japan to study medicine as a part of this government effort to modernize China. Lǔ Xùn saw modern medicine as an essential key to modernization.

In order to get away from his fellow Chinese students, Lǔ Xùn went to Sendai in the northern part of the main island of Japan where he was the first and only Chinese student. He enrolled at the Sendai Specialized School of Medical Studies (仙台的医学专门学校 Xiāntái de Yīxué Zhuānmén Xuéxiào). He stayed there and struggled with his studies for one and a half years before suddenly and angrily walking out of the lecture room, quitting his studies in medicine, and devoting himself to literature instead. (See 自序 for the reason why he quit his medical studies.)

Lǔ Xùn stayed in Tokyo for three more years while pursuing his interests in literature. In 1909 he returned home to Shàoxīng and found a job teaching. He stayed in southern China doing various jobs until 1912 when he moved to Běijīng, having found a job with the newly formed government in the Ministry of Education. The Republic of China had just replaced the Qing Dynasty late the year before. From 1912-1917, Lǔ Xùn found himself quite disillusioned with the Revolution. While Sun Yat-sen (孙中山 Sūn Zhōngshān) had founded the Republic of China, the military man Yuán Shìkǎi (袁世凯) shortly thereafter usurped power and continued the corrupt ways of the Qing Dynasty before him. He even declared himself emperor of a new dynasty in 1916 before dying later that same year.

Slightly before and then after the death of Yuán Shìkǎi, political activities and movements began to flourish. These movements are commonly known as *The New Culture Movement* or *The May Fourth Movement.* In August 1917, Qián Xuántóng (钱玄同), a close friend of Lǔ Xùn, urged Lǔ Xùn to write and contribute to their newly formed magazine, *The New Youth* (新青年 Xīn Qīngnián). For this magazine Lǔ Xùn wrote some of his most famous short stories such as *A Madman's Diary* (狂人日记), *Kong Yiji* (孔已己), *Medicine* (药), and *The Real Story of Ah Q* (阿Q正传). In 1922 he collected his short stories into a collection called Nàhǎn (呐喊), known in English by various names. *A Call to Arms, Cheering From the Sidelines, Outcry* are a few examples.

The short stories in this book are from Lǔ Xùn's collection, 呐喊 (Nàhǎn), written during this critical period in Chinese history.

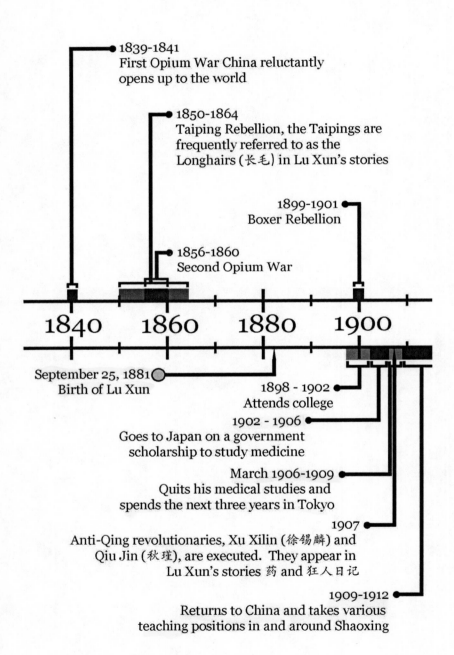

1839-1841
First Opium War China reluctantly
opens up to the world

1850-1864
Taiping Rebellion, the Taipings are
frequently referred to as the
Longhairs (长毛) in Lu Xun's stories

1899-1901
Boxer Rebellion

1856-1860
Second Opium War

1840   1860   1880   1900

September 25, 1881
Birth of Lu Xun

1898 - 1902
Attends college

1902 - 1906
Goes to Japan on a government
scholarship to study medicine

March 1906-1909
Quits his medical studies and
spends the next three years in Tokyo

1907
Anti-Qing revolutionaries, Xu Xilin (徐锡麟) and
Qiu Jin (秋瑾), are executed. They appear in
Lu Xun's stories 药 and 狂人日记

1909-1912
Returns to China and takes various
teaching positions in and around Shaoxing

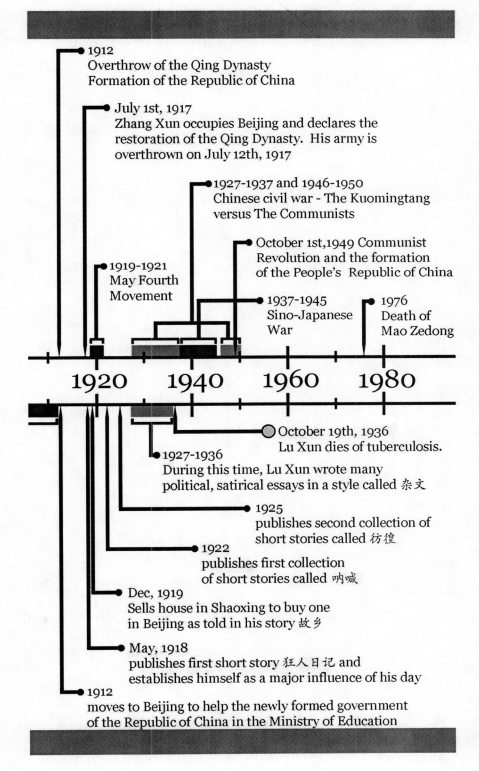

1912
Overthrow of the Qing Dynasty
Formation of the Republic of China

July 1st, 1917
Zhang Xun occupies Beijing and declares the
restoration of the Qing Dynasty. His army is
overthrown on July 12th, 1917

1927-1937 and 1946-1950
Chinese civil war - The Kuomingtang
versus The Communists

October 1st,1949 Communist
Revolution and the formation
of the People's Republic of China

1919-1921
May Fourth
Movement

1937-1945
Sino-Japanese
War

1976
Death of
Mao Zedong

1920 1940 1960 1980

October 19th, 1936
Lu Xun dies of tuberculosis.

1927-1936
During this time, Lu Xun wrote many
political, satirical essays in a style called 杂文

1925
publishes second collection of
short stories called 彷徨

1922
publishes first collection
of short stories called 呐喊

Dec, 1919
Sells house in Shaoxing to buy one
in Beijing as told in his story 故乡

May, 1918
publishes first short story 狂人日记 and
establishes himself as a major influence of his day

1912
moves to Beijing to help the newly formed government
of the Republic of China in the Ministry of Education

Acknowledgments

First and foremost I would like to thank my first two Chinese teachers Stephanie Hoare Divo and Qin-Hong Anderson for teaching me a solid foundation of the Chinese language that has helped me throughout my studies. Thank you Beijing Language and Culture University for bringing together people from different countries of the world and introducing me to my lovely wife, Tomoko Yano. Thank you to my friends and family for their support. Special thanks to Erin Yang for her patience in answering my many questions, to Eddy Roberts for his help with the timeline, to Jiawen Cao for her critical editing of the Chinese text and to Mai Luong for her critical editing of the English text. Thank you to Baidi and Gege from B & G Art Studio for their hard work in painting the beautiful illustrations you see throughout this book.

呐喊

自序

Preface
自序
Zìxù

自序 means a preface to one's book. Here Lǔ Xùn gives us a look into his past and how events in his life have influenced these short stories.

For instance, he mentions having to pawn the family's goods in order to buy esoteric prescriptions for his sick father. Watching his father's illness progressively get worse until his death, led Lǔ Xùn to question Chinese folk medicine throughout his life. He went to Japan to study Western medicine in order to help change China's reliance on superstition for medicinal cures before ultimately turning to literature instead. His feelings towards Chinese medicine find their way into two of his stories, *Medicine* (药) and *Tomorrow* (明天).

He also discusses his inspiration for giving up medicine for literature. Watching a slideshow of a captured Chinese man about to be executed for spying incensed him. It wasn't that Japanese troops were about to execute one of his countrymen, but rather the Chinese surrounding the spy all had blank, wooden looks on their faces. He felt the dire need to reinvigorate the Chinese population. Lǔ Xùn saw writing as the best means for helping to change the thinking of the Chinese people. Given China's literary past in which Confucian scholars influenced Chinese thinking immensely, one can understand his motivation for becoming an author.

He also discusses why he decided to help China through a new cultural movement. He asks himself, if a bunch of people were locked in a sealed metal room, in which people were sleeping, had no means of escape, and were doomed to suffocate, would it make any sense to try to wake them. He could arouse the light sleepers and tell them of their impending doom hoping that they might find a way to save themselves, but this would only cause them to consciously meet their death. Lǔ Xùn says it is *hope*, the possibility that someone might find a way out of the sealed room, that has led him to write these short stories. While he might think doom is inevitable, he can't say others shouldn't have hope.

自序[1]
Zixù

　　我在年青时候也曾经做过许多梦，后来大半忘却了，但自己也并不以为可惜。所谓回忆者，虽说可以使人欢欣[2]，有时也不免[3]使人寂寞[4]，使精神的丝缕[5]还牵[6]着已逝[7]的寂寞的时光，又有什么意味呢，而我偏苦于[8]不能全忘却，这不能全忘的一部分，到现在便成了《呐喊[9]》的来由。

　　Wǒ zài niánqīng shíhòu yě céngjīng zuòguò xǔduō mèng, hòulái dàbàn wàngquè le, dàn zìjǐ yě bìngbù yǐwéi kěxī. Suǒwèi huíyìzhě, suīshuō kěyǐ shǐ rén huānxīn, yǒushí yě bùmiǎn shǐ rén jìmò, shǐ jīngshén de sī lǚ hái qiānzhe yǐ shì de jìmò de shíguāng, yòu yǒu shénme yìwèi ne, ér wǒ piān kǔ yú bù néng quán wàngquè, zhè bù néng quán wàng de yí bùfen, dào xiànzài biàn chéng le 《Nàhǎn》de láiyóu.

　　我有四年多，曾经常常，——几乎是每天，出入于质铺[10]和药店里，年纪可是忘却了，总之是药店的柜台正和我一样高，质铺的是比我高一倍，***

　　Wǒ yǒu sì nián duō, céngjīng chángcháng, —— jīhū shì měi tiān, chūrù yú zhìpù hé yàodiàn lǐ, niánjì kěshì wàngquè le, zǒngzhī shì yàodiàn de guìtái zhèng hé wǒ yíyàng gāo, zhìpù de shì bǐ wǒ gāo yí bèi, ***

---

1 自序 – zìxù – preface to one's book
2 欢欣 – huānxīn – joyous; elated
3 不免 – bùmiǎn – inevitably; unavoidable
4 寂寞 – jìmò – lonely; lonesome
5 精神的丝缕 – jīngshén de sī lǚ – threads (丝缕) of our spirit (精神)
6 牵 – qiān – lead along; pull; drag
7 逝 – shì – pass; gone by
8 偏苦于 – piān kǔ yú – especially (偏) bothered (苦) by (于)
9 呐喊 – nàhǎn – utter loud shouts in support; to cheer from the sidelines
10 质铺 – zhìpù – pawn shop

*** 我从一倍高的柜台外送上衣服或首饰¹¹去，在侮蔑¹²里接了钱，再到一样高的柜台上给我久病的父亲去买药。回家之后，又须忙别的事了，因为开方¹³的医生是最有名的，以此¹⁴所用的药引也奇特：冬天的芦根¹⁵，经霜¹⁶三年的甘蔗¹⁷，蟋蟀要原对的¹⁸，结子¹⁹的平地木²⁰，……多不是容易办到的东西。然而我的父亲终于日重一日²¹的亡故²²了。

*** wǒ cóng yí bèi gāo de guìtái wài sòng shàng yīfu huò shǒushì qù, zài wǔmiè lǐ jiē le qián, zài dào yíyàng gāo de guìtái shàng gěi wǒ jiǔ bìng de fùqīn qù mǎi yào. Huíjiā zhīhòu, yòu xū máng bié de shì le, yīnwèi kāifāng de yīshēng shì zuì yǒumíng de, yǐcǐ suǒ yòng de yàoyǐn yě qítè: dōngtiān de lúgēn, jīngshuāng sān nián de gānzhè, xīshuài yào yuánduì de, jiē zǐ de píngdìmù, ……duō bú shì róngyì bàndào de dōngxi. Rán'ér wǒ de fùqīn zhōngyú rì chóng yí rì de wánggù le.

有谁从小康人家²³而坠入²⁴困顿²⁵的么，***

Yǒu shéi cóng xiǎokāng rénjiā ér zhuìrù kùndùn de me, ***

---

¹¹ 首饰 – shǒushì – jewelry; woman's personal ornaments

¹² 侮蔑 – wǔmiè – contemptuous; scornful

¹³ 开方 – kāifāng – write a prescription

¹⁴ 以此 – yǐcǐ – therefore; for this reason; consequently

¹⁵ 芦根 – lúgēn – the root of a reed (芦苇 – lúwěi) used in Chinese medicine

¹⁶ 经霜 – jīngshuāng – endure or go through a frost

¹⁷ 甘蔗 – gānzhè – sugar cane

¹⁸ 蟋蟀要原对的 – xīshuài yào yuánduì de – the pair of crickets must never have had another mate, otherwise they are considered tainted and therefore will lack medicinal healing power.

蟋蟀 – xīshuài – mated crickets

¹⁹ 结子 – jiē zǐ – form seeds; bear fruit

²⁰ 平地木 – píngdìmù – Japanese ardisia herb – ardisia japonica – one of the 50 fundamental herbs in traditional Chinese medicine

²¹ 日重一日 – rì chóng yí rì – with every passing day

²² 亡故 – wánggù – die; pass away

²³ 小康人家 – xiǎokāng rénjiā – a moderately well-off family

²⁴ 坠入 – zhuìrù – fall; drop into

²⁵ 困顿 – kùndùn – in financial straights; financial difficulty

*** 我以为在这途路²⁶中，大概可以看见世人的真面目；我要到N进K学堂²⁷去了，仿佛是想走异路²⁸，逃异地²⁹，去寻求别样的人们。我的母亲没有法，办了八元的川资³⁰，说是由³¹我的自便³²；然而伊³³哭了，这正是情理³⁴中的事，因为那时读书应试是正路，所谓学洋务³⁵，社会上便以为是一种走投无路³⁶的人，只得将³⁷灵魂³⁸卖给鬼子，要加倍的奚落³⁹而且排斥⁴⁰的，而况伊又看不见自己的儿子了。***

*** wǒ yǐwéi zài zhè túlù zhōng, dàgài kěyǐ kànjiàn shìrén de zhēnmiànmù; wǒ yào dào N jìn K Xuétáng qù le, fǎngfú shì xiǎng zǒu yì lù, táo yì dì, qù xúnqiú bié yàng de rénmen. Wǒ de mǔqīn méiyǒu fǎ, bàn le bā yuán de chuānzī, shuō shì yóu wǒ de zìbiàn; rán'ér yī kū le, zhè zhèng shì qínglǐ zhōng de shì, yīnwèi nàshí dúshū yīngshì shì zhènglù, suǒwèi xué yángwù, shèhuì shàng biàn yǐwéi shì yì zhǒng zǒutóu-wúlù de rén, zhǐdé jiāng línghún mài gěi guǐzi, yào jiābèi de xīluò érqiě páichì de, erkuàng yī yòu kànbújiàn zìjǐ de érzi le. ***

---

²⁶ 途路 – túlù – road; path; way

²⁷ N进K学堂 – N jìn K Xuétáng – N refers to 南京 (Nánjīng), and K学堂 refers to 江南水师学堂 (Jiāngnán Shuǐshī Xuétáng), Jiangnan Naval Academy. Lǔ Xùn went to college here in 1898. In his second year he transferred to 江南陆师学堂附设的矿务铁路学堂 (Jiāngnán Lùshī Xuétáng Fùshè de Kuàng Wù Tiělù Xuétáng), Jiangnan Army Academy's School of Mining and Railroads and graduated in 1902. Afterwards he went to Japan on a government scholarship to study medicine.

²⁸ 异路 – yì lù – an unusual or different path

²⁹ 异地 – yì dì – an unusual or different place

³⁰ 川资 – chuānzī – traveling expenses

³¹ 由 – yóu – for; (done) by somebody

³² 自便 – zìbiàn – as one sees fit

³³ 伊 – yī – he or she (usually she)

³⁴ 情理 – qínglǐ – common sense

³⁵ 学洋务 – xué yángwù – to study "foreign things" (referring primarily to the study of foreign science and foreign languages)

³⁶ 走投无路 – zǒutóu-wúlù – (成语) be in an impasse; have no choice

³⁷ 将 – jiāng – written form of 把

³⁸ 灵魂 – línghún – soul; spirit

³⁹ 奚落 – xīluò – make gibes about; taunt

⁴⁰ 排斥 – páichì – repel; exclude; reject

*** 然而我也顾不得这些事，终于到N去进了K学堂了，在这学堂里，我才知道世上还有所谓格致[41]，算学[42]，地理，历史，绘图[43]和体操[44]。 生理学[45]并不教，但我们却看到些木版的《全体新论》[46]和《化学卫生论》[47]之类了。我还记得先前的医生的议论和方药，和现在所知道的比较起来，便渐渐的悟得[48]中医不过是一种有意的或无意的骗子[49]，同时又很起了对于被骗的病人和他的家族的同情；而且从译[50]出的历史上，又知道了日本维新[51]是大半发端于[52]西方医学的事实。

*** Rán'ér wǒ yě gùbùdé zhèxiē shì, zhōngyú dào N qù jìn le K Xuétáng le, zài zhè xuétáng lǐ, wǒ cái zhīdào shìshàng háiyǒu suǒwèi gézhì, suànxué, dìlǐ, lìshǐ, huìtú hé tǐcāo. Shēnglǐxué bìngbù jiāo, dàn wǒmen què kāndào xiē mùbǎn de 《Quántǐ Xīn Lùn》 hé 《Huàxué Wèishēng Lùn》 zhī lèi le. Wǒ hái jide xiānqián de yīshēng de yìlùn hé fāngyào, hé xiànzài suǒ zhīdào de bǐjiào qǐlái, biàn jiànjiàn de wùdé Zhōngyī búguò shì yì zhǒng yǒuyì de huò wúyì de piànzi, tóngshí yòu hěn qǐ le duìyú bèi piàn de bìngrén hé tā de jiāzú de tóngqíng; érqiě cóng yìchū de lìshǐ shàng, yòu zhīdào le Rìběn wéixīn shì dàbàn fāduān yú xīfāng yīxué de shìshí.

---

[41] 格致 – gézhì – natural sciences; physics and chemistry
[42] 算学 – suànxué – mathematics; arithmetic
[43] 绘图 – huìtú – charting; map-making; drafting
[44] 体操 – tǐcāo – gymnastics; calisthenics
[45] 生理学 – shēnglǐxué – physiology
[46] 全体新论 – Quántǐ Xīn Lùn – *A New Exposition of Physiology* (translated from English to Chinese in 1851)
[47] 化学卫生论 – Huàxué Wèishēng Lùn – *Chemistry and Hygiene* (translated from English to Chinese in 1879)
[48] 悟得 – wùdé – realize; awaken to
[49] 骗子 – piànzi – swindler (through his study of Western medicine, Lǔ Xùn began to regard Chinese medicine as nothing short of deception.)
[50] 译 – yì – translate; interpret
[51] 维新 – wéixīn – reform; modernization
[52] 发端于 – fāduān yǔ – had its origins (发端) in (于)

因为这些幼稚[53]的知识，后来便使我的学籍[54]列[55]在日本一个乡间的医学专门学校里了[56]。我的梦很美满，预备卒业[57]回来，救治[58]象我父亲似的被误的病人的疾苦[59]，战争[60]时候便去当军医，一面又促进了国人对于[61]维新的信仰[62]。我已不知道教授[63]微生物学[64]的方法，现在又有了怎样的进步了，总之那时是用了电影，来显示微生物的形状的，因此有时讲义[65]的一段落已完[66]，而时间还没有到，教师便映些风景或时事的画片给学生看，以用去[67]这多余的光阴[68]。***

Yīnwèi zhèxiē yòuzhì de zhīshí, hòulái biàn shǐ wǒ de xuéjí liè zài Rìběn yí gè xiāngjiān de yīxué zhuānmén xuéxiào lǐ le. Wǒ de mèng hěn měimǎn, yùbèi zúyè huílái, jiùzhì xiàng wǒ fùqīn shìde bèi wù de bìngrén de jíkǔ, zhànzhēng shíhòu biàn qù dāng jūnyī, yí miàn yòu cùjìn le guórén duìyú wéixīn de xìnyǎng. Wǒ yǐ bù zhīdào jiāoshòu wēishēngwùxué de fāngfǎ, xiànzài yòu yǒu le zěnyàng de jìnbù le, zǒngzhī nàshí shì yòng le diànyǐng, lái xiǎnshì wēishēngwù de xíngzhuàng de, yīncǐ yǒushí jiǎngyì de yí duànluò yǐ wán, ér shíjiān hái méiyǒu dào, jiāoshī biàn yìng xiē fēngjǐng huò shíshì de huàpiàn gěi xuésheng kàn, yǐ yòngqù zhè duōyú de guāngyīn. ***

---

[53] 幼稚 – yòuzhì – young; childish; naive

[54] 学籍 – xuéjí – one's status as a student

[55] 列 – liè – rank

[56] In 1904 Lǔ Xùn enrolled in 仙台的医学专门学校 (Xiāntái de Yīxué Zhuānmén Xuéxiào), the Sendai Specialized School of Medical Studies.

[57] 卒业 – zúyè – graduate (same as 毕业)

[58] 救治 – jiùzhì – bring a patient out of danger; treat and cure

[59] 疾苦 – jíkǔ – sufferings; hardships

[60] 战争 – zhànzhēng – war; warfare

[61] 对于 – duìyú – (used to introduce the performer of an action or relevant people or things) toward(s); as for

[62] 信仰 – xìnyǎng – faith; belief; conviction

[63] 教授 – jiāoshòu – instruct; teach

[64] 微生物学 – wēishēngwùxué – the study of microorganisms; the study of microbes

[65] 讲义 – jiǎngyì – (mimeographed or Xeroxed) teaching materials

[66] 段落已完 – duànluò yǐ wán – already (已) finished (完) the paragraph (段落)

[67] 用去 – yòngqù – spend

[68] 光阴 – guāngyīn – time

*** 其时正当[69]日俄战争[70]的时候，关于战事的画片自然也就比较的多了，我在这一个讲堂中，便须常常随喜[71]我那同学们的拍手[72]和喝采[73]。有一回，我竟在画片上忽然会见我久违[74]的许多中国人了，一个绑[75]在中间，许多站在左右，一样是强壮的体格，而显出麻木[76]的神情。据解说[77]，则[78]绑着的是替俄国做了军事上的侦探[79]，正要被日军砍[80]下头颅[81]来示众[82]，而围着的便是来赏鉴[83]这示众的盛举[84]的人们。

*** Qíshí zhèngdāng Rì-É Zhànzhēng de shíhòu, guānyú zhànshì de huàpiàn zìrán yě jiù bǐjiào de duō le, wǒ zài zhè yí gè jiǎngtáng zhōng, biàn xū chángcháng suíxǐ wǒ nà tóngxuémen de pāishǒu hé hècǎi. Yǒu yì huí, wǒ jìng zài huàpiàn shàng hūrán huìjiàn wǒ jiǔwéi de xǔduō Zhōngguórén le, yí gè bǎng zài zhōngjiān, xǔduō zhàn zài zuǒyòu, yíyàng shì qiángzhuàng de tǐgé, ér xiǎnchū mámù de shénqíng. Jù jiěshuō, zé bǎngzhe de shì tì Éguó zuò le jūnshì shàng de zhēntàn, zhèngyào bèi Rì jūn kǎnxià tóulú lái shìzhòng, ér wéizhe de biàn shì lái shǎngjiàn zhè shìzhòng de shèngjǔ de rénmen.

---

[69] 正当 – zhèngdāng – just when; just the time for
[70] 日俄战争 – Rì-É Zhànzhēng – Japanese-Russian war (1904-1905)
[71] 随喜 – suíxǐ – follow suit; go along with their enthusiasm
[72] 拍手 – pāishǒu – clap one's hands; applause
[73] 喝采 – hècǎi – acclaim; cheer
[74] 久违 – jiǔwéi – haven't seen in ages
[75] 绑 – bǎng – a person tied up
[76] 麻木 – mámù – numb
[77] 据解说 – jù jiěshuō – according to (据) the explanation (解说)
[78] 则 – zé – (used to indicate concession, contrast, etc)
[79] 侦探 – zhēntàn – detective; spy
[80] 砍 – kǎn – put; chop; hack
[81] 头颅 – tóulú – head
[82] 示众 – shìzhòng – to show (示) the masses (众) (before execution); public example (criminals were paraded through the streets disgracing them in front of everybody so as to deter others from criminal acts)
[83] 赏鉴 – shǎngjiàn – appreciate (usually for a work of art)
[84] 盛举 – shèngjǔ – a grand event; a grand occasion

这一学年没有完毕，我已经到了东京[85]了，因为从那一回以后，我便觉得医学并非一件紧要事[86]，凡是[87]愚弱[88]的国民，即使[89]体格如何[90]健全[91]，如何茁壮[92]，也只能做毫无意义的示众的材料和看客[93]，病死多少是不必以为不幸的。所以我们的第一要著[94]，是在改变他们的精神，而善于[95]改变精神的是，我那时以为当然要推文艺[96]，于是[97]想提倡文艺运动了。在东京的留学生很有学法政理化[98]以至[99]警察工业的，但没有人治[100]文学[101]和美术[102]；＊＊＊

　　Zhè yì xuénián méiyǒu wánbì, wǒ yǐjīng dào le Dōngjīng le, yīnwèi cóng nà yì huí yǐhòu, wǒ biàn juéde yīxué bìngfēi yí jiàn jǐnyàoshì, fánshì yúruò de guómín, jíshǐ tǐgé rúhé jiànquán, rúhé zhuózhuàng, yě zhǐ néng zuò háowú yìyì de shìzhòng de cáiliào hé kànkè, bìngsǐ duōshǎo shì búbì yǐwéi bú xìng de. Suǒyǐ wǒmen de dì-yī yàozhù, shì zài gǎibiàn tāmen de jīngshén, ér shàn yú gǎibiàn jīngshén de shì, wǒ nàshí yǐwéi dāngrán yào tuī wényì, yúshì xiǎng tíchàng wényì yùndòng le. Zài Dōngjīng de liúxuéshēng hěn yǒu xué fǎ zhèng lǐ huà yǐzhì jǐngchá gōngyè de, dàn méiyǒu rén zhì wénxué hé měishù; ＊＊＊

---

[85] 东京 – Dōngjīng – Tokyo (Lǔ Xùn moved from Sendai to Tokyo in 1906)
[86] 紧要事 – jǐnyàoshì – critical; crucial vital matter
[87] 凡是 – fánshì – as long as
[88] 愚弱 – yúruò – foolish; uneducated and weak
[89] 即使 – jíshǐ – even though
[90] 如何 – rúhé – how; what
[91] 健全 – jiànquán – strengthen; amplify; perfect
[92] 茁壮 – zhuózhuàng – sturdy; healthy; strong
[93] 看客 – kànkè – spectators; onlookers
[94] 要著 – yàozhù – mission; task
[95] 善于 – shàn yú – be good at; be adept in
[96] 文艺 – wényì – art and literature
[97] 于是 – yúshì – so; then; thereupon; hence
[98] 法政理化 – fǎ zhèng lǐ huà – law (法), politics (政), physics (理), and chemistry (化)
[99] 以至 – yǐzhì – down to
[100] 治 – zhì – specialize in; study
[101] 文学 – wénxué – literature
[102] 美术 – měishù – fine arts

*** 可是在冷淡¹⁰³的空气中，也幸而寻到几个同志了，此外又邀集¹⁰⁴了必须的几个人，商量之后，第一步当然是出杂志，名目是取"新的生命"的意思，因为我们那时大抵带些复古¹⁰⁵的倾向¹⁰⁶，所以只谓之《新生》¹⁰⁷。

*** kěshì zài lěngdàn de kōngqì zhōng, yě xìng'ér xúndào jǐ gè tóngzhì le, cǐwài yòu yāojí le bìxū de jǐ gè rén, shāngliáng zhīhòu, dì-yī bù dāngrán shì chū zázhì, míngmù shì qǔ "Xīn de Shēngmìng" de yìsi, yīnwèi wǒmen nàshí dàdǐ dài xiē fùgǔ de qīngxiàng, suǒyǐ zhǐ wèi zhī 《Xīnshēng》.

《新生》的出版之期接近了，但最先就隐¹⁰⁸去了若干¹⁰⁹担当¹¹⁰文字的人，接着¹¹¹又逃走了资本，结果只剩下不名一钱¹¹²的三个人¹¹³。创始¹¹⁴时候既已¹¹⁵背时，失败时候当然无可告语¹¹⁶，而其后却连这三个人也都为各自的运命¹¹⁷所驱策¹¹⁸，***

《Xīnshēng》 de chūbǎn zhī qī jiējìn le, dàn zuì xiān jiù yǐn qù le ruògān dāndāng wénzì de rén, jiēzhe yòu táozǒu le zīběn, jiéguǒ zhǐ shèngxià bùmíng-yīqián de sān gè rén. Chuàngshǐ shíhòu jìyǐ bèishí, shībài shíhòu dāngrán wúkě gàoyǔ, ér qíhòu què lián zhè sān gè rén yě dōu wèi gè zì de yùnmìng suǒ qūcè, ***

---

¹⁰³ 冷淡 – lěngdàn – cheerless; desolate

¹⁰⁴ 邀集 – yāojí – invite a group of people to come and meet together

¹⁰⁵ 复古 – fùgǔ – restore ancient ways

¹⁰⁶ 倾向 – qīngxiàng – trend; tendency

¹⁰⁷ 新生 – Xīnshēng – *New Life* (the name is in classical Chinese, meaning 新的生命)

¹⁰⁸ 隐 – yǐn – hidden from view; secretly (隐去 – drop out of sight; disappear)

¹⁰⁹ 若干 – ruògān – a certain number

¹¹⁰ 担当 – dāndāng – take on; bear the burden; assume responsibility for

¹¹¹ 接着 – jiēzhe – follow; carry on

¹¹² 不名一钱 – bùmíng-yīqián – (成语) without a cent to one's name

¹¹³ 三个人 – sān gè rén – referring to Lǔ Xùn, 周作人 (Zhōu Zuòrén), Lǔ Xùn's younger brother, and 许寿赏 (Xǔ Shòushang), a lifelong friend of theirs and also a native of Shàoxīng

¹¹⁴ 创始 – chuàngshǐ – originate; initiate

¹¹⁵ 既已 – jìyǐ – already

¹¹⁶ 无可告语 – wúkě gàoyǔ – have nothing to (无可) complain about (告语)

¹¹⁷ 运命 – yùnmìng – fate; fortune

¹¹⁸ 驱策 – qūcè – drive; whip on; order about

*** 不能在一处¹¹⁹纵谈¹²⁰将来的好梦了，这就是我们的并未产生的《新生》的结局¹²¹。

*** bù néng zài yí chù zòngtán jiānglái de hǎo mèng le, zhè jiùshì wǒmen de bìng wèi chǎnshēng de 《Xīnshēng》 de jiéjú.

我感到未尝经验的无聊，是自此以后的事。我当初是不知其所以然¹²²的；后来想，凡有¹²³一人的主张¹²⁴，得了赞和¹²⁵，是促其前进¹²⁶的，得了反对，是促其奋斗¹²⁷的，独有叫喊¹²⁸于生人中，而生人并无反应，既非赞同¹²⁹，也无反对，如置身¹³⁰毫无边际¹³¹的荒原¹³²，无可措手¹³³的了，这是怎样的悲哀¹³⁴呵，我于是以我所感到者为寂寞。

Wǒ gǎndào wèicháng jīngyàn de wúliáo, shì zì cǐ yǐhòu de shì. Wǒ dāngchū shì bù zhī qí suǒyǐrán de; hòulái xiǎng, fányǒu yì rén de zhǔzhāng, dé le zànhé, shì cù qí qiánjìn de, dé le fǎnduì, shì cù qí fèndòu de, dú yǒu jiàohǎn yú shēngrén zhōng, ér shēngrén bìng wúfǎnyìng, jì fēizàntóng, yě wúfǎnduì, rú zhìshēn háowú biānjì de huāngyuán, wúkě cuòshǒu de le, zhè shì zěnyàng de bēi'āi hē, wǒ yúshì yǐ wǒ suǒ gǎndàozhě wéi jìmò.

---

¹¹⁹ 处 – chù – one place
¹²⁰ 纵谈 – zòngtán – indulge in conversation; not restrain talking; talk freely
¹²¹ 结局 – jiéjú – final result; outcome; ending
¹²² 其所以然 – qí suǒyǐrán – the reason why; the whys and wherefores
¹²³ 凡有 – fányǒu – wherever
¹²⁴ 主张 – zhǔzhāng – view; stand; proposition
¹²⁵ 得赞和 – dé zànhé – gain (得) other's approval (赞和)
¹²⁶ 促其前进 – cù qí qiánjìn – encourage (促) one (其) to carry on (前进)
¹²⁷ 促其奋斗 – cù qí fèndòu – encourage (促) one (其) to persevere (奋斗)
¹²⁸ 叫喊 – jiàohǎn – shout; yell; howl
¹²⁹ 既非赞同 – jì fēizàntóng – since (既) I do not (非) approve or endorse (赞同)
¹³⁰ 置身 – zhìshēn – place oneself; stay
¹³¹ 边际 – biānjì – limit; bound; boundary
¹³² 荒原 – huāngyuán – wasteland; wilderness
¹³³ 无可措手 – wúkě cuòshǒu – feeling of despair; can't do anything to help
¹³⁴ 悲哀 – bēi'āi – grieved; sorrowful

这寂寞又一天一天的长大起来，如大毒蛇[135]，缠住[136]了我的灵魂了。

Zhè jìmò yòu yì tiān yì tiān de zhǎngdà qǐlái, rú dà dúshé, chánzhù le wǒ de línghún le.

然而我虽然自有无端[137]的悲哀，却也并不愤懑[138]，因为这经验使我反省[139]，看见自己了：就是我决不是一个振臂一呼[140]应者云集[141]的英雄[142]。

Rán'ér wǒ suīrán zì yǒu wúduān de bēi'āi, què yě bìngbù fènmèn, yīnwèi zhè jīngyàn shǐ wǒ fǎnxǐng, kànjiàn zìjǐ le: jiùshì wǒ juébúshì yí gè zhènbì-yìhū yìngzhě yúnjí de yīngxióng.

只是我自己的寂寞是不可不驱除[143]的，因为这于[144]我太痛苦。我于是用了种种[145]法，来麻醉[146]自己的灵魂，使我沉入于[147]国民中，使我回到古代去，***

Zhǐshì wǒ zìjǐ de jìmò shì bùkěbù qūchú de, yīnwèi zhè yú wǒ tài tòngkǔ. Wǒ yúshì yòng le zhǒngzhǒng fǎ, lái mázuì zìjǐ de línghún, shǐ wǒ chénrù yú guómín zhōng, shǐ wǒ huídào gǔdài qù, ***

---

[135] 毒蛇 – dúshé – poisonous snake; viper
[136] 缠住 – chánzhù – tangle; tie up; pester
[137] 无端 – wúduān – for no reason
[138] 愤懑 – fènmèn – go into a huff; resentful
[139] 反省 – fǎnxǐng – introspect; exercise self-examination
[140] 振臂一呼 – zhènbì-yìhū – (成语) raise one's arms in a call to action
[141] 应者云集 – yìngzhě yúnjí – those who respond (应者) swarm together (云集)
[142] 英雄 – yīngxióng – hero
[143] 驱除 – qūchú – drive away; get rid of
[144] 于 – yú – with regard to; concerning; to
[145] 种种 – zhǒngzhǒng – all sorts of; variety of
[146] 麻醉 – mázuì – anaesthetize; poison
[147] 沉入于 – chénrù yú – sink (沉) into (入于)

*** 后来也亲历[148]或旁观[149]过几样更寂寞更悲哀的事，都为我所不愿追怀[150]，甘心[151]使他们和我的脑一同消灭[152]在泥土[153]里的，但我的麻醉法[154]却也似乎已经奏了功[155]，再没有青年时候的慷慨激昂[156]的意思了。

*** hòulái yě qīnlì huò pángguānguò jǐ yàng gèng jìmò gèng bēi'āi de shì, dōu wéi wǒ suǒ bú yuàn zhuīhuái, gānxīn shǐ tāmen hé wǒ de nǎo yìtóng xiāomiè zài nítǔ lǐ de, dàn wǒ de mázuì fǎ què yě sìhū yǐjīng zòu le gōng, zài méiyǒu qīngnián shíhòu de kāngkǎi-jǐ'áng de yìsi le.

S会馆[157]里有三间屋，相传是往昔[158]曾在院子里的槐树[159]上缢死[160]过一个女人的，现在槐树已经高不可攀[161]了，而这屋还没有人住；许多年，我便寓在这屋里钞古碑[162]。***

S Huìguǎn lǐ yǒu sān jiān wū, xiāngchuán shì wǎngxī céng zài yuànzi lǐ de huáishù shàng yì sǐguò yí gè nǔrén de, xiànzài huáishù yǐjīng gāobùkěpān le, ér zhè wū hái méiyǒu rén zhù; xǔduō nián, wǒ biàn yùzài zhè wū lǐ chāo gǔ bēi. ***

---

[148] 亲历 – qīnlì – personally experienced

[149] 旁观 – pángguān – look on

[150] 追怀 – zhuīhuái – recall

[151] 甘心 – gānxīn – be willing to; be content with

[152] 消灭 – xiāomiè – eliminate; wipe out

[153] 泥土 – nítǔ – earth; soil; clay

[154] 麻醉法 – mázuì fǎ – method of being numb

[155] 奏功 – zòugōng – effective; achieve success

[156] 慷慨激昂 – kāngkǎi-jǐ'áng – (成语) high spirited and full of hope; full of ardor

[157] S会馆 – S Huìguǎn – refers to the Shàoxīng Club (绍兴县馆), a hostel for fellow provincials located in Beijing's Xuānwǔmén Wài (宣武门外). Lǔ Xùn lived here from May 1912 to November 1919 while working at the Ministry of Education.

[158] 往昔 – wǎngxī – in the past; in former times

[159] 槐树 – huáishù – Chinese scholartree; locust tree

[160] 缢死 – yì sǐ – hang oneself to death; death by hanging

[161] 高不可攀 – gāobùkěpān – (成语) too high to reach; unattainable

[162] 钞古碑 – chāo gǔ bēi – to copy (钞) ancient (古) manuscripts (碑) (Lǔ Xùn really took up this hobby in 1915, a time when Yuán Shìkǎi (袁世凯) was attempting to form a new dynasty with himself as emperor. Having a time consuming hobby such as copying manuscripts would keep yourself out of trouble.) (Note: 钞 is the same as 抄)

*** 客中少有人来，古碑中也遇不到什么问题和主义，而我的生命却居然暗暗的消去了，这也就是我惟一的愿望。夏夜，蚊子多了，便摇¹⁶³着蒲扇¹⁶⁴坐在槐树下，从密叶缝¹⁶⁵里看那一点一点的青天，晚出的槐蚕¹⁶⁶又每每冰冷的落在头颈¹⁶⁷上。

*** Kè zhōng shǎo yǒu rén lái, gǔ bēi zhōng yě yùbúdào shénme wèntí hé zhǔyì, ér wǒ de shēngmìng què jūrán ànàn de xiāoqù le, zhè yě jiùshì wǒ wéiyī de yuànwàng. Xiàyè, wénzi duō le, biàn yáozhe púshàn zuòzài huáishù xià, cóng mì yè fèng lǐ kàn nà yìdiǎn yìdiǎn de qīngtiān, wǎnchū de huáicán yòu měiměi bīnglěng de luò zài tóujǐng shàng.

那时偶或¹⁶⁸来谈的是一个老朋友金心异¹⁶⁹，将手提¹⁷⁰的大皮夹¹⁷¹放在破桌¹⁷²上，脱下长衫，对面坐下了，因为怕狗¹⁷³，似乎心房还在怦怦¹⁷⁴的跳动¹⁷⁵。

Nàshí ǒuhuò lái tán de shì yí gè lǎopéngyou Jīn Xīnyì, jiāng shǒutí de dà píjiā fàng zài pò zhuō shàng, tuōxià chángshān, duìmiàn zuòxià le, yīnwèi pà gǒu, sìhū xīnfáng hái zài pēngpēng de tiàodòng.

---

¹⁶³ 摇 – yáo – shake; wave

¹⁶⁴ 蒲扇 – púshàn – rush fan; palm-leaf fan

¹⁶⁵ 密叶缝 – mì yè fèng – cracks in the dense foliage

¹⁶⁶ 槐蚕 – huáicán – caterpillars; silk worms from the locust tree

¹⁶⁷ 头颈 – tóujǐng – neck

¹⁶⁸ 偶或 – ǒuhuò – occasionally; now and then; sometimes; once in a while

¹⁶⁹ 金心异 – Jīn Xīnyì – a name taken by 钱玄同 (Qián Xuántóng, 1887-1939). During this time 钱玄同 was a professor at Beijing University (北京大学) and one of six committee members of the *New Youth* (新青年). He was a fervent advocate of simplifying the Chinese language by replacing classical Chinese with the vernacular. He helped simplify the characters, helped create a phonetic system, and helped standardize pronunciations.

¹⁷⁰ 手提 – shǒutí – portable

¹⁷¹ 皮夹 – píjiā – big suitcase

¹⁷² 破桌 – pòzhuō – broken table

¹⁷³ The gatekeeper at the S会馆 kept a dog.

¹⁷⁴ 怦怦 – pēngpēng – [describing heartbeat] pit-a-pat

¹⁷⁵ 跳动 – tiàodòng – provoke; stir up; incite

"你钞了这些有什么用？"有一夜，他翻着我那古碑的钞本，发了研究的质问[176]了。

"Nǐ chāo le zhè xiē yǒu shénme yòng?" Yǒu yí yè, tā fānzhe wǒ nà gǔ bēi de chāoběn, fā le yánjiū de zhìwèn le.

"没有什么用。"

"Méiyǒu shénme yòng."

"那么，你钞他是什么意思呢？"

"Nàme, nǐ chāo tā shì shénme yìsi ne?"

"没有什么意思。"

"Méiyǒu shénme yìsi."

"我想，你可以做点文章……"

"Wǒ xiǎng, nǐ kěyǐ zuò diǎn wénzhāng……"

我懂得他的意思了，他们[177]正办《新青年[178]》，然而那时仿佛不特没有人来赞同，***

Wǒ dǒng de tā de yìsi le, tāmen zhèng bàn 《Xīn Qīngnián》, rán'ér nàshí fǎngfú bú tè méiyǒu rén lái zàntóng, ***

---

[176] 质问 – zhìwèn – question; interrogate
[177] 他们 – referring to the six committee members of the *New Youth* (新青年) as well as 蔡元培 (Cài Yuánpéi), chancellor of Beijing University (北京大学) at the time.
[178] 新青年 – Xīn Qīngnián – *La Jeunesse*, or *New Youth*, was the most influential publication of the New Culture movement and played an important role during the May Fourth Movement. Devoted to cultural, literary, and political discussions, the *New Youth* was published monthly from 1915 to 1926. The *New Youth* influenced many young Chinese at the time including many who would later become leaders of the Chinese Communist Party. Editorship of *La Jeunesse* was placed under a six person rotating committee including 陈独秀 (Chén Dúxiù), 钱玄同 (Qián Xuántóng), 胡适 (Hú Shì), 李大钊 (Lǐ Dàzhāo), 沈尹默 (Shěn Yǐnmò), and 刘半农 (Liú Bànnóng). The magazine advocated the use of vernacular Chinese, socialism, and Marxism and was strongly against feudalism. Lǔ Xùn was a major contributor.

*** 并且也还没有人来反对，我想，他们许是感到寂寞了，但是说：

*** bìngqiě yě hái méiyǒu rén lái fǎnduì, wǒ xiǎng, tāmen xǔ shì gǎndào jìmò le, dànshì shuō:

"假如[179]一间铁屋子，是绝无窗户而万难[180]破毁[181]的，里面有许多熟睡[182]的人们，不久都要闷死[183]了，然而是从昏睡[184]入死灭，并不感到就死[185]的悲哀。现在你大嚷[186]起来，惊起[187]了较为[188]清醒的几个人，使这不幸的少数者来受无可挽救[189]的临终[190]的苦楚[191]，你倒以为对得起他们么？"

"Jiǎrú yì jiān tiě wūzi, shì jué wú chuānghù ér wànnán pòhuǐ de, lǐmiàn yǒu xǔduō shúshuì de rénmen, bù jiǔ dōu yào mēnsǐ le, rán'ér shì cóng hūnshuì rù sǐmiè, bìngbù gǎndào jiù sǐ de bēi'āi. Xiànzài nǐ dà rǎng qǐlái, jīngqǐ le jiàowéi qīngxǐng de jǐ gè rén, shǐ zhè bú xìng de shǎoshùzhě lái shòu wúkě wǎnjiù de línzhōng de kǔchǔ, nǐ dào yǐwéi duìdeqǐ tāmen me?"

"然而几个人既然[192]起来，你不能说决没有毁坏这铁屋的希望。"

"Rán'ér jǐ gè rén jìrán qǐlái, nǐ bù néng shuō jué méiyǒu huǐhuài zhè tiě wū de xīwàng."

---

[179] 假如 – jiǎrú – if; supposing; in case
[180] 万难 – wànnán – extremely difficult; utterly impossible
[181] 破毁 – pòhuǐ – destroy; ruin; damage
[182] 熟睡 – shúshuì – sleep soundly; be fast asleep
[183] 闷死 – mēnsǐ – suffocate
[184] 昏睡 – hūnshuì – a deep slumber; lethargy
[185] 就死 – jiù sǐ – facing death
[186] 嚷 – rǎng – shout; yell; make an uproar
[187] 惊起 – jīngqǐ – startle; wake someone up and startle them
[188] 较为 – jiàowéi – comparatively; relatively; fairly
[189] 挽救 – wǎnjiù – rescue somebody from danger
[190] 临终 – línzhōng – immediately before one's death
[191] 苦楚 – kǔchǔ – suffering; misery; distress
[192] 既然 – jìrán – since

是的，我虽然自有我的确信[193]，然而说到希望，却是不能抹杀[194]的，因为希望是在于[195]将来，决不能以[196]我之必无的证明[197]，来折服[198]了他之所谓可有[199]，于是我终于答应他也做文章了，这便是最初的一篇《狂人日记》。从此以后，便一发而不可收[200]，每写些小说模样的文章，以敷衍[201]朋友们的嘱托[202]，积久[203]了就有了十余[204]篇[205]。

Shì de, wǒ suīrán zìyǒu wǒ de quèxìn, rán'ér shuōdào xīwàng, què shì bù néng mǒshā de, yīnwèi xīwàng shì zàiyú jiānglái, juébù néng yǐ wǒ zhī bì wú de zhèngmíng, lái zhéfú le tā zhī suǒwèi kěyǒu, yúshì wǒ zhōngyú dāying tā yě zuò wénzhāng le, zhè biàn shì zuìchū de yì piān 《Kuáng Rén Rìjì》. Cóngcǐ yǐhòu, biàn yì fā ér bù kěshōu, měi xiě xiē xiǎoshuō múyàng de wénzhāng, yǐ fūyǎn péngyoumen de zhǔtuō, jījiǔ le jiù yǒu le shí-yú piān.

在我自已，本以为现在是已经并非一个切迫[206]而不能已于言[207]的人了，***

Zài wǒ zìjǐ, běn yǐwéi xiànzài shì yǐjīng bìngfēi yí gè qièpò ér bù néng yǐ yú yán de rén le, ***

---

[193] 确信 – quèxìn – be deeply convinced; be certain; firmly believe
[194] 抹杀 – mǒshā – blot out; obliterate
[195] 在于 – zàiyú – lies in
[196] 决不能以 – juébù néng yǐ – definitely cannot (决不能) depend on (以)
[197] 必无的证明 – bì wú de zhèngmíng – no need (必无) for concrete proof (证明)
[198] 折服 – zhéfú – subdue; bring into submission
[199] 所谓可有 – suǒwèi kěyǒu – this so-called (所谓) possibility of hope (可有)
[200] 可收 – kěshōu – be able to stop
[201] 敷衍 – fūyǎn – be perfunctory; done as a duty or habit without interest, attention, or feeling
[202] 嘱托 – zhǔtuō – entrust
[203] 积久 – jījiǔ – accumulate in the course of time
[204] 余 – yú – more than; over (十余 – ten plus)
[205] 篇 – piān – pieces of writing
[206] 切迫 – qièpò – urgent; pressing
[207] 已于言 – yǐ yú yán – not to speak; not to express one's ideas; stop (已) at (于) speaking (言)

鲁迅－呐喊

*** 但或者也还未能忘怀于当日自己的寂寞的悲哀罢，所以有时候仍[208]不免呐喊几声，聊以慰藉[209]那在寂寞里奔驰[210]的猛士[211]，使他不惮于[212]前驱[213]。至于我的喊声是勇猛或是悲哀，是可憎[214]或是可笑，那倒是不暇顾及[215]的；但既然是呐喊，则当然须听将令[216]的了，所以我往往不恤[217]用了曲笔[218]，在《药》的瑜儿[219]的坟[220]上平空添上一个花环[221]，在《明天》里也不叙[222]单四嫂子[223]竟没有做到看见儿子的梦，***

*** dàn huòzhě yě hái wèi néng wànghuái yú dàngrì zìjǐ de jìmò de bēi'āi bà, suǒyǐ yǒu shíhòu réng bùmiǎn nàhǎn jǐ shēng, liáoyǐ wèijiè nà zài jìmò lǐ bēnchí de měngshì, shǐ tā bú dàn yú qiánqū. Zhìyú wǒ de hǎnshēng shì yǒngměng huò shì bēi'āi, shì kězēng huò shì kěxiào, nà dào shì bù xiá gùjí de; dàn jìrán shì nàhǎn, zé dāngrán xū tīng jiànglìng de le, suǒyǐ wǒ wǎngwǎng bú xù yòng le qūbǐ, zài 《Yào》 de Yú'ér de fén shàng píngkòng tiānshàng yí gè huāhuán, zài 《Míngtiān》 lǐ yě bú xù Shàn Sì Sǎozi jìng méiyǒu zuòdào kànjiàn érzi de mèng, ***

---

[208] 仍 – réng – still; yet

[209] 聊以慰藉 – liáoyǐ wèijiè – so as to (聊以) comfort (慰藉)

[210] 奔驰 – bēnchí – run fast; speed; charging

[211] 猛士 – měngshì – a brave fighter (refers to the six committee members of 新年轻)

[212] 惮于 – dàn yú – fear of; scared of

[213] 前驱 – qiánqū – forerunner; pioneer

[214] 可憎 – kězēng – detestable; loathsome

[215] 不暇顾及 – bù xiá gùjí – have no free time (不暇) to give consideration to (顾及)

[216] 将令 – jiànglìng – the general's orders, commands

[217] 恤 – xù – worry; hesitate; bulk; worry

[218] 曲笔 – qūbǐ – bending the words; twisting the story (to satisfy his political friends who were in charge)

[219] 瑜儿 – Yú'ér – name of a character in 药

[220] 坟 – fén – grave; tomb

[221] 花环 – huāhuán – garland; a circle of flowers and leaves that is worn on the head or around the neck or is hung in a room as decoration

[222] 叙 – xù – narrate; recount; mention

[223] 单四嫂子 – Shàn Sì Sǎozi – name of a character in 明天

*** 因为那时的主将[224]是不主张消极[225]的。至于自己，却也并不愿将自以为苦的寂寞，再来传染[226]给也如我那年青时候似的正做着好梦的青年。

*** yīnwèi nàshí de zhǔjiàng shì bù zhǔzhāng xiāojí de. Zhìyú zìjǐ, què yě bìngbù yuàn jiāng zì yǐwéi kǔ de jìmò, zài lái chuánrǎn gěi yě rú wǒ nà niánqīng shíhòu shìde zhèng zuòzhe hǎo mèng de qīngnián.

这样说来，我的小说和艺术[227]的距离[228]之远，也就可想而知[229]了，然而到今日还能蒙[230]着小说的名，甚而[231]至于且有成集[232]的机会，无论如何[233]总不能不说是一件侥幸[234]的事，但侥幸虽使我不安于心[235]，而悬揣[236]人间暂时还有读者，则究竟也仍然是高兴的。

Zhèyàng shuōlái, wǒ de xiǎoshuō hé yìshù de jùlí zhī yuǎn, yě jiù kěxiǎng'érzhī le, rán'ér dào jīnrì hái néng méngzhe xiǎoshuō de míng, shèn'ér zhìyú qiě yǒu chéngjí de jīhuì, wúlùn-rúhé zǒng bùnéngbù shuō shì yí jiàn jiǎoxìng de shì, dàn jiǎoxìng suī shǐ wǒ bù ān yú xīn, ér xuánchuǎi rénjiān zànshí háiyǒu dúzhě, zé jiūjìng yě réngrán shì gāoxìng de.

---

[224] 主将 – zhǔjiàng – chief commander; those in charge of the new cultural movement

[225] 消极 – xiāojí – negative

[226] 传染 – chuánrǎn – infect; be contagious

[227] 艺术 – yìshù – art

[228] 距离 – jùlí – distance

[229] 可想而知 – kěxiǎng'érzhī – (成语) one can well imagine

[230] 蒙 – méng – cover

[231] 甚而 – shèn'ér – even to the extent that

[232] 成集 – chéngjí – gather into a collection

[233] 无论如何 – wúlùn-rúhé – (成语) in any case; at any rate; whatever happens; at all events

[234] 侥幸 – jiǎoxìng – lucky; by luck; by a fluke

[235] 不安于心 – bù ān yú xīn – uncomfortable (不安) from (于) the heart (心)

[236] 悬揣 – xuánchuǎi – suppose; guess; infer; conjecture

所以我竟将我的短篇小说[237]结集[238]起来，而且付印了，又因为上面所说的缘由[239]，便称之为《呐喊》。

Suǒyǐ wǒ jìng jiāng wǒ de duǎnpiān xiǎoshuō jiéjí qǐlái, érqiě fùyìn le, yòu yīnwèi shàngmiàn suǒ shuō de yuányóu, biàn chēng zhī wéi 《Nàhǎn》.

一九二二年十二月三日，鲁迅记于北京

---

[237] 短篇小说 – duǎnpiān xiǎoshuō – short story
[238] 结集 – jiéjí – collect articles, etc. into a volume
[239] 缘由 – yuányóu – reason; cause

鲁迅—呐喊

狂人日记

A Madman's Diary
狂人日记
Kuáng Rén Rìjì

狂人日记 was first published in *New Youth* (新青年 Xīn Qīngnián) in May of 1918. The author, Zhōu Shùrén (周树人) is using his penname, Lǔ Xùn (鲁迅), for the first time and *A Madman's Diary* is considered the first modern short story in Chinese literature and also one of the best.

A Madman's Diary begins with an introduction in classical Chinese, which was typical in Chinese literature at the time. The story begins innocently relating the experiences of a friend who had recently gone insane. (Due to the difficulty of the classical Chinese text, extra footnotes have been provided.) In stark contrast to the introduction, the rest of the story uses colloquial Chinese. Classical Chinese had been in use for the past 2000 years for any serious literary work. Using the vernacular Chinese was a bold statement.

The story was inspired by Nikolai Gogol, a Russian author whom Lǔ Xùn greatly admired, and who wrote a short story with a similar title, *Diary of a Madman*.

The character in the story was inspired by a cousin of his who came to visit Beijing in 1916 and averred that he was being pursued by deadly enemies. As his paranoia worsened Lǔ Xùn was forced to send his cousin back to their hometown, Shàoxīng (绍兴城).

In *A Madman's Diary*, Lǔ Xùn is attacking traditional Chinese society implying it is a society of cannibals where the strong devour the weak. The ironic effect achieved in this story is a highlight of Lǔ Xùn's style and what makes his work so effective. While the madman often quotes old Chinese texts to confirm his paranoia, the reader begins to question whether or not this paranoia is in fact justified. In addition, recent events lent credence to his madness. During pre-revolutionary times, anti-Qing revolutionaries had been executed and had their body parts dug out and eaten by soldiers. One example is of Xú Xīlín (徐锡林), a native of Shàoxīng who appears in this story.

In the end, one can question whether the madman is still insane as he takes up a post within the local bureaucracy.

狂人日记
Kuáng Rén Rìjì

某君昆仲[1]，今隐其名[2]，皆余昔日[3]在中学时良友[4]；分隔多年[5]，消息渐阙[6]。日前偶闻其一大病[7]；适归故乡[8]，迂道往访[9]，则仅晤一人[10]，言病者其弟也[11]。 劳君远道来视[12]，然已早愈[13]，***

Mǒu jūn kūnzhòng, jīn yǐn qí míng, jiē yú xīrì zài zhōngxué shí liángyǒu; fēngé duō nián, xiāoxi jiàn quē. Rìqián ǒu wén qí yí dàbìng; shì guī gùxiāng, yūdào wǎngfǎng, zé jǐn wù yì rén, yán bìngzhě qí dì yě. Láo jūn yuǎndào lái shì, rán yǐ zǎo yù, ***

---

[1] 某君昆仲 – mǒu jūn kūnzhòng – there were some gentlemen (某君) who were younger and older brothers (昆仲)

[2] 今隐其名 – jīn yǐn qí míng – whose names (其名) I will conceal (隐) for now (今)

[3] 皆余昔日 – jiē yú xīrì – both (皆) and I (余) were formerly (昔日)

[4] 在中学时良友 – zài zhōngxué shí liángyǒu – good companions (良友) during middle school (在中学时)

[5] 分隔多年 – fēngé duō nián – were separated (分隔) for many years (多年)

[6] 消息渐阙 – xiāoxi jiàn quē – gradually (渐) news (消息) of each other became scarce (阙)

[7] 日前偶闻其一大病 – rìqián ǒu wén qí yí dàbìng – some time ago (日前) I happened (偶) to hear (闻) one of them (其一) had been afflicted with a serious disease (大病)

[8] 适归故乡 – shì guī gùxiāng – by chance (适) I was returning (归) to my hometown (故乡)

[9] 迂道往访 – yūdào wǎngfǎng – I found them in a roundabout fashion (迂道) to go pay a visit (往访)

[10] 则仅晤一人 – zé jǐn wù yì rén – I only (仅) met (晤) with one of them (一人)

[11] 言病者其弟也 – yán bìngzhě qí dì yě – he said (言) "the sick one (病者) was (也) his younger brother (其弟)"

也 – yě – [literary expression] used at the end of a sentence, indicating an explanation or a judgment

[12] 劳君远道来视 – láo jūn yuǎndào lái shì – "I appreciate (劳) you (君) coming (来) such a long way (远道) to see us (视)"

[13] 然已早愈 – rán yǐ zǎo yù – "but he has (然) recovered (愈) some time ago (已早)"

鲁迅—呐喊

*** 赴某地候补矣¹⁴。因大笑，出示日记二册¹⁵，谓可见当日病状¹⁶，不妨献诸旧友¹⁷。 持归阅一过¹⁸，知所患盖¹⁹ "迫害狂²⁰" 之类。语颇错杂无伦次²¹，又多荒唐之言²²；亦不著月日²³，惟墨色字体不一²⁴，***

*** fù mǒu dì hòubǔ yǐ. Yīn dà xiào, chūshì rìjì èr cè, wèi kějiàn dàngrì bìngzhuàng, bùfáng xiàn zhū jiùyǒu. Chí guī yuè yí guò, zhī suǒ huàn gài "pòhàikuáng" zhī lèi. Yǔ pō cuòzá wúlúncì, yòu duō huāngtáng zhī yán; yì bú zhù yuè rì, wéi mòsè zìtǐ bù yī, ***

---

[14] 赴某地候补矣 – fù mǒu dì hòubǔ yǐ – "he already (矣) went (赴) to some place (某地) to await for his official post (候补)"

候补 – hòubǔ – a candidate for a vacancy, if there were more officials than the number of offices to be filled then a candidate would be assigned a post that was already filled. Here the candidate would wait for the post to be vacated so that he could take his place.

矣 – yǐ – (used at the end of a sentence in written language to indicate the completion of an action like 了 in colloquial Chinese)

[15] 出示日记二册 – chūshì rìjì èr cè – showed (出示) two volumes (二册) of diaries (日记)

[16] 谓可见当日病状 – wèi kějiàn dāngrì bìngzhuàng – he said (谓) these would reveal (可见) the nature of his brother's sickness (病状) during those times (当日)

[17] 不妨献诸旧友 – bù fáng xiàn zhū jiùyǒu – there is no harm (不妨) in offering (献) to all (诸) old friends (旧友)

[18] 持归阅一过 – chí guī yuè yí guò – taking the diary away (持归) and reading (阅) it through (一过)

[19] 知所患盖 – zhī suǒ huàn gài – came to know (知) that he suffered from (患) something (所) similar to (盖)

[20] 迫害狂之类 – pòhàikuáng zhī lèi – a form of (之类) persecution (or emotional abuse) (迫害) complex (狂)

[21] 语颇错杂无伦次 – yǔ pō cuòzá wú lúncì – his language (语) was quite (颇) mixed up (错杂) and without any logical sense (无伦次)

[22] 又多荒唐之言 – yòu duō huāngtáng zhī yán – and (又) had many (多) wild and absurd (荒唐) statements (言)

[23] 亦不著月日 – yì bú zhù yuè rì – moreover (亦), he did not write (不著) any dates (月日)

[24] 惟墨色字体不一 – wéi mòsè zìtǐ bù yī – only (惟) by the difference (不一) in color (墨色) and writing style (字体)

*** 知非一时所书²⁵。间亦有略具联络者²⁶，今撮录一篇²⁷，以供医家研究²⁸。记中语误²⁹，一字不易³⁰；惟人名虽皆村人³¹，不为世间所知³²，无关大体³³，然亦悉易去³⁴。至于书名³⁵，则本人愈后所题³⁶，不复改也³⁷。七年四月二日识³⁸。

*** zhī fēi yì shí suǒ shū. Jiān yì yǒu lüè jù liánluòzhě, jīn cuō lù yì piān, yǐ gōng yījiā yánjiū. Jì zhōng yǔwù, yí zì bú yì; wéi rénmíng suī jiē cūnrén, bù wéi shìjiān suǒ zhī, wúguān dàtǐ, rányì xī yìqù. Zhìyú shūmíng, zé běnrén yù hòu suǒ tí, bú fù gǎi yě. Qī nián sì yuè èr rì shí.

---

²⁵ 知非一时所书 – zhī fēi yì shí suǒ shū – to know (知) it was not (非) written (所书) all at one time (一时)

²⁶ 间亦有略具联络者 – jiān yì yǒu lüè jù liánluòzhě – here and there (间) some portions also (亦) have (有…具) some rough (略) connections (联络者) with each other

²⁷ 今撮录一篇 – jīn cuō lù yì piān – now (今) have picked out (撮录) a section (一篇)

²⁸ 以供医家研究 – yǐ gōng yījiā yánjiū – so as to (以) offer (供) for medical (医家) research (研究)

²⁹ 记中语误 – jì zhōng yǔwù – the recorded (记中) language mistakes, slips of the pen (语误)

³⁰ 一字不易 – yí zì bú yì – not (不) a single character (一字) has been altered (易)

³¹ 惟人名虽皆村人 – wéi rénmíng suī jiē cūnrén – only (惟) people's names (人名) even though (虽) they are all (皆) only country folk (村人)

³² 不为世间所知 – bù wéi shìjiān suǒ zhī – unknown (不为…所知) to the world at large (世间)

³³ 无关大体 – wúguān dàtǐ – with no (无关) great consequence (大体)

³⁴ 然亦悉易去 – rányì xī yìqù – nevertheless (然亦) all (the names) (悉) have been changed (易去)

³⁵ 至于书名 – zhìyú shūmíng – as for (至于) the title of the book (书名)

³⁶ 则本人愈后所题 – zé běnrén yù hòu suǒ tí – was chosen (所题) by the diarist (本人) after his recovery (愈后)

³⁷ 不复改也 – bú fù gǎi yě – and I did not (不) change (改) it either (复)

³⁸ 七年四月二日识 – qī nián sì yuè èr rì shí – recorded (识) this 2nd day (二日) of the 4th month (四月) of the 7th year (七年) of the Republic (April 2nd, 1918)

　　　　　鲁迅—呐喊

今天晚上，很好的月光。

Jīntiān wǎnshàng, hěn hǎo de yuèguāng.

我不见他，已是三十多年；今天见了，精神[39]分外[40]爽快[41]。才知道以前的三十多年，全是发昏[42]；然而须十分小心。不然[43]，那赵家的狗，何以[44]看我两眼呢？

Wǒ bú jiàn tā, yǐ shì sānshí duō nián; jīntiān jiàn le, jīngshén fènwài shuǎngkuài. Cái zhīdào yǐqián de sānshí duō nián, quán shì fāhūn; rán'ér xū shífēn xiǎoxīn. Bùrán, nà Zhào jiā de gǒu, héyǐ kàn wǒ liǎng yǎn ne?

我怕得有理。

Wǒ pà de yǒulǐ.

二

今天全没月光，我知道不妙[45]。早上小心出门，赵贵翁[46]的眼色便怪：似乎怕我，似乎想害我。***

Jīntiān quán méi yuèguāng, wǒ zhīdào bú miào. Zǎoshang xiǎoxīn chūmén, Zhào Guì Wēng de yǎnsè biàn guài; sihū pà wǒ, sihū xiǎng hài wǒ. ***

---

[39] 精神 – jīngshén – spirit; mind; consciousness

[40] 分外 – fènwài – particularly; especially

[41] 爽快 – shuǎngkuài – relaxed; refreshed

[42] 发昏 – fāhūn – feel dizzy; lose one's head; become confused

[43] 不然 – bùrán – otherwise

[44] 何以 – héyǐ – why

[45] 不妙 – bú miào – (of a turn of events) anything but reassuring; not too encouraging; far from good.

[46] 赵贵翁 – Zhào Guì Wēng – name of a character, the Venerable (贵) Old (翁) Zhao (赵)

翁 – old man

*** 还有七八个人，交头接耳⁴⁷的议论⁴⁸我，张着嘴，对我笑了一笑；我便从头直冷到脚根⁴⁹，晓得⁵⁰他们布置⁵¹，都已妥当⁵²了。

*** Háiyǒu qī-bā gè rén, jiāotóu-jiē'ěr de yìlùn wǒ, zhāngzhe zuǐ, duì wǒ xiào le yí xiào; wǒ biàn cóng tóu zhí lěng dào jiǎogēn, xiǎode tāmen bùzhì, dōu yǐ tuǒdàng le.

我可不怕，仍旧⁵³走我的路。前面一伙小孩子，也在那里议论我；眼色也同赵贵翁一样，脸色也铁青⁵⁴。我想我同⁵⁵小孩子有什么仇⁵⁶，他也这样。忍不住⁵⁷大声说，"你告诉我！"他们可就跑了。

Wǒ kě bú pà, réngjiù zǒu wǒ de lù. Qiánmiàn yì huǒ xiǎoháizi, yě zài nàli yìlùn wǒ; yǎnsè yě tóng Zhào Guì Wēng yíyàng, liǎnsè yě tiěqīng. Wǒ xiǎng wǒ tóng xiǎoháizi yǒu shénme chóu, tā yě zhèyàng. Rěnbúzhù dàshēng shuō, "nǐ gàosù wǒ!" Tāmen kě jiù pǎo le.

我想：我同赵贵翁有什么仇，同路上的人又有什么仇；只有廿⁵⁸年以前，把古久先生⁵⁹的陈年⁶⁰流水簿子⁶¹，***

Wǒ xiǎng: wǒ tóng Zhào Guì Wēng yǒu shénme chóu, tóng lù shàng de rén yòu yǒu shénme chóu; zhǐyǒu niàn nián yǐqián, bǎ Gǔjiǔ xiānshēng de chénnián liúshuǐ bùzi, ***

---

⁴⁷ 交头接耳 – jiāotóu-jiē'ěr – (成语) speak in each other's ears; whisper with their heads together

⁴⁸ 议论 – yìlùn – comment; discuss; talk

⁴⁹ 脚根 – jiǎogēn – heel

⁵⁰ 晓得 – xiǎode – to know

⁵¹ 布置 – bùzhì – make arrangements for; give instructions about

⁵² 妥当 – tuǒdàng – set up appropriately

⁵³ 仍旧 – réngjiù – as before; still; yet

⁵⁴ 铁青 – tiěqīng – ashen; livid

⁵⁵ 同 – tóng – with

⁵⁶ 仇 – chóu – hatred; enmity; animosity

⁵⁷ 忍不住 – rěnbúzhù – unable to bear; cannot help (doing something)

⁵⁸ 廿 – niàn – twenty; a score

⁵⁹ 古久先生 – Gǔjiǔ xiānshēng – name of a character, Mr. Gujiu

⁶⁰ 陈年 – chénnián – old; stale; aged

⁶¹ 流水簿子 – liúshuǐ bùzi – a notebook (簿子) that you continuously (流水) update for keeping track of accounts; a running account book (metaphor for how long China has been suppressed as a feudal society)

*** 踹⁶²了一脚，古久先生很不高兴。赵贵翁虽然不认识他，一定也听到风声⁶³，代⁶⁴抱不平⁶⁵；约定⁶⁶路上的人，同我作冤对⁶⁷。但是小孩子呢？那时候，他们还没有出世，何以今天也睁着怪眼睛，似乎怕我，似乎想害我。这真教我怕，教我纳罕⁶⁸而且伤心。

*** chuài le yì jiǎo, Gǔjiǔ xiānshēng hěn bù gāoxìng. Zhào Guì Wēng suīrán bú rènshi tā, yídìng yě tīngdào fēngshēng, dài bàobùpíng; yuēdìng lù shàng de rén, tóng wǒ zuò yuānduì. Dànshì xiǎoháizi ne? Nà shíhòu, tāmen hái méiyǒu chūshì, héyǐ jīntiān yě zhēngzhe guài yǎnjing, sìhū pà wǒ, sìhū xiǎng hài wǒ. Zhè zhēn jiāo wǒ pà, jiāo wǒ nàhǎn érqiě shāngxīn.

我明白了。这是他们娘老子⁶⁹教的!

Wǒ míngbai le. Zhè shì tāmen niáng-lǎozi jiāo de!

三

晚上总是睡不着。凡事⁷⁰须得⁷¹研究，才会明白。

Wǎnshàng zǒngshì shuìbùzháo. Fánshì xūděi yánjiū, cái huì míngbai.

---

⁶² 踹 – chuài – kick

⁶³ 风声 – fēngshēng – news; rumor

⁶⁴ 代 – dài – take the place of; act for (or on behalf of) other's

⁶⁵ 抱不平 – bàobùpíng – feel indignant at the injustice suffered by another

⁶⁶ 约定 – yuēdìng – agree to; appoint; arrange

⁶⁷ 冤对 – yuānduì – enemy; adversary

⁶⁸ 纳罕 – nàhǎn – be astonished; be surprised

⁶⁹ 娘老子 – niáng-lǎozi – mother (娘) and father (老子)

⁷⁰ 凡事 – fánshì – everything

⁷¹ 须得 – xūděi – must; have to

他们——也有给知县[72]打枷[73]过的，也有给绅士[74]掌过嘴的，也有衙役[75]占[76]了他妻子的[77]，也有老子娘被债主[78]逼死[79]的；他们那时候的脸色，全没有昨天这么怕，也没有这么凶[80]。

Tāmen —— yě yǒu gěi zhīxiàn dǎ jiā guò de, yě yǒu gěi shēnshì zhǎnguò zuǐ de, yě yǒu yáyì zhàn le tā qīzi de, yě yǒu lǎozi niáng bèi zhàizhǔ bīsǐ de; tāmen nà shíhòu de liǎnsè, quán méiyǒu zuótiān zhème pà, yě méiyǒu zhème xiōng.

最奇怪的是昨天街上的那个女人，打他儿子，嘴里说道，"老子呀！ 我要咬你几口才出气[81]！"他眼睛却看着我。我出了一惊，遮掩[82]不住；那青面獠牙[83]的一伙人，便都哄笑起来。 陈老五[84]赶上前，***

Zuì qíguài de shì zuótiān jiē shàng de nàgè nǚrén, dǎ tā érzi, zuǐ lǐ shuōdào, "lǎozi yā! Wǒ yào yǎo nǐ jǐ kǒu cái chūqì!" Tā yǎnjing què kànzhe wǒ. Wǒ chū le yì jīng, zhēyǎn bú zhù; nà qīngmiàn-liáoyá de yì huǒ rén, biàn dōu hōngxiào qǐlái. Chén Lǎo Wǔ gǎnshàng qián, ***

---

[72] 知县 - zhīxiàn - county magistrate

[73] 枷 - jiā - cangue - a device used for public humiliation and corporal punishment. A cangue is a pair of hinged wooden boards with two small holes for the hands, and one large hole for the head. The board is then locked together to secure the captive. A cangue is different from the pillory used in the west in that a cangue allowed the captive to walk and move around, while a pillory was mounted to the ground usually in a marketplace.

[74] 绅士 - shēnshì - gentleman; gentry

[75] 衙役 - yáyì - yamen (衙门) clerks; the soldiers guarding a yamen office
    衙门 - government office in feudal China;

[76] 占 - zhàn - occupy; seize; to take by force what belongs to someone else

[77] 有衙役占了他妻子的 - yǒu yáyì zhàn le tā qīzi de - have (有) their wives (他妻子) ravished (占) by yamen clerks (衙役) (Due to their proximity to power, 衙役 would abuse their authority and bully the common people)

[78] 债主 - zhàizhǔ - creditor

[79] 逼死 - bīsǐ - drive someone/something to death

[80] 凶 - xiōng - fierce; ferocious

[81] 出气 - chūqì - give vent to one's anger

[82] 遮掩 - zhēyǎn - cover up; conceal; hide

[83] 青面獠牙 - qīngmiàn-liáoyá - (成语) green-faced (青面) and teeth protruding like fangs (獠牙); terrifying in appearance

[84] 陈老五 - Chén Lǎo Wǔ - name of a character, Old Fifth Chen, the fifth born of the Chen family

鲁迅—呐喊

*** 硬把我拖⁸⁵回家中了。

*** yìng bǎ wǒ tuō huíjiā zhòng le.

拖我回家，家里的人都装作⁸⁶不认识我；他们的脸色，也全同别人一样。进了书房，便反扣上门⁸⁷，宛然⁸⁸是关了一只鸡鸭。这一件事，越教我猜不出底细⁸⁹。

Tuō wǒ huíjiā, jiā lǐ de rén dōu zhuāngzuò bú rènshi wǒ; tāmen de liǎnsè, yě quán tóng biérén yíyàng. Jìn le shūfáng, biàn fǎn kòushàng mén, wǎnrán shì guān le yì zhī jī yā. Zhè yí jiàn shì, yuè jiāo wǒ cāibùchū dǐxì.

前几天，狼子村⁹⁰的佃户⁹¹来告荒⁹²，对我大哥说，他们村里的一个大恶人⁹³，给⁹⁴大家打死了；几个人便挖⁹⁵出他的心肝来，用油煎炒了吃，可以壮壮⁹⁶胆子。我插了一句嘴⁹⁷，佃户和大哥便都看我几眼。今天才晓得他们的眼光，全同外面的那伙人一模一样⁹⁸。

Qián jǐ tiān, Lángzi Cūn de diànhù lái gào huāng, duì wǒ dàgē shuō, tāmen cūn lǐ de yí gè dà èrén, gěi dàjiā dǎsǐ le; jǐ gè rén biàn wāchū tā de xīngān lái, yòng yóu jiānchǎo le chī, kěyǐ zhuàngzhuàng dǎnzi. Wǒ chā le yí jù zuǐ, diànhù hé dàgē biàn dōu kàn wǒ jǐ yǎn. Jīntiān cái xiǎode tāmen de yǎnguāng, quán tóng wàimiàn de nà huǒ rén yìmú-yíyàng.

想起来，我从顶上直冷到脚跟。

Xiǎngqǐlái, wǒ cóng dǐng shàng zhí lěng dào jiǎogēn.

---

⁸⁵ 拖 – tuō – drag; haul
⁸⁶ 装作 – zhuāngzuò – pretend
⁸⁷ 反扣上门 – fǎn kòushàng mén – lock the door from the outside
⁸⁸ 宛然 – wǎnrán – as if; as though
⁸⁹ 底细 – dǐxì – ins and outs; exact details
⁹⁰ 狼子村 – Lángzi Cūn – name of a village, Wolf Cub Village
⁹¹ 佃户 – diànhù – tenant; a farmer that doesn't own the land he farms
⁹² 荒 – huāng – famine
⁹³ 恶人 – èrén – evildoer; bully
⁹⁴ 给 – gěi – let
⁹⁵ 挖 – wā – dig excavate
⁹⁶ 壮壮 – zhuàngzhuàng – strengthen
⁹⁷ 插嘴 – chāzuǐ – to make a remark that interrupts a conversation; interrupt
⁹⁸ 一模一样 – yìmú-yíyàng – (成语) exactly the same; exactly alike

他们会吃人，就未必[99]不会吃我。

Tāmen huì chī rén, jiù wèibì bú huì chī wǒ.

你看那女人"咬你几口"的话，和一伙青面獠牙人的笑，和前天佃户的话，明明是暗号[100]。我看出他话中全是毒[101]，笑中全是刀。他们的牙齿，全是白厉厉[102]的排着，这就是吃人的家伙。

Nǐ kàn nà nǚrén "yǎo nǐ jǐ kǒu" de huà, hé yì huǒ qīngmiàn-liáoyá rén de xiào, hé qiántiān diànhù de huà, míngmíng shì ànhào. Wǒ kànchū tā huà zhōng quán shì dú, xiào zhōng quán shì dāo. Tāmen de yáchǐ, quán shì báilìlì de páizhe, zhè jiùshì chī rén de jiāhuǒ.

照[103]我自己想，虽然不是恶人，自从踹了古家的簿子，可就难说了。他们似乎别有[104]心思[105]，我全猜不出。况且他们一翻脸[106]，便说人是恶人。我还记得大哥教我做论，无论怎样好人，翻他几句，他便打上几个圈[107]；原谅坏人几句，他便说"翻天妙手[108]，与众不同[109]"。我那里猜得到他们的心思，究竟怎样；况且是要吃的时候。

Zhào wǒ zìjǐ xiǎng, suīrán bú shì èrén, zìcóng chuài le Gǔ jiā de bùzi, kě jiù nánshuō le. Tāmen sìhū bièyǒu xīnsī, wǒ quán cāibùchū. Kuàngqiě tāmen yì fānliǎn, biàn shuō rén shì èrén. Wǒ hái jìde dàgē jiāo wǒ zuò lùn, wúlùn zěnyàng hǎorén, fān tā jǐ jù, tā biàn dǎshàng jǐ gè quān; yuánliàng huàirén jǐ jù, tā biàn shuō "fāntiān miàoshǒu, yǔzhòng-bùtóng." Wǒ nǎli cāidédào tāmen de xīnsī, jiūjìng zěnyàng; kuàngqiě shì yào chī de shíhòu.

---

[99] 未必 – wèibì – may not; not necessarily

[100] 暗号 – ànhào – secret signal (or sign)

[101] 毒 – dú – poison

[102] 白厉厉 - báilìlì – white and shiny; white and sharp

[103] 照 – zhào – according to

[104] 别有 – bièyǒu – ulterior

[105] 心思 – xīnsī – thought; idea

[106] 翻脸 – fānliǎn – fall out; suddenly turn hostile

[107] 打上几个圈 – dǎshàng jǐ gè quān – to add/write circles (expressing approval, as opposed to writing "x" marks which would be for disapproval)

[108] 翻天妙手 – fāntiān miàoshǒu – a clever skill (妙手) that turns over the heavens (翻天)

[109] 与众不同 – yǔzhòng-bùtóng – (成语) out of the ordinary; distinctive; be different from others

凡事总须研究，才会明白。古来时常吃人，我也还记得，可是不甚[110]清楚。我翻开历史一查，这历史没有年代，歪歪斜斜[111]的每叶上都写着"仁义道德[112]"几个字。我横竖[113]睡不着，仔细看了半夜，才从字缝[114]里看出字来，满本都写着两个字是"吃人"！

Fánshì zǒng xū yánjiū, cái huì míngbai. Gǔlái shí cháng chī rén, wǒ yě hái jìde, kěshì bú shèn qīngchu. Wǒ fānkāi lìshǐ yì chá, zhè lìshǐ méiyǒu niándài, wāiwāi-xiéxié de měi yè shàng dōu xiězhe "rényì-dàodé" jǐ gè zì. Wǒ héngshù shuìbùzháo, zǐxì kàn le bànyè, cái cóng zì fèng lǐ kànchū zì lái, mǎn běn dōu xiězhe liǎng gè zì shì "chī rén"!

书上写着这许多字，佃户说了这许多话，却都笑吟吟[115]的睁着怪眼看我。

Shū shàng xiězhe zhè xǔduō zì, diànhù shuō le zhè xǔduō huà, què dōu xiàoyínyín de zhēngzhe guài yǎn kàn wǒ.

我也是人，他们想要吃我了！

Wǒ yě shì rén, tāmen xiǎngyào chī wǒ le!

四

早上，我静坐[116]了一会儿。陈老五送进饭来，一碗菜，***

Zǎoshang, wǒ jìngzuò le yí huìr. Chén Lǎo Wǔ sòngjìn fàn lái, yì wǎn cài, ***

---

[110] 不甚 – bú shèn – not very
[111] 歪歪斜斜 – wāiwāi-xiéxié – crooked; aslant
[112] 仁义道德 – rényì-dàodé – (成语) virtue and morality; humanity, justice, and virtue
[113] 横竖 – héngshù – in any case; anyway
[114] 缝 – fèng – seam; crack; slit
[115] 笑吟吟 – xiàoyínyín – a kindly smile
[116] 静坐 – jìngzuò – sit still as a form of breathing exercise

*** 一碗蒸鱼[117]；这鱼的眼睛，白而且硬，张着嘴，同那一伙想吃人的人一样。吃了几筷，滑溜溜[118]的不知是鱼是人，便把他兜肚连肠[119]的吐出。

*** yì wǎn zhēng yú; zhè yú de yǎnjing, bái érqiě yìng, zhāngzhe zuǐ, tóng nà yì huǒ xiǎng chī rén de rén yíyàng. Chī le jǐ kuài, huáliūliū de bù zhī shì yú shì rén, biàn bǎ tā dōudǔliáncháng de tǔchū.

我说"老五，对大哥说，我闷[120]得慌[121]，想到园里走走。"老五不答应，走了；停一会，可就来开了门。

Wǒ shuō "Lǎo Wǔ, duì dàgē shuō, wǒ mēn de huāng, xiǎng dào yuán lǐ zǒuzǒu." Lǎo Wǔ bù dāying, zǒu le; tíng yí huì, kě jiù lái kāi le mén.

我也不动，研究他们如何摆布[122]我；知道他们一定不肯放松。果然[123]！我大哥引了一个老头子，慢慢走来；他满眼凶光[124]，怕我看出，只是低头向[125]着地，从眼镜横边暗暗看我。大哥说，"今天你仿佛很好。"我说"是的。" 大哥说，"今天请何先生[126]来，给你诊[127]一诊。" ***

Wǒ yě bú dòng, yánjiū tāmen rúhé bǎibù wǒ; zhīdào tāmen yídìng bù kěn fàngsōng. Guǒrán! Wǒ dàgē yǐn le yí gè lǎotóuzi, mànmàn zǒu lái; tā mǎnyǎn xiōngguāng, pà wǒ kànchū, zhǐshì dītóu xiàngzhe dì, cóng yǎnjìng héngbiān ànàn kàn wǒ. Dàgē shuō, "jīntiān nǐ fǎngfú hěn hǎo." Wǒ shuō "shìde." Dàgē shuō, "jīntiān qǐng Hé xiānshēng lái, gěi nǐ zhěn yì zhěn." ***

---

[117] 蒸鱼 – zhēng yú – steamed fish
[118] 滑溜溜 – huáliūliū – smooth; slippery
[119] 兜肚连肠 – dōudǔliáncháng – (成语) stomach and intestines
[120] 闷 – mēn – stuffy
[121] 慌 – huāng – scared; nervous
[122] 摆布 – bǎibù – order about; manipulate
[123] 果然 – guǒrán – really; as expected; sure enough
[124] 满眼凶光 – mǎnyǎn xiōngguāng – have one's eyes filled (满眼) with fierce looks (凶光)
[125] 向 – xiàng – face; to; toward
[126] 何先生 – Hé xiānshēng – name of a character, a daoist doctor (also featured in 明天) (先生 can refer to Mr. or Doctor as in the case here)
[127] 诊 – zhěn – examine (a patient)

*** 我说"可以！"其实我岂[128]不知道这老头子是刽子手[129]扮[130]的！无非[131]借了看脉[132]这名目[133]，揣[134]一揣肥瘠[135]：因这功劳[136]，也分一片肉吃。我也不怕；虽然不吃人，胆子却比他们还壮。伸出两个拳头[137]，看他如何下手[138]。老头子坐着，闭了眼睛，摸了好一会，呆[139]了好一会；便张开他鬼[140]眼睛说，"不要乱想。静静的养[141]几天，就好了。"

*** Wǒ shuō "kěyǐ!" Qíshí wǒ qǐ bù zhīdào zhè lǎotóuzi shì guìzishǒu bàn de. Wúfēi jiè le kàn mài zhè míngmù, chuāi yì chuāi féijí: yīn zhè gōngláo, yě fēn yí piàn ròu chī. Wǒ yě bú pà; suīrán bù chī rén, dǎnzi què bǐ tāmen hái zhuàng. Shēnchū liǎng gè quántóu, kàn tā rúhé xiàshǒu. Lǎotóuzi zuòzhe, bì le yǎnjing, mō le hǎo yí huì, dāi le hǎo yí huì; biàn zhāngkāi tā guǐ yǎnjing shuō, "bú yào luànxiǎng. Jìngjìng de yǎng jǐ tiān, jiù hǎo le."

不要乱想，静静的养！养肥了，他们是自然可以多吃；我有什么好处，怎么会"好了"？他们这群人，又想吃人，***

Bú yào luànxiǎng, jìngjìng de yǎng! Yǎng féi le, tāmen shì zìrán kěyǐ duō chī; wǒ yǒu shénme hǎochù, zěnme huì "hǎo le"? Tāmen zhè qún rén, yòu xiǎng chī rén, ***

---

128 岂 – qǐ – [same as 难道, used in written language usually before a negative word to form a rhetorical question]
129 刽子手 – guìzishǒu – executioner
130 扮 – bàn – play the part of; disguise oneself as
131 无非 – wúfēi – nothing but; only; no more than; simply
132 看脉 – kàn mài – take one's pulse; check the arteries and veins
133 名目 – míngmù – cover; guise
134 揣 – chuāi – guess; surmise
135 肥瘠 – féijí – fat and thin; degree of fatness
136 功劳 – gōngláo – credit; contribution (to a cause)
137 拳头 – quántóu – fist (伸出两个拳头 – he puts forward both hands because in Chinese medicine the pulse is taken at both wrists)
138 下手 – xiàshǒu – put one's hand to; start
139 呆 – dāi – stay
140 鬼 – guǐ – stealthy; surreptitious
141 养 – yǎng – recuperate; convalesce

*** 又[142]是鬼鬼祟祟[143]，想法子遮掩，不敢直截[144]下手，真要令[145]我笑死。我忍不住，便放声大笑起来，十分快活[146]。自己晓得这笑声里面，有的是义勇[147]和正气[148]。老头子和大哥，都失了色[149]，被我这勇气正气镇压[150]住了。

*** yòu shì guǐguǐ-suìsuì, xiǎng fǎzi zhēyǎn, bù gǎn zhíjié xiàshǒu, zhēn yào lìng wǒ xiàosǐ. Wǒ rěnbúzhù, biàn fàngshēng dàxiào qǐlái, shífēn kuàihuó. Zìjǐ xiǎode zhè xiàoshēng lǐmiàn, yǒu de shì yìyǒng hé zhèngqì. Lǎotóuzi hé dàgē, dōu shī le sè, bèi wǒ zhè yǒngqì zhèngqì zhènyā zhù le.

但是我有勇气，他们便越想吃我，沾光[151]一点这勇气。老头子跨出门，走不多远，便低声对大哥说道，"赶紧吃罢！"大哥点点头[152]。原来也有你！这一件大发见[153]，虽似意外[154]，也在意中[155]：合伙[156]吃我的人，便是我的哥哥！

Dànshì wǒ yǒu yǒngqì, tāmen biàn yuè xiǎng chī wǒ, zhānguāng yì diǎn zhè yǒngqì. Lǎotóuzi kuà chūmén, zǒu bù duō yuǎn, biàn dīshēng duì dàgē shuōdào, "gǎnjǐn chī bà!" Dàgē diǎndiǎntóu. Yuánlái yě yǒu nǐ! Zhè yí jiàn dà fāxiàn, suī sì yìwài, yě zài yì zhōng: héhuǒ chī wǒ de rén, biàn shì wǒ de gēgē!

---

[142] 又…又… – yòu… yòu… – [indicating the simultaneous existence of several conditions or characteristics]
[143] 鬼鬼祟祟 – guǐguǐ-suìsuì – (成语) sneaking; stealthy; furtive
[144] 直截 – zhíjié – direct; straight forward; frank
[145] 令 – lìng – make (somebody to); cause (somebody to)
[146] 快活 – kuàihuó – happy; merry; cheerful
[147] 义勇 – yìyǒng – be brave in fighting for justice
[148] 正气 – zhèngqì – righteousness
[149] 失色 – shīsè – to go pale
[150] 镇压 – zhènyā – suppress; repress; put down
[151] 沾光 – zhānguāng – benefit from association with somebody or something
[152] 点点头 – diǎndiǎntóu – nod one's head in approval
[153] 大发见 – dà fāxiàn – discovery; realization (见 is the same as 现)
[154] 虽似意外 – suī sì yìwài – although (虽) seems (似) unforeseen (意外)
[155] 意中 – yì zhōng – in mind
[156] 合伙 – héhuǒ – form a partnership

吃人的是我哥哥！

Chī rén de shì wǒ gēgē!

我是吃人的人的兄弟！

Wǒ shì chī rén de rén de xiōngdì!

我自己被人吃了，可仍然是吃人的人的兄弟！

Wǒ zìjǐ bèi rén chī le, kě réngrán shì chī rén de rén de xiōngdì!

五

这几天是退一步[157]想：假使[158]那老头子不是刽子手扮的，真是医生，也仍然是吃人的人。他们的祖师[159]李时珍[160]做的"本草什么[161]"上，明明写着人肉可以煎吃；他还能说自己不吃人么？

Zhè jǐ tiān shì tuì yí bù xiǎng: jiǎshǐ nà lǎotóuzi bú shì guìzishǒu bàn de, zhēnshì yīshēng, yě réngrán shì chī rén de rén. Tāmen de zǔshī Lǐ Shízhēn zuò de "Běncǎo shénme" shàng, míngmíng xiězhe rén ròu kěyǐ jiān chī; tā hái néng shuō zìjǐ bù chī rén me?

至于[162]我家大哥，＊＊＊

Zhìyú wǒ jiā dàgē, ＊＊＊

---

[157] 退步 – tuìbù – retrogress; take a step back
[158] 假使 – jiǎshǐ – if; in case; in the event that
[159] 祖师 – zǔshī – founder (of a school of learning)
[160] 李时珍 – Lǐ Shízhēn – Lǐ Shízhēn, one of the greatest and most famous physicians and pharmacologists in Chinese history. He lived from 1518-1593 and over 40 years compiled his most famous book, 本草纲目 (see below)
[161] 本草什么 – Běncǎo shénme – *Compendium of Materia Medica* or something or other – 本草 refers to 《本草纲目 (Běncǎogāngmù)》 which is a book on Chinese (herbal) medicine dating from the Ming dynasty and written by 李时珍, Lǐ Shízhēn (see above). 本草纲目 is a compilation of 52 volumes of work on pharmacopoeia in traditional Chinese medicine.
[162] 至于 – zhìyú – as to; as for

*** 也毫不冤枉[163]他。他对我讲书的时候，亲口说过可以"易子而食[164]"；又一回偶然议论起一个不好的人，他便说不但该杀，还当"食肉寝皮[165]"。我那时年纪还小，心跳了好半天。前天狼子村佃户来说吃心肝的事，他也毫不奇怪，不住的点头。可见心思是同从前一样狠[166]。既然可以"易子而食"，便什么都易得，什么人都吃得。***

*** yě háobù yuānwang tā. Tā duì wǒ jiǎng shū de shíhòu, qīnkǒu shuōguò kěyǐ "yì zǐ ér shí"; yòu yì huí ǒurán yìlùnqǐ yí gè bù hǎo de rén, tā biàn shuō búdàn gāi shā, hái dāng "shí ròu qǐn pí". Wǒ nàshí niánjì hái xiǎo, xīn tiào le hǎo bàntiān. Qiántiān Lángzi Cūn diànhù lái shuō chī xīngān de shì, tā yě háobù qíguài, bú zhù de diǎntóu. Kějiàn xīnsī shì tóng cóngqián yíyàng hěn. Jìrán kěyǐ "yì zǐ ér shí," biàn shénme dōu yì dé, shénme rén dōu chī dé. ***

---

[163] 冤枉 – yuānwang – treat unjustly; wrong

[164] 易子而食 – yì zǐ ér shí – exchange (易) children (子) and (而) eat (食) them; recorded in 《左传 (Zuǒ Zhuàn)》, *Zuo Commentary* [to the *Spring and Autumn Annals*], dating from the 宣公十五年 (the 15th year of emperor Xuāngōng, 448 B.C.), refers to a general of Song, 华元, who exhorted his side to not surrender when their capitol was under siege by the army of Chu (in 603 B.C.). He warned the Chu general, 子反 (Zǐ Fǎn) that their city was prepared to "敝邑易子而食，析骸而爨"in order to defend their city from invasion. This excerpt translates into "we will exchange our children and eat them, and then use their bones for fuel." The Chu general was a bit taken aback and retreated as a result. The full story is quoted below:

> 夏五月，楚师将去宋。申犀稽首于王之马前，曰："毋畏知死而不敢废王命，王弃言焉。"王不能答。申叔时仆，曰："筑室反耕者，宋必听命。"从之。宋人惧，使华元夜入楚师，登子反之床，起之曰："寡君使元以病告，曰：'敝邑易子而食，析骸以爨。虽然，城下之盟，有以国毙，不能从也。去我三十里，唯命是听。'"子反惧，与之盟而告王。退三十里。宋及楚平，华元为质。盟曰："我无尔诈，尔无我虞。"

[165] 食肉寝皮 – shí ròu qǐn pí – flesh (肉) shall be eaten (食) and his skin (皮) used as a sleeping mat (寝) – from 《左传 (Zuǒ Zhuàn)》, *Zuo Commentary* [to the *Spring and Autumn Annals*], dating from the 襄公二十一年 (the 21st year of emperor Xiānggōng, 551 B.C.) when an officer (州绰) boasted to his ruler (齐庄公) that "然二子者，譬于禽兽，臣食其肉而寝处其皮矣"which translates to "as for those two, they are like beasts, I will eat their flesh, and then sleep on their skins."

[166] 狼 – hěn – ruthless; relentless

鲁迅—呐喊

*** 我从前单¹⁶⁷听他讲道理，也胡涂¹⁶⁸过去；现在晓得他讲道理的时候，不但唇¹⁶⁹边还抹着人油，而且心里满装¹⁷⁰着吃人的意思。

*** Wǒ cóngqián dān tīng tā jiǎng dàolǐ, yě hútú guòqù; xiànzài xiǎode tā jiǎng dàolǐ de shíhòu, búdàn chún biān hái mǒzhe rén yóu, érqiě xīn lǐ mǎn zhuāngzhe chī rén de yìsi.

六

黑漆漆¹⁷¹的，不知是日是夜。赵家的狗又叫起来了。

Hēiqīqī de, bù zhī shì rì shì yè. Zhào jiā de gǒu yòu jiàoqǐlái le.

狮子¹⁷²似的凶心¹⁷³，兔子的怯弱¹⁷⁴，狐狸¹⁷⁵的狡猾¹⁷⁶，……

Shīzi shìde xiōngxīn, tùzi de qièruò, húlí de jiǎohuá, ……

七

我晓得他们的方法，直捷¹⁷⁷杀了，是不肯的，***

Wǒ xiǎode tāmen de fāngfǎ, zhíjié shā le, shì bù kěn de, ***

---

¹⁶⁷ 单 – dān – only; solely; alone
¹⁶⁸ 胡涂 – hútú – (same as 糊涂) muddle-headed; confused; bewildered
¹⁶⁹ 唇 – chún – lip
¹⁷⁰ 满装 – mǎn zhuāng – satiated with; filled with
¹⁷¹ 黑漆漆 – hēiqīqī – pitch black
¹⁷² 狮子 – shīzi – lion
¹⁷³ 凶心 – xiōngxīn – a ferocious heart
¹⁷⁴ 怯弱 – qièruò – timid and weak willed
¹⁷⁵ 狐狸 – húlí – fox
¹⁷⁶ 狡猾 – jiǎohuá – sly; crafty; cunning; tricky
¹⁷⁷ 直捷 – zhíjié – direct; straightforward

*** 而且也不敢，怕有祸祟[178]。所以他们大家连络[179]，布满[180]了罗网[181]，逼[182]我自戕[183]。试看前几天街上男女的样子，和这几天我大哥的作为[184]，便足可悟出[185]八九分[186]了。最好是解[187]下腰带，挂[188]在梁[189]上，自己紧紧勒死[190]；他们没有杀人的罪名[191]，又偿[192]了心愿[193]，自然都欢天喜地[194]的发出一种呜呜咽咽[195]的笑声。否则[196]惊吓[197]忧愁[198]死了，虽则略瘦[199]，也还可以首肯[200]几下。

*** érqiě yě bù gǎn, pà yǒu huòsuì. Suǒyǐ tāmen dàjiā liánluò, bùmǎn le luówǎng, bī wǒ zìqiāng. Shì kàn qián jǐ tiān jiē shàng nánnǚ de yàngzi, hé zhè jǐ tiān wǒ dàgē de zuòwéi, biàn zú kěwùchū bā-jiǔ fēn le. Zuìhǎo shì jiěxià yāodài, guà zài liáng shàng, zìjǐ jǐnjǐn lēisǐ; tāmen méiyǒu shārén de zuìmíng, yòu cháng le xīnyuàn, zìrán dōu huāntiān-xǐdì de fāchū yì zhǒng wūwū-yèyè de xiàoshēng. Fǒuzé jīngxià yōuchóu sǐ le, suī zé lüè shòu, yě hái kěyǐ shǒukěn jǐ xià.

---

[178] 祸祟 – huòsuì – evil spirit or ghost that will bring disaster or ruin
[179] 连络 – liánluò – banded together
[180] 布满 – bùmǎn – set up everywhere
[181] 罗网 – luówǎng – net; trap
[182] 逼 – bī – force; compel; drive
[183] 自戕 – zìqiāng – commit suicide; kill oneself
[184] 作为 – zuòwéi – conduct; action
[185] 足可悟出 – zú kěwùchū – enough (足) to be able to figure out (可悟出)
[186] 八九分 – bā-jiǔ fēn – 8 or 9 tenths; 80-90%
[187] 解 – jiě – untie; undo; take off
[188] 挂 – guà – hang; put up; suspend
[189] 梁 – liáng – beam
[190] 紧紧勒死 – jǐnjǐn lēisǐ – strangle to death; tie something tightly (紧紧) and hang to death (勒死)
[191] 罪名 – zuìmíng – charge; accusation
[192] 偿 – cháng – satisfy; fulfill; repay
[193] 心愿 – xīnyuàn – wish; aspiration
[194] 欢天喜地 – huāntiān-xǐdì – (成语) wild with joy; overjoyed
[195] 呜呜咽咽 – wūwū-yèyè – sob
[196] 否则 – fǒuzé – or else; if not; otherwise
[197] 惊吓 – jīngxià – fright; scare
[198] 忧愁 – yōuchóu – depressed; sad
[199] 虽则略瘦 – suī zé lüè shòu – even though (虽) then (则) somewhat (略) skinny (瘦)
[200] 首肯 – shǒukěn – nod approval; nod assent; approve; consent

他们是只会吃死肉的！——记得什么书上说，有一种东西，叫
"海乙那[201]"的，眼光和样子都很难看；时常吃死肉，连极大的骨头，
都细细嚼烂[202]，咽[203]下肚子去，想起来也教人害怕。"海乙那"是狼的
亲眷[204]，狼是狗的本家。前天赵家的狗，看我几眼，可见他也同谋[205]，
早已接洽[206]。老头子眼看着地，岂能瞒[207]得我过。

Tāmen shì zhǐ huì chī sǐ ròu de! —— Jìde shénme shū shàng shuō, yǒu yì
zhǒng dōngxi jiào "hǎiyǐnà" de, yǎnguāng hé yàngzi dōu hěn nánkàn; shícháng chī sǐ
ròu, lián jí dà de gútóu, dōu xìxì jiáo làn, yànxià dùzi qù, xiǎngqǐlái yě jiāo rén hàipà.
"Hǎiyǐnà" shì láng de qīnjuàn, láng shì gǒu de běnjiā. Qiántiān Zhào jiā de gǒu, kàn
wǒ jǐ yǎn, kějiàn tā yě tóngmóu, zǎoyǐ jiēqià. Lǎotóuzi yǎn kànzhe dì, qǐ néng mán de
wǒ guò.

最可怜的是我的大哥，他也是人，何以毫不害怕；而且合伙吃
我呢？还是历来[208]惯了，不以为非[209]呢？还是丧[210]了良心[211]，明知故犯[212]
呢？

Zuì kělián de shì wǒ de dàgē, tā yě shì rén, héyǐ háobù hàipà; érqiě héhuǒ chī
wǒ ne? Háishì lìlái guàn le, bù yǐwéi fēi ne? Háishì sàng le liángxīn míngzhī-gùfàn ne?

---

[201] 海乙那 – hǎiyǐnà – transliteration of the English word *hyena*. These three
Chinese characters, 海乙那, are used for their phonetic value only. The Chinese word
for hyena is 鬣狗(liègǒu) and 土狼 (tǔláng)

[202] 嚼烂 – jiáo làn – chew to a pulp

[203] 咽 – yàn – swallow

[204] 亲眷 – qīnjuàn – one's close relatives

[205] 同谋 – tóngmóu – conspire (with somebody)

[206] 接洽 – jiēqià – take up a matter with; arrange (business, etc.) with; consult with;

[207] 瞒 – mán – hide the truth from

[208] 历来 – lìlái – always; all through the ages

[209] 不以为非 – bù yǐwéi fēi – to not consider it wrong; to not think there is anything
wrong with it; see nothing wrong with it

[210] 丧 – sàng – lose

[211] 良心 – liángxīn – conscience

[212] 明知故犯 – míngzhī-gùfàn – (成语) commit an offence with full knowledge of its
implications; do something which one knows is wrong

我诅咒[213]吃人的人，先从他起头；要劝转[214]吃人的人，也先从他下手。

Wǒ zǔzhòu chī rén de rén, xiān cóng tā qǐtóu; yào quànzhuǎn chī rén de rén, yě xiān cóng tā xiàshǒu.

八

其实这种道理，到了现在，他们也该早已懂得，……

Qíshí zhè zhǒng dàolǐ, dào le xiànzài, tāmen yě gāi zǎoyǐ dǒng de……

忽然来了一个人；年纪不过二十左右，相貌[215]是不很看得清楚，满面笑容，对了我点头，他的笑也不像真笑。我便问他，"吃人的事，对么？"他仍然笑着说，"不是荒年[216]，怎么会吃人。"我立刻[217]就晓得，他也是一伙，喜欢吃人的；便自勇气百倍[218]，偏要[219]问他。

Hūrán lái le yí gè rén; niánjì bú guò èrshí zuǒyòu, xiàngmào shì bú hěn kàn de qīngchǔ, mǎnmiàn xiàoróng, duì le wǒ diǎntóu, tā de xiào yě bú xiàng zhēn xiào. Wǒ biàn wèn tā, "chī rén de shì, duì me?" Tā réngrán xiàozhe shuō, "bú shì huāngnián, zěnme huì chī rén." Wǒ lìkè jiù xiǎode, tā yě shì yì huǒ, xǐhuān chī rén de; biàn zì yǒngqì bǎibèi, piānyào wèn tā.

"对么？"

"Duì me?"

---

[213] 诅咒 – zǔzhòu – curse
[214] 劝转 – quànzhuǎn – persuade
[215] 相貌 – xiàngmào – looks; appearance
[216] 荒年 – huāngnián – year of famine
[217] 立刻 – lìkè – immediately; at once; right away
[218] 百倍 – bǎibèi – a hundred fold; a hundred times more
[219] 偏要 – piānyào – bent on having; must; insist

"这等事问他什么。你真会……说笑话。……今天天气很好。"

"Zhè děng shì wèn tā shénme. Nǐ zhēn huì……shuō xiàohuà……Jīntiān tiānqì hěn hǎo."

天气是好，月色也很亮了。可是我要问你，"对么？"

Tiānqì shì hǎo, yuèsè yě hěn liàng le. Kěshì wǒ yào wèn nǐ, "duì me?"

他不以为然[220]了。含含胡胡[221]的答道，"不……"

Tā bùyǐwéirán le. Hánhán-húhú de dádào, "bù……"

"不对？他们何以竟吃？！"

"Bú duì? Tāmen héyǐ jìng chī?!"

"没有的事……"

"Méiyǒu de shì……"

"没有的事？狼子村现吃；还有书上都写着，通红斩新[222]！"

"Méiyǒu de shì? Lángzi Cūn xiàn chī; háiyǒu shū shàng dōu xiězhe, tōnghóng zhǎn xīn!"

他便变了脸，铁一般青。睁着眼说，"有许有的，这是从来如此……"

Tā biàn biàn le liǎn, tiě yì bān qīng. Zhēngzhe yǎn shuō, "yǒu xǔ yǒu de, zhè shì cónglái rúcǐ……"

"从来如此，便对么？"

"Cónglái rúcǐ, biàn duì me?"

"我不同你讲这些道理；总之你不该说，你说便是你错！"

"Wǒ bù tóng nǐ jiǎng zhèxiē dàolǐ; zǒngzhī nǐ bù gāi shuō, nǐ shuō biàn shì nǐ cuò!"

---

[220] 不以为然 － bùyǐwéirán － (成语) beg to differ; don't think so; object to
[221] 含含胡胡 － hánhán-húhú － ambiguous; vague; unclear
[222] 通红斩新 － tōnghóng zhǎn xīn － bright red (通红) from a freshly (新) chopped (斩) corpse － written in bright red blood

我直跳起来，张开眼，这人便不见了。全身出了一大片汗。他的年纪，比我大哥小得远，居然[223]也是一伙；这一定是他娘老子先教的。还怕已经教给他儿子了；所以连小孩子，也都恶狠狠[224]的看我。

Wǒ zhí tiàoqǐlái, zhāngkāi yǎn, zhè rén biàn bú jiàn le. Quánshēn chū le yí dà piàn hàn. Tā de niánjì, bǐ wǒ dàgē xiǎo de yuǎn, jūrán yě shì yì huǒ; zhè yídìng shì tā niáng-lǎozi xiān jiāo de. Hái pà yǐjīng jiāo gěi tā érzi le; suǒyǐ lián xiǎoháizi, yě dōu èhěnhěn de kàn wǒ.

九

自己想吃人，又怕被别人吃了，都用着疑心[225]极深[226]的眼光，面面相觑[227]。……

Zìjǐ xiǎng chī rén, yòu pà bèi biérén chī le, dōu yòngzhe yíxīn jí shēn de yǎnguāng, miànmiàn-xiāngqù……

去[228]了这心思，放心做事走路吃饭睡觉，何等[229]舒服。这只是一条门槛[230]，一个关头[231]。***

Qù le zhè xīnsī, fàngxīn zuòshì zǒulù chīfàn shuìjiào, héděng shūfu. Zhè zhǐshì yì tiáo ménkǎn, yí gè guāntóu. ***

---

[223] 居然 – jūrán – unexpectedly; to one's surprise
[224] 恶狠狠 – èhěnhěn – fierce; ferocious
[225] 疑心 – yíxīn – suspicion
[226] 极深 – jí shēn – extremely; exceedingly
[227] 面面相觑 – miànmiàn-xiāngqù – （成语）gaze at each other in blank dismay; exchange uneasy glances
[228] 去 – qù – to get rid of
[229] 何等 – héděng – how; very [used in an exclamatory sentence to indicate something exclamatory] (何等舒服 – how comfortable; very comfortable)
[230] 门槛 – ménkǎn – threshold
[231] 关头 – guāntóu – juncture; moment

*** 他们可是父子兄弟夫妇朋友师生仇敌[232]和各不相识的人，都结成一伙，互相劝勉[233]，互相牵掣[234]，死也不肯跨过这一步。

*** Tāmen kěshì fù-zǐ xiōngdì fūfù péngyǒu shīshēng chóudí hé gè bù xiāngshí de rén, dōu jiéchéng yì huǒ, hùxiāng quànmiǎn, hùxiāng qiānchè, sǐ yě bù kěn kuàguò zhè yí bù.

十

大清早，去寻我大哥；他立在堂门外看天，我便走到他背后，拦[235]住门，格外[236]沉静[237]，格外和气[238]的对他说，

Dà qīng zǎo, qù xún wǒ dàgē; tā lì zài táng mén wài kàn tiān, wǒ biàn zǒudào tā bèihòu, lánzhù mén, géwài chénjìng, géwài héqì de duì tā shuō,

"大哥，我有话告诉你。"

"Dàgē, wǒ yǒu huà gàosu nǐ."

"你说就是，"他赶紧[239]回过脸来，点点头。

"Nǐ shuō jiùshì," tā gǎnjǐn huíguò liǎn lái, diǎndiǎntóu.

"我只有几句话，可是说不出来。大哥，大约当初[240]野蛮[241]的人，都吃过一点人。后来因为心思不同，有的不吃人了，***

"Wǒ zhǐyǒu jǐ jù huà, kěshì shuōbùchūlái. Dàgē, dàyuē dāngchū yěmán de rén, dōu chīguò yì diǎn rén. Hòulái yīnwèi xīnsī bù tóng, yǒu de bù chī rén le, ***

---

[232] 仇敌 – chóudí – foe; enemy
[233] 劝勉 – quànmiǎn – advise and encourage
[234] 牵掣 – qiānchè – hold up; check; impede
[235] 拦 – lán – bar; block; hold back
[236] 格外 – géwài – especially
[237] 沉静 – chénjìng – quiet; calm
[238] 和气 – héqì – gentle; kind; polite; good-natured
[239] 赶紧 – gǎnjǐn – lose no time; hasten
[240] 当初 – dāngchū – originally; in the beginning; in the first place
[241] 野蛮 – yěmán – uncivilized; savage

*** 一味²⁴²要好²⁴³，便变了人，变了真的人。有的却还吃，——也同虫子²⁴⁴一样，有的变了鱼鸟猴子，一直变到人。有的不要好，至今还是虫子。这吃人的人比不吃人的人，何等惭愧²⁴⁵。怕比虫子的惭愧猴子，还差得很远很远²⁴⁶。

*** yíwèi yàohǎo, biàn biàn le rén, biàn le zhēn de rén. Yǒu de què hái chī, —— yě tóng chóngzi yíyàng, yǒu de biàn le yú niǎo hóuzi, yìzhí biàndào rén. Yǒu de bú yàohǎo, zhìjīn háishi chóngzi. Zhè chī rén de rén bǐ bù chī rén de rén, héděng cánkuì. Pà bǐ chóngzi de cánkuì hóuzi, hái chà de hěn yuǎn hěn yuǎn.

"易牙²⁴⁷蒸了他儿子，给桀纣²⁴⁸吃，还是一直从前的事。谁晓得从盘古开辟天地²⁴⁹以后，一直吃到易牙的儿子；***

"Yìyá zhēng le tā érzi, gěi Jié Zhòu chī, háishi yìzhí cóngqián de shì. Shéi xiǎode cóng Pángǔ kāipì tiāndì yǐhòu, yìzhí chīdào Yìyá de érzi; ***

---

²⁴² 一味 – yíwèi – simply; blindly

²⁴³ 要好 – yàohǎo – try hard to make progress; be eager to improve oneself

²⁴⁴ 虫子 – chóngzi – insect; worm

²⁴⁵ 惭愧 – cánkuì – feel ashamed or abashed

²⁴⁶ referring to Darwin's theory of evolution which was quite popular with Chinese intellectuals at the time

²⁴⁷ 易牙 – Yìyá – a famous cook in Chinese history called Yìyá. According to 《管子·小称 (guǎnzi·xiǎo chèng)》，"夫易牙以调和事公，公曰'惟蒸婴儿之未尝'，于是蒸其首子而献之公 ("Fū Yìyá yǐ tiáohé shì gōng, gōng yuē 'wéi zhēng yīng'ér zhī wèicháng', yúshì zhēng qí shǒuzǐ ér xiàn zhī gōng)。" Yìyá's ruler, Duke Huán of Qí (齐桓公 Qí Huán Gōng) (685-643 B.C.) had never before tasted the meat of a human infant so Yìyá boiled his own first son and served the delicacy to the duke.

²⁴⁸ 桀纣 – Jié Zhòu – the two last evil rulers of the Shang (1776-1122 B.C.) and the Zhou (1122-221 B.C.) dynasties. They are frequently referred to in China as examples of the most evil of rulers. Jie and Zhou were both before the time of 易牙, so the 狂人 is mixing up his history.

²⁴⁹ 盘古开辟天地 – Pángǔ kāipì tiāndì – Pángǔ (盘古) builds and opens up (开辟) the heavens and the earth (天地)

盘古 – Pángǔ – in Chinese mythology, Pángǔ is a figure who was born from a cosmic egg that had coalesced from chaos in the beginning of the universe similar to Adam in the West's story of Adam and Eve. Once he was born, he separated the earth (Yin) and heaven (Yang) from each other and now his body forms the entire world.

*** 从易牙的儿子，一直吃到徐锡林[250]；从徐锡林，又一直吃到狼子村捉[251]住的人。去年城里杀了犯人，还有一个生痨病[252]的人，用馒头蘸[253]血舐[254]。[255]

*** cóng Yìyá de érzi, yìzhí chīdào Xú Xílín; cóng Xú Xílín, yòu yìzhí chīdào Lángzi Cūn zhuōzhù de rén. Qùnián chéng lǐ shā le fànrén, háiyǒu yí gè shēng láobìng de rén, yòng mántou zhàn xuè shì.

"他们要吃我，你一个人，原也无法可想；然而又何必[256]去入伙[257]。吃人的人，什么事做不出；他们会吃我，也会吃你，一伙里面，也会自吃。但只要转一步，只要立刻改了，也就是人人太平[258]。虽然从来如此，我们今天也可以格外要好，说是不能！大哥，我相信你能说，前天佃户要减租[259]，你说过不能。"

"Tāmen yào chī wǒ, nǐ yí gè rén, yuán yě wúfǎ kěxiǎng; rán'ér yòu hébì qù rùhuǒ. Chī rén de rén, shénme shì zuòbùchū; tāmen huì chī wǒ, yě huì chī nǐ, yì huǒ lǐmiàn, yě huì zì chī. Dàn zhǐyào zhuǎn yí bù, zhǐyào lìkè gǎi le, yě jiùshì rénrén tàipíng. Suīrán cónglái rúcǐ, wǒmen jīntiān yě kěyǐ géwài yàohǎo, shuō shì bù néng! Dàgē, wǒ xiāngxìn nǐ néng shuō, qiántiān diànhù yào jiǎnzū, nǐ shuōguò bù néng."

---

[250] 徐锡林 – Xú Xílín – Lǔ Xùn is actually referring to 徐锡麟 (Xú Xílín) who was an anti-Qing revolutionary and lived from 1873-1907. Xú Xílín was also from Shàoxīng, Lǔ Xùn's hometown. In July of 1907 he led a failed uprising against the Qing empire by assassinating the provincial governor of Ānhuī Province, 恩铭 (Ēn Míng), hoping to trigger a wider rebellion. After Xú Xílín's capture and execution, Ēn Míng's body guards cut out his heart and liver and ate them. (His cousin, 秋瑾 (Qiū Jǐn), was also executed a few days later and appears in the story, 药)

[251] 捉 – zhuō – catch; arrest; seize hold of somebody

[252] 痨病 – láobìng – T.B., tuberculosis

[253] 蘸 – zhàn – dip in (ink, sauce, etc.)

[254] 舐 – shì – lick

[255] The criminal from 狼子村 and the boy with T.B. who ate the bloody *mantou* appear in the story, 药.

[256] 何必 – hébì – there is no need why

[257] 入伙 – rùhuǒ – join a gang; form a partnership

[258] 太平 – tàipíng – peace and tranquility

[259] 减租 – jiǎnzū – abatement of rent

当初，他还只是冷笑，随后眼光便凶狠起来，一到说破[260]他们的隐情[261]，那就满脸都变成青色了。大门外立着一伙人，赵贵翁和他的狗，也在里面，都探头探脑[262]的挨[263]进来。有的是看不出面貌，似乎用布[264]蒙[265]着；有的是仍旧青面獠牙，抿着嘴笑[266]。我认识他们是一伙，都是吃人的人。可是也晓得他们心思很不一样，一种是以为从来如此，应该吃的；一种是知道不该吃，可是仍然要吃，又怕别人说破他，所以听了我的话，越发气愤[267]不过，可是抿着嘴冷笑。

　　Dāngchū, tā hái zhǐshì lěngxiào, suíhòu yǎnguāng biàn xiōnghěn qǐlái, yí dào shuōpò tāmen de yǐnqíng, nà jiù mǎn liǎn dōu biànchéng qīngsè le. Dàmén wài lìzhe yì huǒ rén, Zhào Guì Wēng hé tā de gǒu, yě zài lǐmiàn, dōu tàntóu-tànnǎo de āi jìnlái. Yǒu de shì kànbùchū miànmào, sìhū yòng bù méngzhe; yǒu de shì réngjiù qīngmiàn-liáoyá, mǐnzhe zuǐ xiào. Wǒ rènshi tāmen shì yì huǒ, dōu shì chī rén de rén. Kěshì yě xiǎode tāmen xīnsī hěn bù yíyàng, yì zhǒng shì yǐwéi cónglái rúcǐ, yīnggāi chī de; yì zhǒng shì zhīdào bù gāi chī, kěshì réngrán yào chī, yòu pà biérén shuōpò tā, suǒyǐ tīng le wǒ de huà, yuè fā qìfèn bú guò, kěshì mǐnzhe zuǐ lěngxiào.

　　这时候，大哥也忽然显出凶相，高声喝道[268]，

　　Zhè shíhòu, dàgē yě hūrán xiǎnchū xiōngxiàng, gāoshēng hèdào,

　　"都出去！疯子有什么好看！"

　　"Dōu chūqù! Fēngzi yǒu shénme hǎokàn!"

　　这时候，我又懂得一件他们的巧妙[269]了。***

　　Zhè shíhòu, wǒ yòu dǒng de yí jiàn tāmen de qiǎomiào le. ***

---

[260] 说破 – shuōpò – find out the truth about; lay bare; expose; reveal
[261] 隐情 – yǐnqíng – facts one prefers not to disclose
[262] 探头探脑 – tàntóu-tànnǎo – (成语) pop one's head in and look about
[263] 挨 – āi – get close to; be next to or near to
[264] 布 – bù – cloth
[265] 蒙 – méng – cover
[266] 抿嘴笑 – mǐnzuǐ xiào – smile with slightly closed lips; compress one's lips to smile
[267] 气愤 – qìfèn – indignant; furious
[268] 喝道 – hèdào – shouts to turn people away
[269] 巧妙 – qiǎomiào – (of skills, methods, etc.) ingenious; clever

鲁迅—呐喊

*** 他们岂但不肯改，而且[270]早已布置；预备下一个疯子的名目罩上[271]我。将来吃了，不但太平无事，怕还会有人见情[272]。佃户说的大家吃了一个恶人，正是这方法。这是他们的老谱[273]！

*** Tāmen qǐdàn bù kěn gǎi, érqiě zǎoyǐ bùzhì; yùbèi xià yí gè fēngzi de míngmù zhàoshàng wǒ. Jiānglái chī le, búdàn tàipíng wúshì, pà hái huì yǒu rén jiànqíng. Diànhù shuō de dàjiā chī le yí gè èrén, zhèng shì zhè fāngfǎ. Zhè shì tāmen de lǎopǔ!

陈老五也气愤愤的直走进来。如何按得住我的口，我偏要对这伙人说，

Chén Lǎo Wǔ yě qìfènfèn de zhí zǒu jìnlái. Rúhé àn de zhù wǒ de kǒu, wǒ piānyào duì zhè huǒ rén shuō,

"你们可以改了，从真心改起！要晓得将来容不得[274]吃人的人，活在世上。

"Nǐmen kěyǐ gǎi le, cóng zhēnxīn gǎiqǐ! Yào xiǎode jiānglái róngbùdé chī rén de rén, huó zài shì shàng.

"你们要不改，自己也会吃尽。即使[275]生得多，也会给真的人除灭[276]了，同猎人[277]打完狼子一样！——同虫子一样！"

"Nǐmen yào bù gǎi, zìjǐ yě huì chī jìn. Jíshǐ shēng de duō, yě huì gěi zhēn de rén chúmiè le, tóng lièrén dǎwán lángzi yíyàng! —— Tóng chóngzi yíyàng!"

那一伙人，都被陈老五赶走了。大哥也不知那里去了。陈老五劝我回屋子里去。屋里面全是黑沉沉的。***

Nà yì huǒ rén, dōu bèi Chén Lǎo Wǔ gǎnzǒu le. Dàgē yě bù zhī nǎli qù le. Chén Lǎo Wǔ quàn wǒ huí wūzi lǐ qù. Wū lǐmiàn quán shì hēichénchén de. ***

---

[270] 岂但……而且 – qǐdàn……érqiě – not only……but also
[271] 罩上 – zhàoshàng – put on
[272] 见情 – jiànqíng – feel grateful to somebody
[273] 老谱 – lǎopǔ – old trick; old practice
[274] 容不得 – róngbùdé – cannot tolerate
[275] 即使 – jíshǐ – even; even if; even though
[276] 除灭 – chúmiè – exterminate; do away with; wipe out
[277] 猎人 – lièrén – hunter

*** 横梁²⁷⁸和椽子²⁷⁹都在头上发抖²⁸⁰；抖了一会，就大起来，堆²⁸¹在我身上。

*** Héngliáng hé chuánzi dōu zài tóu shàng fādǒu; dǒu le yí huì, jiù dàqǐlái, duī zài wǒ shēn shàng.

万分²⁸²沉重²⁸³，动弹²⁸⁴不得；他的意思是要我死。我晓得他的沉重是假的，便挣扎²⁸⁵出来，出了一身汗。可是偏要说，

Wànfēn chénzhòng, dòngtán bùdé; tā de yìsi shì yào wǒ sǐ. Wǒ xiǎode tā de chénzhòng shì jiǎ de, biàn zhēngzhá chūlái, chū le yì shēn hàn. Kěshì piānyào shuō,

"你们立刻改了，从真心改起！你们要晓得将来是容不得吃人的人，……"

"Nǐmen lìkè gǎi le, cóng zhēnxīn gǎiqǐ! Nǐmen yào xiǎode jiānglái shì róngbùdé chī rén de rén, ……"

十一

太阳也不出，门也不开，日日是两顿饭。

Tàiyáng yě bù chū, mén yě bù kāi, rìrì shì liǎng dùn fàn.

我捏²⁸⁶起筷子，便想起我大哥；晓得妹子²⁸⁷死掉的缘故²⁸⁸，***

Wǒ niēqǐ kuàizi, biàn xiǎngqǐ wǒ dàgē; xiǎode mèizi sǐ diào de yuángù, ***

---

²⁷⁸ 横梁 – héngliáng – crossbeam
²⁷⁹ 椽子 – chuánzi – rafters
²⁸⁰ 发抖 – fādǒu – shiver; shake; tremble
²⁸¹ 堆 – duī – pile; stack
²⁸² 万分 – wànfēn – extremely; very much
²⁸³ 沉重 – chénzhòng – heavy
²⁸⁴ 动弹 – dòngtán – move
²⁸⁵ 挣扎 – zhēngzhá – struggle
²⁸⁶ 捏 – niē – hold between the fingers; pinch
²⁸⁷ 妹子 – mèizi – younger sister; sister
²⁸⁸ 缘故 – yuángù – cause; reason

*** 也全在他。那时我妹子才五岁，可爱可怜的样子，还在眼前。母亲哭个不住，他却劝母亲不要哭；大约因为自己吃了，哭起来不免[289]有点过意不去[290]。如果还能过意不去，……

*** yě quán zài tā. Nàshí wǒ mèizi cái wǔ suì, kě'ài kělián de yàngzi, hái zài yǎnqián. Mǔqīn kū gè bú zhù, tā què quàn mǔqīn bú yào kū; dàyuē yīnwèi zìjǐ chī le, kūqǐlái bùmiǎn yǒu diǎn guòyìbúqù. Rúguǒ hái néng guòyìbúqù, ……

妹子是被大哥吃了，母亲知道没有，我可不得而知[291]。

Mèizi shì bèi dàgē chī le, mǔqīn zhīdào méiyǒu, wǒ kě bùdé'érzhī.

母亲想也知道；不过哭的时候，却并没有说明，大约也以为应当的了。记得我四五岁时，坐在堂前乘凉[292]，大哥说爷娘[293]生病，做儿子的须割[294]下一片肉来，煮熟了请他吃，才算好人[295]；母亲也没有说不行。一片吃得，整个的自然也吃得。 但是那天的哭法，现在想起来，实在还教人伤心，这真是奇极[296]的事！

Mǔqīn xiǎng yě zhīdào; búguò kū de shíhòu, què bìng méiyǒu shuōmíng, dàyuē yě yǐwéi yīngdāng de le. Jìde wǒ sì-wǔ suì shí, zuò zài táng qián chéngliáng, dàgē shuō yéniáng shēngbìng, zuò érzi de xū gēxià yí piàn ròu lái, zhǔshú le qǐng tā chī, cái suàn hǎorén; mǔqīn yě méiyǒu shuō bù xíng. Yí piàn chī de, zhěnggè de zìrán yě chī de. Dànshì nà tiān de kūfǎ, xiànzài xiǎngqǐlái, shízài hái jiào rén shāngxīn, zhè zhēnshì qíjí de shì.

---

[289] 不免 – bùmiǎn – unavoidable

[290] 过意不去 – guòyìbúqù – (成语) feel sorry; feel apologetic

[291] 可不得而知 – bùdé'érzhī – (成语) unable to find out; unknown

[292] 乘凉 – chéngliáng – enjoy the cool

[293] 爷娘 – yéniáng – general name for father and mother

[294] 割 – gē – cut

[295] referring to "割股疗亲" – gēgǔ-liáoqīn – (成语) a famous story about cutting off some of one's own flesh to feed your parents or to help them overcome a serious illness. Such extreme acts to show filial piety were common in traditional Chinese stories.

[296] 奇极 – qí jí – extremely (极) strange (奇)

不能想了。

Bù néng xiǎng le.

四千年来时时吃人的地方，今天才明白，我也在其中混[297]了多年；大哥正管着家务，妹子恰恰[298]死了，他未必不和[299]在饭菜里，暗暗给我们吃。

Sìqiān nián lái shíshí chī rén de dìfāng, jīntiān cái míngbai, wǒ yě zài qí zhōng hùn le duō nián; dàgē zhèng guǎnzhe jiāwù, mèizi qiàqià sǐ le, tā wèibì bù huò zài fàncài lǐ, ànàn gěi wǒmen chī.

我未必无意之中，不吃了我妹子的几片肉，现在也轮到我自已，……

Wǒ wèibì wúyì zhī zhōng, bù chī le wǒ mèizi de jǐ piàn ròu, xiànzài yě lúndào wǒ zìjǐ, ……

有了四千年吃人履历[300]的我，当初虽然不知道，现在明白，难见真的人！

Yǒu le sì qiān nián chī rén lǚlì de wǒ, dāngchū suīrán bù zhīdào, xiànzài míngbai, nán jiàn zhēn de rén!

十三

没有吃过人的孩子，或者还有？

Méiyǒu chīguò rén de háizi, huòzhě hái yǒu?

---

[297] 混 – hùn – muddle along; drift along
[298] 恰恰 – qiàqià – just; exactly; precisely
[299] 和 – huò – mix; blend together
[300] 履历 – lǚlì – personal details (of education and work experience); curriculum vitae; resume

救[301]救孩子……

Jiù jiù háizi……

一九一八年四月。

---

[301] 救 – jiù – rescue; save; salvage

狂人日记

孔已己

Kong Yiji
孔乙己
Kǒng Yǐjǐ

孔乙己 was first published in April 1919 in *New Youth* (新青年 Xīn Qīnnián).

Kong Yiji is about a Chinese intellectual, named Kǒng Yǐjǐ, who never passed the civil service examinations and as a result struggles to make a living. While Kǒng Yǐjǐ can recite obscure texts and can write a character in its many alternate forms, he doesn't have any concrete skills that he can use to support himself. Since he never passed the exams, all his studying becomes irrelevant and his pride keeps him from doing tasks deemed unfit for a gentlemen.

He copies old texts to get by but usually resorts to stealing. People treat him like dirt and laugh at him every time he visits his favorite local bar, the Xián Hēng Jiǔdiàn (咸亨酒店). Due to this disrespect, Kǒng Yǐjǐ enjoys talking to children by either teaching them the characters, reciting old phrases for them, or just sharing his bar treats with them. Kǒng Yǐjǐ doesn't have much money, but he always pays off his tab at the local bar.

After not seeing him for a few days, the bartender and his assistant wonder what has happened to Kǒng Yǐjǐ. They find out he was caught stealing from a *Selectman* (举人 jǔrén - someone who did pass the exams). The Selectman had tied him up and had given him an all night beating, leaving both his legs broken. Surely, a beating such as this would keep him from stealing, but it also robbed him of his only livelihood. *Justice* is achieved by reducing Kǒng Yǐjǐ to dragging himself around by his two hands. Kǒng Yǐjǐ drags himself into the local bar for one last bowl of wine. While the people at the bar still laugh and make fun of him, he enjoys his wine and leaves, never to come back. Kǒng Yǐjǐ surely died shortly after.

This story is based on one of Lǔ Xùn's uncles, Zhōu Zǐjīng (周子京) who lived in the family compound in Shàoxīng and helped teach Lǔ Xùn the classics in Lǔ Xùn's younger years. He spent years studying for the civil service exam, yet repeatedly failed to pass. He was something of a nuisance in the family compound and did not contribute much except to teach the children the classics.

Lǔ Xùn's uncle and Kǒng Yǐjǐ highlight one of the flaws in the civil service exam in feudal China. While the system prepared people very well in the classics of China, it also produced many people who never passed the exams, but yet had spent years and years in preparation. After their failure they lacked any other skills to support themselves and their families. Lǔ Xùn's uncle eventually committed suicide by lighting himself on fire and jumping off a bridge into the water below. He died a few days later.

鲁迅—呐喊

"不多不多！多乎哉？不多也。"

孔乙己[1]
Kǒng Yǐjǐ

鲁镇[2]的酒店的格局[3]，是和别处不同的：都是当街[4]一个曲尺[5]形的大柜台[6]，柜里面预备[7]着热水，可以随时温酒。做工的人，傍午傍晚[8]散了工[9]，每每花四文铜钱[10]，买一碗酒，——这是二十多年前的事，现在每碗要涨到十文，——靠柜外站着，热热的喝了休息；倘[11]肯多花一文，便可以买一碟[12]盐煮笋[13]，或者茴香豆[14]，做下酒物[15]了，如果出到十几文，那就能买一样荤菜[16]，但这些顾客，***

Lǔ Zhèn de jiǔdiàn de géjú, shì hé biéchù bù tóng de: dōu shì dāngjiē yí gè qūchǐ xíng de dà guìtái, guì lǐmiàn yùbèizhe rèshuǐ, kěyǐ suíshí wēnjiǔ. Zuògōng de rén, bàngwǔ bàngwǎn sàn le gōng, měiměi huā sì wén tóngqián, mǎi yì wǎn jiǔ, —— zhè shì èrshí duō nián qián de shì, xiànzài měi wǎn yào zhǎngdào shí wén, —— kào guìwài zhànzhe, rèrè de hē le xiūxi; tǎng kěn duō huā yì wén, biàn kěyǐ mǎi yì dié yánzhǔsǔn, huòzhě huíxiāngdòu, zuò xiàjiǔwù le, rúguǒ chūdào shíjǐ wén, nà jiù néng mǎi yí yàng hūncài, dàn zhèxiē gùkè, ***

---

[1] 孔乙己 – Kǒng Yǐjǐ – name of a character, Kong Yiji

[2] 鲁镇 – Lǔ Zhèn – the town of 鲁, Lǔ Xùn frequently refers back to 鲁镇 as the setting for many of his stories

[3] 格局 – géjú – pattern, set-up, structure

[4] 当街 – dāngjiē – face the street; on the street

[5] 曲尺 – qūchǐ – bent or crooked ruler

[6] 柜台 – guìtái – sales counter

[7] 预备 – yùbèi – prepare; get ready

[8] 傍午傍晚 – bàngwǔ bàngwǎn – draw near to afternoon and evening

[9] 散工 – sàn gōng – get off work; finish work

[10] 铜钱 – tóngqián – copper money

[11] 倘 – tǎng – if; supposing; in case

[12] 碟 – dié – small dish; small plate

[13] 盐煮笋 – yánzhǔsǔn – salted bamboo shoots

[14] 茴香豆 – huíxiāngdòu – fennel beans; fennel-flavored beans; peas flavored with aniseed

[15] 下酒物 – xiàjiǔwù – things to go with wine/alcohol

[16] 荤菜 – hūncài – meat dishes

*** 多是短衣帮[17]，大抵没有这样阔绰[18]。只有穿长衫[19]的，才踱[20]进店面隔壁[21]的房子里，要酒要菜，慢慢地坐喝。

*** duō shì duǎnyī bāng, dàdǐ méiyǒu zhèyàng kuòchuò. Zhǐyǒu chuān chángshān de, cái duǒjìn diànmiàn gébì de fángzi lǐ, yào jiǔ yào cài, mànmàn de zuò hē.

我从十二岁起，便在镇口[22]的咸亨酒店[23]里当伙计[24]，掌柜[25]说，样子太傻[26]，怕侍候[27]不了长衫主顾，就在外面做点事罢。外面的短衣主顾，虽然容易说话，但唠唠叨叨[28]缠夹[29]不清的也很不少。他们往往要亲眼看着黄酒从坛子[30]里舀[31]出，看过壶子底里有水没有，***

Wǒ cóng shí'èr suì qǐ, biàn zài zhènkǒu de Xián Hēng Jiǔdiàn lǐ dāng huǒjì, zhǎngguì shuō, yàngzi tài shǎ, pà shìhòubùliǎo chángshān zhǔgù, jiù zài wàimiàn zuò diǎn shì bà. Wàimiàn de duǎnyī zhǔgù, suīrán róngyì shuōhuà, dàn láoláo-dāodāo chánjiā bù qīng de yě hěn bù shǎo. Tāmen wǎngwǎng yào qīnyǎn kànzhe huángjiǔ cóng tánzi lǐ yǎochū, kànguò húzi dǐ lǐ yǒu shuǐ méiyǒu, ***

---

[17] 短衣帮 – duǎnyī bāng – the class (帮) of those wearing short sleeves (衣帮); blue colored workers; the working class

[18] 阔绰 – kuòchuò – living in luxury and abundance

[19] 长衫 – chángshān – gown; long gown (indicates wealth)

[20] 踱 – duǒ – pace; stroll

[21] 隔壁 – gébì – next door

[22] 镇口 – zhènkǒu – edge of town

[23] 咸亨酒店 – Xián Hēng Jiǔdiàn – name of a bar in 鲁镇 which appears in many of Lǔ Xùn's stories

[24] 伙计 – huǒjì – salesman; sales clerk; shop assistant

[25] 掌柜 – zhǎngguì – shopkeeper; manager (of a shop)

[26] 傻 – shǎ – stupid; muddle-headed

[27] 侍候 – shìhòu – wait upon; look after; attend

[28] 唠唠叨叨 – láoláo-dāodāo – talk tediously at length; be a chatter-box; be long-winded

[29] 缠夹 – chánjiā – pester; harass; nag

[30] 坛子 – tánzi – earthen jar

[31] 舀 – yǎo – to ladle; spoon out

***又亲看将³²壶子放在热水里，然后放心：在这严重兼督³³下，羼³⁴水也很为难³⁵。所以过了几天，掌柜又说我干不了这事。幸亏³⁶荐头³⁷的情面³⁸大，辞退³⁹不得，便改为专管⁴⁰温酒的一种无聊职务了。

*** yòu qīnkàn jiāng húzi fàng zài rèshuǐ lǐ, ránhòu fàngxīn: zài zhè yánzhòng jiān dū xià, chàn shuǐ yě hěn wéinán. Suǒyǐ guò le jǐ tiān, zhǎngguì yòu shuō wǒ gànbùliǎo zhè shì. Xìngkuī jiàntóu de qíngmiàn dà, cítuì bùdé, biàn gǎi wéi zhuānguǎn wēn jiǔ de yì zhǒng wúliáo zhíwù le.

我从此便整天的站在柜台里，专管我的职务。虽然没有什么失职⁴¹，但总觉得有些单调⁴²，有些无聊。掌柜是一副⁴³凶脸孔⁴⁴，主顾也没有好声气，教人活泼⁴⁵不得；只有孔乙己到店，才可以笑几声，所以至今还记得。

Wǒ cóngcǐ biàn zhěngtiān de zhànzài guìtái lǐ, zhuānguǎn wǒ de zhíwù. Suīrán méiyǒu shénme shīzhí, dàn zǒng juéde yǒuxiē dāndiào, yǒuxiē wúliáo. Zhǎngguì shì yí fù xiōng liǎnkǒng, zhǔgù yě méiyǒu hǎo shēngqì, jiào rén huópō bùdé; zhǐyǒu Kǒng Yǐjǐ dào diàn, cái kěyǐ xiào jǐ shēng, suǒyǐ zhìjīn hái jìde.

孔乙己是站着喝酒而穿长衫的唯一⁴⁶的人。他身材⁴⁷很高大；***

Kǒng Yǐjǐ shì zhànzhe hējiǔ ér chuān chángshān de wéiyī de rén. Tā shēncái hěn gāodà; ***

---

³² 将 – jiāng – written form of 把
³³ 兼督 – jiān dū – simultaneous (兼) supervision (督)
³⁴ 羼 – chàn – add; mix
³⁵ 为难 – wéinán – make things difficult for
³⁶ 幸亏 – xìngkuī – fortunately; luckily
³⁷ 荐头 – jiàntóu – recommender; broker; employment agent
³⁸ 情面 – qíngmiàn – feelings; sensibilities
³⁹ 辞退 – cítuì – dismiss; discharge
⁴⁰ 专管 – zhuānguǎn – be in charge of a certain job
⁴¹ 失职 – shīzhí – neglect one's duty; dereliction of duty
⁴² 单调 – dāndiào – monotonous; dull; drab
⁴³ 副 – fù – a measure word for a facial expression
⁴⁴ 脸孔 – liǎnkǒng – face (of your body)
⁴⁵ 活泼 – huópō – lively; vivacious; vivid
⁴⁶ 唯一 – wéiyī – only; sole
⁴⁷ 身材 – shēncái – stature; figure; build

青白脸色，皱纹[48]间时常夹些伤痕[49]；一部乱蓬蓬[50]的花白的胡子。穿的虽然是长衫，可是又脏[51]又[52]破，似乎十多年没有补[53]，也没有洗。他对人说话，总是满口之乎者也[54]，教人半懂不懂[55]的。因为他姓孔，别人便从描红纸[56]上的"上大人孔乙己"这半懂不懂的话里，替他取下一个绰号[57]，叫作孔乙己。孔乙己一到店，所有喝酒的人便都看着他笑，有的叫道，"孔乙己，你脸上又添[58]上新伤疤[59]了！"他不回答，对柜里说，"温两碗酒，要一碟茴香豆。"便排[60]出九文大钱[61]。

*** qīngbái liǎnsè, zhòuwén jiān shícháng jiā xiē shānghén; yí bù luànpéngpéng de huābái de húzi. Chuān de suīrán shì chángshān, kěshì yòu zāng yòu pò, sìhū shí duō nián méiyǒu bǔ, yě méiyǒu xǐ. Tā duì rén shuōhuà, zǒngshì mǎnkǒu zhī-hū-zhě-yě, jiào rén bàndǒng-bùdǒng de. Yīnwèi tā xìng Kǒng, biérén biàn cóng miáohóngzhǐ shàng de "shàng dà rén kǒng yǐ jǐ" zhè bàndǒng-bùdǒng de huà lǐ, tì tā qǔxià yí gè chuòhào, jiàozuò Kǒng Yǐjǐ. Kǒng Yǐjǐ yí dào diàn, suǒyǒu hējiǔ de rén biàn dōu kànzhe tā xiào, yǒu de jiàodào, "Kǒng Yǐjǐ, nǐ liǎn shàng yòu tiānshàng xīn shāngbā le!" Tā bù huídá, duì guì lǐ shuō, "wēn liǎng wǎn jiǔ, yào yì dié huíxiāngdòu." Biàn páichū jiǔ wén dàqián. ***

---

[48] 皱纹 – zhòuwén – wrinkles; lines
[49] 伤痕 – shānghén – scar; bruise
[50] 乱蓬蓬 – luànpéngpéng – disheveled; tangled; unkempt
[51] 脏 – zāng – dirty; filthy
[52] 又…又… – yòu…yòu… – both…and…; not only…but also…
[53] 补 – bǔ – mend; patch; repair
[54] 之乎者也 – zhī-hū-zhě-yě – （成语）"thou, art, nay, forsooth" (a string of incomprehensible garble; particles of literary Chinese – pedantic terms; literary jargon; archaisms)
[55] 半懂不懂 – bàndǒng-bùdǒng – （成语）to not understand even half; maybe you can guess half, but actually you don't understand anything
[56] 描红纸 – miáohóngzhǐ – paper with red characters, used by children to help them learn calligraphy. The first few characters of a popular copybook in older times were "上大人孔乙己化三千七十士尔小生八九子佳作仁可知礼也."
[57] 绰号 – chuòhào – nickname
[58] 添 – tiān – add; increase
[59] 伤疤 – shāngbā – scar
[60] 排 – pái – line up; arrange in order
[61] 大钱 – dàqián – (formerly) a copper coin of large denomination; (broadly) money.

*** 他们又故意[62]的高声嚷[63]道，"你一定又偷[64]了人家的东西了！" 孔乙己睁大眼睛说，"你怎么这样凭空污人清白[65]……""什么清白？我前天亲眼见你偷了何家的书，吊着打。"孔乙己便涨红了脸，额[66]上的青筋[67]条条绽[68]出，争辩[69]道，"窃[70]书不能算偷……窃书！……读书人的事，能算偷么？"接连便是难懂的话，什么"君子固穷[71]"，什么"者乎"之类，引[72]得众人都哄笑[73]起来：店内外充满了快活的空气。

*** Tāmen yòu gùyì de gāoshēng rǎngdào, "nǐ yídìng yòu tōu le rénjiā de dōngxi le!" Kǒng Yǐjǐ zhēng dà yǎnjing shuō, "nǐ zěnme zhèyàng píngkòng wū rén qīngbái……" "Shénme qīngbái? Wǒ qiántiān qīnyǎn jiàn nǐ tōu le Hé jiā de shū, diàozhe dǎ." Kǒng Yǐjǐ biàn zhànghóng le liǎn, é shàng de qīng jīn tiáotiáo zhànchū, zhēngbiàn dào, "qiè shū bù néng suàn tōu……qiè shū!……dúshū rén de shì, néng suàn tōu me?" Jiēlián biàn shì nán dǒng de huà, shénme "jūnzǐ gù qióng," shénme "zhě-hū" zhī lèi, yǐn de zhòngrén dōu hōngxiào qǐlái: diàn nèi wài chōngmǎn le kuàihuó de kōngqì.

听人家背地里[74]谈论，孔乙己原来也读过书，***

Tīng rénjiā bèidìli tánlùn, Kǒng Yǐjǐ yuánlái yě dúguò shū, ***

---

[62] 故意 - gùyì - purposely; intentionally; deliberately

[63] 嚷 - rǎng - shout; yell; make an uproar

[64] 偷 - tōu - steal; pilfer

[65] 凭空污人清白 - píngkòng wū rén qīngbái - groundlessly (凭空) smear someone's (污人) innocence (清白)

[66] 额 - é - forehead

[67] 筋 - jīn - anything resembling a tendon or vein

[68] 绽 - zhàn - split; burst

[69] 争辩 - zhēngbiàn - argue; debate; contend

[70] 窃 - qiè - steal

[71] 君子固穷 - jūnzǐ gù qióng - a gentlemen stands firm in poverty; a gentlemen keeps his morals even in poverty. Quoted from *The Analects* of Confucius (《论语》孔子 (《Lùnyǔ》 Kǒngzǐ)):

"君子固穷，小人穷斯滥矣" - "jūnzǐ gù qióng, xiǎorén qióng sī làn yǐ" - a gentlemen keeps his morals in poverty, unlike the common man who will resort to foul means to make do

君子 - jūnzǐ - a man of noble character; gentleman

[72] 引 - yǐn - cause; make

[73] 哄笑 - hōngxiào - burst out in roars of laughter

[74] 背地里 - bèidìli - behind someone's back; privately; on the sly

*** 但终于没有进学[75]，又不会营生[76]；于是[77]愈过愈[78]穷，弄[79]到将要[80]讨饭[81]了。幸而[82]写得一笔好字，便替人家钞[83]钞书，换一碗饭吃。可惜他又有一样坏脾气，便是好吃懒做[84]。坐不到几天，便连人和书籍[85]纸张笔砚[86]，一齐[87]失踪[88]。如是几次，叫他钞书的人也没有了。孔乙己没有法，便免不了[89]偶然[90]做些偷窃的事。但他在我们店里，品行[91]却比别人都好，就是从不拖欠[92]；***

*** dàn zhōngyú méiyǒu jìnxué, yòu bú huì yíngshēng; yúshì yù guò yù qióng, nòngdào jiāngyào tǎofàn le. Xìng'ér xiě de yì bǐ hǎo zì, biàn tì rénjiā chāo chāo shū, huàn yì wǎn fàn chī. Kěxī tā yòu yǒu yíyàng huài píqi, biàn shì hàochī-lǎnzuò. Zuò bú dào jǐ tiān, biàn lián rén hé shūjí zhǐzhāng bǐyàn, yìqí shīzōng. Rú shì jǐ cì, jiào tā chāo shū de rén yě méiyǒu le. Kǒng Yǐjǐ méiyǒu fǎ, biàn miǎnbùliǎo ǒu'rán zuò xiē tōuqiè de shì. Dàn tā zài wǒmen diàn lǐ, pǐnxíng què bǐ biérén dōu hǎo, jiùshì cóng bù tuōqiàn; ***

---

[75] 进学 – jìnxué – referring to the civil examination system during the Qing and Ming dynasties. The applicant would first study the classics on their own. Since studying required a good amount of time, only well off families could afford their sons to forgo work for study. If they passed the district wide examinations, known as 道考, then they would be said to have 进学, and be called a 秀才. Every three years, a provincial wide test would be held. Those who passed this exam would then be known as 举人.

[76] 营生 – yíngshēng – earn or make a living

[77] 于是 – yúshì – therefore

[78] 愈....愈... – yù...yù... – the more...the more...

[79] 弄 – nòng – do; make; handle; manage; get

[80] 将要 – jiāngyào – be going to; will; shall

[81] 讨饭 – tǎofàn – beg for food

[82] 幸而 – xìng'ér – luckily; fortunately

[83] 钞 – chāo – to copy (钞 is the same as 抄 – chāo)

[84] 好吃懒做 – hàochī-lǎnzuò – (成语) be fond of eating and averse to work

[85] 书籍 – shūjí – books; works

[86] 笔砚 – bǐyàn – writing brush and ink stone (ink slab)

[87] 一齐 – yìqí – at the same time; simultaneously

[88] 失踪 – shīzōng – disappear; missing

[89] 免不了 – miǎnbùliǎo – unavoidable

[90] 偶然 – ǒu'rán – accidental; fortuitous; chance

[91] 品行 – pǐnxíng – conduct; behavior

[92] 拖欠 – tuōqiàn – fail to pay one's debts; be in arrears

*** 虽然间或[93]没有现钱，暂时[94]记在粉板[95]上，但不出一月，定然还清，从粉板上拭[96]去了孔乙己的名字。

*** suīrán jiānhuò méiyǒu xiànqián, zànshí jì zài fěnbǎn shàng, dàn bù chū yí yuè, dìngrán hái qīng, cóng fěnbǎn shàng shìqù le Kǒng Yǐjǐ de míngzi.

孔乙己喝过半碗酒，涨红的脸色渐渐复了原[97]，旁人便又问道，"孔乙己，你当真[98]认识字么？"孔乙己看着问他的人，显出不屑[99]置辩[100]的神气。他们便接着说道，"你怎的连半个秀才[101] ***

Kǒng Yǐjǐ hēguò bàn wǎn jiǔ, zhànghóng de liǎnsè jiànjiàn fù le yuán, pángrén biàn yòu wèndào, "Kǒng Yǐjǐ, nǐ dàngzhēn rènshi zì me?" Kǒng Yǐjǐ kànzhe wèn tā de rén, xiǎnchū búxiè zhìbiàn de shénqì. Tāmen biàn jiēzhe shuōdào, "nǐ zěn de lián bàn gè xiùcái ***

---

[93] 间或 – jiānhuò – occasionally; now and then; sometimes; once in a while
[94] 暂时 – zànshí – temporary; transient
[95] 粉板 – fěnbǎn – chalk board
[96] 拭 – shì – wipe away; wipe
[97] 复原 – fùyuán – recover; recover from an illness; be restored to health
[98] 当真 – dàngzhēn – really
[99] 不屑 – búxiè – disdain to do something; not consider something worth doing
[100] 置辩 – zhìbiàn – get into a debate or dispute
[101] 秀才 – xiùcái – the first level of the Ming and Qing civil examination system. Those who passed the exam would have a great career ahead of them working with the government or teaching the classics. The downside as shown by 孔已己's failure, is that the test requires lots of time to be spent reading the classics which does not easily translate into other careers if one fails the exams. The different levels are:

> 秀才 – Budding Talent – those who passed a district/county wide test, known as 道考, became 秀才. Once you are a 秀才, then you are deemed knowledgeable to teach others the classics.
> 举人 – jǔrén – Selectmen – every three years a provincial wide test (乡试 xiāngshì) was held. Those who passed became 举人.
> 状元 – zhuàngyuán – Advanced Scholar – the scholar who headed the successful candidates at the imperial examination; the very best scholar of all the examinees. Number one scholar in the country. This term applies to both military and literary candidates (and now other fields):
>> 武状元 – wǔ zhuàngyuán – number one military fighter, usually becomes general.
>> 文状元 – wén zhuàngyuán – number one literary scholar.

***也捞¹⁰²不到呢？"孔乙己立刻¹⁰³显出颓唐¹⁰⁴不安模样，脸上笼¹⁰⁵上了一层灰色，嘴里说些话；这回可是全是之乎者也之类，一些不懂了。在这时候，众人也都哄笑起来：店内外充满了快活的空气。

*** yě lāo bú dào ne" Kǒng Yǐjǐ lìkè xiǎnchū tuítáng bù'ān múyàng, liǎn shàng lǒng shàng le yì céng huīsè, zuǐ lǐ shuō xiē huà; zhè huí kěshì quán shì zhī-hū-zhě-yě zhī lèi, yì xiē bù dǒng le. Zài zhè shíhòu, zhòngrén yě dōu hōngxiào qǐlái: diàn nèi wài chōngmǎn le kuàihuó de kōngqì.

在这些时候，我可以附和¹⁰⁶着笑，掌柜是决不责备¹⁰⁷的。而且掌柜见了孔乙己，也每每这样问他，引人发笑。孔乙己自己知道不能和他们谈天，便只好向孩子说话。有一回对我说道，"你读过书么？"我略略¹⁰⁸点一点头¹⁰⁹。他说，"读过书，……我便考你一考。茴香豆的茴字，怎样写的？"我想，讨饭一样的人，也配¹¹⁰考我么？便回过脸去，不再理会¹¹¹。孔乙己等了许久，很恳切¹¹²的说道，"不能写罢？……我教给你，记着！这些字应该记着。***

Zài zhèxiē shíhòu, wǒ kěyǐ fùhèzhe xiào, zhǎngguì shì juébù zébèi de. Erqiě zhǎngguì jiàn le Kǒng Yǐjǐ, yě měiměi zhèyàng wèn tā, yǐn rén fāxiào. Kǒng Yǐjǐ zìjǐ zhīdào bù néng hé tāmen tántiān, biàn zhǐhǎo xiàng háizi shuōhuà. Yǒu yì huí duì wǒ shuōdào, "nǐ dúguò shū me?" Wǒ lüèlüè diǎn yì diǎntóu. Tā shuō, "dúguò shū,…… wǒ biàn kǎo nǐ yì kǎo. Huíxiāngdòu de huí zì, zěnyàng xiě de?" Wǒ xiǎng, tǎofàn yíyàng de rén, yě pèi kǎo wǒ me? Biàn huíguò liǎn qù, bú zài lǐhuì. Kǒng Yǐjǐ děng le xǔjiǔ, hěn kěnqiè de shuōdào, "bù néng xiě bà?……Wǒ jiāo gěi nǐ, jìzhe! Zhèxiē zì yīnggāi jìzhe. ***

---

¹⁰² 捞 – lāo – get by improper means; gain
¹⁰³ 立刻 – lìkè – immediately; at once; right away
¹⁰⁴ 颓唐 – tuítáng – dejected; dispirited
¹⁰⁵ 笼 – lǒng – envelop; cover
¹⁰⁶ 附和 – fùhè – echo; parrot
¹⁰⁷ 责备 – zébèi – reproach; blame; censure; take somebody to task
¹⁰⁸ 略略 – lüèlüè – slightly; briefly
¹⁰⁹ 点头 – diǎntóu – nod (in approval)
¹¹⁰ 配 – pèi – deserve; be qualified; suit
¹¹¹ 理会 – lǐhuì – [often used in negative sentences] take notice of; pay attention to
¹¹² 恳切 – kěnqiè – earnest; sincere

*** 将来做掌柜的时候，写账要用。"我暗想[113]我和掌柜的等级[114]还很远呢，而且我们掌柜也从不将茴香豆上账[115]；又好笑，又不耐烦[116]，懒懒[117]的答他道，"谁要你教，不是草头底下一个来回的回字么？"孔乙己显出极高兴的样子，将两个指头的长指甲[118]敲[119]着柜台，点头说，"对呀对呀！……回字有四样写法[120]，你知道么？"我愈不耐烦了，努着嘴[121]走远。孔乙己刚用指甲蘸[122]了酒，想在柜上写字，见我毫不热心，便又叹一口气[123]，显出极惋惜[124]的样子。

*** Jiānglái zuò zhǎngguì de shíhòu, xiě zhàng yào yòng." Wǒ ànxiǎng wǒ hé zhǎngguì de děngjí hái hěn yuǎn ne, érqiě wǒmen zhǎngguì yě cóng bù jiāng huíxiāngdòu shàngzhàng; yòu hǎoxiào, yòu bú nàifán, lǎnlǎn de dá tā dào, "shéi yào nǐ jiāo, bú shì cǎotóu dǐxia yí gè láihuí de huí zì me?" Kǒng Yǐjǐ xiǎnchū jí gāoxìng de yàngzi, jiāng liǎng gè zhǐtóu de cháng zhǐjia qiāozhe guìtái, diǎntóu shuō, "duì yā duì yā!……Huí zì yǒu sì yàng xiě fǎ, nǐ zhīdào me?" Wǒ yù bú nàifán le, nǔzhe zuǐ zǒu yuǎn. Kǒng Yǐjǐ gāng yòng zhǐjia zhàn le jiǔ, xiǎng zài guì shàng xiě zì, jiàn wǒ háobù rèxīn, biàn yòu tàn yì kǒuqì, xiǎnchū jí wǎnxī de yàngzi.

有几回，邻居孩子听得笑声，也赶热闹，围住[125]了孔乙己。***

Yǒu jǐ huí, línjū háizi tīng de xiàoshēng, yě gǎn rènào, wéizhù le Kǒng Yǐjǐ. ***

---

[113] 暗想 – ànxiǎng – think to myself
[114] 等级 – děngjí – grade; rank
[115] 上账 – shàngzhàng – make an entry in an account book; enter something in an account
[116] 耐烦 – nàifán – patient
[117] 懒懒 – lǎnlǎn – sluggishly; lazily
[118] 指甲 – zhǐjia – nail　手指甲 – finger nail
[119] 敲 – qiāo – knock; beat; strike
[120] The four ways of writing 回 are: 回, 囘, 囬, and 圎.
[121] 努嘴 – nǔzuǐ – pout one's lips as a signal
[122] 蘸 – zhàn – dip in (ink, sauce, etc)
[123] 叹一口气 – tàn yì kǒuqì – heave a sigh
[124] 惋惜 – wǎnxī – feel regret at something; condole with somebody over something unfortunate
[125] 围住 – wéizhù – enclose, surround

***他便给他们吃茴香豆，一人一颗[126]。 孩子吃完豆，仍然[127]不散，眼睛都望着碟子。孔乙己着了慌[128]，伸开[129]五指将碟子罩住[130]，弯腰[131]下去说道，"不多了，我已经不多了。"直起身又看一看豆，自己摇头[132]说，"不多不多！多乎哉？不多也[133]。"于是这一群孩子都在笑声里走散了。

*** Tā biàn gěi tāmen chī huíxiāngdòu, yì rén yì kē. Háizi chīwán dòu, réngrán bú sàn, yǎnjing dōu wàngzhe diézi. Kǒng Yǐjǐ zháo le huāng, shēnkāi wǔ zhǐ jiāng diézi zhàozhù, wānyāo xiàqù shuōdào, "bù duō le, wǒ yǐjīng bù duō le." Zhí qǐ shēn yòu kàn yí kàn dòu, zìjǐ yáotóu shuō, "bù duō bù duō! Duō hū zāi? Bù duō yě." Yúshì zhè yì qún háizi dōu zài xiàoshēng lǐ zǒu sàn le.

孔乙己是这样的使人快活，可是没有他，别人也便这么过。

Kǒng Yǐjǐ shì zhèyàng de shǐ rén kuàihuó, kěshì méiyǒu tā, biérén yě biàn zhème guò.

有一天，大约是中秋[134]前的两三天，***

Yǒu yì tiān, dàyuē shì Zhōngqiū qián de liǎng-sān tiān, ***

---

[126] 颗 – kē – measure word for beans, pearls, etc.

[127] 仍然 – réngrán – still, yet

[128] 着慌 – zháohuāng – feel worried; get alarmed

[129] 伸开 – shēnkāi – stretch; extend

[130] 罩住 – zhàozhù – cover; wrap

[131] 弯腰 – wānyāo – bend down at the waist

[132] 摇头 – yáotóu – to shake your head

[133] 不多不多！多乎哉？不多也 – bù duō bù duō! Duō hū zāi? Bù duō yě – Not much, not much. How much can it be? Not much.
Kong Yiji is quoting *The Analects* although the usage here has no relationship to the original meaning:
> 大宰问于子贡曰：'夫子圣者与？何其多能也！'
> 子贡曰：'固天纵之将圣，又多能也。'
> 子闻之，曰：'大宰知我乎？吾少也贱，故多能鄙事。'君子多乎哉？不多也。
> 乎哉 – hū zāi – [used together with an interrogative, in this case 多, to express doubt or form a rhetorical question]

[134] 中秋 – Zhōngqiū – Mid Autumn Festival (formerly a time to settle accounts)

*** 掌柜正在慢慢的结账[135]，取下粉板，忽然说，"孔乙己长久没有来了。还欠十九个钱呢！"我才也觉得他的确[136]长久没有来了。一个喝酒的人说道，"他怎么会来？……他打折[137]了腿了。"掌柜说，"哦！""他总仍旧是偷。这一回，是自己发昏[138]，竟偷到丁举人[139]家里去了。他家的东西，偷得的么？""后来怎么样？""怎么样？先写服辩[140]，后来是打，打了大半夜，再打折了腿。""后来呢？""后来打折了腿了。""打折了怎样呢？""怎样？……谁晓得[141]？许[142]是死了。"掌柜也不再问，仍然慢慢的算他的账。

*** zhǎngguì zhèngzài mànmàn de jiézhàng, qǔxià fěnbǎn, hūrán shuō, "Kǒng Yǐjǐ chángjiǔ méiyǒu lái le. Hái qiàn shíjiǔ gè qián ne!" Wǒ cái yě juéde tā díquè chángjiǔ méiyǒu lái le. Yí gè hējiǔ de rén shuōdào, "tā zěnme huì lái?……Tā dǎshé le tuǐ le." Zhǎngguì shuō, "ò!" "Tā zǒng réngjiù shì tōu. Zhè yì huí, shì zìjǐ fāhūn, jìng tōudào Dīng jǔrén jiā lǐ qù le. Tā jiā de dōngxi, tōu dé de me?" "Hòulái zěnme yàng?" "Zěnme yàng? Xiān xiě fúbiàn, hòulái shì dǎ, dǎ le dàbànyè, zài dǎshé le tuǐ." "Hòulái ne?" "Hòulái dǎshé le tuǐ le." "Dǎshé le zěnyàng ne?" "Zěnyàng?……Shéi xiǎode? Xǔ shì sǐ le." Zhǎngguì yě bú zài wèn, réngrán mànmàn de suàn tā de zhàng.

中秋之后，秋风是一天凉比一天，看看将近[143]初冬；我整天的靠着火，也须穿上棉袄[144]了。一天的下半天[145]，***

Zhōngqiū zhīhòu, qiū fēng shì yì tiān liáng bǐ yì tiān, kàn kàn jiāngjìn chūdōng; wǒ zhěngtiān de kàozhe huǒ, yě xū chuānshàng mián'ǎo le. Yì tiān de xiàbàntiān, ***

---

[135] 结账 – jiézhàng – settle (or square) accounts; balance the books
[136] 的确 – díquè – indeed; really
[137] 打折 – dǎshé – break; snap; fracture
[138] 发昏 – fāhūn – feel dizzy; lose one's head; become confused
[139] 丁举人 – Dīng jǔrén – name of a character, Selectman Ding
[140] 服辩 – fúbiàn – sign a confession admitting to one's crimes
[141] 晓得 – xiǎode – to know
[142] 许 – xǔ – maybe; perhaps
[143] 将近 – jiāngjìn – be close to; nearly; almost
[144] 棉袄 – mián'ǎo – cotton-padded jacket
[145] 下半天 – xiàbàntiān – afternoon

*** 没有一个顾客，我正合了眼[146]坐着。忽然间听得一个声音，"温一碗酒。"这声音虽然极低，却很耳熟[147]。看时又全没有人。站起来向外一望，那孔乙己便在柜台下对了门槛[148]坐着。他脸上黑而且瘦[149]，已经不成样子[150]；穿一件破夹袄[151]，盘[152]着两腿，下面垫[153]一个蒲包[154]，用草绳[155]在肩[156]上挂住[157]；见了我，又说道，"温一碗酒。"掌柜也伸出头去，一面说，"孔乙己么？你还欠十九个钱呢！" 孔乙己很颓唐的仰面[158]答道，"这……下回还清罢。这一回是现钱，酒要好。"掌柜仍然同平常一样，笑着对他说，"孔乙己，你又偷了东西了！"但他这回却不十分分辩[159]，***

*** méiyǒu yí gè gùkè, wǒ zhèng hé le yǎn zuòzhe. Hūrán jiān tīng de yí gè shēngyīn, "wēn yì wǎn jiǔ." Zhè shēngyīn suīrán jí dī, què hěn ěrshú. Kàn shí yòu quán méiyǒu rén. Zhànqǐlái xiàng wài yí wàng, nà Kǒng Yǐjǐ biàn zài guìtái xià duì le ménkǎn zuòzhe. Tā liǎn shàng hēi érqiě shòu, yǐjīng bù chéng yàngzi; chuān yí jiàn pò jiá'ǎo, pánzhe liǎng tuǐ, xiàmiàn diàn yí gè púbāo, yòng cǎoshéng zài jiān shàng guàzhù; jiàn le wǒ, yòu shuōdào, "wēn yì wǎn jiǔ." Zhǎngguì yě shēnchū tóu qù, yí miàn shuō, "Kǒng Yǐjǐ me? Nǐ hái qiàn shíjiǔ gè qián ne!" Kǒng Yǐjǐ hěn tuítáng de yǎngmiàn dádào, "zhè……xià huí hái qīng bà. Zhè yì huí shì xiànqián, jiǔ yào hǎo." Zhǎngguì réngrán tóng píngcháng yíyàng, xiàozhe duì tā shuō, "Kǒng Yǐjǐ, nǐ yòu tōu le dōngxi le!" Dàn tā zhè huí què bù shífēn fēnbiàn, ***

---

146 合眼 – héyǎn – shut one's eyes (fall asleep)

147 耳熟 – ěrshú – familiar to the ear

148 门槛 – ménkǎn – threshold

149 瘦 – shòu – thin

150 不成样子 – bù chéng yàngzi – to look like a mess; to look like a wreck

151 夹袄 – jiá'ǎo – lined jacket; Chinese coat with two layers

152 盘 – pán – coil; wind (in this case, sitting on his legs)

153 垫 – diàn – put something under something else to raise it or make it level; pad

154 蒲包 – púbāo – bag made from cattail or rush

155 草绳 – cǎoshéng – rope made with straw or grass

156 肩 – jiān – shoulder

157 挂住 – guàzhù – hang; put up; suspend

158 仰面 – yǎngmiàn – face upward

159 分辩 – fēnbiàn – explain the factors in order to eliminate misunderstanding or blame

*** 单[160]说了一句"不要取笑[161]！""取笑？要是不偷，怎么会打断腿？"孔乙己低声说道，"跌断[162]，跌，跌……"他的眼色，很像恳求掌柜，不要再提。此时已经聚集[163]了几个人，便和掌柜都笑了。我温了酒，端出去，放在门槛上。他从破衣袋里摸出四文大钱，放在我手里，见他满手是泥[164]，原来他便用这手走来的。不一会，他喝完酒，便又在旁人的说笑声中，坐着用这手慢慢走去了。

*** dān shuō yí jù "bú yào qǔxiào!" "Qǔxiào? Yàoshì bù tōu, zěnme huì dǎduàn tuǐ?" Kǒng Yǐjǐ dīshēng shuōdào, "diēduàn, diē, diē……" Tā de yǎnsè, hěn xiàng kěnqiú zhǎngguì, bú yào zài tí. Cǐshí yǐjīng jùjí le jǐ gè rén, biàn hé zhǎngguì dōu xiào le. Wǒ wēn le jiǔ, duānchūqù, fàng zài ménkǎn shàng. Tā cóng pò yīdài lǐ mōchū sì wén dàqián, fàng zài wǒ shǒu lǐ, jiàn tā mǎn shǒu shì ní, yuánlái tā biàn yòng zhè shǒu zǒulái de. Bù yí huì, tā hēwán jiǔ, biàn yòu zài pángrén de shuō xiàoshēng zhōng, zuòzhe yòng zhè shǒu mànmàn zǒu qù le.

自此以后[165]，又长久没有看见孔乙己。到了年关[166]，掌柜取下粉板说，"孔乙己还欠十九个钱呢！"到第二年的端午[167]，又说"孔乙己还欠十九个钱呢！"到中秋可是没有说，再到年关也没有看见他。

Zì cǐ yǐhòu, yòu chángjiǔ méiyǒu kànjiàn Kǒng Yǐjǐ. Dào le niánguān, zhǎngguì qǔxià fěnbǎn shuō, "Kǒng Yǐjǐ hái qiàn shíjiǔ gè qián ne!" Dào dì-èr nián de Duānwǔ, yòu shuō "Kǒng Yǐjǐ hái qiàn shíjiǔ gè qián ne!" Dào Zhōngqiū kěshì méiyǒu shuō, zài dào niánguān yě méiyǒu kànjiàn tā.

---

[160] 单 – dān – only
[161] 取笑 – qǔxiào – make fun of; ridicule
[162] 跌断 – diēduàn – to break or snap something due to falling
[163] 聚集 – jùjí – gather; assemble; collect
[164] 泥 – ní – mud, mire
[165] 自此以后 – zì cǐ yǐhòu – henceforward
[166] 年关 – niánguān – the end of the year (formerly the time for settling accounts)
[167] 端午 – Duānwǔ – Dragon Boat Festival (the 5th day of the 5th lunar month) (another time for settling accounts)

我到现在终于没有见——大约孔乙己的确死了。

Wǒ dào xiànzài zhōngyú méiyǒu jiàn —— dàyuē Kǒng Yǐjǐ díquè sǐ le.

一九一九年三月。

鲁迅—呐喊

药

Medicine

药

Yào

药 was first published in *New Youth* (新青年 Xīn Qīngnián) in May of 1919.

The story is about a little boy who has contracted tuberculosis and whose parents go out desperately in search for a cure. According to a Chinese myth, human blood is a guaranteed cure to fight tuberculosis and therefore his parents seek out and find the blood of a young revolutionary who had recently been executed. Even with the fresh human blood, the boy still dies shortly afterwards.

The story takes place in Shàoxīng (绍兴城), Lǔ Xùn's hometown. The revolutionary in the story refers to the real anti-Qing revolutionary, Qīu Jǐn (秋瑾) (1879?-1907). Her older cousin, Xú Xílín (徐锡麟), led a failed uprising against the Qing empire in July 1907 by assassinating the provincial governor of Ānhuī Province hoping to trigger a wider rebellion. After Xú Xílín's capture and execution, Qīu Jǐn, who was planning a coordinated attack in Zhèjiāng Province, was arrested at her school (Dàtóng Academy for Girls), tortured, and then decapitated in her hometown, Shàoxīng, a few days later. The father in the story buys a *mántou* filled with the blood of Qīu Jǐn.

As discussed in the preface to *Nàhǎn*, Lǔ Xùn's father died in 1896 of an illness, likely to be tuberculosis, which Chinese medicine and doctors failed to treat. During his youth, Lǔ Xùn would pawn the family's goods in order to buy esoteric and expensive Chinese herbs and medicines. The ingredients would be items such as roots of reeds gathered in the winter, or Japanese ardisia herb that had formed seeds. While these items proved difficult to procure, they did nothing for his father's illness. He died after four years of using this expensive medicine. His father's death from inadequate medical care inspired Lǔ Xùn to study Western medicine in the first place (which he later quit to pursue literature) and he continued to be very skeptical of Chinese medicine.

Lǔ Xùn also discussed traditional Chinese medicine in his story, *Tomorrow* (明天).

仿佛抱着一个
十世单传的婴儿。

药
Yào

一

　　秋天的后半夜，月亮下去了，太阳还没有出，只剩下[1]一片乌蓝[2]的天；除了夜游的东西[3]，什么都睡着。华老栓[4]忽然坐起身，擦着火柴[5]，点上[6]遍身油腻[7]的灯盏[8]，茶馆的两间屋子里，便弥满[9]了清白的光。

　　Qiūtiān de hòubànyè, yuèliang xiàqù le, tàiyáng hái méiyǒu chū, zhǐ shèngxià yí piàn wūlán de tiān; chúle yèyóu de dōngxi, shénme dōu shuìzhe. Huà Lǎo Shuān hūrán zuò qǐshēn, cāzhe huǒchái, diǎnshàng biànshēn yóunì de dēngzhǎn, cháguǎn de liǎng jiān wūzi lǐ, biàn mímǎn le qīngbái de guāng.

　　"小栓[10]的爹[11]，你就去么[12]？"是一个老女人的声音。里边的小屋子里，***

　　"Xiǎo Shuān de diē, nǐ jiù qù me?" Shì yí gè lǎo nǚrén de shēngyīn. Lǐbiān de xiǎo wūzi lǐ, ***

---

[1] 剩下 – shèngxià – left over
[2] 乌蓝 – wūlán – blackish blue
[3] 夜游的东西 – yèyóu de dōngxi – night crawlers; refers to those who prefer going out at night; night owls
[4] 华老栓 – Huà Lǎo Shuān – name of character, the father of 小栓. Also known as 老栓
[5] 擦火柴 – cā huǒchái – strike (擦) a match (火柴)
[6] 点上 – diǎnshàng – light
[7] 油腻 – yóunì – greasy filth; grease
[8] 灯盏 – dēngzhǎn – an oil lantern without a lampshade
[9] 弥满 – mímǎn – be full of; permeated with
[10] 小栓 – Xiǎo Shuān – name of a character, the child of 华老栓 and 华大妈. The name is a childhood name given to him to protect him against childhood accidents and diseases.
[11] 爹 – diē – daddy; dad
[12] 么 – me – similar to 吗, used to indicate an implicit statement

*** 也发出一阵¹³咳嗽¹⁴。

*** yě fāchū yí zhèn késòu.

　　"唔¹⁵。" 老栓一面听，一面应¹⁶，一面¹⁷扣上衣服；伸手¹⁸过去说，"你给我罢¹⁹。"

　　"Ń." Lǎo Shuān yí miàn tīng, yí miàn yìng, yí miàn kòushàng yīfu; shēnshǒu guòqù shuō, "nǐ gěi wǒ bà."

　　华大妈²⁰在枕头²¹头底下掏²²了半天，掏出一包洋钱²³，交给老栓，老栓接了，抖抖²⁴的装入衣袋²⁵，又在外面按了两下；便点上灯笼²⁶，吹熄灯盏²⁷，走向里屋子去了。那屋子里面，正在窸窸窣窣²⁸的响，***

　　Huà Dà Mā zài zhěntóu tóu dǐxia tāo le bàntiān, tāochū yì bāo yángqián, jiāogěi Lǎo Shuān, Lǎo Shuān jiē le, dǒudǒu de zhuāngrù yīdài, yòu zài wàimiàn àn le liǎng xià; biàn diǎnshàng dēnglóng, chuīxī dēngzhǎn, zǒu xiàng lǐ wūzi qù le. Nà wūzi lǐmiàn, zhèngzài xīxī-sūsū de xiǎng, ***

---

¹³ 阵 – zhèn – measure word for a burst (of coughing)

¹⁴ 咳嗽 – késòu – cough

¹⁵ 唔 – ń – sound to indicate affirmative.

¹⁶ 应 – yìng – answer; respond

¹⁷ 一面…一面… – yí miàn…yí miàn – indicates that two or more actions are taking place simultaneously.

¹⁸ 伸手 – shēnshǒu – stretch (or hold) out one's hand.

¹⁹ 罢 – bà – indicates "and that's it"

²⁰ 华大妈 – Huà Dà Mā – name of a character, Mother Hua, the mother of 小栓

²¹ 枕头 – zhěntóu – pillow

²² 掏 – tāo – pullout; dig

²³ 洋钱 – yángqián – silver coins (Since silver coins first came from outside China, their common name was 洋钱, lit. foreign money. Even after the Qing Dynasty started to mint their own silver coins, the popular name remained 洋钱.)

²⁴ 抖抖 – dǒudǒu – tremble; shiver; quiver

²⁵ 衣袋 – yīdài – pocket

²⁶ 灯笼 – dēnglóng – a paper shaded lantern

²⁷ 吹熄灯盏 – chuīxī dēngzhǎn – blow out (吹熄) the oil lamp (灯盏)

²⁸ 窸窸窣窣 – xīxī-sūsū – *shish shish*, the sound of two small things rubbing up against each other in this case the sound of sheets rubbing up against each other

*** 接着便是一通²⁹咳嗽。老栓候³⁰他平静下去，才低低的叫道，"小栓……你不要起来……店么？你娘³¹会安排的."

*** jiēzhe biàn shì yí tòng késòu. Lǎo Shuān hòu tā píngjìng xiàqù, cái dīdī de jiàodào, "Xiǎo Shuān……nǐ bú yào qǐlái……diàn me? Nǐ niáng huì ānpái de."

老栓听得儿子不再说话，料³²他安心了睡了；便出了门，走到街上。街上黑沉沉³³的一无所有³⁴，只有一条灰白³⁵的路，看得分明³⁶。灯光照着他的两脚，一前一后³⁷的走。有时也遇到³⁸几只狗，可是一只也没有叫。天气比屋子里冷得多了；老栓倒觉爽快³⁹，仿佛⁴⁰一旦⁴¹变了少年，得了神通⁴²，有给人生命的本领⁴³似的，跨步⁴⁴格外高远。而且路也愈走愈分明，天也愈走愈⁴⁵亮了。

Lǎo Shuān tīng de érzi bú zài shuōhuà, liào tā ānxīn le shuì le; biàn chū le mén, zǒudào jiē shàng. Jiē shàng hēichénchén de yìwúsuǒyǒu, zhǐyǒu yì tiáo huībái de lù, kàn de fēnmíng. Dēngguāng zhàozhe tā de liǎng jiǎo, yì qián yí hòu de zǒu. Yǒushí yě yùdào jǐ zhǐ gǒu, kěshì yì zhǐ yě méiyǒu jiào. Tiānqì bǐ wūzi lǐ lěng de duō le; Lǎo Shuān dào jué shuǎngkuài, fǎngfú yídàn biàn le shàonián, dé le shéntōng, yǒu gěi rén shēngmìng de běnlǐng shìde, kuàbù géwài gāoyuǎn. Érqiě lù yě yù zǒu yù fēnmíng, tiān yě yù zǒu yù liàng le.

---

²⁹ 一通 – yí tòng – a bout; a round; a fit [measure word for a repeated action]; similar to 一遍，一次，一阵

³⁰ 候 – hòu – wait

³¹ 娘 – niáng – mother

³² 料 – liào – to have foreseen

³³ 黑沉沉 – hēichénchén – black; dark

³⁴ 一无所有 – yìwúsuǒyǒu – (成语) absolutely nothing; nothing at all

³⁵ 灰白 – huībái – grey

³⁶ 分明 – fēnmíng – clearly

³⁷ 一前一后 – yì qián yí hòu – one after the other

³⁸ 遇到 – yùdào – come across; meet up

³⁹ 爽快 – shuǎngkuài – refreshed; relaxed

⁴⁰ 仿佛 – fǎngfú – seem; as if

⁴¹ 一旦 – yídàn – once; in case; now that

⁴² 神通 – shéntōng – remarkable ability

⁴³ 本领 – běnlǐng – ability; skill; capability

⁴⁴ 跨步 – kuàbù – step; stride

⁴⁵ 愈…愈 – yù...yù – [the more…the more…]; similar to 越…越…

鲁迅－呐喊

老栓正在专心走路，忽然吃了一惊，远远里看见一条丁字街⁴⁶，明明白白横着⁴⁷着。他便退了几步，寻到一家关着门的铺子⁴⁸，蹩进檐下⁴⁹，靠门立住⁵⁰了。好一会，身上觉得有些发冷。

Lǎo Shuān zhèngzài zhuānxīn zǒu lù, hūrán chī le yì jīng, yuǎnyuǎn lǐ kànjiàn yì tiáo dīngzì jiē, míngmíng-báibái héngzhezhe.　Tā biàn tuì le jǐ bù, xúndào yì jiā guānzhe mén de pùzi, biéjìn yán xià, kào mén lìzhù le.　Hǎo yí huì, shēn shàng juéde yǒu xiē fālěng.

"哼⁵¹，老头子。"

"Hēng, lǎotóuzi."

"倒高兴……。"

"Dào gāoxìng……"

老栓又吃一惊，睁眼⁵²看时，几个人从他面前过去了。一个还回头看他，样子不甚分明，但很像久饿的人见了食物一般，眼里闪⁵³出一种攫取⁵⁴的光。老栓看看灯笼，已经熄了。按一按衣袋，硬⁵⁵硬的还在。***

Lǎo Shuān yòu chī yì jīng, zhēngyǎn kàn shí, jǐ gè rén cóng tā miànqián guòqù le.　Yí gè hái huítóu kàn tā, yàngzi bú shèn fēnmíng, dàn hěn xiàng jiǔ è de rén jiàn le shíwù yì bān, yǎn lǐ shǎnchū yì zhǒng juéqǔ de guāng.　Lǎo Shuān kànkàn dēnglóng, yǐjīng xī le.　Àn yí àn yīdài, yìngyìng de hái zài. ***

---

⁴⁶ 丁字街 – dīngzì jiē – T intersection; three way intersection in the shape of a T or the character, 丁

⁴⁷ 横着 – héngzhe – to be over there; lying over there

⁴⁸ 铺子 – pùzi – shop; store

⁴⁹ 蹩进檐下 – biéjìn yán xià – sidle (蹩) into (进) a place under (下) the overhanging portion of a Chinese style roof (檐)

　　蹩 – walk somewhere in a shy or uncertain way as if you do not want to be noticed; sidle

⁵⁰ 立住 – lìzhù – stand upright

⁵¹ 哼 – hēng – groan; moan

⁵² 睁眼 – zhēngyǎn – open the eyes

⁵³ 闪 – shǎn – flash; sparkle; shine

⁵⁴ 攫取 – juéqǔ – seize; grab; take by force

⁵⁵ 硬 – yìng – hard, referring to the hard chunk of 洋钱

*** 仰起头两面一望，只见许多古怪的人，三三两两[56]，鬼[57]似的在那里徘徊[58]；定睛[59]再看，却也看不出什么别的奇怪。

***Yǎngqǐ tóu liǎng miàn yí wàng, zhǐ jiàn xǔduō gǔguài de rén, sānsān-liǎngliǎng, guǐ shìde zài nàli páihuái; dìngjīng zài kàn, què yě kànbùchū shénme biéde qíguài.

没有多久，又见几个兵[60]，在那边走动；衣服前后的一个大白圆圈[61]，远地里也看得清楚，走过面前的，并且看出号衣[62]上暗红色的镶边[63]。—— 一阵脚步声响，一眨眼[64]，已经拥[65]过了一大簇[66]人。那三三两两的人，也忽然合作一堆，潮一般[67]向前赶；将[68]到丁字街口，便突然立住，簇成一个半圆[69]。

Méiyǒu duōjiǔ, yòu jiàn jǐ gè bīng, zài nàbiān zǒudòng; yīfu qiánhòu de yí gè dà bái yuánquān, yuǎndì lǐ yě kàn de qīngchǔ, zǒuguò miànqián de, bìngqiě kānchū hàoyī shàng àn hóngsè de xiāngbiān. —— Yí zhèn jiǎobù shēngxiǎng, yì zhǎyǎn, yǐjīng yōngguò le yí dà cù rén. Nà sānsān-liǎngliǎng de rén, yě hūrán hézuò yì duī, cháo yìbān xiàngqián gǎn; jiāng dào dīngzì jiēkǒu, biàn tūrán lìzhù, cùchéng yí gè bànyuán.

---

[56] 三三两两 – sānsān-liǎngliǎng – a few; small group or crowd; desolate and scattered

[57] 鬼 – guǐ – devil; ghost; spirit

[58] 徘徊 – páihuái – pace up and down; wonder around

[59] 定睛 – dìngjīng – fix one's eyes upon

[60] 兵 – bīng – army; troops

[61] 圆圈 – yuánquān – circle; ring (symbolizes that the soldiers are Qing Dynasty soldiers. Qing dynasty soldiers would wear two large round patches on their front and back with the characters for soldier (兵) or brave (勇)

[62] 号衣 – hàoyī – mark; sign; signal (on their clothes)

[63] 镶边 – xiāngbiān – rim; edge; border

[64] 眨眼 – zhǎyǎn – wink (一眨眼 – in the blink of an eye; very quickly)

[65] 拥 – yōng – gather around

[66] 簇 – cù – measure word for cluster or bunch

[67] 潮一般 – cháo yì bān – just like (一般) a tide (潮) (of people)

[68] 将 – jiāng – just before; be going to; be about to; will; shall

[69] 半圆 – bànyuán – semi-circle

鲁迅—呐喊

老栓也向那边看，却只见一堆人的后背[70]；颈项[71]都伸得很长，仿佛许多鸭，被无形的手捏[72]住了的，向上提着。静了一会，似乎有点声音，便又动摇[73]起来，轰[74]的一声，都向后退；一直散到老栓立着的地方，几乎将[75]他挤倒[76]了。

Lǎo Shuān yě xiàng nàbiān kàn, què zhǐ jiàn yì duī rén de hòubèi; jǐngxiàng dōu shēn de hěn cháng, fǎngfú xǔduō yā, bèi wúxíng de shǒu niēzhù le de, xiàng shàng tízhe. Jìng le yí huì, sìhū yǒu diǎn shēngyīn, biàn yòu dòngyáo qǐlái, hōng de yì shēng, dōu xiàng hòutuì; yìzhí sàndào Lǎo Shuān lìzhe de dìfāng, jīhū jiāng tā jǐdǎo le.

"喂！一手交钱，一手交货！" 一个浑身[77]黑色的人，站在老栓面前，眼光正像两把刀，刺[78]得老栓缩小[79]了一半。那人一只大手，向他摊[80]着；一只手却撮[81]着一个鲜红[82]的馒头[83]，那红的还是一点一点的往下滴[84]。

"Wèi! Yì shǒu jiāoqián, yì shǒu jiāohuò!" Yí gè húnshēn hēisè de rén, zhànzài Lǎo Shuān miànqián, yǎnguāng zhèng xiàng liǎng bǎ dāo, cì de Lǎo Shuān suōxiǎo le yí bàn. Nà rén yì zhī dà shǒu, xiàng tā tānzhe; yì zhī shǒu què cuōzhe yí gè xiānhóng de mántou, nà hóng de háishi yì diǎn yì diǎn de wǎngxià dī.

---

[70] 后背 – hòubèi – the back of the body; the back of an object

[71] 颈项 – jǐngxiàng – neck

[72] 捏 – niē – hold between the fingers; pinch

[73] 动摇 – dòngyáo – move; shake; waver

[74] 轰 – hōng – bang; boom

[75] 将 – jiāng – written form of 把

[76] 挤倒 – jǐdǎo – to be jostled and pushed causing one to fall over

[77] 浑身 – húnshēn – from head to foot; all over

[78] 刺 – cì – prick; stab

[79] 缩小 – suōxiǎo – reduce; narrow (down)

[80] 摊 – tān – a gesture of putting your hand out for money

[81] 撮 – cuō – scoop up

[82] 鲜红 – xiānhóng – bright red; scarlet

[83] 鲜红的馒头 – xiānhóng de mántou – according to a Chinese myth, human blood could cure tuberculosis and in this case the blood is stuffed inside a *mantou*.

[84] 滴 – dī – drip

药

老栓慌忙[85]摸出洋钱，抖抖的想交给他，却又不敢去接他的东西。那人便焦急[86]起来，嚷道[87]，"怕什么？怎的不拿！"老栓还踌躇[88]着；黑的人便抢[89]过灯笼，一把扯下[90]纸罩[91]，裹[92]了馒头，塞[93]与[94]老栓；一手抓[95]过洋钱，捏一捏，转身去了。嘴里哼着说，"这老东西……。"

Lǎo Shuān huāngmáng mōchū yángqián, dǒudǒu de xiǎng jiāogěi tā, què yòu bù gǎn qù jiē tā de dōngxi. Nà rén biàn jiāojí qǐlái, rǎngdào, "pà shénme? Zěn de bù ná!" Lǎo Shuān hái chóuchúzhe; hēi de rén biàn qiǎngguò dēnglóng, yì bǎ chěxià zhǐzhào, guǒ le mántou, sāi yǔ Lǎo Shuān; yì shǒu zhuāguò yángqián, niē yì niē, zhuǎnshēn qù le. Zuǐ lǐ hēngzhe shuō, "Zhè lǎodōngxi……"

"这给谁治病[96]的呀？"

"Zhè gěi shéi zhìbìng de yā?"

老栓也似乎听得有人问他，但他并不答应；他的精神，现在只在一个包上，仿佛抱着一个十世单传[97]的婴儿[98]，***

Lǎo Shuān yě sìhū tīng de yǒu rén wèn tā, dàn tā bìngbù dāying; tā de jīngshén, xiànzài zhǐ zài yí gè bāo shàng, fǎngfú bàozhe yí gè shíshìdānchuán de yīng'ér, ***

---

[85] 慌忙 – huāngmáng – in a great rush; in a flurry; hurriedly
[86] 焦急 – jiāojí – anxious and restless; worried
[87] 嚷道 – rǎngdào – shout; yell; make an uproar
[88] 踌躇 – chóuchú – hesitate; shilly-shally
[89] 抢 – qiǎng – snatch; grab
[90] 扯下 – chěxià – tear (扯) off (下)
[91] 纸罩 – zhǐzhào – paper cover; paper shade
[92] 裹 – guǒ – wrap; bind
[93] 塞 – sāi – fill in; squeeze in; stuff
[94] 与 – yǔ – give
[95] 抓 – zhuā – seize; catch; grab; grasp
[96] 治病 – zhìbìng – cure a sickness
[97] 十世单传 – shíshìdānchuán – (成语) the only child after ten generations (i.e. extremely precious)
[98] 婴儿 – yīng'ér – baby; infant

*** 别的事情，都已置之度外⁹⁹了。他现在要将这包里的新的生命，移植¹⁰⁰到他家里，收获¹⁰¹许多幸福。太阳也出来了；在他面前，显¹⁰²出一条大道，直到他家中，后面也照见¹⁰³丁字街头破匾¹⁰⁴上 "古口亭口¹⁰⁵" 这四个黯淡¹⁰⁶的金字。

*** biéde shìqing, dōu yǐ zhìzhī-dùwài le. Tā xiànzài yào jiāng zhè bāo lǐ de xīn de shēngmìng, yízhí dào tā jiā lǐ, shōuhuò xǔduō xìngfú. Tàiyáng yě chūlái le; zài tā miànqián, xiǎnchū yì tiáo dàdào, zhídào tā jiā zhōng, hòumian yě zhàojiàn dīngzì jiētóu pò biǎn shàng "Gǔ Kǒu Tíng Kǒu" zhè sì gè àndàn de jīn zì.

---

⁹⁹ 置之度外 – zhìzhī-dùwài – (成语) give no thought to

¹⁰⁰ 移植 – yízhí – transplant

¹⁰¹ 收获 – shōuhuò – gather (or bring) in the crops; harvest

¹⁰² 显 – xiǎn – show; display

¹⁰³ 照见 – zhàojiàn – illuminate; appear by shining upon

¹⁰⁴ 匾 – biǎn – a horizontal board inscribed with words of praise (occasionally a silk banner embroidered for the same purpose)

¹⁰⁵ 古口亭口 – Gǔ Kǒu Tíng Kǒu – Old Pavilion Road Intersection – in Shàoxīng, Lǔ Xùn's hometown, there is a Pavilion Road and at an intersection there is a decorated archway with a plaque that reads 古轩亭口 and also has a tall stone monument for 秋瑾 (Qīu Jǐn) (1879?-1907). Qīu Jǐn was an anti-Qing revolutionary. Her older cousin, 徐锡麟 (Xú Xílín), led a failed uprising against the Qing empire in July 1907 by assassinating the provincial governor of Ānhuī Province hoping to trigger a wider rebellion. After Xú Xílín's capture and execution, Qīu Jǐn was arrested at her school, tortured, and then decapitated in her hometown of Shàoxīng a few days later at this intersection, 古轩亭口 (referred to in the story as 古口亭口).

¹⁰⁶ 黯淡 – àndàn – faded; dim; faint; dismal; gloomy

二

老栓走到家，店面早经收拾¹⁰⁷干净，一排一排的茶桌，滑溜溜¹⁰⁸的发光。但是没有客人；只有小栓坐在里排¹⁰⁹的桌前吃饭，大粒¹¹⁰的汗，从额上滚下¹¹¹，夹袄¹¹²也帖住¹¹³了脊心¹¹⁴，两块肩胛骨¹¹⁵高高凸出¹¹⁶，印成一个阳文¹¹⁷的"八"字。老栓见这样子，不免¹¹⁸皱¹¹⁹一皱展开的眉心¹²⁰。他的女人，从灶¹²¹下急急走出，睁着眼睛，嘴唇¹²²有些发抖¹²³。

Lǎo Shuān zǒudào jiā, diànmiàn zǎo jīng shōushí gānjìng, yì pái yì pái de cházhuō, huáliūliū de fāguāng. Dànshì méiyǒu kèrén; zhǐyǒu Xiǎo Shuān zuò zài lǐpái de zhuō qián chīfàn, dà lì de hàn, cóng é shàng gǔnxià, jiá'ǎo yě tiēzhù le jǐxīn, liǎng kuài jiānjiǎgǔ gāogāo tūchū, yìnchéng yí gè yángwén de "bā" zì. Lǎo Shuān jiàn zhè yàngzi. Bùmiǎn zhòu yí zhòu zhǎnkāi de méixīn. Tā de nǚrén, cóng zào xià jíjí zǒuchū, zhēngzhe yǎnjing, zuǐchún yǒuxiē fādǒu.

---

¹⁰⁷ 收拾 – shōushí – put in order; tidy up; clear away
¹⁰⁸ 滑溜溜 – huáliūliū – smooth and slippery
¹⁰⁹ 里排 – lǐpái – inside (inside the home away from the restaurant area)
¹¹⁰ 大粒 – dà lì – big beads (of sweat)
¹¹¹ 滚下 – gǔnxià – roll down
¹¹² 夹袄 – jiá'ǎo – lined jacket
¹¹³ 帖住 – tiēzhù – paste; stick; glue (same as 贴住)
¹¹⁴ 脊心 – jǐxīn – spine
¹¹⁵ 肩胛骨 – jiānjiǎgǔ – shoulder blades
¹¹⁶ 凸出 – tūchū – protruding; raised
¹¹⁷ 阳文 – yángwén – referring to a type of Chinese writing in which the characters are cut in relief (i.e. the character sticks up from the surface)
¹¹⁸ 不免 – bùmiǎn – unavoidable
¹¹⁹ 皱 – zhòu – wrinkle; crease
¹²⁰ 眉心 – méixīn – the space between the eyebrows
¹²¹ 灶 – zào – kitchen (place for cooking; kitchen range; cooking stove)
¹²² 嘴唇 – zuǐchún – lip
¹²³ 发抖 – fādǒu – shake; shiver; tremble

"得了么？"

"Dé le me?"

"得了。"

"Dé le."

两个人一齐[124]走进灶下，商量了一会；华大妈便出去了，不多时，拿着一片老荷叶[125]回来，摊在桌上。老栓也打开灯笼罩，用荷叶重新包了那红的馒头。小栓也吃完饭，他的母亲慌忙说："小栓——你坐着，不要到这里来。"一面整顿[126]了灶火[127]，老栓便把一个碧绿[128]的包，一个红红白白的破[129]灯笼，一同[130]塞在灶里；一阵红黑的火焰[131]过去时，店屋里散[132]满了一种奇怪的香味。

Liǎng gè rén yìqí zǒujìn zào xià, shāngliang le yí huì; Huà Dà Mā biàn chūqù le, bù duō shí, názhe yí piàn lǎo héyè huílái, tān zài zhuō shàng. Lǎo Shuān yě dǎkāi dēnglóngzhào, yòng héyè chóngxīn bāo le nà hóng de mántou. Xiǎo Shuān yě chīwán fàn, tā de mǔqīn huāngmáng shuō: "Xiǎo Shuān —— nǐ zuòzhe, bú yào dào zhèlǐ lái." Yí miàn zhěngdùn le zàohuǒ, Lǎo Shuān biàn bǎ yí gè bìlù de bāo, yí gè hónghóng-báibái de pò dēnglóng, yìtóng sāi zài zào lǐ; yí zhèn hónghēi de huǒyàn guòqù shí, diàn wū lǐ sàn mǎn le yì zhǒng qíguài de xiāngwèi.

---

[124] 一齐 – yìqí – at the same time; simultaneously; in unison
[125] 荷叶 – héyè – lotus leaf
[126] 整顿 – zhěngdùn – rectify; consolidate; reorganize
[127] 灶火 – zàohuǒ – fire of the kitchen stove
[128] 碧绿 – bìlù – dark green; jade green; emerald green
[129] 破 – pò – broken; damaged; torn; worn out
[130] 一同 – yìtóng – together; (do something or take part in some activity) at the same time and place
[131] 火焰 – huǒyàn – flame
[132] 散 – sàn – permeate; dispel; let out

"好香！你们吃什么点心呀？"这是驼背五少爷[133]到了。这人每天总在茶馆里过日，来得最早，去得最迟[134]，此时恰恰[135]蹩到临街[136]的壁角[137]的桌边，便坐下问话，然而没有人答应他。"炒米粥么？"仍然没有人应。老栓匆匆[138]走出，给他泡上茶。

"Hǎo xiāng! Nǐmen chī shénme diǎnxīn yā?" Zhè shì Tuóbèi Wǔ Shàoyé dào le. Zhè rén měi tiān zǒng zài cháguǎn lǐ guòrì, lái de zuì zǎo, qù de zuì chí, cǐshí qiàqià biédào línjiē de bìjiǎo de zhuōbiān, biàn zuò xià wènhuà, rán'ér méiyǒu rén dāying tā. "Chǎo mǐzhōu me?" Réngrán méiyǒu rén yìng. Lǎo Shuān cōngcōng zǒuchū, gěi tā pàoshàng chá.

"小栓进来罢！"华大妈叫小栓进了里面的屋子，中间放好一条凳[139]，小栓坐了。他的母亲端[140]过一碟[141]乌黑的圆东西，轻轻说：

"Xiǎo Shuān jìnlái bà!" Huà Dà Mā jiào Xiǎo Shuān jìn le lǐmiàn de wūzi, zhōngjiān fàng hǎo yì tiáo dèng, Xiǎo Shuān zuò le. Tā de mǔqīn duānguò yì dié wūhēi de yuán dōngxi, qīngqīng shuō:

"吃下去罢，——病便好了。"

"Chīxià qù bà, —— bìng biàn hǎo le."

---

[133] 驼背五少爷 – Tuóbèi Wǔ Shàoyé – name of a character, Hunchbacked (驼背) Fifth (五) Young Master (少爷)

少爷 – (a form of address formerly used by servants of the house) young master

[134] 迟 – chí – late

[135] 恰恰 – qiàqià – just; exactly; precisely

[136] 临街 – línjiē – facing the street

[137] 壁角 – bìjiǎo – corner near the wall

[138] 匆匆 – cōngcōng – hurriedly; hastily

[139] 凳 – dèng – stool; bench

[140] 端 – duān – hold something level with both hands; carry

[141] 碟 – dié – small dish; small plate

鲁迅 — 呐喊

小栓撮起这黑东西，看了一会，似乎拿着自己的性命一般，心里说不出的奇怪。十分小心的拗开[142]了，焦[143]皮里面窜[144]出一道[145]白气[146]，白气散了，是两半个白面的馒头。——不多工夫[147]，已经全在肚里了，却全忘了什么味；面前只剩下一张空盘。他的旁边，一面立着他的父亲，一面立着他的母亲，两人的眼光，都仿佛要在他身上注进什么又要取出什么似的；便禁不住心跳起来，按着胸膛[148]，又是一阵咳嗽。

Xiǎo Shuān cuōqǐ zhè hēi dōngxi, kàn le yí huì, sìhū názhe zìjǐ de xìngmìng yì bān, xīnli shuōbùchū de qíguài. Shífēn xiǎoxīn de ǎokāi le, jiāopí lǐmiàn cuànchū yí dào báiqì, báiqì sàn le, shì liǎng bàn gè báimiàn de mántou. —— Bù duō gōngfu, yǐjīng quán zài dù lǐ le, què quán wàng le shénme wèi; miànqián zhǐ shèngxià yì zhāng kōngpán. Tā de pángbiān, yí miàn lìzhe tā de fùqīn, yí miàn lìzhe tā de mǔqīn, liǎng rén de yǎnguāng, dōu fǎngfú yào zài tā shēn shàng zhùjìn shénme yòu yào qǔchū shénme shìde; biàn jīnbuzhù xīn tiàoqǐlái, ànzhe xiōngtáng, yòu shì yí zhèn késòu.

"睡一会罢，——便好了。"

"Shuì yí huì bà, —— biàn hǎo le."

小栓依[149]他母亲的话，咳着睡了。华大妈候他喘气[150]平静，才轻轻的给他盖上[151]了满幅补钉[152]的夹被[153]。

Xiǎo Shuān yī tā mǔqīn de huà, kézhe shuì le. Huà Dà Mā hòu tā chuǎnqì píngjìng, cái qīngqīng de gěi tā gàishàng le mǎn fú bǔdīng de jiábèi.

---

[142] 拗开 - ǎokāi - break (拗) open (开)

[143] 焦 - jiāo - burnt; scorched; charred

[144] 窜 - cuàn - flee; scurry

[145] 道 - dào - (measure word) a puff (of steam)

[146] 白气 - báiqì - steam

[147] 工夫 - gōngfu - effort; work; labor

[148] 胸膛 - xiōngtáng - chest

[149] 依 - yī - comply with; listen to; yield to

[150] 喘气 - chuǎnqì - pant; gasp

[151] 盖上 - gàishàng - cover up

[152] 满幅补钉 - mǎn fú bǔdīng - composed entirely of patches; covered in patches (i.e. very worn out)

[153] 夹被 - jiábèi - comforter; double-layered quilt

三

店里坐着许多人，老栓也忙了，提着大铜壶[154]，一趟一趟[155]的给客人冲茶；两个眼眶[156]，都围着一圈黑线。

Diàn lǐ zuòzhe xǔduō rén, Lǎo Shuān yě máng le, tízhe dà tónghú, yí tàng yí tàng de gěi kèrén chōngchá; liǎng gè yǎnkuàng, dōu wéizhe yì quān hēixiàn.

"老栓，你有些不舒服么？——你生病么？"一个花白胡子的人说。

"Lǎo Shuān, nǐ yǒuxiē bù shūfu me? —— Nǐ shēngbìng me?" Yí gè huābái húzi de rén shuō.

"没有。"

"Méiyǒu."

"没有？——我想笑嘻嘻[157]的，原也不像......"花白胡子便取消了自己的话。

"Méiyǒu? —— Wǒ xiǎng xiàoxīxī de, yuán yě bú xiàng......" Huābái húzi biàn qǔxiāo le zìjǐ de huà.

"老栓只是忙。要是他的儿子......"驼背五少爷话还未完[158]，突然闯[159]进了一个满脸横肉[160]的人，***

"Lǎo Shuān zhǐshì máng. Yàoshì tā de érzi......" Tuóbèi Wǔ Shàoyé huà hái wèiwán, tūrán chuǎngjìn le yí gè mǎn liǎn héngròu de rén, ***

---

[154] 铜壶 – tónghú – copper kettle
[155] 一趟一趟 – yí tàng yí tàng – trip by trip; guest by guest
[156] 眼眶 – yǎnkuàng – rim of the eyes
[157] 笑嘻嘻 – xiàoxīxī – smiling broadly; grinning
[158] 未完 – wèiwán – unfinished
[159] 闯 – chuǎng – rush; force one's way in or out; barge in
[160] 满脸横肉 – mǎn liǎn héngròu – whole (满) face (脸) looks ugly and ferocious (横肉);

横肉 – so fat that your face is hanging there, flapping (referring to mean, rude and uneducated people, typically used to describe bullies)

*** 披[161]一件玄色[162]布衫，散着纽扣[163]，用很宽[164]的玄色腰带，胡乱[165]捆[166]在腰间。刚进门，便对老栓嚷道：

*** pī yí jiàn xuánsè bùshān, sǎnzhe niǔkòu, yòng hěn kuān de xuánsè yāodài, húluàn kǔn zài yā jiàn. Gāng jìn mén, biàn duì Lǎo Shuān rǎngdào:

"吃了么？好了么？老栓，就是运气了你！你运气，要不是我信息灵[167]……。"

"Chī le me? Hǎo le me? Lǎo Shuān, jiùshì yùnqì le nǐ! Nǐ yùnqì, yào bú shì wǒ xìnxī líng……"

老栓一手提了茶壶，一手恭恭敬敬[168]的垂着；笑嘻嘻的听。满座的人，也都恭恭敬敬的听。华大妈也黑着眼眶，笑嘻嘻的送出茶碗茶叶来，加上一个橄榄[169]，老栓便去冲了水。

Lǎo Shuān yì shǒu tí le cháhú, yì shǒu gōnggōng-jìngjìng de chuízhe; xiàoxīxī de tīng. Mǎn zuò de rén, yě dōu gōnggōng-jìngjìng de tīng. Huà Dà Mā yě hēizhe yǎnkuàng, xiàoxīxī de sòngchū cháwǎn cháyè lái, jiāshàng yí gè gǎnlǎn, Lǎo Shuān biàn qù chōng le shuǐ.

"这是包好[170]！这是与众不同[171]的。你想，趁[172]热的拿来，趁热的吃下。"横肉的人只是嚷。

"Zhè shì bāohǎo! Zhè shì yǔzhòng-bùtóng de. Nǐ xiǎng, chèn rè de nálái, chèn rè de chīxià." Héngròu de rén zhǐ shì rǎng.

---

[161] 披 – pī – wear
[162] 玄色 – xuánsè – black
[163] 纽扣 – niǔkòu – button
[164] 宽 – kuān – wide; broad
[165] 胡乱 – húluàn – carelessly; casually; at random
[166] 捆 – kǔn – tie; bind; bundle up
[167] 信息灵 – xìnxī líng – sharp (灵) information (信息)
[168] 恭恭敬敬 – gōnggōng-jìngjìng – respectfully
[169] 橄榄 – gǎnlǎn – olive
[170] 包好 – bāohǎo – guaranteed cure
[171] 与众不同 – yǔzhòng-bùtóng – (成语) out of the ordinary; different from the common run; distinctive
[172] 趁 – chèn – while

"真的呢，要没有康大叔照顾[173]，怎么会这样……"华大妈也很感激的谢他。

"Zhēn de ne, yào méiyǒu Kāng Dàshū zhàogù, zěnme huì zhèyàng……" Huà Dà Mā yě hěn gǎnjī de xiè tā.

"包好，包好！这样的趁热吃下。这样的人血馒头，什么痨病[174]都包好！"

"Bāohǎo, bāohǎo! Zhèyàng de chèn rè chīxià. Zhèyàng de rénxuè mántou, shénme láobìng dōu bāohǎo!"

华大妈听到"痨病"这两个字，变了一点脸色，似乎有些不高兴；但又立刻堆上笑，搭讪[175]着走开了。这康大叔[176]却没有觉察[177]，仍然提高了喉咙[178]只是嚷，嚷得里面睡着的小栓也合伙[179]咳嗽起来。

Huà Dà Mā tīngdào "láobìng" zhè liǎng gè zì, biàn le yì diǎn liǎnsè, sìhū yǒuxiē bù gāoxìng; dàn yòu lìkè duīshàng xiào, dāshànzhe zǒukāi le. Zhè Kāng Dàshū què méiyǒu juéchá, réngrán tígāo le hóulóng zhǐ shì rǎng, rǎng de lǐmiàn shuìzhe de Xiǎo Shuān yě héhuǒ késòu qǐlái.

"原来你家小栓碰到了这样的好运气了。这病自然一定全好；怪不得[180]老栓整天的笑着呢。"花白胡子一面说，一面走到康大叔面前，***

"Yuánlái nǐ jiā Xiǎo Shuān pèngdào le zhèyàng de hǎo yùnqì le. Zhè bìng zìrán yídìng quán hǎo; guàibùdé Lǎo Shuān zhěngtiān de xiàozhe ne." Huābái húzi yí miàn shuō, yí miàn zǒudào Kāng Dàshū miànqián, ***

---

[173] 照顾 – zhàogù – give consideration to; show consideration for; make allowance for

[174] 痨病 – láobìng – T.B.; tuberculosis

[175] 搭讪 – dāshàn – strike up a conversation with somebody; make some humorous remarks to save face

[176] 康大叔 – Kāng Dàshū – name of a character, Big Uncle Kang (满脸横肉的人)

[177] 觉察 – juéchá – detect; become aware of; perceive

[178] 喉咙 – hóulóng – throat

[179] 合伙 – héhuǒ – accompanies

[180] 怪不得 – guàibùdé – no wonder; so that's why

*** 低声下气[181]的问道，"康大叔——听说今天结果[182]的一个犯人[183]，便是夏家[184]的孩子，那是谁的孩子？究竟[185]是什么事？"

*** dīshēng-xiàqì de wèndào, "Kāng Dàshū —— tīngshuō jīntiān jiéguǒ de yí gè fànrén, biàn shì Xià jiā de háizi, nà shì shéi de háizi? Jiūjìng shì shénme shì?"

"谁的？不就是夏四奶奶[186]的儿子么？那个小家伙[187]！"康大叔见众人都耸[188]起耳朵[189]听他，便格外[190]高兴，横肉块块饱绽[191]，越发大声说，"这小东西不要命，不要就是了。我可是这一回一点没有得到好处；连剥[192]下来的衣服，都给管牢[193]的红眼睛阿义[194]拿去了。——第一要算我们栓叔[195]运气；***

"Shéi de? Bú jiùshì Xià Sì Nǎinai de érzi me? Nà gè xiǎo jiāhuǒ!" Kāng Dàshū jiàn zhòngrén dōu sǒngqǐ ěrduǒ tīng tā, biàn géwài gāoxìng, héngròu kuàikuài bǎozhàn, yuè fā dàshēng shuō, "zhè xiǎodōngxi bú yào mìng, bú yào jiùshì le. Wǒ kěshì zhè yì huí yì diǎn méiyǒu dédào hǎochù; lián bāoxiàlái de yīfu, dōu gěi guǎnláo de Hóng Yǎnjing Ā Yì náqù le. —— Dì-yī yào suàn wǒmen Shuān Shū yùnqì; ***

---

[181] 低声下气 – dīshēng-xiàqì – (成语) speak humbly under one's breath; be meek and subservient; be obsequious

[182] 结果 – jiéguǒ – execution

[183] 犯人 – fànrén – convict; prisoner

[184] 夏家 – Xià jiā – name of a family, Family Xia

[185] 究竟 – jiūjìng – [used in an interrogative sentence to make further inquiries] actually; exactly

[186] 夏四奶奶 – Xià Sì Nǎinai – name of a character, Fourth Mother Xia

[187] 小家伙 – xiǎojiāhuǒ – little chap; kid

[188] 耸 – sǒng – alarm; attract (attention)

[189] 耳朵 – ěrduǒ – ear

[190] 格外 – géwài – especially; exceptionally

[191] 饱绽 – bǎozhàn – quiver

[192] 剥 – bāo – strip; peel; deprive

[193] 管牢 – guǎnláo – jailor; jail keeper

[194] 红眼睛阿义 – Hóng Yǎnjing Ā Yì – name of a character, Redeye A Yi

[195] 叔 – shū – father's younger brother; uncle

*** 第二是夏三爷[196]赏[197]了二十五两雪白的银子，独自[198]落腰包[199]，一文不花。"

*** dì-èr shì Xià Sān Yé shǎng le èrshíwǔ liǎng xuěbái de yínzi, dúzì lào yāobāo, yì wén bù huā."

小栓慢慢的从小屋子里走出，两手按了胸口，不住的咳嗽；走到灶下，盛[200]出一碗冷饭，泡上热水，坐下便吃。华大妈跟着他走，轻轻的问道，"小栓，你好些么？——你仍旧[201]只是肚饿？……"

Xiǎo Shuān mànmàn de cóng xiǎo wūzi lǐ zǒuchū, liǎng shǒu àn le xiōngkǒu, búzhù de késòu; zǒudào zào xià, chéngchū yì wǎn lěng fàn, pàoshàng rèshuǐ, zuòxià biàn chī. Huà Dà Mā gēnzhe tā zǒu, qīngqīng de wèndào, "Xiǎo Shuān, nǐ hǎo xiē me? —— Nǐ réngjiù zhǐ shì dù è?......"

"包好，包好！"康大叔瞥[202]了小栓一眼，仍然回过脸，对众人说，"夏三爷真是乖角儿[203]，要是他不先告官，连他满门抄斩[204]。现在怎样？银子！——这小东西也真不成东西！关在劳里，还要劝劳头造反[205]。"

"Bāohǎo, bāohǎo!" Kāng Dàshū piē le Xiǎo Shuān yì yǎn, réngrán huíguò liǎn, duì zhòngrén shuō, "Xià Sān Yé zhēnshì guāi jué'ér, yàoshì tā bù xiān gào guān, lián tā mǎnmén chāozhǎn. Xiànzài zěnyàng? Yínzi! —— Zhè xiǎodōngxi yě zhēn bù chéng dōngxi! Guān zài láo lǐ, hái yào quàn láotóu zàofǎn."

---

[196] 夏三爷 – Xià Sān Yé – name of a character, Third Master Xia
[197] 赏 – shǎng – rewarded; receive a reward; grant a reward
[198] 独自 – dúzì – alone; by oneself
[199] 落腰包 – lào yāobāo – receive (落) a reward (腰包)
[200] 盛 – chéng – to fill a bowl (with rice); ladle; dish out
[201] 仍旧 – réngjiù – as before; still; yet
[202] 瞥 – piē – shoot a glance at; dart a look at
[203] 乖角儿 – guāi jué'ér – clever character (in a tricky way)
[204] 满门抄斩 – mǎnmén chāozhǎn – the entire family would be executed and their property confiscated; whole (满) family (门) everything (抄) cut off (斩)
[205] 劝牢头造反 – quàn láotóu zàofǎn – incite (劝) the jailer (牢头) to rise in rebellion (造反)

"阿呀，那还了得[206]。" 坐在后排的一个二十多岁的人，很现出气愤[207]模样[208]。

　　"Ā yā, nà hái liǎode." Zuò zài hòupái de yí gè èrshí duō suì de rén, hěn xiànchū qìfèn múyàng.

　　"你要晓得[209]红眼睛阿义是去盘盘[210]底细[211]的，他却和他攀谈[212]了。他说：这大清[213]的天下是我们大家的。你想：这是人话么？红眼睛原知道他家里只有一个老娘，可是没有料到[214]他竟[215]会这么穷，榨[216]不出一点油水[217]，已经气破肚皮[218]了。他还要老虎头上搔痒[219]，便给他两个嘴巴！"

　　"Nǐ yào xiǎode Hóng Yǎnjing Ā Yì shì qù pánpán dǐxì de, tā què hé tā pāntán le. Tā shuō: zhè Dà Qīng de tiānxià shì wǒmen dàjiā de. Nǐ xiǎng: zhè shì rén huà me? Hóng Yǎnjing yuán zhīdào tā jiā lǐ zhǐyǒu yí gè lǎo niáng, kěshì méiyǒu liàodào tā jìng huì zhème qióng, zhàbùchū yì diǎn yóushuǐ, yǐjīng qì pò dùpí le. Tā hái yào lǎohǔ tóu shàng sāoyǎng, biàn gěi tā liǎng gè zuǐba!"

---

[206] 了得 – liǎode – [used at the end of a sentence with 还 to indicate that the situation is serious] 那还了得 – that's awful

[207] 气愤 – qìfèn – indignant; furious

[208] 模样 – múyàng – appearance; look

[209] 晓得 – xiǎode – know

[210] 盘盘 – pánpán – check; examine

[211] 底细 – dǐxì – ins and outs; exact details

[212] 攀谈 – pāntán – engage in small talk; engage in chitchat

[213] 大清 – Dà Qīng – The Qing Dynasty (1644-1912)

[214] 料到 – liàodào – foresee; expect

[215] 竟 – jìng – surprisingly; unexpectedly

[216] 榨 – zhà – press; extract; squeeze out

[217] 油水 – yóushuǐ – referring to money or anything of value (oil and water are essential for life so 油水 refers to anything of value)

[218] 气破肚皮 – qì pò dùpí – good and angry; really angry

[219] 老虎头上搔痒 – lǎohǔ tóu shàng sāoyǎng – "to tickle (搔痒) the tiger's (老虎) head (头上)"; to do something very stupid that you know will be risking your life and for no reason

"义哥[220]是一手好拳棒[221]，这两下，一定够他受用了。" 壁角的驼背忽然高兴起来。

"Yì Gē shì yì shǒu hǎo quánbàng, zhè liǎng xià, yídìng gòu tā shòuyòng le." Bìjiǎo de tuóbèi hūrán gāoxìng qǐlái.

"他这贱骨头[222]打不怕，还要说可怜可怜哩[223]。"

"Tā zhè jiàngǔtou dǎ bú pà, hái yào shuō kělián kělián lī."

花白胡子的人说，"打了这种东西，有什么可怜呢？"

Huābái húzi de rén shuō, "dǎ le zhè zhǒng dōngxi, yǒu shénme kělián ne?"

康大叔显出看他不上[224]的样子，冷笑着说，"你没有听清我的话；看他神气[225]，是说阿义可怜哩！"

Kāng Dàshū xiǎnchū kàn tā bú shàng de yàngzi, lěngxiàozhe shuō, "nǐ méiyǒu tīng qīng wǒ de huà; kàn tā shénqì, shì shuō Ā Yì kělián lī!"

听着的人的眼光，忽然有些板滞[226]；话也停顿[227]了。小栓已经吃完饭，吃得满头流汗，头上都冒出蒸气[228]来。

Tīngzhe de rén de yǎnguāng, hūrán yǒu xiē bǎnzhì; huà yě tíngdùn le. Xiǎo Shuān yǐjīng chīwán fàn, chī de mǎntóu liúhàn, tóu shàng dōu màochū zhēngqì lái.

---

[220] 义哥 – Yì Gē – Elder Brother Yi, referring to 红眼睛阿义
[221] 拳棒 – quánbàng – boxer
[222] 贱骨头 – jiàngǔtou – someone who doesn't respect themselves can't distinguish between evil and good people (used in a derogatory way towards someone)
[223] 哩 – lī – (end of phrase particle) [denotes exclamation, interrogation, etc.]
[224] 看不上 – kànbúshàng – look down on
[225] 神气 – shénqì – spirited; vigorous
[226] 板滞 – bǎnzhì – stiff; dull
[227] 停顿 – tíngdùn – pause; stop; halt
[228] 蒸气 – zhēngqì – vapor

鲁迅－呐喊

"阿义可怜——疯话，简直是发了疯了。"花白胡子恍然大悟[229]似的说。

"Ā Yì kělián —— Fēng huà, jiǎnzhí shì fā le fēng le." Huābái húzi huǎngrán-dàwù shìde shuō.

"发了疯了。"二十多岁的人也恍然大悟的说。

"Fā le fēng le." Èrshí duō suì de rén yě huǎngrán-dàwù de shuō.

店里的坐客，便又现出活气[230]，谈笑起来。小栓也趁[231]着热闹，拚命[232]咳嗽；康大叔走上前，拍他肩膀[233]说：

Diàn lǐ de zuòkè, biàn yòu xiànchū huóqì, tán xiào qǐlái. Xiǎo Shuān yě chènzhe rènào, pīnmìng késòu; Kāng Dàshū zǒu shàng qián, pāi tā jiānbǎng shuō:

"包好！小栓——你不要这么咳。包好！"

"Bāohǎo! Xiǎo Shuān —— Nǐ bú yào zhème ké. Bāohǎo!"

"疯了。"驼背五少爷点着头说。

"Fēng le." Tuóbèi Wǔ Shàoyé diǎnzhe tóu shuō.

---

[229] 恍然大悟 – huǎngrán-dàwù – (成语) suddenly realize; suddenly see the light
[230] 活气 – huóqì – an alive and vivid environment
[231] 趁 – chèn – take advantage of; avail oneself to
[232] 拚命 – pīnmìng – with all one's might; desperately
[233] 肩膀 – jiānbǎng – shoulder

四

西关外²³⁴靠着城根²³⁵的地面，本是一块官地²³⁶；中间歪歪斜斜²³⁷一条细路²³⁸，是贪走便道²³⁹的人，用鞋底²⁴⁰造成的，但却成了自然的界限²⁴¹。路的左边，都埋²⁴²着死刑²⁴³和瘐毙²⁴⁴的人，右边是穷人的丛冢²⁴⁵。两面都已埋到层层叠叠²⁴⁶，宛然²⁴⁷阔人家²⁴⁸里祝寿²⁴⁹时的馒头。

Xī Guān wài kàozhe chénggēn de dìmiàn, běn shì yí kuài guāndì; zhōngjiān wāiwāi-xiéxié yì tiáo xì lù, shì tān zǒu biàndào de rén, yòng xiédǐ zàochéng de, dàn què chéng le zìrán de jièxiàn. Lù de zuǒbian, dōu máizhe sǐxíng hé yǔbì de rén, yòubiān shì qióngrén de cóngzhǒng. Liǎng miàn dōu yǐ mái dào céngcéng-diédié, wǎnrán kuòrénjiā lǐ zhùshòu shí de mántou.

这一年的清明²⁵⁰，***

Zhè yì nián de Qīngmíng, ***

---

²³⁴ 西关外 – Xī Guān wài – outside the West Gate
²³⁵ 城根 – chénggēn – the foot of the city wall; sections of the city close to the city wall
²³⁶ 官地 – guāndì – public land
²³⁷ 歪歪斜斜 – wāiwāi-xiéxié – crooked; aslant
²³⁸ 细路 – xì lù – thin and slender road or path
²³⁹ 贪走便道 – tān zǒu biàndào – a shortcut (便道) walked countless times (贪走)
²⁴⁰ 鞋底 – xiédǐ – the soles of shoes; sole of a shoe; bottom of a shoe
²⁴¹ 界限 – jièxiàn – boundary line; dividing line
²⁴² 埋 – mái – bury
²⁴³ 死刑 – sǐxíng – death penalty; death sentence
²⁴⁴ 瘐毙 – yǔbì – criminals who died in prison from starvation and freezing cold weather, also for those who got sick and died in prison
²⁴⁵ 丛冢 – cóngzhǒng – a group of randomly built and rarely visited graves
²⁴⁶ 层层叠叠 – céngcéng-diédié – row upon row
²⁴⁷ 宛然 – wǎnrán – as if
²⁴⁸ 阔人家 – kuòrénjiā – wealthy family
²⁴⁹ 祝寿 – zhùshòu – to express birthday wishes to an elderly person
²⁵⁰ 清明 – Qīngmíng – Clear and Bright – the day marking the beginning of the 5th solar term (April 4, 5, or 6; traditionally observed as a festival for worshipping at ancestral graves, technically known as "sweeping the graves" 扫墓 (sǎomù))

*** 分外²⁵¹寒冷²⁵²；杨柳²⁵³才吐出半粒米²⁵⁴大的新芽。天明未久²⁵⁵，华大妈已在右边的一坐新坟前面，排出四碟菜，一碗饭，哭了一场。化过纸²⁵⁶，呆呆²⁵⁷的坐在地上；仿佛等候什么似的，但自己也说不出等候什么。微风²⁵⁸起来，吹动他短发，确乎²⁵⁹比去年白得多了。

*** fènwài hánlěng; yángliǔ cái tǔchū bàn lì mǐ dà de xīn yá. Tiānmíng wèi jiǔ, Huà Dà Mā yǐ zài yòubiān de yí zuò xīn fén qiánmiàn, páichū sì dié cài, yì wǎn fàn, kū le yì cháng. Huàguò zhǐ, dāidāi de zuò zài dì shàng; fǎngfú děnghòu shénme shìde, dàn zìjǐ yě shuōbùchū děnghòu shénme. Wēifēng qǐlái, chuīdòng tā duǎnfà, quèhū bǐ qùnián bái de duō le.

小路上又来了一个女人，也是半白头发，褴褛²⁶⁰的衣裙²⁶¹；提一个破旧的朱漆圆篮²⁶²，外挂一串纸锭²⁶³，三步一歇²⁶⁴的走。忽然见华大妈坐在地上看他，便有些踌躇，惨白²⁶⁵的脸上，***

Xiǎo lù shàng yòu lái le yí gè nǚrén, yě shì bàn bái tóufà, lánlǚ de yīqún; tí yí gè pòjiù de zhūqī yuán lán, wài guà yí chuàn zhǐdìng, sān bù yì xiē de zǒu. Hūrán jiàn Huà Dà Mā zuò zài dì shàng kàn tā, biàn yǒu xiē chóuchú, cǎnbái de liǎn shàng, ***

---

²⁵¹ 分外 – fènwài – particularly; especially; unseasonably
²⁵² 寒冷 – hánlěng – cold; icy
²⁵³ 杨柳 – yángliǔ – willow tree
²⁵⁴ 米 – mǐ – rice grains
²⁵⁵ 天明未久 – tiānmíng wèi jiǔ – the day hasn't been bright for long; the sun is just up
²⁵⁶ 化纸 – huà zhǐ – to burn paper money (according to a Chinese myth, burning paper money would help the deceased survive the afterlife. Nowadays, people will sometimes burn credit cards, paper-mâché houses, or anything that might be useful in the afterlife).
²⁵⁷ 呆 – dāi – blank; wooden; devastated; stare blankly
²⁵⁸ 微风 – wēifēng – gentle breeze
²⁵⁹ 确乎 – quèhū – really; firmly; definitely; indeed
²⁶⁰ 褴褛 – lánlǚ – ragged; shabby
²⁶¹ 衣裙 – yīqún – a skirt
²⁶² 朱漆圆篮 – zhūqī yuán lán – bright red paint (朱漆) round (圆) basket (篮)
²⁶³ 纸锭 – zhǐdìng – paper money (to burn as offerings for the dead)
²⁶⁴ 歇 – xiē – have a rest; rest
²⁶⁵ 惨白 – cǎnbái – pale; (ghostly pale)

*** 现出些羞愧²⁶⁶的颜色；但终于硬着头皮，走到左边的一坐坟前，放下了篮子。

*** xiànchū xiē xiūkuì de yánsè; dàn zhōngyú yìngzhe tóupí, zǒudào zuǒbian de yí zuò fénqián, fàngxià le lánzi.

那坟与小栓的坟，一字儿排着²⁶⁷，中间只隔一条小路。华大妈看他排好四碟菜，一碗饭，立着哭了一通，化过纸锭；心里暗暗地想，"这坟里的也是儿子了。"那老女人徘徊²⁶⁸观望²⁶⁹了一回，忽然手脚有些发抖，跄跄踉踉²⁷⁰退下几步，瞪²⁷¹着眼只是发怔²⁷²。

Nà fén yǔ Xiǎo Shuān de fén, yí zì ér páizhe, zhōngjiān zhǐ gé yì tiáo xiǎo lù. Huà Dà Mā kàn tā páihǎo sì dié cài, yì wǎn fàn, lìzhe kū le yí tòng, huàguò zhǐdìng; xīnli ànàn de xiǎng, "zhè fén lǐ de yě shì érzi le." Nà lǎo nǚrén páihuái guānwàng le yì huí, hūrán shǒujiǎo yǒuxiē fādǒu, qiāngqiāng-liàngliàng tuìxià jǐ bù, dèngzhe yǎn zhǐ shì fāzhèng.

华大妈见这样子，生怕他伤心到快要发狂²⁷³了；便忍不住立起身，跨过小路，低声对他说，"你这位老奶奶不要伤心了，——我们还是回去罢。"

Huà Dà Mā jiàn zhè yàngzi, shēngpà tā shāngxīn dào kuàiyào fākuáng le; biàn rěnbuzhù lìqǐ shēn, kuàguò xiǎo lù, dīshēng duì tā shuō, "nǐ zhè wèi lǎo nǎinai bú yào shāngxīn le, —— wǒmen háishi huíqu bà."

那人点一点头²⁷⁴，眼睛仍然向上瞪着；***

Nà rén diǎn yì diǎntóu, yǎnjing réngrán xiàngshàng dèngzhe; ***

---

²⁶⁶ 羞愧 – xiūkuì – feel both ashamed and sorry (for what one has done)
²⁶⁷ 一字儿排着 – yī zì ér pái zhe – the two graves are lined up right next to each other forming the character "一"
²⁶⁸ 徘徊 – páihuái – pace up and down
²⁶⁹ 观望 – guānwàng – look all around
²⁷⁰ 跄跄踉踉 – qiāngqiāng-liàngliàng – stagger
²⁷¹ 瞪 – dèng – open one's eyes wide; stare; glare
²⁷² 发怔 – fāzhèng – stare blankly
²⁷³ 发狂 – fākuáng – go mad; go crazy
²⁷⁴ 点头 – diǎntóu – nod one's head (in approval)

*** 也低声吃吃[275]的说道，"你看，——看这是什么呢？"

*** yě dīshēng chīchī de shuōdào, "nǐ kàn, —— kàn zhè shì shénme ne?"

华大妈跟了他指头看去，眼光便到了前面的坟，这坟上草根[276]还没有全合，露[277]出一块一块的黄土，煞[278]是难看。再往上仔细看时，却不觉也吃一惊；——分明有一圈红白的花，围着那尖[279]圆的坟顶[280]。

Huà Dà Mā gēn le tā zhǐtou kànqù, yǎnguāng biàn dào le qiánmiàn de fén, zhè fén shàng cǎogēn hái méiyǒu quán hé, lùchū yí kuài yí kuài de huángtǔ, shà shì nánkàn. Zài wǎng shàng zǐxì kàn shí, què bù jué yě chī yì jīng; —— fēnmíng yǒu yì quān hóngbái de huā, wéizhe nà jiān yuán de féndǐng.

他们的眼睛都已老花[281]多年了，但望这红白的花，却还能明白看见。花也不很多，圆圆的排成一个圈，不很精神，倒也整齐[282]。华大妈忙看他儿子和别人的坟，却只有不怕冷的几点青白小花，零星[283]开着；便觉得心里忽然感到一种不足和空虚，不愿意根究[284]。那老女人又走近几步，细看了一遍，自言自语[285]的说，***

Tāmen de yǎnjīng dōu yǐ lǎohuā duō nián le, dàn wàngzhè hóngbái de huā, què hái néng míngbai kànjiàn. Huā yě bù hěn duō, yuányuán de páichéng yí gè quān, bù hěn jīngshén, dào yě zhěngqí. Huà Dà Mā máng kàn tā érzi hé biérén de fén, què zhǐyǒu bú pà lěng de jǐ diǎn qīngbái xiǎo huā, língxīng kāizhe; biàn juéde xīnli hūrán gǎndào yì zhǒng bù zú hé kōngxū, bú yuànyì gēnjiū. Nà lǎo nǚrén yòu zǒujìn jǐ bù, xì kàn le yí biàn, zìyán-zìyǔ de shuō, ***

---

[275] 吃吃 – chīchī – stuttering
[276] 草根 – cǎogēn – grass roots; grass
[277] 露 – lù – show; reveal; betray
[278] 煞 – shà – very
[279] 尖 – jiān – point; top; tip
[280] 坟顶 – féndǐng – peak of the grave; peak of the mound
[281] 老花 – lǎohuā – presbyopic; loss of the ability to focus on near object with age
[282] 整齐 – zhěngqí – in good order; neat; tidy
[283] 零星 – língxīng – scattered; sporadic
[284] 根究 – gēnjiū – pursue the roots of the matter; investigate the cause
[285] 自言自语 – zìyán-zìyǔ – （成语) talk to oneself; speak to oneself; soliloquize

*** "这没有根，不像自己开的。——这地方有谁来呢？孩子不会来玩；——亲戚本家早不来了。——这是怎么一回事呢？"他想了又想，忽又流下泪来，大声说道：

*** "zhè méiyǒu gēn, bú xiàng zìjǐ kāi de. —— Zhè dìfāng yǒu shéi lái ne? Háizi bú huì lái wán; —— qīnqi běnjiā zǎo bù lái le. —— Zhè shì zěnme yì huí shì ne?" Tā xiǎng le yòu xiǎng, hū yòu liúxià lèi lái, dàshēng shuōdào:

"瑜儿[286]，他们都冤枉[287]了你，你还是忘不了，伤心不过，今天特意显点灵[288]，要我知道么？"他四面一看，只见一只乌鸦[289]，站在一株[290]没有叶的树上，便接着说，"我知道了。——瑜儿，可怜他们坑[291]了你，他们将来总有报应[292]，天都知道；你闭[293]了眼睛就是了。——你如果真在这里，听到我的话，——便教这乌鸦飞上你的坟顶，给我看罢。"

"Yú'ér, tāmen dōu yuānwang le nǐ, nǐ háishi wàngbùliǎo, shāngxīnbúguò, jīntiān tèyì xiǎn diǎn líng, yào wǒ zhīdào me?" Tā sìmiàn yí kàn, zhǐ jiàn yì zhī wūyā, zhàn zài yì zhū méiyǒu yè de shù shàng, biàn jiēzhe shuō, "wǒ zhīdào le. —— Yú'ér, kělián tāmen kēng le nǐ, tāmen jiānglái zǒng yǒu bàoyìng, tiān dōu zhīdào; nǐ bì le yǎnjing jiùshì le. —— Nǐ rúguǒ zhēn zài zhèlǐ, tīngdào wǒ de huà, —— biàn jiào zhè wūyā fēi shàng nǐ de féndǐng, gěi wǒ kàn bà."

微风早经停息[294]了；枯草[295]支支直立，***

Wēifēng zǎo jīng tíngxī le; kūcǎo zhīzhī zhílì, ***

---

[286] 瑜儿 – Yú'ér – name of a character (夏瑜 is his full name), the revolutionary who was killed at 古口亭口 earlier in the story and whose blood was used in the mantou for 小栓

[287] 冤枉 – yuānwang – wrong; treat unjustly

[288] 显灵 – xiǎnlíng – (of a ghost or spirit) make its presence or power felt

[289] 乌鸦 – wūyā – crow

[290] 株 – zhū – measure word for plants and trees

[291] 坑 – kēng – entrap; cheat

[292] 报应 – bàoyìng – retribution; judgment (on somebody)

[293] 闭 – bì – shut; close

[294] 停息 – tíngxī – stop; cease

[295] 枯草 – kūcǎo – withered grass

鲁迅—呐喊

*** 有如铜丝[296]。一丝发抖的声音，在空气中愈颤[297]愈细，细到没有，周围便都是死一般静[298]。两人站在枯草丛里，仰面看那乌鸦；那乌鸦也在笔直[299]的树枝[300]间，缩[301]着头，铁铸[302]一般站着。

*** yǒu rú tóngsī. Yì sī fādǒu de shēngyīn, zài kōngqì zhōng yù chàn yù xì, xì dào méiyǒu, zhōuwéi biàn dōu shì sǐ yì bān jìng. Liǎng rén zhàn zài kūcǎo cóng lǐ, yǎngmiàn kàn nà wūyā; nà wūyā yě zài bǐzhí de shùzhī jiān, suōzhe tóu, tiězhù yì bān zhànzhe.

许多的工夫过去了；上坟的人渐渐增多，几个老的小的，在土坟间出没[303]。

Xǔduō de gōngfu guòqù le; shàng fén de rén jiànjiàn zēngduō, jǐ gè lǎo de xiǎo de, zài tǔfén jiān chūmò.

华大妈不知怎的，似乎卸[304]下了一挑[305]重担[306]，便想到要走；一面劝[307]着说，"我们还是回去罢。"

Huà Dà Mā bù zhī zěn de, sìhū xièxià le yì tiāo zhòngdàn, biàn xiǎngdào yào zǒu; yí miàn quànzhe shuō, "wǒmen háishi huíqu bà."

那老女人叹 一口气[308]，无精打采[309]的收起饭菜；***

Nà lǎo nǚrén tàn yì kǒuqì, wújīng-dǎcǎi de shōuqǐ fàncài; ***

---

[296] 有如铜丝 – yǒu rú tóngsī – like copper wires
[297] 颤 – chàn – quiver; tremble; vibrate
[298] 静 – jìng – still; quiet; calm
[299] 笔直 – bǐzhí – perfectly straight; bolt upright
[300] 树枝 – shùzhī – branch; twig
[301] 缩 – suō – drawback; recoil; withdraw (head pulled in)
[302] 铁铸 – tiězhù – cast iron
[303] 出没 – chūmò – appear and disappear
[304] 卸 – xiè – unload; be relieved of; remove
[305] 挑 – tiāo – [for things which can be carried on a shoulder pole]
[306] 重担 – zhòngdàn – heavy burden; heavy (or great) responsibility
[307] 劝 – quàn – advise; urge
[308] 叹 一口气 – tàn yì kǒuqì – heave a sigh; sigh
[309] 无精打采 – wújīng-dǎcǎi – (成语) listless; crestfallen; in low spirits

*** 又迟疑³¹⁰了一刻，终于慢慢地走了。嘴里自言自语的说，"这是怎么一回事呢？……"

*** yòu chíyí le yí kè, zhōngyú mànmàn de zǒu le. Zuǐ lǐ zìyán-zìyǔ de shuō, "zhè shì zěnme yì huí shì ne?……"

他们走不上二三十步远，忽听得背后"哑³¹¹——"的一声大叫；两个人都悚然³¹²的回过头，只见那乌鸦张开两翅³¹³，一挫³¹⁴身，直向着远处的天空，箭³¹⁵也似的飞去了。

Tāmen zǒu bú shàng èr-sānshí bù yuǎn, hū tīng de bèihòu "yā ——" de yì shēng dàjiào; liǎng gè rén dōu sǒngrán de huíguò tóu, zhǐ jiàn nà wūyā zhāngkāi liǎng chì, yí cuò shēn, zhí xiàngzhe yuǎnchù de tiānkōng, jiàn yě shìde fēiqù le.

一九一九年四月。

---

³¹⁰ 迟疑 – chíyí – hesitate
³¹¹ 哑 – yā – sound a crow makes; "caw"
³¹² 悚然 – sǒngrán – terrified; horrified
³¹³ 翅 – chì – wing
³¹⁴ 挫 – cuò – crouch (your body)
³¹⁵ 箭 – jiàn – arrow

明天

Tomorrow
明天
Míngtiān

明天 was published in October 1919 in *New Wave* (新潮 Xīn Cháo).

The story is about a widow and her three year old son. After the death of her husband, she supports herself and her child by weaving on the loom. Recently, the child has contracted tuberculosis and is terribly ill. While the mother is not the smartest woman, she tries her best to save her child. She pulls supernatural bamboo slips (a Chinese superstition), makes a vow to Buddha, and gives the child his traditional Chinese medicine. After the passing of the night and the child showing no sign of improvement, she takes him to a traditional Chinese doctor who has four inch long fingernails. The doctor gives an esoteric diagnosis, claiming the child is suffering from fire overwhelming metal (see notes in story) and prescribes some medicine such as "preserve the infant's life pills." The prescription and the doctor visit cost the mother her savings and the child nevertheless dies shortly thereafter.

She sells some of her belongings and with the money holds a funeral for her deceased son. She buys a coffin, buries her son, and holds a dinner for all those who helped. After the sun sets and everyone goes home, the mother realizes she is now all alone with her loom. With the earlier passing of her husband and now her son, her home seems much too quiet.

As discussed in the preface to *Nàhǎn*, Lǔ Xùn was very critical of Chinese folk medicine. His father died in 1896 of an illness, likely to be tuberculosis, which Chinese medicine and doctors failed to treat. During his youth, he would pawn the family's goods so that he could buy exotic and expensive Chinese herbs and medicines. The ingredients would be items such as sugar cane exposed to three frosts, and a pair of crickets who never had another mate. While these items proved difficult to procure, they did nothing for his father's illness. He died after four years of the expensive medicine. His father's death was Lǔ Xùn's inspiration to study Western medicine in the first place (which he ended up quitting to pursue literature) and he always remained very skeptical of Chinese medicine.

Lǔ Xùn also discusses the flaws of Chinese medicine in his story, *Medicine* (药).

屋子不但太静，而且也太大了，东西也太空了。

"没有声音，——小东西怎了？"

"Méiyǒu shēngyīn, ——xiǎodōngxi zěn le?"

红鼻子老拱[1]手里擎[2]了一碗黄酒[3]，说着，向间壁[4]努一努嘴[5]。蓝皮阿五[6]便放下酒碗，在他脊梁[7]上用死劲[8]的打了一掌，含含糊糊[9]嚷道：

Hóng Bízi Lǎo Gǒng shǒu lǐ qíng le yì wǎn huángjiǔ, shuōzhe, xiàng jiānbì nǔ yì núzuǐ. Lán Pí Ā Wǔ biàn fàngxià jiǔwǎn, zài tā jíliáng shàng yòng sǐjìn de dǎ le yì zhǎng, hánhán-húhú rǎngdào:

"你……你你又在想心思[10]……。"

"Nǐ.......nǐ nǐ yòu zài xiǎng xīnsī......"

原来鲁镇[11]是僻静[12]地方，还有些古风[13]：***

Yuánlái Lǔ Zhèn shì pìjìng dìfāng, háiyǒu xiē gǔfēng: ***

---

[1] 红鼻子老拱 – Hóng Bízi Lǎo Gǒng – name of a character, Red Nose Always Bowing. Also known as 老拱.

　　拱 – gǒng – a traditional form of greeting between gentlemen.

[2] 擎 – qíng – hold up; lift up

[3] 黄酒 – huángjiǔ – yellow rice wine

[4] 间壁 – jiānbì – wall of the room

[5] 努嘴 – núzuǐ – pout one's lips as a signal

[6] 蓝皮阿五 – Lán Pí Ā Wǔ – name of a character, Fifth Blue Skin, also known as 阿五.

　　阿 – indicates a familiar greeting.

　　五 – indicates that he was the fifth child in the family.

[7] 脊梁 – jíliáng – back (of the human body)

[8] 死劲 – sǐjìn – with all one's strength

[9] 含含糊糊 – hánhán-húhú – ambiguous; vague; slurred

[10] 心思 – xīnsī – thoughts; ideas

[11] 鲁镇 – Lǔ Zhèn – name of a town, the town of 鲁. Lǔ Xùn frequently refers back to 鲁镇 as the setting for many of his stories

[12] 僻静 – pìjìng – secluded; quiet and out of the way

[13] 古风 – gǔfēng – old/ancient customs

*** 不上一更[14]，大家便都关门睡觉。深更半夜[15]没有睡的只有两家：一家是咸亨酒店[16]，几个酒肉朋友[17]围着柜台，吃喝得正高兴；一家便是间壁的单四嫂子[18]，他自从前年守了寡[19]，便须专靠[20]着自己的一双手纺[21]出绵纱[22]来，养活他自己和他三岁的儿子，所以睡的也迟[23]。

*** bú shàng yì gēng, dàjiā biàn dōu guānmén shuìjiào. Shēngēng-bànyè méiyǒu shuì de zhǐyǒu liǎng jiā: yì jiā shì Xián Hēng Jiǔdiàn, jǐ gè jiǔròu-péngyou wéizhe guìtái, chī hē de zhèng gāoxìng; yì jiā biàn shì jiānbì de Shàn Sì Sǎozi, tā zìcóng qiánnián shǒu le guǎ, biàn xū zhuān kàozhe zìjǐ de yì shuāngshǒu fǎngchū miánshā lái, yǎnghuó tā zìjǐ hé tā sān suì de érzi, suǒyǐ shuì de yě chí.

这几天，确凿[24]没有纺纱[25]的声音了。但夜深没有睡的既然[26]只有两家，这单四嫂子家有声音，便自然只有老拱们[27]听到，没有声音，也只有老拱们听到。

Zhè jǐ tiān, quèzáo méiyǒu fǎngshā de shēngyīn le. Dàn yèshēn méiyǒu shuì de jìrán zhǐyǒu liǎng jiā, zhè Shàn Sì Sǎozi jiā yǒu shēngyīn, biàn zìrán zhǐyǒu Lǎo Gǒngmen tīngdào, méiyǒu shēngyīn, yě zhǐyǒu Lǎo Gǒngmen tīngdào.

---

[14] 不上一更 – bú shàng yì gēng – not yet past first watch

更 – one of the five two-hour periods which the night was formerly divided

[15] 深更半夜 – shēngēng-bànyè – (成语) in the dead of night; in the middle of the night

[16] 咸亨酒店 – Xián Hēng Jiǔdiàn – name of a tavern in Lu Zhen, also mentioned in 孔乙己 and 风波

[17] 酒肉朋友 – jiǔròu-péngyou – (成语) fair-weather friends; friends only when it's convenient, i.e. friends only for 酒 and 肉

[18] 单四嫂子 – Shàn Sì Sǎozi – name of a character, Fourth Shan's wife

嫂子 – polite form of address for women.

四 – indicates that her husband is the fourth child of his family.

[19] 守寡 – shǒuguǎ – remain a widow; live as a widow

[20] 须专靠 – xū zhuān kào – must (须) completely (专) depend on (靠)

[21] 纺 – fǎng – weave

[22] 绵纱 – miánshā – cotton yarn

[23] 迟 – chí – late; tardy

[24] 确凿 – quèzáo – (for emphasis) yes, exactly; based on truth; reliable

[25] 纺纱 – fǎngshā – loom; spinning; weaving

[26] 既然 – jìrán – since; as; now that

[27] 老拱们 – Lǎo Gǒngmen – 老拱 and friends

老拱挨了打[28]，仿佛[29]很舒服似的喝了一大口酒，呜呜[30]的唱起小曲[31]来。

Lǎo Gǒng ái le dǎ, fǎngfú hěn shūfu shìde hē le yí dà kǒu jiǔ, wūwū de chàngqǐ xiǎoqǔ lái.

这时候，单四嫂子正抱着他的宝儿[32]，坐在床沿[33]上，纺车[34]静静的立在地上。黑沉沉[35]的灯光，照着宝儿的脸，绯红[36]里带一点青。单四嫂子心里计算：神签[37]也求过了，愿心[38]也许过了，单方[39]也吃过了，要是还不见效，怎么好？——那只有去诊[40]何小仙[41]了。 但宝儿也许是日轻夜重[42]，到了明天，太阳一出，热也会退，***

Zhè shíhòu, Shàn Sì Sǎozi zhèng bàozhe tā de Bǎo'ér, zuò zài chuángyán shàng, fǎngchē jìngjing de lì zài dì shàng. Hēichénchén de dēngguāng, zhàozhe Bǎo'ér de liǎn, fēihóng lǐ dài yì diǎn qīng. Shàn Sì Sǎozi xīnli jìsuàn: shénqiān yě qiúguò le, yuànxīn yě xǔguò le, dānfāng yě chīguò le, yàoshì hái bú jiàn xiào, zěnme hǎo? —— Nà zhǐyǒu qù zhěn Hé Xiǎoxiān le. Dàn Bǎo'ér yěxǔ shì rì qīng yè zhòng, dào le míngtiān, tàiyáng yì chū, rè yě huì tuì, ***

---

[28] 挨打 – áidǎ – take a beating; spanking
[29] 仿佛 – fǎngfú – seem; as if
[30] 呜呜 – wūwū – toot; hoot; zoom
[31] 小曲 – xiǎoqǔ – song; tune; melody
[32] 宝儿 – Bǎo'ér – name of a character, the child of 单四嫂子
[33] 床沿 – chuángyán – edge of the bed
[34] 纺车 – fǎngchē – loom
[35] 黑沉沉 – hēichénchén – very dark or dim
[36] 绯红 – fēihóng – bright red; crimson
[37] 神签 – shénqiān – supernatural bamboo slips used for divination
[38] 愿心 – yuànxīn – a vow to Buddha or a Bodhisattva. After her prayers are answered she would then perform some good deed.
[39] 单方 – dānfāng – medicine; prescription
[40] 诊 – zhěn – examine (a patient)
[41] 何小仙 – Hé Xiǎoxiān – name of a character, a Daoist doctor/physician. The doctor in 狂人日记 and one of the doctors who treated Lǔ Xùn's father are also surnamed 何.
小仙 means "small immortal" and is a common name for Daoist doctors.
[42] 日轻夜重 – rì qīng yè zhòng – (referring to 宝儿's illness) light during the day and worse at night

*** 气喘[43]也会平的：这实在是病人常有的事。

*** qìchuǎn yě huì píng de: zhè shízài shì bìngrén cháng yǒu de shì.

　　单四嫂子是一个粗笨[44]女人，不明白这"但"字的可怕：许多坏事固然[45]幸亏[46]有了他才变好，许多好事却也因为有了他都弄糟[47]。夏天夜短，老拱们呜呜的唱完了不多时，东方已经发白；不一会，窗缝[48]里透进[49]了银白色的曙光[50]。

　　Shàn Sì Sǎozi shì yí gè cūbèn nǚrén, bù míngbai zhè "dàn" zì de kěpà: xǔduō huàishì gùrán xìngkuī yǒu le tā cái biàn hǎo, xǔduō hǎoshì què yě yīnwèi yǒu le tā dōu nòngzāo. Xiàtiān yè duǎn, Lǎo Gǒngmen wūwū de chàngwán le bù duō shí, dōngfāng yǐjīng fābái; bù yí huì, chuāngfèng lǐ tòujìn le yínbái sè de shǔguāng.

　　单四嫂子等候天明，却不像别人这样容易，觉得非常之慢[51]，宝儿的一呼吸，几乎长过一年。现在居然明亮了；天的明亮，压倒[52]了灯光，——看见宝儿的鼻翼[53]，已经一放一收[54]的扇动[55]。

　　Shàn Sì Sǎozi děnghòu tiānmíng, què bú xiàng biérén zhèyàng róngyì, juéde fēicháng zhī màn, Bǎo'ér de yì hūxī, jīhū chángguò yì nián. Xiànzài jūrán míngliàng le; tiān de míngliàng, yādǎo le dēngguāng, —— kànjiàn Bǎo'ér de bíyì, yǐjīng yí fàng yì shōu de shāndòng.

---

[43] 气喘 – qìchuǎn – breathing; asthma

[44] 粗笨 – cūbèn – clumsy; unwieldy

[45] 固然 – gùrán – [used to acknowledge a fact in order to make a contrary statement which is the speaker's real purpose] no doubt; it is true

[46] 幸亏 – xìngkuī – fortunately; luckily; thankfully

[47] 弄糟 – nòngzāo – spoil something; make a mess of things

[48] 窗缝 – chuāngfèng – crack in the window; slit of the window

[49] 透进 – tòujìn – penetrate; seep through; soak through

[50] 曙光 – shǔguāng – first light of morning; dawn

[51] 非常之慢 – fēicháng zhī màn – very (非常), very (之) slow (慢)

[52] 压倒 – yādǎo – overcome; overpower; prevail over

[53] 鼻翼 – bíyì – sides of your nostrils

[54] 一放一收 – yí fàng yì shōu – a rise and a fall

[55] 扇动 – shāndòng – fan; flap

单四嫂子知道不妙[56]，暗暗叫一声"阿呀！" 心里计算：怎么好？只有去诊何小仙这一条路了。他虽然是粗笨女人，心里却有决断[57]，便站起身，从木柜子里掏[58]出每天节省[59]下来的十三个小银元[60]和一百八十铜钱[61]，都装在衣袋里，锁上门，抱着宝儿直向何家奔[62]过去。

　　Shàn Sì Sǎozi zhīdào bú miào, ànàn jiào yì shēng "ā yā!" Xīnli jìsuàn: zěnme hǎo? Zhǐyǒu qù zhěn Hé Xiǎoxiān zhè yì tiáo lù le. Tā suīrán shì cūbèn nǔrén, xīnli què yǒu juéduàn, biàn zhànqǐ shēn, cóng mùguìzi lǐ tāochū měi tiān jiéshěng xiàlái de shísān gè xiǎo yínyuán hé yìbǎi bāshí tóngqián, dōu zhuāng zài yīdài lǐ, suǒshàng mén, bàozhe Bǎo'ér zhí xiàng Hé jiā bēn guòqù.

　　天气还早，何家已经坐着四个病人了。他摸出四角银元，买了号签[63]，第五个轮[64]到宝儿。何小仙伸开两个指头按脉[65]，指甲足有四寸[66]多长[67]，单四嫂子暗地纳罕[68]，心里计算：宝儿该有活命了。但总免不了[69]着急，忍不住[70]要问，便局局促促[71]的说：

　　Tiānqì hái zǎo, Hé jiā yǐjīng zuòzhe sì gè bìngrén le. Tā mōchū sì jiǎo yínyuán, mǎi le hàoqiān, dì-wǔ gè lúndào Bǎo'ér. Hé xiǎoxiān shēnkāi liǎng gè zhǐtóu ànmài, zhǐjia zú yǒu sì cùn duō cháng, Shàn Sì Sǎozi àn de nàhǎn, xīnli jìsuàn: Bǎo'ér gāi yǒu huómìng le. Dàn zǒng miǎnbùliǎo zháojí, rěnbúzhù yào wèn, biàn jújú-cùcù de shuō:

---

[56] 不妙 – bú miào – (of a turn of events) not too encouraging; far from being good; anything but reassuring

[57] 决断 – juéduàn – resolve; decisiveness; resolution

[58] 掏 – tāo – draw out; pull out; fish out

[59] 节省 – jiéshěng – economize; save; use sparingly; cut down on

[60] 银元 – yínyuán – flat silver, an old sliver round currency used during these times, also called 银洋 (yínyáng), 大洋 (dàyáng)

[61] 铜钱 – tóngqián – copper cash

[62] 奔 – bēn – hurry; run quickly

[63] 号签 – hàoqiān – registration slip

[64] 轮 – lún – take turns

[65] 按脉 – ànmài – feel (or take) the pulse

[66] 寸 – cùn, a unit of length equivalent to 1/30 of a meter (四寸 = 5¼ inches)

[67] She notes his long fingernails because they were seen as a sign of affluence.

[68] 纳罕 – nàhǎn – wondering; questioning

[69] 免不了 – miǎnbùliǎo – unavoidable

[70] 忍不住 – rěnbúzhù – unable to bear; cannot help (doing something)

[71] 局局促促 – jújú-cùcù – faltering; feel or show constraint

"先生，——我家的宝儿什么病呀？"

"Xiānshēng, —— wǒ jiā de Bǎo'ér shénme bìng yā?"

"他中焦塞[72]着。"

"Tā zhōngjiāo sāizhe."

"不妨事么[73]？他……"

"Bù fáng shì me? Tā……"

"先去吃两帖[74]。"

"Xiān qù chī liǎng tiě."

"他喘[75]不过气来，鼻翅子[76]都扇着呢。"

"Tā chuǎnbúguò qì lái, bíchìzi dōu shānzhe ne."

"这是火克金[77]……"

"Zhè shì huǒ kè jīn……"

---

[72] 中焦塞 – zhōngjiāo sāi – blockage (塞) in the central tract (中焦), (referring to a common way of diagnosing in traditional Chinese medicine when someone has a digestive problem.) The disease will be classified into one of the three tracts (焦 – jiāo):

上焦 – the heart, lungs, and esophagus.
中焦 – the spleen, stomach, gall bladder, and liver organs.
下焦 – the kidneys, large and small intestines, and urinary bladder.

[73] 不妨事么 – bù fáng shì me – is it serious?; does it look serious?

[74] 帖 – tiě – a dose (or draught) of herbal medicine

[75] 喘 – chuǎn – breathe with difficulty; pant

[76] 鼻翅子 – bíchìzi – the "wings" (翅子) of your nose (鼻); sides of your nostrils

[77] 火克金 – huǒ kè jīn – fire overwhelming metal (refers to a common way of diagnosing diseases in traditional Chinese medicine.) The five elements in China (木火土金水) represent different parts of the body and the interaction of these different elements would either cause sickness or health. In this case fire (the heart) is overwhelming metal (the lungs) causing the boy's breathing problem. The five elements represent the following body parts:

木 – liver and gall bladder.
火 – heart, esophagus, and small intestines.
土 – spleen, pancreas, and stomach.
金 – lungs and large intestine.
水 – kidney and urinary bladder.

何小仙说了半句话，便闭上眼睛；单四嫂子也不好意思再问。在何小仙对面坐着的一个三十多岁的人，此时已经开好一张药方，指着纸角[78]上的几个字说道：

Hé xiǎoxiān shuō le bàn jù huà, biàn bìshàng yǎnjing; Shàn Sì Sǎozi yě bù hǎoyìsī zài wèn. Zài Hé Xiǎoxiān duìmiàn zuòzhe de yí gè sānshí duō suì de rén, cǐshí yǐjīng kāihǎo yì zhāng yàofāng, zhǐzhe zhǐjiǎo shàng de jǐ gè zì shuōdào:

"这第一味[79]保婴活命丸[80]，须是贾家济世老店[81]才有！"

"Zhè dì-yī wèi bǎo yīng huómìng wán, xū shì Jiǎ Jiā Jìshì Lǎodiàn cái yǒu!"

单四嫂子接过药方[82]，一面走，一面[83]想。他虽是粗笨女人，却知道何家与济世老店与自己的家，正是一个三角点[84]；自然是买了药回去便宜了。于是[85]又径向[86]济世老店奔过去。店伙也翘[87]了长指甲慢慢的看方，慢慢的包药。单四嫂子抱了宝儿等着；宝儿忽然擎[88]起小手来，***

Shàn Sì Sǎozi jiēguò yàofāng, yí miàn zǒu, yí miàn xiǎng. Tā suī shì cūbèn nǚrén, què zhīdào Hé jiā yǔ Jìshì Lǎodiàn yǔ zìjǐ de jiā, zhèng shì yí gè sānjiǎodiǎn; zìrán shì mǎi le yào huíqù piányi le. Yúshì yòu jìng xiàng Jìshì Lǎodiàn bēn guòqù. Diànhuǒ yě qiào le cháng zhǐjia mànmàn de kàn fāng, mànmàn de bāo yào. Shàn Sì Sǎozi bào le Bǎo'ér děngzhe; Bǎo'ér hūrán qíngqǐ xiǎo shǒu lái, ***

---

[78] 纸角 – zhǐjiǎo – corner (角) of the paper (纸)

[79] 味 – wèi – measure word for ingredients of a Chinese medicine prescription

[80] 保婴活命丸 – bǎo yīng huómìng wán – preserve (保) an infant's (婴) life (活命) pills (丸)

[81] 贾家济世老店 – Jiǎ Jiā Jìshì Lǎodiàn – Family (家) Jia's (贾) Save the World (济世) Shop (老店) (the name of Jia's family pharmacy)

[82] 药方 – yàofāng – prescription

[83] 一面…一面… – yí miàn… yí miàn… – at the same time

[84] 三角点 – sānjiǎodiǎn – triangle

[85] 于是 – yúshì – therefore

[86] 径向 – jìng xiàng – directly towards; straight towards

[87] 翘 – qiào – stick up; raise

[88] 擎 – qíng – hold up; lift up

*** 用力拔[89]他散乱[90]着的一绺[91]头发，这是从来没有的举动，单四嫂子怕得发怔[92]。

*** yònglì bá tā sǎnluànzhe de yì liǔ tóufà, zhè shì cónglái méiyǒu de jǔdòng, Shàn Sì Sǎozi pà de fāzhèng.

太阳早出了。单四嫂子抱了孩子，带着药包，越走觉得越[93]重；孩子又不住的挣扎[94]，路也觉得越长。没奈何[95]坐在路旁一家公馆的门槛[96]上，休息了一会，衣服渐渐的冰着肌肤[97]，才知道自己出了一身汗；宝儿却仿佛睡着了。他再起来慢慢地走，仍然支撑[98]不得，耳朵边忽然听得人说：

Tàiyáng zǎo chū le. Shàn Sì Sǎozi bào le háizi, dàizhe yàobāo, yuè zǒu juéde yuè zhòng; háizi yòu búzhù de zhēngzhá, lù yě juéde yuè cháng. Mònàihé zuò zài lù páng yì jiā gōngguǎn de ménkǎn shàng, xiūxi le yí huì, yīfu jiànjiàn de bīngzhe jīfū, cái zhīdào zìjǐ chū le yì shēn hàn; Bǎo'ér què fǎngfú shuìzháo le. Tā zài qǐlái mànmàn de zǒu, réngrán zhīchēng bùdé, ěrduo biān hūrán tīng de rén shuō:

"单四嫂子，我替你抱勃罗[99]！" 似乎是蓝皮阿五的声音。

"Shàn Sì Sǎozi, wǒ tì nǐ bào bóluó!" Sìhū shì Lán Pí Ā Wǔ de shēngyīn.

他抬头看时，正是蓝皮阿五，睡眼[100]朦胧[101]的跟着他走。

Tā táitóu kàn shí, zhèng shì Lán Pí Ā Wǔ, shuìyǎn ménglóng de gēnzhe tā zǒu.

---

[89] 拔 – bá – pull out; winkle out; yank out
[90] 散乱 – sǎnluàn – fall out of place; messy; in disorder
[91] 绺 – liǔ – a wisp; a measure word for hair
[92] 发怔 – fāzhèng – stare blankly
[93] 越… 越… – yuè… yuè… – the more…the more…
[94] 挣扎 – zhēngzhá – struggle
[95] 没奈何 – mònàihé – be utterly helpless; have no way out; have no alternative
[96] 门槛 – ménkǎn – threshold
[97] 肌肤 – jīfū – (human) skin
[98] 支撑 – zhīchēng – prop up; shore up; sustain
[99] 勃罗 – bóluó – kiddo (referring to 宝儿)
[100] 睡眼 – shuìyǎn – drowsy eyes (of a person who is sleepy or just awake)
[101] 朦胧 – ménglóng – dim; hazy; obscure

单四嫂子在这时候，虽然很希望降下[102]一员天将[103]，助他一臂之力[104]，却不愿是阿五。但阿五有些侠气[105]，无论如何[106]，总是偏要[107]帮忙，所以推让[108]了一会，终于得了许可了。他便伸开臂膊[109]，从单四嫂子的乳房[110]和孩子之间，直伸下去，抱去了孩子。单四嫂子便觉乳房上发了一条热，刹时间[111]直热到脸上和耳根[112]。

　　Shàn Sì Sǎozi zài zhè shíhòu, suīrán hěn xīwàng jiàngxià yì yuán Tiān Jiàng, zhù tā yíbìzhīlì, què bú yuàn shì Ā Wǔ. Dàn Ā Wǔ yǒuxiē xiáqì, wúlùn-rúhé, zǒngshì piānyào bāngmāng, suǒyǐ tuīràng le yí huì, zhōngyú dé le xǔkě le. Tā biàn shēnkāi bìbó, cóng Shàn Sì Sǎozi de rǔfáng hé háizi zhījiān, zhí shēnxiàqù, bàoqù le háizi. Shàn Sì Sǎozi biàn jué rǔfáng shàng fā le yì tiáo rè, chà shíjiān zhí rè dào liǎn shàng hé ěrgēn.

　　他们两人离开了二尺[113]五寸多地，一同走着。阿五说些话，单四嫂子却大半没有答。走了不多时候，阿五又将孩子还给他，说是昨天与朋友约定的吃饭时候到了；单四嫂子便接了孩子。幸而不远便是家，早看见对门的王九妈[114]在街边坐着，远远地说话：

　　Tāmen liǎng rén líkāi le èr chǐ wǔ cùn duō dì, yìtóng zǒuzhe.　Ā Wǔ shuō xiē huà, Shàn Sì Sǎozi què dàbàn méiyǒu dá.　Zǒu le bù duō shíhòu, Ā Wǔ yòu jiāng háizi huángěi tā, shuō shì zuótiān yǔ péngyou yuēdìng de chīfàn shíhòu dào le; Shàn Sì Sǎozi biàn jiē le háizi.　Xìng'ér bù yuǎn biàn shì jiā, zǎo kànjiàn duìmén de Wáng Jiǔ Mā zài jiē biān zuòzhe, yuǎnyuǎn de shuōhuà:

---

[102] 降下 – jiàngxià – fall; drop; lower

[103] 天将 – Tiān Jiàng – General of Heaven; General of the Heavenly Host

[104] 一臂之力 – yíbìzhīlì – (成语) a helping hand (助他一臂之力 – lend her a helping hand)

[105] 侠气 – xiáqì – chivalry; air of chivalry

[106] 无论如何 – wúlùn-rúhé – (成语) no matter what; in any case; at all costs

[107] 偏要 – piānyào – insist on; must; be determined to do

[108] 推让 – tuīràng – decline (a position, favor, etc) out of modesty or politeness

[109] 臂膊 – bìbó – arm

[110] 乳房 – rǔfáng – breast

[111] 刹时间 – chà shíjiān – suddenly

[112] 耳根 – ěrgēn – the base of the outer ear

[113] 尺 – chǐ – *chi*, a unit of measure equivalent to 1/3 of a meter

[114] 王九妈 – Wáng Jiǔ Mā – name of a character, Ninth Auntie Wang

"单四嫂子，孩子怎了？——看过先生了么？"

"Shàn Sì Sǎozi, háizi zěn le? —— kànguò xiānshēng le me?"

"看是看了。——王九妈，你有年纪[115]，见的多，不如请你老法眼[116]看一看，怎样……"

"Kàn shì kàn le. ——Wáng Jiǔ Mā, nǐ yǒu niánjì, jiàn de duō, bù rú qǐng nǐ lǎofǎyǎn kàn yí kàn, zěnyàng……"

"唔[117]……"

"Ń……"

"怎样……？"

"Zěnyàng……?"

"唔……"王九妈端详[118]了一番，把头点[119]了两点，摇[120]了两摇。

"Ń……" Wáng Jiǔ Mā duānxiáng le yì fān, bǎ tóu diǎn le liǎng diǎn, yáo le liǎng yáo.

宝儿吃下药，已经是午后了。单四嫂子留心[121]看他神情，似乎仿佛平稳[122]了不少；到得下午，忽然睁开[123]眼叫一声"妈！"又仍然合上[124]眼，像是睡去了。***

Bǎo'ér chīxià yào, yǐjīng shì wǔhòu le. Shàn Sì Sǎozi liúxīn kàn tā shénqíng, sìhū fǎngfú píngwěn le bù shǎo; dào dé xiàwǔ, hūrán zhēngkāi yǎn jiào yì shēng "mā!" Yòu réngrán héshàng yǎn, xiàng shì shuì qù le. ***

---

[115] 年纪 – niánjì – age
[116] 老法眼 – lǎofǎyǎn – a Buddhist term meaning old experienced eyes; old wise eyes (nothing will escape her eyes since she has so much wisdom)
[117] 唔 – ń – [sound used to indicate affirmative]
[118] 端详 – duānxiáng – scrutinize; look somebody up and down
[119] 点 – diǎn – nod (one's head in approval)
[120] 摇 – yáo – shake (one's head in disapproval)
[121] 留心 – liúxīn – carefully; attentively
[122] 平稳 – píngwěn – smooth and steady
[123] 睁开 – zhēngkāi – open (the eyes)
[124] 合上 – héshàng – close; shut

*** 他睡了一刻，额[125]上鼻尖[126]都沁[127]出一粒一粒的汗珠[128]，单四嫂子轻轻一摸，胶水[129]般[130]粘[131]着手；慌忙[132]去摸胸口[133]，便禁不住呜咽[134]起来。

*** Tā shuì le yí kè, é shàng bíjiān dōu qìnchū yí lì yí lì de hànzhū, Shàn Sì Sǎozi qīngqīng yì mō, jiāoshuǐ bān zhānzhe shǒu; huāngmáng qù mō xiōngkǒu, biàn jīnbuzhù wūyè qǐlái.

宝儿的呼吸从平稳到没有，单四嫂子的声音也就从呜咽变成号啕[135]。这时聚集[136]了几堆人：门内是王九妈蓝皮阿五之类，门外是咸亨的掌柜和红鼻老拱之类。王九妈便发命令[137]，烧了一串纸钱[138]；又将两条板凳[139]和五件衣服作抵[140]，替单四嫂子借了两块洋钱[141]，***

Bǎo'ér de hūxī cóng píngwěn dào méiyǒu, Shàn Sì Sǎozi de shēngyīn yě jiù cóng wūyè biànchéng háotáo. Zhè shí jùjí le jǐ duī rén: mén nèi shì Wáng Jiǔ Mā Lán Pí Ā Wǔ zhī lèi, mén wài shì Xián Hēng de zhǎngguì hé Hóng Bí Lǎo Gǒng zhī lèi. Wáng Jiǔ Mā biàn fā mìnglìng, shāo le yí chuàn zhǐqián; yòu jiāng liǎng tiáo bǎndèng hé wǔ jiàn yīfu zuò dǐ, tì Shàn Sì Sǎozi jiè le liǎng kuài yángqián, ***

---

[125] 额 – é – forehead

[126] 鼻尖 – bíjiān – tip of the nose

[127] 沁 – qìn – ooze; seep

[128] 汗珠 – hànzhū – beads of sweat; drops of sweat

[129] 胶水 – jiāoshuǐ – glue

[130] 般 – bān – like; way; kind

[131] 粘 – zhān – glue; stick; paste

[132] 慌忙 – huāngmáng – in a great rush; in a flurry; hurriedly

[133] 胸口 – xiōngkǒu – the pit of the stomach; chest

[134] 呜咽 – wūyè – sob

[135] 号啕 – háotáo – cry loudly

[136] 聚集 – jùjí – gather; assemble

[137] 发命令 – fā mìnglìng – issue an order or command

[138] 纸钱 – zhǐqián – paper made to resemble money and burned as an offering to the dead

[139] 板凳 – bǎndèng – wooden bench or stool

[140] 作抵 – zuò dǐ – act as (作) compensation (抵)

[141] 洋钱 – yángqián – silver coins (Since silver coins first came from outside China, their common name was 洋钱, lit. foreign money. Even after the Qing Dynasty started to mint their own silver coins, the popular name remained 洋钱.)

*** 给帮忙的人备饭。

*** gěi bāngmáng de rén bèi fàn.

第一个问题是棺木[142]。单四嫂子还有一副银耳环[143]和一支裹金[144]的银簪[145]，都交给了咸亨的掌柜，托[146]他作一个保[147]，半现半赊[148]的买一具棺木。蓝皮阿五也伸出手来，很愿意自告奋勇[149]；王九妈却不许他，只准他明天抬[150]棺材的差使[151]，阿五骂了一声"老畜生[152]"，快快[153]的努了嘴站着。掌柜便自去了；晚上回来，说棺木须得现做，后半夜[154]才成功。

Dì-yí gè wèntí shì guānmù. Shàn Sì Sǎozi háiyǒu yí fù yín ěrhuán hé yì zhī guǒjīn de yín zān, dōu jiāogěi le Xián Hēng de zhǎngguì, tuō tā zuò yí gè bǎo, bànxiàn bànshē de mǎi yí jù guānmù. Lán Pí Ā Wǔ yě shēnchū shǒu lái, hěn yuànyì zìgào-fènyǒng; Wáng Jiǔ Mā què bù xǔ tā, zhǐ zhǔn tā míngtiān tái guāncai de chāishǐ, Ā Wǔ mà le yì shēng "lǎochùshēng", yàngyàng de nǔ le zuǐ zhànzhe. Zhǎngguì biàn zì qù le; wǎnshàng huílái, shuō guānmù xūděi xiàn zuò, hòubànyè cái chénggōng.

掌柜回来的时候，帮忙的人早吃过饭；因为鲁镇还有些古风，所以不上一更，便都回家睡觉了。***

Zhǎngguì huílái de shíhòu, bāngmáng de rén zǎo chīguò fàn; yīnwèi Lǔ Zhèn háiyǒu xiē gǔfēng, suǒyǐ bú shàng yì gēng, biàn dōu huíjiā shuìjiào le. ***

---

[142] 棺木 - guānmù - coffin; wooden coffin
[143] 一副银耳环 - yí fù yín ěrhuán - a pair (一副) of silver (银) earrings (耳环)
[144] 裹金 - guǒjīn - gold plated
[145] 银簪 - yín zān - silver (银) hairpin (簪)
[146] 托 - tuō - entrust; ask
[147] 保 - bǎo - security; guarantor
[148] 半现半赊 - bànxiàn bànshē - half cash, half credit
[149] 自告奋勇 - zìgào-fènyǒng - (成语) volunteer to undertake (a difficult task); offer to undertake (a difficult task)
[150] 抬 - tái - (of two or more people) carry
[151] 差使 - chāishǐ - official post; billet; commission
[152] 老畜生 - lǎochùshēng - old dirty swine; old bitch
[153] 快快 - yàngyàng - disgruntled
[154] 后半夜 - hòubànyè - the second half of the night

*** 只有阿五还靠着咸亨的柜台喝酒，老拱也呜呜的唱。

*** Zhǐyǒu Ā Wǔ hái kàozhe Xián Hēng de guìtái hējiǔ, Lǎo Gǒng yě wūwū de chàng.

这时候，单四嫂子坐在床沿上哭着，宝儿在床上躺着，纺车静静的在地上立着。许多工夫，单四嫂子的眼泪宣告完结[155]了，眼睛张得很大，看看四面的情形，觉得奇怪：所有的都是不会有的事。他心里计算：不过是梦罢了[156]，这些事都是梦。明天醒过来，自己好好的睡在床上，宝儿也好好的睡在自己身边。他也醒过来，叫一声"妈"，生龙活虎[157]似的跳去玩了。

Zhè shíhòu, Shàn Sì Sǎozi zuò zài chuángyán shàng kūzhe, Bǎo'ér zài chuáng shàng tǎngzhe, fǎngchē jìngjìng de zài dì shàng lìzhe. Xǔduō gōngfu, Shàn Sì Sǎozi de yǎnlèi xuāngào wánjié le, yǎnjing zhāng de hěn dà, kànkàn sìmiàn de qíngxíng, juéde qíguài: suǒyǒu de dōu shì bú huì yǒu de shì. Tā xīnli jìsuàn: búguò shì mèng bà le, zhèxiē shì dōu shì mèng. Míngtiān xǐngguòlái, zìjǐ hǎohǎo de shuì zài chuáng shàng, Bǎo'ér yě hǎohǎo de shuì zài zìjǐ shēn biān. Tā yě xǐngguòlái, jiào yì shēng "mā", shēnglóng-huóhǔ shìde tiào qù wán le.

老拱的歌声早经寂静[158]，咸亨也熄了灯[159]。单四嫂子张着眼，总不信所有的事。——鸡也叫了；东方渐渐发白，窗缝里透进了银白色的曙光。

Lǎo Gǒng de gēshēng zǎojīng jìjìng, Xián Hēng yě xī le dēng. Shàn Sì Sǎozi zhāngzhe yǎn, zǒng bú xìn suǒyǒu de shì. ——Jī yě jiào le; dōngfāng jiànjiàn fābái, chuāngfèng lǐ tòujìn le yín báisè de shǔguāng.

---

[155] 宣告完结 – xuāngào wánjié – declared (宣告) the end (完结); ended
[156] 罢了 – bà le – [used at the end of a statement to indicate something not worth mentioning]
[157] 生龙活虎 – shēnglóng-huóhǔ – (成语) doughty as a dragon and lively as a tiger; bursting with energy; full of vim and vigor
[158] 寂静 – jìjìng – quiet; still; silent
[159] 熄灯 – xīdēng – put out the lights; lights out (the bar is closed)

银白的曙光又渐渐显出绯红，太阳光接着照到[160]屋脊[161]。单四嫂子张着眼，呆呆坐着；听得打门声音，才吃了一吓，跑出去开门。门外一个不认识的人，背了一件东西；后面站着王九妈。

Yín bái de shǔguāng yòu jiànjiàn xiǎnchū fēihóng, tàiyáng guāng jiēzhe zhào dào wūjǐ. Shàn Sì Sǎozi zhāngzhe yǎn, dāidāi zuòzhe; tīng de dǎmén shēngyīn, cái chī le yí xià, pǎochūqù kāi mén. Mén wài yí gè bú rènshi de rén, bēi le yí jiàn dōngxi; hòumian zhànzhe Wáng Jiǔ Mā.

哦，他们背了棺材[162]来了。

Ò, tāmen bēi le guāncai lái le.

下半天[163]，棺木才合上盖[164]：因为单四嫂子哭一回，看一回，总不肯死心塌地[165]的盖上；幸亏王九妈等得不耐烦，气愤愤的跑上前，一把拖开他，才七手八脚[166]的盖上了。

Xiàbàntiān, guānmù cái héshàng gài: yīnwèi Shàn Sì Sǎozi kū yì huí, kàn yì huí, zǒng bù kěn sǐxīn-tàdì de gàishàng; xìngkuī Wáng Jiǔ Mā děng de bú nàifán, qìfènfèn de pǎoshàng qián, yì bǎ tuōkāi tā, cái qīshǒu-bājiǎo de gàishàng le.

但单四嫂子待他的宝儿，实在已经尽了心[167]，再没有什么缺陷[168]。昨天烧过一串纸钱，上午又烧了四十九卷[169] ***

Dàn Shàn Sì Sǎozi dài tā de Bǎo'ér, shízài yǐjīng jìn le xīn, zài méiyǒu shénme quēxiàn. Zuótiān shāoguò yí chuàn zhǐqián, shàngwǔ yòu shāo le sìshíjiǔ juǎn ***

---

[160] 照 – zhào – shine on
[161] 屋脊 – wūjǐ – the ridge of a roof
[162] 棺材 – guāncai – coffin
[163] 下半天 – xiàbàntiān – afternoon
[164] 合上盖 – héshàng gài – close (合上) the cover (盖)
[165] 死心塌地 – sǐxīn-tàdì – (成语) be dead set; have one's heart set on
[166] 七手八脚 – qīshǒu-bājiǎo – (成语) with everyone leading a hand; with great commotion
[167] 尽心 – jìn xīn – do everything possible; put one's heart and soul into
[168] 缺陷 – quēxiàn – defect; drawback; flaw
[169] 卷 – juǎn – scrolls

***《大悲咒[170]》；收敛[171]的时候，给他穿上顶新[172]的衣裳[173]，平日喜欢的玩意儿[174]，——一个泥人[175]，两个小木碗，两个玻璃瓶[176]，——都放在枕头旁边。后来王九妈掐[177]着指头子细[178]推敲[179]，也终于想不出一些什么缺陷。

***《Dà Bēi Zhòu》；shōuliǎn de shíhòu, gěi tā chuānshàng dǐng xīn de yīshang, píngrì xǐhuān de wányì'ér, —— yí gè nírén, liǎng gè xiǎo mùwǎn, liǎng gè bōli píng, —— dōu fàng zài zhěntóu pángbiān. Hòulái Wáng Jiǔ Mā qiāzhe zhǐtóu zǐxì tuīqiāo, yě zhōngyú xiǎngbùchū yì xiē shénme quēxiàn.

这一日里，蓝皮阿五简直整天没有到；咸亨掌柜便替单四嫂子雇了两名脚夫[180]，每名二百另[181]十个大钱[182]，抬棺木到义冢[183]地上安放。王九妈又帮他煮了饭，凡是[184]动过手开过口的人都吃了饭。***

Zhè yí rì lǐ, Lán Pí Ā Wǔ jiǎnzhí zhěngtiān méiyǒu dào; Xián Hēng zhǎngguì biàn tì Shàn Sì Sǎozi gù le liǎng míng jiǎofū, měi míng èrbǎi lìng shí gè dàqián, tái guānmù dào yìzhǒng dì shàng ānfàng. Wáng Jiǔ Mā yòu bāng tā zhǔ le fàn, fánshì dòngguò shǒu kāiguò kǒu de rén dōu chī le fàn. ***

---

[170] 大悲咒 – Dà Bēi Zhòu – A Buddhist document (观世音菩萨大悲心陀罗尼经 Guānshìyīn Púsà Dà Bēi Xīn Tuóluóní Jīng), *Incantation of Great of Compassion* (You can read it aloud or you should write the incantation down on paper and then burn it. This will help protect those you love. In this case, it will help the deceased enter paradise in the afterlife.)

[171] 收敛 – shōuliǎn – to lay the corpse in the coffin

[172] 顶新 – dǐng xīn – brand new

[173] 衣裳 – yīshang – clothes; same as 衣服

[174] 玩意儿 – wányì'ér – stuff; thing

[175] 泥人 – nírén – clay doll

[176] 玻璃瓶 – bōli píng – glass bottles

[177] 掐 – qiā – clutch; seize; choke

[178] 子细 – zǐxì – (same as 仔细) thoroughly; carefully

[179] 推敲 – tuīqiāo – submit to close scrutiny

[180] 脚夫 – jiǎofū – porter; pallbearer

[181] 另 – lìng – another

[182] 大钱 – dàqián – formerly, a copper coin of large denomination

[183] 义冢 – yìzhǒng – public cemetery; a grave; a tomb; the mound of earth which indicates the grave site

[184] 凡是 – fánshì – every; any; an

***太阳渐渐显出要落山的颜色；吃过饭的人也不觉[185]都显出要回家的颜色，——于是他们终于都回了家。

*** Tàiyáng jiànjiàn xiǎnchū yào luòshān de yánsè; chīguò fàn de rén yě bùjué dōu xiǎnchū yào huíjiā de yánsè, —— yúshì tāmen zhōngyú dōu huí le jiā.

单四嫂子很觉得头眩[186]，歇息[187]了一会，倒居然[188]有点平稳了。但他接连[189]着便觉得很异样[190]：遇到了平生没有遇到过的事，不像会有的事，然而的确出现了。他越想越奇，又感到一件异样的事——这屋子忽然太静了。

Shàn Sì Sǎozi hěn juéde tóu xuàn, xiēxī le yí huì, dào jūrán yǒu diǎn píngwěn le. Dàn tā jiēliánzhe biàn juéde hěn yìyàng: yùdào le píngshēng méiyǒu yùdàoguò de shì, bú xiàng huì yǒu de shì, rán'ér díquè chūxiàn le. Tā yuè xiǎng yuè qí, yòu gǎndào yí jiàn yìyàng de shì —— zhè wūzi hūrán tài jìng le.

他站起身，点上灯火，屋子越显得静。他昏昏[191]的走去关上门，回来坐在床沿上，纺车静静的立在地上。他定一定神[192]，四面一看，更觉得坐立不得[193]，屋子不但太静，而且[194]也太大了，东西也太空了。***

Tā zhànqǐ shēn, diǎnshàng dēnghuǒ, wūzi yuè xiǎn de jìng. Tā hūnhūn de zǒu qù guānshàng mén, huílai zuò zài chuángyán shàng, fǎngchē jìngjìng de lì zài dì shàng. Tā dìng yí dìngshén, sìmiàn yí kàn, gèng juéde zuòlì bùdé, wūzi búdàn tài jìng, érqiě yě tài dà le, dōngxi yě tàikōng le. ***

---

[185] 不觉 – bùjué – not realizing; unconsciously
[186] 头眩 – tóu xuàn – feel dizzy; feel giddy; head swimming
[187] 歇息 – xiēxī – have a rest
[188] 居然 – jūrán – unexpectedly; to one's surprise
[189] 接连 – jiēlián – on end; in a row; in succession; one after another; continuously
[190] 异样 – yìyàng – unusual; different
[191] 昏昏 – hūnhūn – in a daze; confusedly
[192] 定神 – dìngshén – collect oneself; pull oneself together; compose oneself
[193] 坐立不得 – zuòlì bùdé – (when anxious) can't sit still; sitting but can't be still
[194] 不但…而且… – búdàn…érqiě… – not only…but also…

*** 太大的屋子四面包围着他，太空的东西四面压[195]着他，叫他喘气不得。

*** Tài dà de wūzi sìmiàn bāowéizhe tā, tài kōng de dōngxi sìmiàn yāzhe tā, jiào tā chuǎnqì bùdé.

他现在知道他的宝儿确乎[196]死了；不愿意见这屋子，吹熄[197]了灯，躺着。他一面哭，一面想：想那时候，自己纺着棉纱，宝儿坐在身边吃茴香豆[198]，瞪着一双小黑眼睛想了一刻，便说，"妈！爹[199]卖馄饨[200]，我大了也卖馄饨，卖许多许多钱，——我都给你。"那时候，真是连纺出的棉纱，也仿佛寸寸都有意思，寸寸都活着。但现在怎么了？现在的事，单四嫂子却实在没有想到什么。——我早经说过：他是粗笨女人。他能想出什么呢？他单觉得这屋子太静，太大，太空罢了。

Tā xiànzài zhīdào tā de Bǎo'ér quèhū sǐ le; bú yuànyì jiàn zhè wūzi, chuīxī le dēng, tǎngzhe. Tā yí miàn kū, yí miàn xiǎng: xiǎng nà shíhòu, zìjǐ fǎngzhe miánshā, Bǎo'ér zuò zài shēn biān chī huíxiāngdòu, dèngzhe yì shuāng xiǎo hēi yǎnjing xiǎng le yí kè, biàn shuō, "Mā! Diē mài húntun, wǒ dà le yě mài húntun, mài xǔduō xǔduō qián, —— wǒ dōu gěi nǐ." Nà shíhòu, zhēnshì lián fǎngchū de miánshā, yě fǎngfú cùncùn dōu yǒu yìsi, cùncùn dōu huózhe. Dàn xiànzài zěnme le? Xiànzài de shì, Shàn Sì Sǎozi què shízài méiyǒu xiǎngdào shénme. —— Wǒ zǎojīng shuōguò: tā shì cūbèn nǔrén. Tā néng xiǎngchū shénme ne? Tā dān juéde zhè wūzi tài jìng, tài dà, tài kōng bà le.

但单四嫂子虽然粗笨，却知道还魂[201]是不能有的事，他的宝儿也的确不能再见了。***

Dàn Shàn Sì Sǎozi suīrán cūbèn, què zhīdào háihún shì bù néng yǒu de shì, tā de Bǎo'ér yě díquè bù néng zàijiàn le. ***

---

[195] 压 – yā – press; push down; weigh down

[196] 确乎 – quèhū – really; indeed

[197] 吹熄 – chuīxī – to puff out; to blow out

[198] 茴香豆 – huíxiāngdòu – fennel beans; fennel-flavored beans; peas flavored with aniseed

[199] 爹 – diē – dad; daddy

[200] 馄饨 – húntun – wonton; dumpling soup

[201] 还魂 – huánhún – return/revive (还) of the spirt/soul (魂); revive after death; return from the grave

***叹一口气[202]，自言自语[203]的说，"宝儿，你该还在这里，你给我梦里见见罢。"于是合上眼，想赶快睡去，会[204]他的宝儿，苦苦的呼吸通过了静和大和空虚[205]，自己听得明白。

*** Tàn yì kǒuqì, zìyán-zìyǔ de shuō, "Bǎo'ér, nǐ gāi hái zài zhèlǐ, nǐ gěi wǒ mèng lǐ jiàn jiàn bà." Yúshì héshàng yǎn, xiǎng gǎnkuài shuì qù, huì tā de Bǎo'ér, kǔkǔ de hūxī tōngguò le jìng hé dà hé kōngxū, zìjǐ tīng de míngbai.

单四嫂子终于朦朦胧胧[206]的走入睡乡，全屋子都很静。这时红鼻子老拱的小曲，也早经唱完；跄跄踉踉[207]出了咸亨，却又提尖[208]了喉咙[209]，唱道：

Shàn Sì Sǎozi zhōngyú méngméng-lónglóng de zǒurù shuìxiāng, quán wūzi dōu hěn jìng. Zhè shí Hóng Bízi Lǎo Gǒng de xiǎoqǔ, yě zǎojīng chàngwán; qiāngqiāng-liàngliàng chū le Xián Hēng, què yòu tí jiān le hóulóng, chàngdào:

"我的冤家[210]呀！——可怜你，——孤另另[211]的……"

"Wǒ de yuānjiā yā! —— Kělián nǐ, —— gūlìnglìng de……"

蓝皮阿五便伸手揪住[212]了老拱的肩头[213]，两个人七歪八斜[214]的笑着挤着走去。

Lán Pí Ā Wǔ biàn shēnshǒu jiūzhù le Lǎo Gǒng de jiāntóu, liǎng gè rén qīwāi-bāxié de xiàozhe jǐzhe zǒuqù.

---

[202] 叹一口气 – tàn yì kǒuqì – heave a sigh
[203] 自言自语 – zìyán-zìyǔ – （成语）talk to oneself
[204] 会 – huì – meet
[205] 空虚 – kōngxū – hollow; void
[206] 朦朦胧胧 – méngméng-lónglóng – dim; hazy; obscure
[207] 跄跄踉踉 – qiāngqiāng-liàngliàng – stagger
[208] 提尖 – tí jiān – raise (提) to a shrill pitch (尖)
[209] 喉咙 – hóulóng – throat
[210] 冤家 – yuānjiā – (usually used in dramas or folk songs) one's destined love; sweetheart; lover (referring to his wife who passed away)
[211] 孤另另 – gūlìnglìng – all alone; so alone
[212] 揪住 – jiūzhù – hold tight; seize
[213] 肩头 – jiāntóu – head of the shoulder
[214] 七歪八斜 – qīwāi-bāxié – staggered; zigzagged

单四嫂子早睡着了，老拱们也走了，咸亨也关上门了。这时的鲁镇，便完全落在寂静里。只有那暗夜为想变成明天，却仍在这寂静里奔波[215]；另有几条狗，也躲[216]在暗地里呜呜的叫。

Shàn Sì Sǎozi zǎo shuìzháo le, Lǎo Gǒngmen yě zǒu le, Xián Hēng yě guānshàng mén le. Zhè shí de Lǔ Zhèn, biàn wánquán luò zài jìjìng lǐ. Zhǐyǒu nà ànyè wèi xiǎng biànchéng míngtiān, què réng zài zhè jìjìng lǐ bēnbō; lìng yǒu jǐ tiáo gǒu, yě duǒzài àndì lǐ wūwū de jiào.

---

[215] 奔波 – bēnbō – rush about; hurry back and forth
[216] 躲 – duǒ – avoid; hide; dodge

鲁迅—呐喊

一件小事

A Small Incident
一件小事
Yí Jiàn Xiǎoshì

一件小事 was published in November of 1919 in Beijing's *Morning Post – Anniversary Commemorative Edition* (晨报 · 周年纪念增刊 Chénbào · Zhōunián Jìniàn Zēngkān).

The story is about Lǔ Xùn traveling to work by rickshaw one morning in Beijing. While he has been working in Beijing for six years already, no important official affairs comes readily to mind. Instead he remembers clearly the morning his rickshaw driver hits a pedestrian causing her to fall and hurt herself. Lǔ Xùn doesn't think the woman is seriously hurt and in any case no one saw it happen, so he thinks it best for the rickshaw man to just keep going. Otherwise, Lǔ Xùn might be late. Instead, the rickshaw driver gets out and helps the old woman find help at a police station. Seeing the generosity of the rickshaw driver to a complete stranger, Lǔ Xùn is dumbfounded and waits in the carriage until a police officer tells him he better get going.

Lǔ Xùn first moved to Beijing in 1912, during the first year of the republic. Like many people at the time, he held high hopes for the newly established republic founded by Sun Yat-sen (孙中山 Sūn Zhōngshān), but quickly became disillusioned as Yuán Shìkǎi (袁世凯), a man with military authority, usurped power and formed the republic in ways not much different from the Qing dynasty before him. The foreign powers of Japan and western Europe continued to encroach upon China's sovereignty and Yuán Shìkǎi actually declared himself emperor near the end of his life. During this time, Lǔ Xùn served as an official in the Ministry of Education and was rather depressed about the state of affairs. This story takes place in 1917, six years after Lǔ Xùn moved from Nanjing to Beijing.

"你怎么啦？"
"我摔坏了。"

一件小事
Yí Jiàn Xiǎoshì

我从乡下[1]跑到京城里，一转眼[2]已经六年了。其间[3]耳闻目睹[4]的所谓[5]国家大事，算起来也很不少；但在我心里，都不留什么痕迹[6]，倘[7]要我寻[8]出这些事的影响来说，便只是增长[9]了我的坏脾气，——老实说[10]，便是教我一天比一天的看不起[11]人。

Wǒ cóng xiāngxià pǎodào jīngchéng lǐ, yì zhuǎnyǎn yǐjīng liù nián le. Qíjiān ěrwén-mùdǔ de suǒwèi guójiā dàshì, suànqǐlái yě hěn bù shǎo; dàn zài wǒ xīnli, dōu bù liú shénme hénjì, tǎng yào wǒ xúnchū zhèxiē shì de yǐngxiǎng lái shuō, biàn zhǐshì zēngzhǎng le wǒ de huài píqi, —— lǎoshí shuō, biàn shì jiāo wǒ yì tiān bǐ yì tiān de kànbùqǐ rén.

但有一件小事，却[12]于[13]我有意义[14]，将[15]我从坏脾气里拖开[16]，使我至今[17]忘记不得。

Dàn yǒu yí jiàn xiǎoshì, què yú wǒ yǒu yì yì, jiāng wǒ cóng huài píqi lǐ tuōkāi, shǐ wǒ zhìjīn wàngjì bùdé.

---

[1] 乡下 – xiāngxià – village; country; native place; countryside
[2] 一转眼 – yì zhuǎnyǎn – in the blink of an eye; quickly
[3] 其间 – qíjiān – time; period; course
[4] 耳闻目睹 – ěrwén-mùdǔ – (成语) what one sees and hears; witness first hand
[5] 所谓 – suǒwèi – so-called
[6] 痕迹 – hénjì – mark; trace; vestige
[7] 倘 – tǎng – if; supposing; in case
[8] 寻 – xún – seek; search
[9] 增长 – zēngzhǎng – increase; rise; grow
[10] 老实说 – lǎoshí shuō – to be frank; frankly; honestly
[11] 看不起 – kànbùqǐ – look down on
[12] 却 – què – but; yet; however
[13] 于 – yú – to; for
[14] 意义 – yìyì – meaning; sense; significance
[15] 将 – jiāng – written form of 把
[16] 拖开 – tuōkāi – pull; drag; haul
[17] 至今 – zhìjīn – so far; up to now

这是民国六年[18]的冬天，大北风刮[19]得正猛[20]，我因为生计[21]关系，不得不一早在路上走。一路几乎遇不见人，好容易[22]才雇定[23]了一辆人力车[24]，教他拉到S门[25]去。不一会，北风小了，路上浮尘[26]早已刮净[27]，剩下一条洁白[28]的大道来，车夫也跑得更快。刚近S门，忽而[29]车把[30]上带着一个人，慢慢地倒了。

Zhè shì Mínguó liù nián de dōngtiān, dà běi fēng guā de zhèng měng, wǒ yīnwèi shēngjì guānxì, bùdébù yì zǎo zài lù shàng zǒu. Yí lù jīhū yù bú jiàn rén, hǎo róngyì cái gùdìng le yí liàng rénlìchē, jiào tā lādào "S" mén qù. Bù yí huì, běi fēng xiǎo le, lù shàng fú chén zǎoyǐ guājìng, shèngxià yì tiáo jiébái de dàdào lái, chēfū yě pǎo de gèng kuài. Gāng jìn "S" mén, hū'ér chēbǎ shàng dàizhe yí gè rén, mànmàn de dǎo le.

跌倒[31]的是一个女人，花白头发，衣服都很破烂[32]。伊[33]从马路上突然向车前横截[34]过来；车夫已经让开道[35]，***

Diēdǎo de shì yí gè nǔrén, huābái tóufà, yīfu dōu hěn pòlàn. Yī cóng mǎlù shàng tūrán xiàng chē qián héngjié guòlái; chēfū yǐjīng ràng kāidào, ***

---

[18] 民国六年 – Mínguó liù nián – 1917, the sixth year of the Republic of China founded during the revolution by Sun Yat-sen (孙中山 Sūn Zhōngshān) in 1912.

[19] 刮 – guā – blow

[20] 猛 – měng – fierce; violent; vigorous

[21] 生计 – shēngjì – livelihood; means of livelihood

[22] 好容易 – hǎo róngyì – not easy at all (equivalent to 好不容易)

[23] 雇定 – gùdìng – hire; employ

[24] 人力车 – rénlìchē – rickshaw

[25] S门 – "S" mén – probably referring to 宣武门 (Xuānwǔ Mén), a gate in Beijing

[26] 浮尘 – fú chén – surface dust; dirt (尘) on the surface (浮)

[27] 刮净 – guājìng – blown clean

[28] 洁白 – jiébái – spotlessly white; pure

[29] 忽而 – hū'ér – suddenly; all of a sudden

[30] 车把 – chēbǎ – shaft (of the rickshaw)

[31] 跌倒 – diēdǎo – fall; tumble

[32] 破烂 – pòlàn – tattered; ragged; worn out

[33] 伊 – yī – he or she (usually and in this case she)

[34] 横截 – héngjié – cut across

[35] 让开道 – ràng kāidào – give the right of way; let someone go ahead

*** 但伊的破棉³⁶背心³⁷没有上扣³⁸，微风³⁹吹着，向外展开⁴⁰，所以终于兜⁴¹着车把。幸而⁴²车夫早有点停步，否则伊定要栽⁴³一个大斤斗⁴⁴，跌到头破血出⁴⁵了。

*** dàn yī de pòmián bèixīn méiyǒu shàngkòu, wēifēng chuīzhe, xiàngwài zhǎnkāi, suǒyǐ zhōngyú dōuzhe chēbǎ. Xìng'ér chēfū zǎo yǒu diǎn tíngbù, fǒuzé yī dìng yào zāi yí gè dà jīndǒu, diēdào tóupò-xuèchū le.

伊伏⁴⁶在地上；车夫便也立住脚。我料定这老女人并没有伤，又没有别人看见，便很怪他多事⁴⁷，要自己惹出是非⁴⁸，也误⁴⁹了我的路。

Yī fú zài dì shàng; chēfū biàn yě lìzhù jiǎo. Wǒ liào dìng zhè lǎo nǔrén bìng méiyǒu shāng, yòu méiyǒu biérén kànjiàn, biàn hěn guài tā duōshì, yào zìjǐ rěchū shìfēi, yě wù le wǒ de lù.

我便对他说，"没有什么的。走你的罢！"

Wǒ biàn duì tā shuō, "méiyǒu shénme de. Zǒu nǐ de bà!"

车夫毫不理会，——或者并没有听到，——却放下车子，扶⁵⁰那老女人慢慢起来，***

Chēfū háobù lǐhuì, —— huòzhě bìng méiyǒu tīngdào, —— què fàngxià chēzi, fú nà lǎo nǔrén mànmàn qǐlái, ***

---

³⁶ 破棉 – pòmián – torn cotton
³⁷ 背心 – bèixīn – a sleeveless garment
³⁸ 上扣 – shàngkòu – buttoned
³⁹ 微风 – wēifēng – gentle breeze
⁴⁰ 展开 – zhǎnkāi – spread out; unfold; open up
⁴¹ 兜 – dōu – wrap around; get caught on
⁴² 幸而 – xìng'ér – luckily; fortunately
⁴³ 栽 – zāi – tumble; fall
⁴⁴ 斤斗 – jīndǒu – fall down; tumble; somersault
⁴⁵ 头破血出 – tóupò-xuèchū – (成语) head broken and bleeding
⁴⁶ 伏 – fú – lie with one's face downward
⁴⁷ 多事 – duōshì – meddlesome (equivalent to 多管事情); poke one's nose into other's business
⁴⁸ 惹出是非 – rěchū shìfēi – stir up trouble
⁴⁹ 误 – wù – delay
⁵⁰ 扶 – fú – support with the hand; help; relieve

*** 搀[51]着臂膊[52]立定[53]，问伊说：

*** chānzhe bìbó lìding, wèn yī shuō:

"你怎么啦[54]？"

"Nǐ zěnme lā?"

"我摔坏了。"

"Wǒ shuāihuài le."

我想，我眼见你慢慢倒地，怎么会摔坏呢，装腔作势[55]罢了，这真可憎恶[56]。车夫多事，也正是自讨苦吃[57]，现在你自己想法去。

Wǒ xiǎng, wǒ yǎn jiàn nǐ mànmàn dǎodì, zěnme huì shuāihuài ne, zhuāngqiāng-zuòshì bà le, zhè zhēn kězēngwù. Chēfū duōshì, yě zhèng shì zìtǎo-kǔchī, xiànzài nǐ zìjǐ xiángfǎ qù.

车夫听了这老女人的话，却毫不踌躇[58]，仍然搀着伊的臂膊，便一步一步的向前走。我有些诧异[59]，忙看前面，是一所巡警[60]分驻所[61]，大风之后，外面也不见人。 这车夫扶着那老女人，便正是向那大门走去。

Chēfū tīng le zhè lǎo nǚrén de huà, què háobù chóuchú, réngrán chānzhe yī de bìbó, biàn yí bù yí bù de xiàngqián zǒu. Wǒ yǒu xiē chàyì, mángkàn qiánmiàn, shì yì suǒ xúnjǐng fēnzhùsuǒ, dàfēng zhīhòu, wàimiàn yě bú jiàn rén. Zhè chēfū fúzhe nà lǎo nǚrén, biàn zhèng shì xiàng nà dàmén zǒuqù.

---

[51] 搀 – chān – support or help somebody

[52] 臂膊 – bìbó – arm

[53] 立定 – lìding – stand up straight

[54] 啦 – lā – a phrase final particle; (the representation of the combined sounds 了 (le) and 啊 (ā), denoting exclamation, interrogation, etc.)

[55] 装腔作势 – zhuāngqiāng-zuòshì – (成语) put on a pose in order to attract attention

[56] 可憎恶 – kězēngwù – detestable

[57] 自讨苦吃 – zìtǎo-kǔchī – (成语) ask for trouble

[58] 踌躇 – chóuchú – hesitate

[59] 诧异 – chàyì – surprised; astonished

[60] 巡警 – xúnjǐng – police

[61] 分驻所 – fēnzhùsuǒ – branch station; substation

我这时突然感到一种异样⁶²的感觉，觉得他满身灰尘⁶³的后影⁶⁴，刹时⁶⁵高大了，而且愈走愈⁶⁶大，须仰视⁶⁷才见。而且他对于我，渐渐的又几乎变成一种威压⁶⁸，甚而⁶⁹至于要榨⁷⁰出皮袍⁷¹下面藏⁷²着的"小"来。

Wǒ zhè shí tūrán gǎndào yì zhǒng yìyàng de gǎnjué, juédé tā mǎnshēn huīchén de hòuyǐng, shāshí gāodà le, érqiě yù zǒu yù dà, xū yǎngshì cái jiàn. Érqiě tā duìyú wǒ, jiànjiàn de yòu jīhū biànchéng yì zhǒng wēiyā, shèn'ér zhìyú yào zhàchū pípáo xiàmiàn cángzhe de "xiǎo" lái.

我的活力这时大约有些凝滞⁷³了，坐着没有动，也没有想，直到看见分驻所里走出一个巡警，才下了车。

Wǒ de huólì zhè shí dàyuē yǒu xiē níngzhì le, zuòzhe méiyǒu dòng, yě méiyǒu xiǎng, zhídào kànjiàn fēnzhùsuǒ lǐ zǒuchū yí gè xúnjǐng, cái xià le chē.

巡警走近我说，"你自己雇车罢，他不能拉你了。"

Xúnjǐng zǒujìn wǒ shuō, "nǐ zìjǐ gùchē bà, tā bù néng lā nǐ le."

我没有思索⁷⁴的从外套袋里抓出一大把铜元⁷⁵，交给巡警，说，"请你给他……"

Wǒ méiyǒu sīsuǒ de cóng wàitào dài lǐ zhuāchū yí dà bǎ tóngyuán, jiāogěi xúnjǐng, shuō, "qǐng nǐ gěi tā……"

---

⁶² 异样 – yìyàng – unusual; different

⁶³ 灰尘 – huīchén – dust; dirt

⁶⁴ 后影 – hòuyǐng – the shape of a person or thing as seen from the back

⁶⁵ 刹时 – shāshí – suddenly; in a jiffy

⁶⁶ 愈…愈… – yù… yù… – more…more…

⁶⁷ 须仰视 – xū yǎngshì – have to (须) look upward (仰视)

⁶⁸ 威压 – wēiyā – impressive and mighty pressure

⁶⁹ 甚而 – shèn'ér – even to the extent that

⁷⁰ 榨 – zhà – press; extract; squeeze out

⁷¹ 皮袍 – pípáo – fur robe; gown

⁷² 藏 – cáng – hide; conceal

⁷³ 凝滞 – níngzhì – stagnate; sluggish

⁷⁴ 思索 – sīsuǒ – think deeply; ponder

⁷⁵ 铜元 – tóngyuán – copper coin; copper

风全住了，路上还很静。我走着，一面想，几乎怕敢想⁷⁶到自己。以前的事姑且⁷⁷搁⁷⁸起，这一大把铜元又是什么意思？奖⁷⁹他么？我还能裁判⁸⁰车夫么⁸¹？我不能回答自己。

Fēng quán zhù le, lù shàng hái hěn jìng. Wǒ zǒuzhe, yí miàn xiǎng, jīhū pà gǎnxiǎng dào zìjǐ. Yǐqián de shì gūqiě gēqǐ, zhè yí dà bǎ tóngyuán yòu shì shénme yìsi? Jiǎng tā me? Wǒ hái néng cáipàn chēfū me? Wǒ bù néng huídá zìjǐ.

这事到了现在，还是时时记起。我因此也时时煞⁸²了苦痛⁸³，努力的要想到我自己。几年来的文治武力⁸⁴，在我早如幼小时候所读过的"子曰诗云⁸⁵"一般，背⁸⁶不上半句了。独有这一件小事，却总是浮⁸⁷在我眼前，有时反⁸⁸更分明，教我惭愧⁸⁹，***

Zhè shì dào le xiànzài, háishi shíshí jìqǐ. Wǒ yīncǐ yě shíshí shà le kǔtòng, nǔlì de yào xiǎngdào wǒ zìjǐ. Jǐ nián lái de wénzhì-wǔlì, zài wǒ zǎo rú yòuxiǎo shíhòu suǒ dúguò de "zǐ yuē shī yún" yì bān, bèibúshàng bàn jù le. Dú yǒu zhè yí jiàn xiǎoshì, què zǒngshì fú zài wǒ yǎnqián, yǒushí fǎn gèng fēnmíng, jiào wǒ cánkuì, ***

---

⁷⁶ 敢想 – gǎnxiǎng – to be able to break restraints so as to visualize and imagine bravely.

⁷⁷ 姑且 – gūqiě – tentatively; for the time being

⁷⁸ 搁 – gē – put aside; shelve

⁷⁹ 奖 – jiǎng – reward; give a prize

⁸⁰ 裁判 – cáipàn – judge

⁸¹ 么 – me – similar to 吗, used to indicate an implicit statement

⁸² 煞 – shā – halt; check; bring to a close

⁸³ 苦痛 – kǔtòng – pain; suffering

⁸⁴ 文治武力 – wénzhì-wǔlì – (成语) cultural and governmental force

⁸⁵ 子曰诗云 – zǐ yuē shī yún – referring to commonly studied phrases as a child but easily forgotten once an adult. 子曰 means 夫子说 (fūzǐ shuō) – Confucius said；诗云 means《诗经》上说 (《Shījīng》 shàng shuō) – The poetry classic states.

⁸⁶ 背 – bèi – recite from memory; learn by heart (or by rote)

⁸⁷ 浮 – fú – float; appear (浮在我眼前 – appear before one's eyes)

⁸⁸ 反 – fǎn – on the contrary

⁸⁹ 惭愧 – cánkuì – feel ashamed or abashed

*** 催⁹⁰我自新⁹¹，并且增长我的勇气和希望。

*** cuī wǒ zìxīn, bìngqiě zēngzhǎng wǒ de yǒngqì hé xīwàng.

一九二〇年七月

---

⁹⁰ 催 – cuī – hurry; urge; press; speed up
⁹¹ 自新 – zìxīn – turn over a new leaf

头发的故事

A Story About Hair
头发的故事
Tóufà de Gùshi

头发的故事 was first published in October 1920 in Shànghǎi's *New Journal of Current Affairs, the Lamp of Learning* (时事新报 · 学灯 Shíshì Xīnbào · Xué Dēng).

In this story, Lǔ Xùn discusses his experiences with his hair. While the story's main character is named Mr. N, the story is really about Lǔ Xùn's own experiences and frustrations with hair.

Controlling people's hair style has a long history in China. Not so long ago, shaving of the head was considered punishment for petty criminals. When the Manchus came to power and formed the Qing dynasty in 1644, they brought their unique hair styles with them. Men had to shave the front half of their head, while keeping the back half long and braided in a queue (辫子 biànzi). This imposed hair style met strong resistance in the first years of the Qing dynasty, but was eventually accepted and worn throughout China.

When Lǔ Xùn went to study abroad in Japan, he cut off his mandatory queue. While such an act would have been reactionary in China, the officials let the rules slide for foreign students. Upon returning to China though, he was the object of many people's ridicule as he did not have a queue. He bought a fake queue in Shànghǎi, but decided not to wear it for fear of it falling off or worse being pulled off. Instead he wore western style clothes and sported a mustache, which earned him such nicknames as "fake foreign devil." Even in Běijīng, Lǔ Xùn was ridiculed for lacking the proper hairstyle. Spending time out of the capital would only have been worse.

头发的故事
Tóufà de Gùshi

星期日的早晨，我揭¹去一张隔夜²的日历，向着新的那一张上看了又看的说：

Xīngqīrì de zǎochen, wǒ jiēqù yì zhāng géyè de rìlì, xiàngzhe xīn de nà yì zhāng shàng kàn le yòu kàn de shuō:

"阿，十月十日，——今天原来正是双十节³。这里却一点没有记载⁴！"

"Ā, shí yuè shí rì, —— jīntiān yuánlái zhèng shì Shuāng Shí Jié. Zhèlǐ què yìdiǎn méiyǒu jìzǎi!"

我的一位前辈⁵先生N⁶，正走到我的寓⁷里来谈闲天⁸，一听这话，便很不高兴的对我说：

Wǒ de yí wèi qiánbèi xiānshēng N, zhèng zǒudào wǒ de yù lǐ lái tán xiántiān, yì tīng zhè huà, biàn hěn bù gāoxìng de duì wǒ shuō:

"他们对！他们不记得，你怎样他；你记得，又怎样呢？"

"Tāmen duì! Tāmen bú jìde, nǐ zěnyàng tā; nǐ jìde, yòu zěnyàng ne?"

---

¹ 揭 – jiē – tear off; take down
² 隔夜 – géyè – the preceding night
³ 双十节 – Shuāng Shí Jié – double 10 holiday; National Day celebrating the anniversary of the founding of the Republic of China led by 孙中山 (Sūn Zhōngshān commonly known as Sun Yat-sen) on October 10, 1911.
⁴ 记载 – jìzǎi – put down in writing; record
⁵ 前辈 – qiánbèi – older generation
⁶ 先生N – xiānshēng N – name of a character, referring to Xià Huìqīng (夏穗卿), Lǔ Xùn's superior at the Ministry of Education, but most of the story is based on Lǔ Xùn's personal experience with hair.
⁷ 寓 – yù – residence
⁸ 谈闲天 – tán xiántiān – chat; engage in chitchat

鲁迅－呐喊

这位N先生本来脾气有点乖张[9]，时常生些无谓[10]的气，说些不通世故[11]的话。当这时候，我大抵任他自言自语[12]，不赞一辞[13]；他独自发完议论[14]，也就算了。

Zhè wèi N xiānshēng běnlái píqi yǒu diǎn guāizhāng, shícháng shēng xiē wúwèi de qì, shuō xiē bù tōng shìgù de huà. Dāng zhè shíhòu, wǒ dàdǐ rèn tā zìyán-zìyǔ, bú zàn yì cí; tā dúzì fāwán yìlùn, yě jiùsuàn le.

他说：

Tā shuō:

"我最佩服[15]北京双十节的情形。早晨，警察到门，吩咐[16]道'挂旗[17]！''是，挂旗！'各家大半懒洋洋[18]的踱[19]出一个国民来，撅[20]起一块斑驳陆离的洋布[21]。＊＊＊

"Wǒ zuì pèifú Běijing Shuāng Shí Jié de qíngxíng. Zǎochen, jǐngchá dào mén, fēnfù dào 'guà qí!' 'Shì, guà qí!' Gè jiā dàbàn lǎnyángyáng de duǒchū yí gè guómín lái, juēqǐ yí kuài bānbólùlí de yángbù. ＊＊＊

---

[9] 乖张 – guāizhāng – (of a person or his/her behavior) erratic; eccentric and unreasonable; recalcitrant

[10] 无谓 – wúwèi – meaningless; pointless; senseless

[11] 世故 – shìgù – the ways of the world; experience in human relationships

[12] 自言自语 – zìyán-zìyǔ – (成语) talk to oneself

[13] 不赞一辞 – bú zàn yì cí – without a word of praise; without putting in a word

[14] 议论 – yìlùn – comment; talk; discuss

[15] 佩服 – pèifú – admire

[16] 吩咐 – fēnfù – tell; bid; order; instruct

[17] 挂旗 – guà qí – fly the flag; put up the flag

[18] 懒洋洋 – lǎnyángyáng – sluggish; listless

[19] 踱 – duó – pace; stroll

[20] 撅 – juē – put up; stick up

[21] 斑驳陆离的洋布 – bānbó-lùlí de yángbù – a fabric (洋布) of a motley assortment of colors (斑驳陆离)

斑驳陆离 – (成语) referring to the national flag of China after the Xīnhài Revolution (辛亥革命 Xīnhài Gémìng) in 1912 and used until 1927. It was also called 五色旗 (wǔ sè qí), the five colored flag. The flag had the five colors: red (the Han), yellow (the Manchus), blue (the Mongols), white (the Hui) and black (the Tibetans) symbolizing the different races of China under one union.

*** 这样一直到夜，——收了旗关门；几家偶然忘却²²的，便挂到第二天的上午。

*** Zhèyàng yìzhí dào yè, ——shōu le qí guānmén; jǐ jiā ǒu'rán wàngquè de, biàn guàdào dì-èr tiān de shàngwǔ.

"他们忘却了纪念，纪念也忘却了他们！

"Tāmen wàngquè le jìniàn, jìniàn yě wàngquè le tāmen!

"我也是忘却了纪念的一个人。倘使²³纪念起来，那第一个双十节前后²⁴的事，便都上我的心头，使我坐立不稳²⁵了。

"Wǒ yě shì wàngquè le jìniàn de yí gè rén. Tǎngshǐ jìniàn qǐlái, nà dì-yí gè Shuāng Shí Jié qiánhòu de shì, biàn dōu shàng wǒ de xīntóu, shǐ wǒ zuòlì bù wěn le.

"多少故人的脸，都浮²⁶在我眼前。几个少年辛苦奔走²⁷了十多年，暗地里一颗弹丸²⁸要了他的性命；几个少年一击不中²⁹，在监牢³⁰里身受³¹一个多月的苦刑³²；几个少年怀着远志³³，忽然踪影³⁴全无，连尸首³⁵也不知那里去了。——

"Duōshǎo gùrén de liǎn, dōu fú zài wǒ yǎn qián. Jǐ gè shàonián xīnkǔ bēnzǒu le shí duō nián, àndì lǐ yì kē dànwán yào le tā de xìngmìng; jǐ gè shàonián yì jībúzhòng, zài jiānláo lǐ shēnshòu yí gè duō yuè de kǔxíng; jǐ gè shàonián huáizhe yuǎnzhì, hūrán zōngyǐng quán wú, lián shīshǒu yě bù zhī nǎli qù le. ——

---

²² 忘却 – wàngquè – forget
²³ 倘使 – tǎngshǐ – if; supposing; in case
²⁴ 前后 – qiánhòu – around the time; about
²⁵ 坐立不稳 – zuòlì bù wěn – be restless; be fidgety; be on pins and needles; be unable to sit still
²⁶ 浮 – fú – float
²⁷ 奔走 – bēnzǒu – rush about; be busy running about
²⁸ 弹丸 – dànwán – bullet
²⁹ 一击不中 – yì jībúzhòng – a miss; a failed assassination attempt
³⁰ 监牢 – jiānláo – prison; jail
³¹ 身受 – shēnshòu – suffer
³² 苦刑 – kǔxíng – cruel (or savage) torture
³³ 远志 – yuǎnzhì – great aspirations; lofty ideals
³⁴ 踪影 – zōngyǐng – trace; sign
³⁵ 尸首 – shīshǒu – corpse; dead body; remains

"他们都在社会的冷笑恶骂迫害[36]倾陷[37]里过了一生；现在他们的坟墓[38]也早在忘却里渐渐平塌[39]下去了。

"Tāmen dōu zài shèhuì de lěngxiào èmà pòhài qīngxiàn lǐ guò le yì shēng; xiànzài tāmen de fénmù yě zǎo zài wàngquè lǐ jiànjiàn píng tā xiàqù le.

"我不堪[40]纪念这些事。

"Wǒ bù kān jìniàn zhèxiē shì.

"我们还是记起一点得意的事来谈谈罢。"

"Wǒmen háishi jìqǐ yì diǎn déyì de shì lái tántán bà."

N忽然现出笑容，伸手在自己头上一摸，高声说：

N hūrán xiànchū xiàoróng, shēnshǒu zài zìjǐ tóu shàng yì mō, gāoshēng shuō:

"我最得意的是自从第一个双十节以后，我在路上走，不再被人笑骂了。

"Wǒ zuì déyì de shì zìcóng dì-yí gè Shuāng Shí Jié yǐhòu, wǒ zài lù shàng zǒu, bú zài bèi rén xiàomà le.

"老兄[41]，你可知道头发是我们中国人的宝贝[42]和冤家[43]，***

"Lǎoxiōng, nǐ kě zhīdào tóufà shì wǒmen Zhōngguórén de bǎobèi hé yuānjiā, ***

---

[36] 迫害 – pòhài – prosecute

[37] 倾陷 – qīngxiàn – inclined to make false charges against somebody

[38] 坟墓 – fénmù – grave; tomb (Chinese graves would be a small mound of earth and not flat as in Western graves)

[39] 平塌 – píng tā – flatten

[40] 堪 – kān – bear; endure

[41] 老兄 – lǎoxiōng – buddy; (a familiar form of address between male friends) brother; man; old chap

[42] 宝贝 – bǎobèi – treasured object; treasure

[43] 冤家 – yuānjiā – an enemy; adversary; antagonist (a predestined adversary, one that you will feel sad once he is gone even though he is your enemy)

*** 古今来多少人在这上头吃些毫无⁴⁴价值⁴⁵的苦呵⁴⁶！

*** gǔjīn lái duōshǎo rén zài zhè shàngtóu chī xiē háowú jiàzhí de kǔ hē!

"我们的很古的古人，对于头发似乎也还看轻。据⁴⁷刑法⁴⁸看来，最要紧⁴⁹的自然是脑袋⁵⁰，所以大辟⁵¹是上刑⁵²；次要便是生殖器⁵³了，所以宫刑⁵⁴和幽闭⁵⁵也是一件吓人⁵⁶的罚⁵⁷；至于髡⁵⁸，那是微乎其微⁵⁹了，***

"Wǒmen de hěn gǔ de gǔrén, duìyú tóufà sìhū yě hái kànqīng. Jù xíngfǎ kànlái, zuì yàojǐn de zìrán shì nǎodài, suǒyǐ dàpì shì shàngxíng; cì yào biàn shì shēngzhíqì le, suǒyǐ gōngxíng hé yōubì yě shì yí jiàn xiàrén de fá; zhìyú kūn, nà shì wēihūqíwēi le, ***

---

⁴⁴ 毫无 – háowú – not in the least; not at all
⁴⁵ 价值 – jiàzhí – value
⁴⁶ 呵 – hē – exclamation denoting "ah," "oh"
⁴⁷ 据 – jù – according to; on the grounds of
⁴⁸ 刑法 – xíngfǎ – penal code; criminal law; corporal punishment
⁴⁹ 要紧 – yàojǐn – important; critical; serious
⁵⁰ 脑袋 – nǎodai – head
⁵¹ 大辟 – dàpì – decapitation
⁵² 上刑 – shàngxíng – top on the list of corporal punishments. According to ancient Chinese law there are five levels of punishment (五刑 – wǔ xíng).

> 1ˢᵗ level: 墨刑 – mòxíng – branding or tattooing on the forehead as punishment
> 2ⁿᵈ level: 劓刑 – yìxíng – cutting off of the nose as punishment
> 3ʳᵈ level: 〔非刂〕刑 – 〔fēi dāo〕 xíng – non-knife punishment, breaking of the feet
> 4ᵗʰ level: 宫刑 – gōngxíng – castration for men and cutting of the ovaries for women
> 5ᵗʰ level: 大辟 – dàbì – punishment by death, cutting off of the head
> While shaving of the head is not part of the five punishments, it was a commonly used as punishment up until the Tang dynasty.

⁵³ 生殖器 – shēngzhíqì – reproductive organs; sex organs; genitals
⁵⁴ 宫刑 – gōngxíng – castration
⁵⁵ 幽闭 – yōubì – removal of the ovaries
⁵⁶ 吓人 – xiàrén – frightening; scary; intimidating
⁵⁷ 罚 – fá – punish; penalize
⁵⁸ 髡 – kūn – the corporal punishment of cutting one's hair
⁵⁹ 微乎其微 – wēihūqíwēi – (成语) hardly noticeable; negligible

*** 然而推想起来，正不知道曾有多少人们因为光着头皮便被社会践踏⁶⁰了一生世⁶¹。

*** rán'ér tuīxiǎng qǐlái, zhèng bù zhīdào céng yǒu duōshǎo rénmen yīnwèi guāngzhe tóupí biàn bèi shèhuì jiàntà le yì shēng shì.

　　"我们讲革命的时候，大谈什么扬州十日⁶²，嘉定屠城⁶³，其实也不过一种手段；老实说⁶⁴：那时中国人的反抗⁶⁵，何尝⁶⁶因为亡国⁶⁷，只是因为拖辫子⁶⁸。

　　"Wǒmen jiǎng gémìng de shíhòu, dà tán shénme Yángzhōu Shí Rì, Jiādìng Túchéng, qíshí yě bú guò yì zhǒng shǒuduàn; lǎoshí shuō: nàshí Zhōngguórén de fǎnkàng, hécháng yīnwèi wángguó, zhǐshì yīnwèi tuō biànzi.

　　"顽民⁶⁹杀尽了，遗老⁷⁰都寿终⁷¹了，辫子早留定了，***

　　"Wánmín shā jìn le, yílǎo dōu shòuzhōng le, biànzi zǎo liú dìng le, ***

---

⁶⁰ 践踏 – jiàntà – tread on; trample underfoot

⁶¹ 一生世 – yì shēng shì – an entire lifetime

⁶² 扬州十日 – Yángzhōu Shí Rì – Ten Days at Yángzhōu; in 1645 Qing dynasty (Manchu) troops spent 10 days at Yángzhōu massacring the people there during their conquest of China

⁶³ 嘉定屠城 – Jiādìng Túchéng – Massacre at Jiādìng (Jiādìng is now a part of modern Shànghǎi); a massacre in 1645 during the Manchu conquest of China

　　屠城 – massacre the inhabitants of a captured city

⁶⁴ 老实说 – lǎoshí shuō – to be frank; frankly speaking; honestly

⁶⁵ 反抗 – fǎnkàng – resist; revolt

⁶⁶ 何尝 – hécháng – [used in negative sentences, often in the form of a question]

⁶⁷ 亡国 – wángguó – a subjugated nation

⁶⁸ 拖辫子 – tuō biànzi – cut off one's queue. In 1644, after the Manchus occupied Beijing, they forced all the people in China to wear queues. Queues were a part of the Manchu's ancient customs that they passed onto their subjects. According to the story, due to this unpopular hairstyle, the Han Chinese fiercely revolted.

⁶⁹ 顽民 – wánmín – stubborn populace; those refusing to submit to the ruling of the new dynasty and instead retain their loyalty to the former dynasty

⁷⁰ 遗老 – yílǎo – those still pledging allegiance to the previous dynasty even though a new one is found. In this case, referring to the Ming Dynasty (1368-1644 Ming Dynasty, 1644-1911 Qing Dynasty)

⁷¹ 寿终 – shòuzhōng – to pass away

*** 洪杨[72]又闹[73]起来了。我的祖母曾对我说，那时做百姓才难哩[74]，全留着头发的被官兵[75]杀，还是辫子的便被长毛[76]杀！

*** Hóng Yáng yòu nào qǐlái le. Wǒ de zǔmǔ céng duì wǒ shuō, nàshí zuò bǎixìng cái nán lī, quán liúzhe tóufà de bèi guānbīng shā, háishi biànzi de biàn bèi Chángmáo shā!

"我不知道有多少中国人只因为这不痛不痒[77]的头发而吃苦，受难，灭亡[78]。"

"Wǒ bù zhīdào yǒu duōshǎo Zhōngguórén zhǐ yīnwèi zhè bútòngbùyǎng de tóufà ér chīkǔ, shòunàn, mièwáng."

N两眼望着屋梁[79]，似乎想些事，仍然说：

N liǎng yǎn wàngzhe wū liáng, sìhū xiǎng xiē shì, réngrán shuō:

"谁知道头发的苦轮到我了。

"Shéi zhīdào tóufà de kǔ lúndào wǒ le.

"我出去留学[80]，便剪掉[81]了辫子，***

"Wǒ chūqù liúxué, biàn jiǎndiào le biànzi, ***

---

[72] 洪杨 – Hóng Yáng – referring to the leaders of the Tàipíng (太平) Rebellion, 洪秀全 (Hóng Xiùquán, 1814-1864) and 杨秀清 (Yáng Xiùqīng, 1820?-1856). The Tàipíngs were also known as 长毛 (Chángmáo, the Long Hairs).

[73] 闹 – nào – create a disturbance

[74] 哩 – lī – end of phrase particle used for emphasis and denoting exclamation

[75] 官兵 – guānbīng – government troops

[76] 长毛 – Chángmáo – the Long Hairs, a nickname for the troops of the Tàipíngs Rebellion. The Tàipíng Rebellion was a large-scale revolt against the Qing dynasty lasting from 1850-1864 and led by 洪秀全 (Hóng Xiùquán) who proclaimed himself to be the son of Jesus and his associate 杨秀清 (Yáng Xiùqīng), who claimed he could act as a voice of god. The revolt was eventually suppressed in 1864 with the capture of Nanjing and the death of 洪秀全. Their long hair which was in direct defiance of the mandatory queue earned them the nickname the Long Hairs.

[77] 不痛不痒 – bútòngbùyǎng – (成语) not in depth; superficial; perfunctory

[78] 灭亡 – mièwáng – perish; die out; be doomed

[79] 屋梁 – wū liáng – beams in the room

[80] Lǔ Xùn studied abroad in Japan from 1902 to 1909.

[81] 剪掉 – jiǎndiào – cut off

*** 这并没有别的奥妙[82]，只为他不太便当[83]罢了。不料[84]有几位辫子盘[85]在头顶上的同学们便很厌恶[86]我；监督[87]也大怒[88]，说要停了我的官费[89]，送回中国去。

*** zhè bìng méiyǒu biéde àomiào, zhǐ wèi tā bú tài biàndāng bà le. Búliào yǒu jǐ wèi biànzi pán zài tóudǐng shàng de tóngxuémen biàn hěn yànwù wǒ; jiāndū yě dànù, shuō yào tíng le wǒ de guānfèi, sòng huí Zhōngguó qù.

"不几天，这位监督却自己被人剪去辫子逃走了。去剪的人们里面，一个便是做《革命军[90]》的邹容[91]，这人也因此不能再留学，回到上海来，后来死在西牢[92]里。你也早忘却了罢？

"Bù jǐ tiān, zhè wèi jiāndū què zìjǐ bèi rén jiǎnqù biànzi táozǒu le. Qù jiǎn de rénmen lǐmiàn, yí gè biàn shì zuò 《Gémìng Jūn》 de Zōu Róng, zhè rén yě yīncǐ bù néng zài liúxué, huídào Shànghǎi lái, hòulái sǐ zài Xī Láo lǐ. Nǐ yě zǎo wàngquè le bà?

"过了几年，我的家景大不如前了，***

"Guò le jǐ nián, wǒ de jiājǐng dà bù rú qián le, ***

---

[82] 奥妙 – àomiào – profound; subtle; secret
[83] 便当 – biàndāng – convenient; handy; simple; easy
[84] 不料 – búliào – unexpectantly; to one's surprise
[85] 盘 – pán – coil; wind
[86] 厌恶 – yànwù – disgusted with; detest
[87] 监督 – jiāndū – supervisor (in this case the government appointed supervisor)
[88] 大怒 – dànù – in a rage; anger; furious; fume
[89] 官费 – guānfèi – government scholarship; expense supplied by the government
[90] 革命军 – Gémìng Jūn – The Revolutionary Army, a name of a book written by 邹容 (see below)
[91] 邹容 – Zōu Róng – Zōu Róng was an anti-Qing revolutionary who lived from 1885 – 1905. He was born in Chóngqìng and went to Japan at an early age to learn about Japan's path to modernization. After returning to China in 1903, he wrote a book titled 《革命军》, which discussed how to rid China of the Manchu regime and foreign imperialists. After being implicated with anti-Qing activities, he was sentenced to a two year jail term during which he became ill and died in prison at the age of 21.
[92] 西牢 – Xī Láo – West Jail

*** 非⁹³谋⁹⁴点事做便要受饿⁹⁵，只得⁹⁶也回到中国来。我一到上海，便买定一条假辫子，那时是二元的市价，带着回家。我的母亲倒也不说什么，然而旁人一见面，便都首先研究这辫子，待到⁹⁷知道是假，就一声冷笑，将⁹⁸我拟⁹⁹为杀头的罪名；有一位本家¹⁰⁰，还预备去告官，但后来因为恐怕革命党的造反或者要成功，这才中止了。

*** fēi móu diǎn shì zuò biàn yào shòu è, zhǐdé yě huí dào Zhōngguó lái. Wǒ yí dào Shànghǎi, biàn mǎi dìng yì tiáo jiǎ biànzi, nàshí shì èr yuán de shìjià, dàizhe huíjiā. Wǒ de mǔqīn dào yě bù shuō shénme, rán'ér pángrén yí jiànmiàn, biàn dōu shǒuxiān yánjiū zhe biànzi, dàidào zhīdào shì jiǎ, jiù yì shēng lěngxiào, jiāng wǒ nǐwéi shātóu de zuìmíng; yǒu yí wèi běnjiā, hái yùbèi qù gào guān, dàn hòulái yīnwèi kǒngpà Gémìng Dǎng de zàofǎn huòzhě yào chénggōng, zhè cái zhōngzhǐ le.

"我想，假的不如真的直截¹⁰¹爽快¹⁰²，我便索性¹⁰³废¹⁰⁴了假辫子，穿着西装在街上走。

"Wǒ xiǎng, jiǎ de bù rú zhēn de zhíjié shuǎngkuài, wǒ biàn suǒxìng fèi le jiǎ biànzi, chuānzhe xīzhuāng zài jiē shàng zǒu.

"一路走去，一路便是笑骂的声音，有的还跟在后面骂：***

"Yí lù zǒu qù, yí lù biàn shì xiàomà de shēngyīn, yǒu de hái gēn zài hòumian mà: ***

---

⁹³ 非 – fēi – simply; must; insist on
⁹⁴ 谋 – móu – work for; seek
⁹⁵ 饿 – è – starve
⁹⁶ 只得 – zhǐdé – have to; be obliged to
⁹⁷ 待到 – dàidào – until; by the time; when
⁹⁸ 将 – jiāng – written form of 把
⁹⁹ 拟 – nǐ – imitate; act as though
¹⁰⁰ 本家 – běnjiā – a distant relative with the same family name; member of the same clan
¹⁰¹ 直截 – zhíjié – straightforward; blunt
¹⁰² 爽快 – shuǎngkuài – frank; straightforward; outright
¹⁰³ 索性 – suǒxìng – without hesitation
¹⁰⁴ 废 – fèi – give up; abolish

*** '这冒失鬼[105]！' '假洋鬼子[106]！'

*** 'zhè màoshīguǐ!' 'Jiǎ yángguǐzi!'

"我于是[107]不穿洋服[108]了，改了大衫，他们骂得更利害。

"Wǒ yúshì bù chuān yángfú le, gǎi le dà shān, tāmen mà de gèng lìhài.

"在这日暮途穷[109]的时候，我的手里才添[110]出一支手杖[111]来，拚命[112]的打了几回，他们渐渐的不骂了。只是走到没有打过的生地方还是骂。

"Zài zhè rìmù-túqióng de shíhòu, wǒ de shǒu lǐ cái tiānchū yì zhī shǒuzhàng lái, pànmìng de dǎ le jǐ huí, tāmen jiànjiàn de bú mà le. Zhǐshì zǒudào méiyǒu dǎguò de shēng dìfāng háishi mà.

"这件事很使我悲哀，至今还时时记得哩。我在留学的时候，曾经看见日报上登载[113]一个游历南洋[114]和中国的本多博士[115]的事；这位博士是不懂中国和马来语[116]的，***

"Zhè jiàn shì hěn shǐ wǒ bēi'āi, zhìjīn hái shíshí jide lī. Wǒ zài liúxué de shíhòu, céngjīng kànjiàn rìbào shàng dēngzài yí gè yóulì Nányáng hé Zhōngguó de Běnduō Bóshì de shì; zhè wèi bóshì shì bù dǒng Zhōngguó hé Mǎláiyǔ de, ***

---

[105] 冒失鬼 - màoshīguǐ - harum-scarum; daredevil; fool hardy; an imprudent and obtrusive person

[106] 假洋鬼子 - jiǎ yángguǐzi - fake foreign devil

[107] 于是 - yúshì - so; then; thereupon; hence

[108] 洋服 - yángfú - Western-style clothes

[109] 日暮途穷 - rìmù-túqióng - (成语) the day is waning and the road is ending; come to a dead end; be at the end of one's ropes

[110] 添 - tiān - add; increase

[111] 手杖 - shǒuzhàng - walking stick; stick

[112] 拚命 - pànmìng - with all one's might; desperately; (same as 拼命)

[113] 登载 - dēngzài - carry (in newspapers or magazines)

[114] 游历南洋 - yóulì Nányáng - archipelago (游历) of Malaysia (南洋)

[115] 本多博士 - Běnduō Bóshì - Dr. Seiroku Honda (1866 - 1952) was a Japanese doctor of forestry who is famous for the beautiful parks he created, most notably Meiji Jingu Forest in Tokyo. According to Lǔ Xùn's brother, the article Lǔ Xùn is writing about was in fact published in Japan and greatly upset him.

[116] 马来语 - Mǎláiyǔ - Malaysian language

*** 人问他，你不懂话，怎么走路呢？他拿起手杖[117]来说，这便是他们的话，他们都懂！我因此气愤了好几天，谁知道我竟不知不觉[118]的自己也做了，而且那些人都懂了。……

*** rén wèn tā, nǐ bù dǒng huà, zěnme zǒulù ne? Tā náqǐ shǒuzhàng lái shuō, zhè biàn shì tāmen de huà, tāmen dōu dǒng! Wǒ yīncǐ qìfèn le hǎo jǐ tiān, shéi zhīdào wǒ jìng bùzhī-bùjué de zìjǐ yě zuò le, érqiě nà xiē rén dōu dǒng le…….

"宣统[119]初年[120]，我在本地的中学校做监学[121]，同事是避之惟恐不远[122]，官僚[123]是防之惟恐不严[124]，我终日如坐在冰窖子[125]里，如站在刑场[126]旁边，其实并非[127]别的，只因为缺少[128]了一条辫子！

"Xuāntǒng chūnián, wǒ zài běndì de zhōng-xuéxiào zuò jiānxué, tóngshì shì bì zhī wéikǒng bù yuǎn, guānliáo shì fáng zhī wéikǒng bù yán, wǒ zhōngrì rú zuò zài bīngjiàozi lǐ, rú zhàn zài xíngchǎng pángbiān, qíshí bìngfēi bié de, zhǐ yīnwèi quēshǎo le yì tiáo biànzi!

"有一日，几个学生忽然走到我的房里来，说，***

"Yǒu yí rì, jǐ gè xuésheng hūrán zǒudào wǒ de fáng lǐ lái, shuō, ***

---

[117] 手杖 – shǒuzhàng – walking stick; stick

[118] 不知不觉 – bùzhī-bùjué – (成语) unconsciously; unwittingly; without being aware of it

[119] 宣统 – Xuāntǒng – the last emperor of the Qing dynasty (1909-1911), ended by the Republican revolution.

[120] 宣统初年 – Xuāntǒng chūnián – first year of 宣统's rule, 1909 – At this time Lǔ Xùn was dean of studies at the Shàoxīng Academy.

[121] 监学 – jiānxué – dean of studies (during the end of the Qing dynasty, it was common to act as dean while also teaching)

[122] 避之惟恐不远 – bì zhī wéikǒng bù yuǎn – avoid (避) for fear that (惟恐), but yet not far enough (不远); avoid like the plague

[123] 官僚 – guānliáo – local officials; government officials; bureaucrats

[124] 防之惟恐不严 – fáng zhī wéikǒng bù yán – watch over (防) for fear that (惟恐) but yet not severe enough (不严); watch like a hawk

[125] 冰窖子 – bīngjiàozi – ice house; ice cellar

[126] 刑场 – xíngchǎng – execution ground

[127] 并非 – bìngfēi – to not be

[128] 缺少 – quēshǎo – lack; be short of

*** ‘先生，我们要剪辫子了。’ 我说，‘不行！’ ‘有辫子好呢，没有辫子好呢？’ ‘没有辫子好……’ ‘你怎么说不行呢？’ ‘犯不上¹²⁹，你们还是不剪上算¹³⁰，——等一等罢。’ 他们不说什么，撅¹³¹着嘴唇走出房去，然而终于剪掉了。

*** 'xiānshēng, wǒmen yào jiǎn biànzi le.' Wǒ shuō, 'bù xíng !' 'Yǒu biànzi hǎo ne, méiyǒu biànzi hǎo ne?' 'Méiyǒu biànzi hǎo……' 'Nǐ zěnme shuō bù xíng ne?' 'Fànbushàng, nǐmen háishi bù jiǎn shàngsuàn, ——děng yì děng bà.' Tāmen bù shuō shénme, juēzhe zuǐchún zǒuchū fáng qù, rán'ér zhōngyú jiǎndiào le.

"呵！不得了了，人言啧啧¹³²了；我却只装作不知道，一任他们光着头皮，和许多辫子一齐上讲堂。

"Hē! Bùdéliǎo le, rényán-zézé le; wǒ què zhǐ zhuāngzuò bù zhīdào, yí rèn tāmen guāngzhe tóupí, hé xǔduō biànzi yìqí shàng jiǎngtáng.

"然而这剪辫病传染了；第三天，师范学堂¹³³的学生忽然也剪下了六条辫子，晚上便开除¹³⁴了六个学生。这六个人，留校不能，回家不得，一直挨¹³⁵到第一个双十节之后又一个多月，才消去了犯罪的火烙印¹³⁶。"

"Rán'ér zhè jiǎnbiànbìng chuánrǎn le; dì-sān tiān, Shīfàn Xuétáng de xuésheng hūrán yě jiǎnxià le liù tiáo biànzi, wǎnshàng biàn kāichú le liù gè xuésheng. Zhè liù gè rén, liúxiào bù néng, huíjiā bùdé, yìzhí áidào dì-yī gè Shuāng Shí Jié zhīhòu yòu yí gè duō yuè, cái xiāoqù le fànzuì de huǒlàoyìn."

---

¹²⁹ 犯不上 - fànbushàng - not worth the trouble; not worthwhile
¹³⁰ 上算 - shàngsuàn - worthwhile
¹³¹ 撅 - juē - stick up; pout (撅嘴唇 purse out one's lips)
¹³² 人言啧啧 - rényán-zézé - (成语) to have a good deal of unfavorable comment; the sound (啧啧) of so many people talking (人言)
¹³³ 师范学堂 - Shīfàn Xuétáng - Normal School; teacher training school
¹³⁴ 开除 - kāichú - expel; discharge
¹³⁵ 挨 - ái - suffer; endure
¹³⁶ 火烙印 - huǒlàoyìn - using hot iron or steel (火) to form a mark or branding (烙印)

"我呢？也一样，只是元年[137]冬天到北京，还被人骂过几次，后来骂我的人也被警察剪去了辫子，我就不再被人辱骂[138]了；但我没有到乡间去。"

"Wǒ ne? Yě yíyàng, zhǐshì yuánnián dōngtiān dào Běijīng, hái bèi rén màguò jǐ cì, hòulái mà wǒ de rén yě bèi jǐngchá jiǎnqù le biànzi, wǒ jiù bú zài bèi rén rǔmà le; dàn wǒ méiyǒu dào xiāngjiān qù."

N 显出非常得意[139]模样，忽而又沉下脸来[140]：

N xiǎnchū fēicháng déyì múyàng, hū'ér yòu chénxià liǎn lái:

"现在你们这些理想家，又在那里嚷[141]什么女子剪发了，又要造出许多毫无所得[142]而痛苦的人！"

"Xiànzài nǐmen zhèxiē lǐxiǎngjiā, yòu zài nàli rǎng shénme nǚzǐ jiǎn fā le, yòu yào zàochū xǔduō háowú suǒdé ér tòngkǔ de rén!"

"现在不是已经有剪掉头发的女人，因此考不进学校去，或者被学校除了名[143]么？"

"Xiànzài bú shì yǐjīng yǒu jiǎndiào tóufà de nǚrén, yīncǐ kǎobújìn xuéxiào qù, huòzhě bèi xuéxiào chú le míng me?"

"改革么，武器[144]在那里？工读[145]么[146]，工厂在那里？"

"Gǎigé me, wǔqì zài nǎli? Gōngdú me, gōngchǎng zài nǎli?"

---

[137] 元年 – yuánnián – first year of the Republic (1912)
[138] 辱骂 – rǔmà – abuse; call somebody names
[139] 得意 – déyì – pleased with oneself; complacent
[140] 沉下脸来 – chénxià liǎn lái – pulling a long face; assume a solemn face
[141] 嚷 – rǎng – shout; yell; make an uproar
[142] 毫无所得 – háowú suǒdé – absolutely nothing to gain (from it)
[143] 除名 – chúmíng – expelled; strike one's name off
[144] 武器 – wǔqì – weapon; arms
[145] 工读 – gōngdú – work and study (work their way through college)
[146] 么 – me – similar to 吗, used to indicate an implicit statement

"仍然留起，嫁[147]给人家做媳妇[148]去：忘却了一切还是幸福，倘使[149]伊[150]记着些平等自由的话，便要苦痛一生世！"

"Réngrán liúqǐ, jià gěi rénjiā zuò xífù qù: wàngquè le yí qiè háishi xìngfú, tǎngshǐ yī jìzhe xiē píngděng zìyóu de huà, biàn yào kǔtòng yì shēng shì!"

"我要借了阿尔志跋绥夫[151]的话问你们：你们将黄金时代[152]的出现豫约[153]给这些人们的子孙了，但有什么给这些人们自己呢？"

"Wǒ yào jiè le Ā̌erzhìbásuí fū de huà wèn nǐmen: nǐmen jiāng huángjīn shídài de chūxiàn yùyuē gěi zhè xiē rénmen de zǐsūn le, dàn yǒu shénme gěi zhèxiē rénmen zìjǐ ne?"

"阿，造物[154]的皮鞭[155]没有到中国的脊梁[156]上时，中国便永远是这一样的中国，决不肯自己改变一支毫毛[157]！"

"Ā, zàowù de píbiān méiyǒu dào Zhōngguó de jǐliáng shàng shí, Zhōngguó biàn yǒngyuǎn shì zhè yíyàng de Zhōngguó, juébù kěn zìjǐ gǎibiàn yì zhī háomáo!"

"你们的嘴里既然并无毒牙[158]，何以[159]偏要[160]在额上帖起 ***

"Nǐmen de zuǐ lǐ jìrán bìng wú dú yá, héyǐ piānyào zài é shàng tiěqǐ ***

---

147 嫁 – jià – (of a woman) marry
148 媳妇 – xífù – son's wife; daughter-in-law
149 倘使 – tǎngshǐ – if; supposing; in case
150 伊 – yī – he or she (usually she)
151 阿尔志跋绥夫 – Ā̌erzhìbásuí fū – Mikhail Artsybashev (1878—1927) was a Russian author who wrote many stories that upset the Bolsheviks causing him to emigrate out of Russia to Poland. Lǔ Xùn is paraphrasing from chapter nine of Mikhail's book *Shevirof*.
152 黄金时代 – huángjīn shídài – golden age
153 豫约 – yùyuē – promise; make (an appointment)
154 造物 – zàowù – the divine force that created the universe; the Creator
155 皮鞭 – píbiān – leather whip
156 脊梁 – jǐliáng – back (of the human body)
157 毫毛 – háomáo – [often used figuratively] soft hair on the body
158 毒牙 – dúyá – poisonous fangs
159 何以 – héyǐ – why
160 偏要 – piānyào – must; insist

*** '蝮蛇[161]' 两个大字，引乞丐[162]来打杀? ……"

*** 'fùshé' liǎng gè dà zì, yǐn qǐgài lái dǎ shā?……"

N愈说愈离奇[163]了，但一见到我不很愿听的神情，便立刻闭了口，站起来取帽子[164]。

N yù shuō yù líqí le, dàn yí jiàn dào wǒ bù hěn yuàn tīng de shénqíng, biàn lìkè bì le kǒu, zhànqǐ lái qǔ màozi.

我说，"回去么？"

Wǒ shuō, "huíqù me?"

他答道，"是的，天要下雨了。"

Tā dádào, "shì de, tiān yào xiàyǔ le."

我默默[165]的送他到门口。

Wǒ mòmò de sòng tā dào ménkǒu.

他戴[166]上帽子说：

Tā dài shàng màozi shuō:

"再见！请你恕[167]我打搅[168]，好在[169]明天便不是双十节，我们统[170]可以忘却了。"

"Zàijiàn! Qǐng nǐ shù wǒ dǎjiǎo, hǎozài míngtiān biàn bú shì Shuāng Shí Jié, wǒmen tǒng kěyǐ wàngquè le."

一九二〇年十月。

---

[161] 蝮蛇 – fùshé – pallas pit viper (a venomous snake in China)
[162] 乞丐 – qǐgài – beggar
[163] 离奇 – líqí – unbelievably strange; extraordinary; odd; bizarre
[164] 取帽子 – qǔ màozi – to get (取) his hat (帽子)
[165] 默默 – mòmò – quietly; silently
[166] 戴 – dài – put on; wear
[167] 恕 – shù – excuse me; beg your pardon
[168] 打搅 – dǎjiǎo – disturb; trouble
[169] 好在 – hǎozài – luckily
[170] 统 – tǒng – all; together

风波

A Passing Storm

风波

Fēngbō

风波 was published in September 1920 in *New Youth* (新青年 Xīn Qīngnián).

Revolutionary China was filled with rebellions, revolutions, and on occasion reinstatement of the previous dynasty. These constantly changing environments put strain on the common people who found themselves in the middle of this power struggle. During the Qing dynasty, males had to wear a queue, which involved shaving the front half of the head and growing the back part long and braiding it. (See *A Story About Hair* for more information) During the Tàipíng Rebellion, the rebels grew out their hair in defiance of this law. The government troops would execute those who did not have the mandatory queue. The Tàipíngs would kill those with a queue for thinking they were loyal to the Qing dynasty. The common villager only stood to lose in this situation.

After the Qing dynasty was overthrown, queues were no longer mandatory but some loyal to the previous dynasty decided to keep them. This is when *A Passing Storm* takes place. Some of the villagers had cut their queue (or had them forcibly cut) while others preserved them by coiling them on top of their head. However the situation changed again on July 1, 1917 when the northwest troops supported by Zhāng Xūn (张勋) occupied Běijīng. Zhāng Xūn and his troops announced the restoration of the Qing Dynasty by reinstating the last emperor, Pǔyí (溥仪), onto the Dragon Throne. After twelve long days for the villagers Zhāng Xūn and his troops were defeated on July 12th.

During this brief occupation of Beijing, the villagers worry whether or not they will have to begin wearing queues again. One character, Seventh Master Zhao, is a Qing loyalist and insists that Qī Jīn, who had his queue cut off in town, will face execution for being in violation of the law. Fighting breaks out as the villagers release their anxiety upon each other. Twelve days later, life resumes back to normal.

风波[1]
Fēngbō

临河[2]的土场[3]上，太阳渐渐的收了他通黄的光线[4]了。场边靠河的乌桕树叶[5]，干巴巴[6]的才喘[7]过气来，几个花脚蚊子[8]在下面哼[9]着飞舞[10]。面河的农家[11]的烟突[12]里，逐渐[13]减少了炊烟[14]，女人孩子们都在自己门口的土场上波些水[15]，放下小桌子和矮凳[16]；人知道，这已经是晚饭的时候了。

Línhé de tǔcháng shàng, tàiyáng jiànjiàn de shōu le tā tōnghuáng de guāngxiàn le. Cháng biān kào hé de wūjiù shùyè, gānbābā de cái chuǎnguò qì lái, jǐ gè huājiǎo wénzi zài xiàmiàn hēngzhe fēiwǔ. Miàn hé de nóngjiā de yāntū lǐ, zhújiàn jiǎnshǎo le chuīyān, nǚrén háizimen dōu zài zìjǐ ménkǒu de tǔcháng shàng bō xiē shuǐ, fàngxià xiǎo zhuōzi hé ǎidèng; rén zhīdào, zhè yǐjīng shì wǎnfàn de shíhòu le.

老人男人坐在矮凳上，摇着大芭蕉扇[17]闲谈，***

Lǎorén nánrén zuò zài ǎidèng shàng, yáozhe dà bājiāoshàn xiántán, ***

---

[1] 风波 — fēngbō — disturbance; chaos; trouble; dispute; issue
[2] 临河 — línhé — by the river; to face the river
[3] 土场 — tǔcháng — threshing ground; level open ground (usually used for threshing grain)
[4] 光线 — guāngxiàn — light; ray
[5] 乌桕树叶 — wūjiù shùyè — leaves of tallow trees
[6] 干巴巴 — gānbābā — dried up; wizened
[7] 喘 — chuǎn — breathe with difficulty; pant
[8] 花脚蚊子 — huājiǎo wénzi — spotted leg mosquitoes
[9] 哼 — hēng — hum; croon
[10] 飞舞 — fēiwǔ — dance in the air; flutter
[11] 农家 — nóngjiā — peasant homes
[12] 烟突 — yāntū — chimney
[13] 逐渐 — zhújiàn — gradually
[14] 炊烟 — chuīyān — smoke from the kitchen chimney
[15] 波些水 — bō xiē shuǐ — sprinkle some water
[16] 矮凳 — ǎidèng — low stools
[17] 芭蕉扇 — bājiāoshàn — fan made of banana leaves; plantain leaf fans

*** 孩子飞也似的跑，或者蹲在乌桕树下赌玩石子[18]。女人端[19]出乌黑[20]的蒸干菜[21]和松花黄[22]的米饭，热蓬蓬[23]冒烟[24]。河里驶[25]过文人的酒船，文豪[26]见了，大发诗兴[27]，说，"无思无虑，这真是田家乐[28]呵[29]！"

*** háizi fēi yě shìde pǎo, huòzhě dūn zài wūjiùshù xià dǔwán shízi. Nǚrén duānchū wūhēi de zhēng gāncài hé sōnghuāhuáng de mǐfàn, rèpéngpéng màoyān. Hé lǐ shǐguò wénrén de jiǔchuán, wénháo jiàn le, dàfā shīxìng, shuō, "wúsī wúlù, zhè zhēnshì tiánjiālè hē!"

但文豪的话有些不合事实[30]，就因为他们没有听到九斤老太[31]的话。这时候，九斤老太正在大怒[32]，拿破芭蕉扇敲[33]着凳脚[34]说：

Dàn wénháo de huà yǒuxiē bù hé shìshí, jiù yīnwèi tāmen méiyǒu tīngdào Jiǔ Jīn Lǎotài de huà. Zhè shíhòu, Jiǔ Jīn Lǎotài zhèngzài dànù, ná pò bājiāoshàn qiāozhe dèng jiǎo shuō:

---

[18] 赌玩石子 – dǔwán shízi – playing toss-catch with pebbles. The idea of the game is that the player has five pebbles. The player of the games starts with five pebbles, one pebble in their hand and four on the ground. The player throws the one pebble in the air and grabs a pebble off the ground in time to catch the pebble that they just threw. The player then throws the two pebbles and grabs a third in time to catch the two they just tossed. Repeats until all the pebbles are off the ground. The player than tosses the pebbles and catches them on the back of their hand. Then tosses them once more to catch them in the palm of their hand.

[19] 端 – duān – hold something level with both hands; carry

[20] 乌黑 – wūhēi – pitch-black; jet-black

[21] 蒸干菜 – zhēng gāncài – steam-dried vegetables

[22] 松花黄 – sōnghuāhuáng – the light yellow (黄) color of pine tree (松) flowers (花)

[23] 热蓬蓬 – rèpéngpéng – hot with steam

[24] 冒烟 – màoyān – sending off steam; steaming

[25] 驶 – shǐ – drive; sail

[26] 文豪 – wénháo – literary giant; great writer

[27] 大发诗兴 – dàfā shīxìng – poetically proclaim; be inspired at the sign and have a strong urge to write a poem

[28] 田家乐 – tiánjiālè – the pleasures of a peasant's family

[29] 呵 – hē – exclamation meaning "ah, oh"

[30] 不合事实 – bù hé shìshí – wide off the mark; not matching with reality

[31] 九斤老太 – Jiǔ Jīn Lǎotài – name of a character, Mrs. Nine-Jin

[32] 大怒 – dànù – in a furious rage

[33] 敲 – qiāo – knock; beat; strike

[34] 凳脚 – dèng jiǎo – legs of a stool

"我活到七十九岁了，活够了，不愿意眼见这些败家相[35]，——还是死的好。立刻就要吃饭了，还吃炒豆子，吃穷[36]了一家子！"

"Wǒ huódào qīshíjiǔ suì le, huó gòu le, bú yuànyì yǎn jiàn zhèxiē bàijiāxiàng, ——háishi sǐ de hǎo. Likè jiùyào chīfàn le, hái chī chǎo dòuzi, chī qióng le yì jiāzi!"

伊[37]的曾孙女儿[38]六斤[39]捏[40]着一把豆，正从对面跑来，见这情形，便直奔[41]河边，藏[42]在乌桕树后，伸出[43]双丫角[44]的小头，大声说，"这老不死的！"

Yī de zēngsūnnǚ'ér Liù Jīn niēzhe yì bǎ dòu, zhèng cóng duìmiàn pǎolái, jiàn zhè qíngxíng, biàn zhíbèn hé biān, cáng zài wūjiùshù hòu, shēnchū shuāng yājiǎo de xiǎo tóu, dàshēng shuō, "zhè lǎo bù sǐ de!"

九斤老太虽然高寿[45]，耳朵却还不很聋[46]，但也没有听到孩子的话，仍旧自己说，"这真是一代不如一代！"

Jiǔ Jīn Lǎotài suīrán gāoshòu, ěrduo què hái bù hěn lóng, dàn yě méiyǒu tīngdào háizi de huà, réngjiù zìjǐ shuō, "zhè zhēnshì yí dài bùrú yí dài!"

这村庄的习惯有点特别，女人生下孩子，多喜欢用秤[47]***

Zhè cūnzhuāng de xíguàn yǒu diǎn tèbié, nǚrén shēngxià háizi, duō xǐhuān yòng chèng ***

---

[35] 败家相 – bàijiāxiàng – ruin the family's financial situation
[36] 吃穷 – chī qióng – eat (吃) so much that you become poor (穷)
[37] 伊 – yī – he or she (usually she)
[38] 曾孙女儿 – zēngsūnnǚ'ér – great-granddaughter
[39] 六斤 – Liù Jīn – name of a character, Six-Jin
[40] 捏 – niē – hold between the fingers; pinch
[41] 直奔 – zhíbèn – go directly towards somewhere
[42] 藏 – cáng – hide; conceal
[43] 伸出 – shēnchū – stretch (伸) out (出)
[44] 双丫角 – shuāng yājiǎo – pair of fork horns (during the Qing dynasty girls' hair was commonly done up in pigtails that looked like a pair of horns and were therefore known as 丫角)
[45] 高寿 – gāoshòu – longevity; great age
[46] 聋 – lóng – deaf; hard of hearing
[47] 秤 – chèng – scale; balance

*** 称了轻重[48]，便用斤数[49]当作小名[50]。九斤老太自从庆祝[51]了五十大寿[52]以后，便渐渐的变了不平家[53]，常说伊年青的时候，天气没有现在这般[54]热，豆子也没有现在这般硬；总之[55]现在的时世[56]是不对了。何况[57]六斤比伊的曾祖[58]，少了三斤，比伊父亲七斤，又少了一斤，这真是一条颠扑不破[59]的实例[60]。所以伊又用劲[61]说，"这真是一代不如一代！"

*** chēng le qīngzhòng, biàn yòng jīnshù dàngzuò xiǎomíng. Jiǔ Jīn Lǎotài zìcóng qingzhù le wǔshí dàshòu yǐhòu, biàn jiànjiàn de biàn le bùpíngjiā, cháng shuō yī niánqīng de shíhòu, tiānqì méiyǒu xiànzài zhèbān rè, dòuzi yě méiyǒu xiànzài zhèbān yìng; zǒngzhī xiànzài de shíshì shì bú duì le. Hékuàng Liù Jīn bǐ yī de zēngzǔ, shǎo le sān jīn, bǐ yī fùqīn qī jīn, yòu shǎo le yì jīn, zhè zhēnshì yì tiáo diānpūbúpò de shílì. Suǒyǐ yī yòu yòngjìn shuō, "zhè zhēnshì yí dài bùrú yí dài!"

伊的儿媳[62]七斤嫂子[63]正捧[64]着饭篮[65]走到桌边，***

Yī de érxí Qī Jīn Sǎozi zhèng pěngzhe fàn lán zǒu dào zhuō biān, ***

---

[48] 轻重 – qīngzhòng – weight
[49] 斤数 – jīnshù – the number of *jin*
　　斤 – *jin*, Chinese unit of weight (= ½ kilogram)
[50] In this town the custom is to use a scale to weigh new born babies. Their weight then becomes a nicknames. For example, 六斤 was 6 *jin* when he was born.
[51] 庆祝 – qìngzhù – celebrate
[52] 五十大寿 – wǔshí dàshòu – 50th birthday
[53] 不平家 – bùpíngjiā – kvetch; someone who complains about something all the time
[54] 这般 – zhèbān – such; so; like this
[55] 总之 – zǒngzhī – in a word; in short
[56] 时世 – shíshì – times; age
[57] 何况 – hékuàng – moreover; besides; in addition
[58] 曾祖 – zēngzǔ – (paternal) great-grandfather
[59] 颠扑不破 – diānpūbúpò – (成语) irrefutable; indisputable
[60] 实例 – shílì – instance; example
[61] 用劲 – yòngjìn – exert oneself (physically); put forth one's strength
[62] 儿媳 – érxí – daughter-in-law; (according to the description that follows she is actually her 孙媳，granddaughter-in-law)
[63] 七斤嫂子 – Qī Jīn Sǎozi – name of a character, Sister Seven-Jin
[64] 捧 – pěng – hold in both hands
[65] 饭篮 – fàn lán – basket of rice

*** 便将[66]饭篮在桌上一摔[67]，愤愤[68]的说，"你老人家又这么说了。六斤生下来的时候，不是六斤五两[69]么[70]？你家的秤又是私秤[71]，加重称[72]，十八两秤；用了准十六，我们的六斤该有七斤多哩[73]。我想便是太公[74]和公公[75]，也不见得[76]正是九斤八斤十足[77]，用的秤也许是十四两……"

*** biàn jiāng fàn lán zài zhuō shàng yì shuāi, fènfèn de shuō, "nǐ lǎorénjiā yòu zhème shuō le. Liù Jīn shēng xiàlái de shíhòu, bú shì liù jīn wǔ liǎng me? Nǐ jiā de chèng yòu shì sī chèng, jiāzhòng chēng, shíbā liǎng chèng; yòng le zhǔn shíliù, wǒmen de Liù Jīn gāi yǒu qī jīn duō lī. Wǒ xiǎng biàn shì tàigōng hé gōnggong, yě bú jiàndé zhèng shì jiǔ jīn bā jīn shízú, yòng de chèng yěxǔ shì shísì liǎng……"

"一代不如一代！"

"Yí dài bùrú yí dài!"

七斤嫂还没有答话，忽然看见七斤[78]从小巷口[79]转出，便移[80]了方向，对他嚷道，"你这死尸[81]怎么这时候才回来，***

Qī Jīn Sǎo hái méiyǒu dáhuà, hūrán kànjiàn Qī Jīn cóng xiǎo xiàngkǒu zhuǎnchū, biàn yí le fāngxiàng, duì tā rǎngdào, "nǐ zhè sǐshī zěnme zhè shíhòu cái huílái, ***

---

[66] 将 – jiāng – written form of 把
[67] 摔 – shuāi – cast; throw; fling
[68] 愤愤 – fènfèn – angrily; indignantly
[69] 两 – liǎng – *liang*, Chinese traditional unit of weight, equivalent to 0.05 kilo
[70] 么 – me – similar to 吗, used to indicate an implicit statement
[71] 私秤 – sī chèng – private scales (so they might not be fair, can use the scale so the weight can be heavier)
[72] 加重称 – jiāzhòng chēng – adds weight to the scale, therefore weighs light
[73] 哩 – lī – similar to 啦; end of phrase particle denoting exclamation when listing things off
[74] 太公 – tàigōng – great-grandfather
[75] 公公 – gōnggong – grandfather
[76] 不见得 – bú jiàndé – not necessarily; not likely
[77] 十足 – shízú – complete
[78] 七斤 – Qī Jīn – name of a character, Seven-Jin, husband of 七斤嫂
[79] 巷口 – xiàngkǒu – mouth of an alley; entrance to an alley
[80] 移 – yí – change; alter
[81] 死尸 – sǐshī – corpse; dead body; zombie

*** 死到那里去了！不管人家等着你开饭！"

*** sǐ dào nǎli qù le! Bù guǎn rénjiā děngzhe nǐ kāifàn!"

　　七斤虽然住在农村，却早有些飞黄腾达[82]的意思。从他的祖父[83]到他，三代不捏[84]锄头柄[85]了；他也照例[86]的帮人撑[87]着航船[88]，每日一回，早晨从鲁镇进城，傍晚[89]又回到鲁镇[90]，因此很知道些时事：例如什么地方，雷公[91]劈[92]死了蜈蚣精[93]；什么地方，闺女[94]生了一个夜叉[95]之类。他在村人里面，的确已经是一名出场[96]人物了。但夏天吃饭不点灯[97]，却还守着农家习惯，所以回家太迟[98]，是该骂的。

　　Qī Jīn suīrán zhù zài nóngcūn, què zǎo yǒuxiē fēihuáng-téngdá de yìsi. Cóng tā de zǔfù dào tā, sān dài bù niē chútóubǐng le; tā yě zhàolì de bāng rén chēngzhe hángchuán, měirì yì huí, zǎochen cóng Lǔ Zhèn jìnchéng, bàngwǎn yòu huí dào Lǔ Zhèn, yīncǐ hěn zhīdào xiē shíshì: lìrú shénme dìfāng, Léi Gōng pī sǐ le wúgōngjīng; shénme dìfāng, guīnü shēng le yí gè yèchā zhī lèi. Tā zài cūnrén lǐmiàn, díquè yǐjīng shì yì míng chūchǎng rénwù le. Dàn xiàtiān chīfàn bù diǎndēng, què hái shǒuzhe nóngjiā xíguàn, suǒyǐ huíjiā tài chí, shì gāi mà de.

---

[82] 飞黄腾达 – fēihuáng-téngdá – (成语) become a rising star in the political world
[83] 祖父 – zǔfù – grandfather
[84] 捏 – niē – hold between the fingers
[85] 锄头柄 – chútóubǐng – the handle (柄) of a hoe (锄头)
[86] 照例 – zhàolì – as a rule; as usual; usually
[87] 撑 – chēng – punt with a pole; pole (a boat)
[88] 航船 – hángchuán – boat that plies regularly between inland towns
[89] 傍晚 – bàngwǎn – toward evening; at nightfall; at dusk
[90] 鲁镇 – Lǔ Zhèn – name of a town, Lu Town
[91] 雷公 – Léi Gōng – the Father of Thunder; the Thunder God
[92] 劈 – pī – split; chop; cleave
[93] 蜈蚣精 – wúgōngjīng – the spirit (精) of a centipede (蜈蚣)
[94] 闺女 – guīnü – virgin girl
[95] 夜叉 – yèchā – a Buddhist term referring to a violent demon that feasts on human flesh; yaksha (a malevolent spirit)
[96] 出场 – chūchǎng – appear on the scene; come on stage
[97] 点灯 – diǎndēng – lighting a lamp
[98] 迟 – chí – late; tardy

七斤一手捏着象牙嘴[99]白铜斗[100]六尺[101]多长的湘妃竹[102]烟管，低着头，慢慢地走来，坐在矮凳上。六斤也趁势[103]溜出，坐在他身边，叫他爹爹[104]。七斤没有应。

Qī Jīn yì shǒu niēzhe xiàngyá zuǐ báitóng dǒu liù chǐ duō cháng de xiāngfēizhú yānguǎn, dīzhe tóu, mànmàn de zǒu lái, zuò zài ǎidèng shàng. Liù Jīn yě chènshì liūchū, zuò zài tā shēn biān, jiào tā diēdiē. Qī Jīn méiyǒu yìng.

"一代不如一代！"九斤老太说。

"Yí dài bùrú yí dài!" Jiǔ Jīn Lǎotài shuō.

七斤慢慢地抬起头来，叹一口气[105]说，"皇帝坐了龙庭[106]了。"

Qī Jīn mànmàn de táiqǐ tóu lái, tàn yì kǒuqì shuō, "huángdì zuò le Lóng Tíng le."

七斤嫂呆[107]了一刻，忽而[108]恍然大悟[109]的道，"这可好了，这不是又要皇恩大赦[110]了么！"

Qī Jīn Sǎo dāi le yí kè, hū'ér huǎngrán-dàwù de dào, "zhè kě hǎo le, zhè bú shì yòu yào huáng'ēn dàshè le me!"

---

[99] 象牙嘴 – xiàngyá zuǐ – ivory (象牙) mouthpiece (嘴)

[100] 白铜斗 – báitóng dǒu – a pewter (白铜) bowl (斗)

[101] 尺 – chǐ – *chi*, a unit of length (1/3 of a meter)

[102] 湘妃竹 – xiāngfēizhú – a type of speckled bamboo named after two consorts known as 湘妃 (Xiāng Fēi). After the emperor 舜南巡 (Shùn Nánxún) passed away, they cried and cried over his grave. Their tears watered the bamboo on his grave and produced a new variety of bamboo called 湘妃竹.

[103] 趁势 – chènshì – take advantage of a situation

[104] 爹爹 – diēdiē – dad; daddy

[105] 叹一口气 – tàn yì kǒuqì – heave a sigh

[106] 龙庭 – Lóng Tíng – Dragon Throne (坐了龙庭 – the last emperor 溥仪 (Pǔyí) has reinstated the Qing dynasty and is emperor again)

[107] 呆 – dāi – for your mind to be blank

[108] 忽而 – hū'ér – suddenly; all of a sudden

[109] 恍然大悟 – huǎngrán-dàwù – (成语) suddenly realize; suddenly see the light

[110] 皇恩大赦 – huáng'ēn dàshè – amnesty by the grace of the emperor

鲁迅—呐喊

七斤又叹一口气，说，"我没有辫子[111]。"

Qī Jīn yòu tàn yì kǒuqì, shuō, "wǒ méiyǒu biànzi."

"皇帝要辫子么？"

"Huángdì yào biànzi me?"

"皇帝要辫子。"

"Huángdì yào biànzi."

"你怎么知道呢？"七斤嫂有些着急，赶忙的问。

"Nǐ zěnme zhīdào ne?" Qī Jīn Sǎo yǒuxiē zháojí, gǎnmáng de wèn.

"咸亨酒店[112]里的人，都说要的。"

"Xián Hēng Jiǔdiàn lǐ de rén, dōu shuō yào de."

七斤嫂这时从直觉上觉得[113]事情似乎[114]有些不妙[115]了，因为咸亨酒店是消息灵通[116]的所在。伊一转眼[117]瞥见[118]七斤的光头[119]，便忍不住[120]动怒[121]，＊＊＊

Qī Jīn Sǎo zhè shí cóng zhíjué shàng juéde shìqing sìhū yǒuxiē bú miào le, yīnwèi Xián Hēng Jiǔdiàn shì xiāoxī língtōng de suǒzài. Yī yì zhuǎnyǎn piējiàn Qī Jīn de guāngtóu, biàn rěnbúzhù dòngnù, ＊＊＊

---

[111] 辫子 – biànzi – queue, a distinctive hairstyle imposed on the Chinese people when the Manchus came to power and established the Qing Dynasty. The queue involved shaving the front half of the head, while keeping the hair in the back of the head long. See 头发的故事 for more explanation.

[112] 咸亨酒店 – Xián Hēng Jiǔdiàn – name of a bar in 鲁镇, which appears in many of Lǔ Xùn's stories

[113] 直觉上觉得 – zhíjué shàng juéde – realized instinctively

[114] 似乎 – sìhū – as if; it seems

[115] 不妙 – bú miào – (of a turn of events) not too encouraging; far from good; anything but reassuring

[116] 灵通 – língtōng – having quick access to information; well-informed

[117] 一转眼 – yì zhuǎnyǎn – in the blink of an eye

[118] 瞥见 – piējiàn – shoot a glance at; get a glimpse of; catch sight of

[119] 光头 – guāngtóu – shaven head; queue-less

[120] 忍不住 – rěnbúzhù – unable to bear; cannot help (doing something)

[121] 动怒 – dòngnù – lose one's temper; flare up

*** 怪他恨他怨[122]他；忽然又绝望[123]起来，装好一碗饭，搡[124]在七斤的面前道，"还是赶快吃你的饭罢！哭丧[125]着脸，就会长出辫子来么？"

*** guài tā hèn tā yuàn tā; hūrán yòu juéwàng qǐlái, zhuāng hǎo yì wǎn fàn, sǎng zài Qī Jīn de miànqián dào, "háishi gǎnkuài chī nǐ de fàn bà! Kūsàngzhe liǎn, jiù huì zhǎngchū biànzi lái me?"

太阳收尽了他最末的光线了，水面暗暗地回复过凉气来；土场上一片碗筷声响，人人的脊梁[126]上又都吐出汗粒[127]。七斤嫂吃完三碗饭，偶然抬起头，心坎[128]里便禁不住突突[129]地发跳[130]。伊透过[131]乌桕叶，看见又矮[132]又胖的赵七爷[133]正从独木桥[134]上走来，而且穿着宝蓝[135]色竹布[136]的长衫。

Tàiyáng shōu jìn le tā zuì mò de guāngxiàn le, shuǐmiàn ànàn de huífùguò liángqì lái; tǔcháng shàng yí piàn wǎnkuài shēngxiǎng, rénrén de jíliáng shàng yòu dōu tǔchū hàn lì. Qī Jīn Sǎo chīwán sān wǎn fàn, ǒurǎn táiqǐ tóu, xīnkǎn lǐ biàn jīnbuzhù tūtū de fātiào. Yī tòuguò wūjiùyè, kànjiàn yòu ǎi yòu pàng de Zhào Qī Yé zhèng cóng dúmùqiáo shàng zǒu lái, érqiě chuānzhe bǎolánsè zhúbù de chángshān.

---

[122] 怨 – yuàn – blame; complain
[123] 绝望 – juéwàng – give up all hope; despair
[124] 搡 – sǎng – thrust
[125] 哭丧 – kūsàng – crying; wailing; mourning
[126] 脊梁 – jíliáng – back (of the human body)
[127] 汗粒 – hàn lì – beads of sweat
[128] 心坎 – xīnkǎn – the bottom of one's heart
[129] 突突 – tūtū – the sound of *thump...thump*
[130] 发跳 – fātiào – beating
[131] 透过 – tòuguò – through
[132] 矮 – ǎi – short (of stature)
[133] 赵七爷 – Zhào Qī Yé, name of a character, Seventh Master Zhao also known as just 七爷

　　　爷 – a respectful term of address for males, "master."
　　　七爷 – refers to the fact that he is the seventh male in the Zhao family (including his cousins).
[134] 独木桥 – dúmùqiáo – single plank bridge
[135] 宝蓝 – bǎolán – sapphire-blue; beautiful blue
[136] 竹布 – zhúbù – a light blue or white cotton cloth for making summer clothes

赵七爷是邻村茂源酒店[137]的主人，又是这三十里方圆以内的唯一[138]的出色[139]人物兼[140]学问家[141]；因为有学问，所以又有些遗老[142]的臭味。他有十多本金圣叹[143]批评的《三国志[144]》，时常坐着一个字一个字的读；他不但能说出五虎将[145]姓名，***

Zhào Qī Yé shì líncūn Mào Yuán Jiǔdiàn de zhǔrén, yòu shì zhè sānshí lǐ fāngyuán yǐnèi de wéiyī de chūsè rénwù jiān xuéwènjiā; yīnwèi yǒu xuéwèn, suǒyǐ yòu yǒuxiē yílǎo de chòuwèi. Tā yǒu shí duō běn Jīn Shèngtàn pīpíng de 《Sān Guó Zhì》, shícháng zuòzhe yí gè zì yí gè zì de dú; tā búdàn néng shuōchū Wǔ Hǔ Jiàng xìngmíng, ***

---

[137] 茂源酒店 - Mào Yuán Jiǔdiàn - name of a bar, the "Lush Springs Tavern" owned by 赵七爷

[138] 唯一 - wéiyī - only; sole

[139] 出色 - chūsè - outstanding; remarkable; splendid

[140] 兼 - jiān - simultaneously; concurrently

[141] 学问家 - xuéwènjiā - a knowledge specialist

[142] 遗老 - yílǎo - a departed age; nostalgic; a surviving adherent of a former dynasty

[143] 金圣叹 - Jīn Shèngtàn - a writer and critic who lived from the end of the Ming to the beginning of the Qing dynasty (1609—1661). His given name was 金人瑞 (Jīn Rénruì), but early in life he changed it to 金圣叹 which is a quote from the *Analects* meaning "the sage [Confucius] sighed." Instead of writing his own novels, he instead preferred to edit, comment on, and add introductions and interlinear notes to popular novels such as *The Romance of the Three Kingdoms* (三国演义), *Water Margin* (水浒), and *Romance of the West Chamber* (西厢记). He was an advocate of writing novels in Vernacular Chinese and was despised by many conservative Confucian scholars of his day for emphasizing popular fiction and drama as much as the Confucian classics.

[144] 三国志 - Sān Guó Zhì - *Records of Three Kingdoms* - The historical text of the Three Kingdoms period (189-280) written in the 3rd century and provided the basis for the popular historic novel, 三国演义, later in the 14th century. 三国演义 is a historical novel about the turbulent times starting near the end of the Han Dynasty (169), encompassing the Three Kingdoms era, and ending in the reunification of China (280). 金圣叹 actually critiqued the historic novel 三国演义 and not 三国志 as the story implies.

[145] 五虎将 - Wǔ Hǔ Jiàng - the Five Tiger Generals during the Three Kingdoms period of China

---

*** 甚而至于¹⁴⁶还知道黄忠¹⁴⁷表字¹⁴⁸汉升¹⁴⁹和马超¹⁵⁰表字孟起¹⁵¹。革命以后，他便将辫子盘¹⁵²在顶上¹⁵³，像道士¹⁵⁴一般；常常叹息说，倘若¹⁵⁵赵子龙¹⁵⁶在世，天下便不会乱到这地步¹⁵⁷了。七斤嫂眼睛好，早望见今天的赵七爷已经不是道士，却变成光滑头皮¹⁵⁸，乌黑发顶¹⁵⁹；伊便知道这一定是皇帝坐了龙庭，而且一定须有辫子，而且七斤一定是非常危险。因为赵七爷的这件竹布长衫，轻易¹⁶⁰是不常穿的，三年以来，***

*** shèn'érzhìyú hái zhīdào Huáng Zhōng biǎozì Hàn Shēng hé Mǎ Chāo biǎozì Mèng Qǐ. Gémìng yǐhòu, tā biàn jiāng biànzi pán zài dǐng shàng, xiàng Dàoshì yì bān; chángcháng tànxī shuō, tǎngruò Zhào Zǐlóng zàishì, tiānxià biàn bú huì luàndào zhè dìbù le. Qī Jīn Sǎo yǎnjing hǎo, zǎo wàngjiàn jīntiān de Zhào Qī Yé yǐjīng bú shì Dàoshì, què biànchéng guānghuá tóupí, wūhēi fà dǐng; yí biàn zhīdào zhè yídìng shì huángdì zuò le Lóng Tíng, érqiě yídìng xū yǒu biànzi, érqiě Qī Jīn yídìng shì fēicháng wēixiǎn. Yīnwèi Zhào Qī Yé de zhè jiàn zhúbù chángshān, qīngyì shì bù cháng chuān de, sān nián yǐlái, ***

---

¹⁴⁶ 甚而至于 – shèn'érzhìyú – indeed; even to the extent that
¹⁴⁷ 黄忠 – Huáng Zhōng – one of the Five Tiger Generals who is famous for his youthful vigor and determination despite his old age at the time.
¹⁴⁸ 表字 – biǎozì – also called 字, is a courtesy name traditionally given to males after they reach 20 years of age. Upon reaching 20 years of age, a man is said to have reached adulthood. It would then be disrespectful for those of the same generation to address the man with his given name (名字). Thus a new name is given with 字 added onto the new name. For example, 黄忠 became 字汉升.
¹⁴⁹ 汉升 – Hàn Shēng – courtesy name for 黄忠
¹⁵⁰ 马超 – Mǎ Chāo – one of the Five Tiger Generals, also known as Ma Chao the Splendid. He was noted for his elaborate armor and skill as a warrior.
¹⁵¹ 孟起 – Mèng Qǐ – courtesy name for 马超
¹⁵² 盘 – pán – coil; wind
¹⁵³ 赵七爷 is showing respect to the old Qing dynasty by keeping his queue even though they are no longer in power
¹⁵⁴ 道士 – Dàoshì – Daoist priest
¹⁵⁵ 倘若 – tǎngruò – if; supposing; in case
¹⁵⁶ 赵子龙 – Zhào Zǐlóng – the most fearsome of the Five Tiger Generals (五虎将)
¹⁵⁷ 地步 – dìbù – condition; situation; plight (usually unfavorable)
¹⁵⁸ 光滑头皮 – guānghuá tóupí – skin of your head (front half) shiny and bald
¹⁵⁹ 乌黑发顶 – wūhēi fà dǐng – jet-black hair in the back (in a queue)
¹⁶⁰ 轻易 – qīngyì – lightly; rashly

*** 只穿过两次：一次是和他呕气[161]的麻子阿四[162]病了的时候，一次是曾经砸烂[163]他酒店的鲁大爷[164]死了的时候；现在是第三次了，这一定又是于他有庆[165]，于他的仇家[166]有殃[167]了。

*** zhǐ chuānguò liǎng cì: yí cì shì hé tā ǒuqì de Mázi Ā Sì bìng le de shíhòu, yí cì shì céngjīng zálàn tā jiǔdiàn de Lǔ Dàyé sǐ le de shíhòu; xiànzài shì dì-sān cì le, zhè yídìng yòu shì yú tā yǒu qìng, yú tā de chóujiā yǒu yāng le.

七斤嫂记得，两年前七斤喝醉了酒，曾经骂过赵七爷是"贱胎[168]"，所以这时便立刻直觉[169]到七斤的危险，心坎里突突地发起跳来。

Qī Jīn Sǎo jìde, liǎng nián qián Qī Jīn hēzuì le jiǔ, céngjīng màguò Zhào Qī Yé shì "jiàntāi", suǒyǐ zhè shí biàn lìkè zhíjué dào Qī Jīn de wēixiǎn, xīnkǎn lǐ tūtū de fāqǐ tiào lái.

赵七爷一路走来，坐着吃饭的人都站起身，拿筷子点着自己的饭碗说，"七爷，请在我们这里用饭！"七爷也一路点头[170]，说道"请请"，却一径[171]走到七斤家的桌旁。七斤们连忙[172]招呼，七爷也微笑着说"请请"，一面细细的研究他们的饭菜。

Zhào Qī Yé yí lù zǒu lái, zuòzhe chīfàn de rén dōu zhànqǐ shēn, ná kuàizi diǎnzhe zìjǐ de fànwǎn shuō, "Qī Yé, qǐng zài wǒmen zhèlǐ yòng fàn!" Qī Yé yě yí lù diǎntóu, shuōdào "qǐng qǐng", què yí jìng zǒudào Qī Jīn jiā de zhuō páng. Qī Jīnmen liánmáng zhāohū, Qī Yé yě wēixiàozhe shuō "qǐng qǐng", yí miàn xìxì de yánjiū tāmen de fàncài.

---

[161] 呕气 – ǒuqì – a feeling that makes you want to throw up (strong dislike)
[162] 麻子阿四 – Mázi Ā Sì – name of a character, Pock-marked A Si
　　　麻子 – a person with a pock-marked face
[163] 砸烂 – zálàn – to smash to pieces
[164] 鲁大爷 – Lǔ Dàyé – name of a character, Old Master Lu
[165] 庆 – qìng – celebrate; congratulate
[166] 仇家 – chóujiā – enemies and foes; personal enemy
[167] 殃 – yāng – calamity; disaster; ruin; misfortune
[168] 贱胎 – jiàntāi – despicable fetus (equal to sonofabitch, bastard, etc.)
[169] 直觉 – zhíjué – intuition
[170] 点头 – diǎntóu – nod one's head (in approval)
[171] 径 – jìng – directly; straightaway
[172] 连忙 – liánmáng – promptly; at once

"好香的菜干，——听到了风声[173]了么？"赵七爷站在七斤的后面七斤嫂的对面说。

"Hǎo xiāng de càigān, ——tīngdào le fēngshēng le me?" Zhào Qī Yé zhàn zài Qī Jīn de hòumian Qī Jīn Sǎo de duìmiàn shuō.

"皇帝坐了龙庭了。"七斤说。

"Huángdì zuò le Lóng Tíng le." Qī Jīn shuō.

七斤嫂看着七爷的脸，竭力[174]陪笑[175]道，"皇帝已经坐了龙庭，几时皇恩大赦呢？"

Qī Jīn Sǎo kànzhe Qī Yé de liǎn, jiélì péixiào dào, "huángdì yǐjīng zuò le Lóng Tíng, jǐshí huáng'ēn dàshè ne?"

"皇恩大赦？——大赦是慢慢的总要大赦罢。"七爷说到这里，声色忽然严厉[176]起来，"但是你家七斤的辫子呢，辫子？这倒是要紧[177]的事。你们知道：长毛[178]时候，留发不留头，留头不留发[179]，……"

"Huáng'ēn dàshè?——Dàshè shì mànmàn de zǒng yào dàshè bà." Qī Yé shuōdào zhèlǐ, shēngsè hūrán yánlì qǐlái, "dànshì nǐ jiā Qī Jīn de biànzi ne, biànzi? Zhè dào shì yàojǐn de shì. Nǐmen zhīdào: Chángmáo shíhòu, liú fā bù liú tóu, liú tóu bù liú fā,……"

---

[173] 风声 - fēngshēng - news; rumor

[174] 竭力 - jiélì - do one's utmost; strain every nerve

[175] 陪笑 - péixiào - smile apologetically or obsequiously

[176] 严厉 - yánlì - stern; severe

[177] 要紧 - yàojǐn - important; serious; critical

[178] 长毛 - Chángmáo - the Long Hairs, a nickname for the troops of the Tàipíngs Rebellion. The Tàipíng Rebellion was a large-scale revolt against the Qing dynasty lasting from 1850-1864 and led by 洪秀全 (Hóng Xiùquán) who proclaimed himself to be the son of Jesus and his associate 杨秀清 (Yáng Xiùqīng), who claimed he could act as a voice of God. The revolt was eventually suppressed in 1864 with the capture of Nánjīng and the death of 洪秀全. Their long hair which was in direct defiance of the mandatory queue earned them the nickname the Long Hairs.

[179] 留发不留头，留头不留发 - liú fā bù liú tóu, liú tóu bù liú fā - keep your hair, lose your head, keep your head, lose your hair

七斤和他的女人没有读过书，不很懂得这古典的奥妙[180]，但觉得有学问的七爷这么说，事情自然非常重大，无可挽回[181]，便仿佛受了死刑[182]宣告似的，耳朵里嗡[183]的一声，再也说不出一句话。

Qī Jīn hé tā de nǔrén méiyǒu dúguò shū, bù hěn dǒng de zhè gǔdiǎn de àomiào, dàn juéde yǒu xuéwèn de Qī Yé zhème shuō, shìqing zìrán fēicháng zhòngdà, wúkě wǎnhuí, biàn fǎngfú shòu le sǐxíng xuāngào shìde, ěrduo lǐ wēng de yì shēng, zài yě shuōbùchū yí jù huà.

"一代不如一代，——"九斤老太正在不平，趁[184]这机会，便对赵七爷说，"现在的长毛，只是剪人家的辫子，僧[185]不僧，道[186]不道的[187]。从前的长毛，这样的么？我活到七十九岁了，活够了。从前的长毛是——整[188]匹[189]的红缎子[190]裹[191]头，拖下去[192]，拖下去，一直拖到脚跟；王爷[193]是黄缎子[194]，拖下去，＊＊＊

"Yí dài bùrú yí dài,——" Jiǔ Jīn Lǎotài zhèngzài bù píng, chèn zhè jīhuì, biàn duì Zhào Qī Yé shuō, "xiànzài de Chángmáo, zhǐshì jiǎn rénjiā de biànzi, Sēng bù Sēng, Dào bú Dào de. Cóngqián de Chángmáo, zhèyàng de me? Wǒ huódào qīshíjiǔ suì le, huó gòu le. Cóngqián de Chángmáo shì —— zhěng pǐ de hóng duànzi guǒ tóu, tuō xiàqù, tuō xiàqù, yìzhí tuōdào jiǎogēn; wángyé shì huáng duànzi, tuō xiàqù, ＊＊＊

---

[180] 奥妙 – àomiào – profound; subtle; secret
[181] 无可挽回 – wúkě wǎnhuí – no way to redeem oneself
[182] 死刑 – sǐxíng – death penalty; death sentence
[183] 嗡 – wēng – drone; buzz; hum
[184] 趁 – chèn – take advantage of; avail oneself to
[185] 僧 – Sēng – Buddhist Monk
[186] 道 – Dào – Daoist Priest
[187] A Buddhist Monk would have a completely shaven head while a Daoist priest would have let their hair grow out. Someone with their queue cut off would resemble neither.
[188] 整 – zhěng – in good order; neat; tidy
[189] 匹 – pǐ – measure word for cloth
[190] 红缎子 – hóng duànzi – red satin
[191] 裹 – guǒ – wrap; bind
[192] 拖下去 – tuō xiàqù – trailing (拖) down (下去); hanging down
[193] 王爷 – wángyé – prince
[194] 黄缎子 – huáng duànzi – yellow satin

*** 黄缎子；红缎子，黄缎子，—— 我活够了，七十九岁了。"

*** huáng duànzi; hóng duànzi, huáng duànzi, —— wǒ huó gòu le, qīshíjiǔ suì le."

七斤嫂站起身，自言自语[195]的说，"这怎么好呢？这样的一班[196]老小，都靠他养活的人，……"

Qī Jīn Sǎo zhànqǐ shēn, zìyán-zìyǔ de shuō, "zhè zěnme hǎo ne? Zhèyàng de yì bān lǎoxiǎo, dōu kào tā yǎnghuó de rén, ……"

赵七爷摇头[197]道，"那也没法。没有辫子，该当何[198]罪[199]，书上都一条一条明明白白写着的。不管他家里有些什么人。"

Zhào Qī Yé yáotóu dào, "nà yě méi fǎ. Méiyǒu biànzi, gāi dāng hé zuì, shū shàng dōu yì tiáo yì tiáo míngmíng-báibái xiězhe de. Bù guǎn tā jiā lǐ yǒuxiē shénme rén."

七斤嫂听到书上写着，可真是完全绝望了；自己急得没法，便忽然又恨到七斤。伊用筷子指[200]着他的鼻尖[201]说，"这死尸自作自受[202]！造反[203]的时候，我本来说，不要撑船了，不要上城了。他偏要[204]死进城去，***

Qī Jīn Sǎo tīngdào shū shàng xiězhe, kě zhēnshì wánquán juéwàng le; zìjǐ jí de méi fǎ, biàn hūrán yòu hèndào Qī Jīn. Yī yòng kuàizi zhǐzhe tā de bíjiān shuō, "zhè sǐshī zìzuò-zìshòu! Zàofǎn de shíhòu, wǒ běnlái shuō, bú yào chēng chuán le, bú yào shàng chéng le. Tā piānyào sǐ jìnchéng qù, ***

---

[195] 自言自语 – zìyán-zìyǔ – (成语) talk to oneself
[196] 班 – bān – measure word for a group of people
[197] 摇头 – yáotóu – shake one's head (in disapproval)
[198] 何 – hé – [often used in rhetorical questions]
[199] 罪 – zuì – guilt; crime
[200] 指 – zhǐ – point at; point to
[201] 鼻尖 – bíjiān – tip of the nose
[202] 自作自受 – zìzuò-zìshòu – (成语) suffer from one's own actions
[203] 造反 – zàofǎn – rise in rebellion; rebel; revolt (could say 革命 here which would imply a revolution (positive connotation). Since she uses 造反 she's implying that the republican revolution is just a rebellion that has only now been squashed.)
[204] 偏要 – piānyào – must; insist on

*** 滚[205]进城去，进城便被人剪去了辫子。从前是绢光[206]乌黑的辫子，现在弄[207]得僧不僧道不道的。这囚徒[208]自作自受，带累了我们又怎么说呢？这活死尸的囚徒……"

*** gǔn jìnchéng qù, jìnchéng biàn bèi rén jiǎnqù le biànzi. Cóngqián shì juàn guāng wūhēi de biànzi, xiànzài nòng de Sēng bù Sēng Dào bú Dào de. Zhè qiútú zìzuò-zìshòu, dài lěi le wǒmen yòu zěnme shuō ne? Zhè huó sǐshī de qiútú……"

村人[209]看见赵七爷到村，都赶紧吃完饭，聚在七斤家饭桌的周围。七斤自己知道是出场人物，被女人当大众这样辱骂[210]，很不雅观[211]，便只得抬起头，慢慢地说道：

Cūnrén kànjiàn Zhào Qī Yé dào cūn, dōu gǎnjǐn chīwán fàn, jù zài Qī Jīn jiā fànzhuō de zhōuwéi. Qī Jīn zìjǐ zhīdào shì chūchǎng rénwù, bèi nǚrén dàng dàzhòng zhèyàng rǔmà, hěn bù yǎguān, biàn zhǐdé táiqǐ tóu, mànmàn de shuōdào:

"你今天说现成话[212]，那时你……"

"Nǐ jīntiān shuō xiànchénghuà, nàshí nǐ……"

"你这活死尸的囚徒……"

"Nǐ zhè huó sǐshī de qiútú……"

看客中间，八一嫂[213]是心肠[214]最好的人，***

Kànkè zhōngjiān, Bā Yī Sǎo shì xīncháng zuìhǎo de rén, ***

---

[205] 滚 – gǔn – roll

[206] 绢光 – juàn guāng – silky (绢) and smooth (光)

[207] 弄 – nòng – do; make; handle; manage; get

[208] 囚徒 – qiútú – prisoner; captive

[209] 村人 – cūnrén – villagers

[210] 辱骂 – rǔmà – abuse; call somebody names

[211] 雅观 – yǎguān – [often used in the negative] refined (in manner, etc.); in good taste

[212] 现成话 – xiànchénghuà – an onlooker's unsolicited comments; a kibitzer's comments

[213] 八一嫂 – Bā Yī Sǎo – name of a character, Sister Ba Yi

[214] 心肠 – xīncháng – heart; intention

*** 抱着伊的两周岁²¹⁵的遗腹子²¹⁶，正在七斤嫂身边看热闹；这时过意不去²¹⁷，连忙解劝说²¹⁸，"七斤嫂，算了罢。人不是神仙²¹⁹，谁知道未来事呢？便是七斤嫂，那时不也说，没有辫子倒也没有什么丑²²⁰么？况且²²¹衙门²²²里的大老爷²²³也还没有告示²²⁴，……"

*** bàozhe yī de liǎng zhōusuì de yífùzǐ, zhèngzài Qī Jīn Sǎo shēn biān kān rènao; zhè shí guòyìbúqù, liánmáng jiě quànshuō, "Qī Jīn Sǎo, suàn le bà. Rén bú shì shénxiān, shéi zhīdào wèilái shì ne? Biàn shì Qī Jīn Sǎo, nàshí bù yě shuō, méiyǒu biànzi dào yě méiyǒu shénme chǒu me? Kuàngqiě yámen lǐ de Dà Lǎoyé yě hái méiyǒu gàoshì, ……"

　　七斤嫂没有听完，两个耳朵早通红了；便将筷子转过向来，指着八一嫂的鼻子，说，"阿呀，这是什么话呵！八一嫂，我自己看来倒还是一个人，会说出这样昏诞胡涂话²²⁵么？那时我是，整整哭了三天，谁都看见；连六斤这小鬼也都哭，……" 六斤刚吃完一大碗饭，拿了空碗，伸手²²⁶去嚷着要添²²⁷。***

　　Qī Jīn Sǎo méiyǒu tīngwán, liǎng gè ěrduo zǎo tōnghóng le; biàn jiāng kuàizi zhuǎnguò xiàng lái, zhǐzhe Bā Yī Sǎo de bízi, shuō, "ā yā, zhè shì shénme huà hē! Bā Yī Sǎo, wǒ zìjǐ kànlái dào háishi yí gè rén, huì shuōchū zhèyàng hūndàn hútú huà me? Nàshí wǒ shì, zhěngzhěng kū le sān tiān, shéi dōu kànjiàn; lián Liù Jīn zhè xiǎoguǐ yě dōu kū, ……" Liù Jīn gāng chīwán yí dà wǎn fàn, ná le kōng wǎn, shēnshǒu qù rǎngzhe yào tiān. ***

---

²¹⁵ 两周岁 - liǎng zhōusuì - two full years of life
²¹⁶ 遗腹子 - yífùzǐ - a son born after the death of the father
²¹⁷ 过意不去 - guòyìbúqù - (成语) feel sorry; feel apologetic
²¹⁸ 劝说 - quànshuō - try to persuade
²¹⁹ 神仙 - shénxiān - supernatural being; immortal
²²⁰ 丑 - chǒu - disgraceful; shameful; scandalous
²²¹ 况且 - kuàngqiě - moreover; besides
²²² 衙门 - yámen - *yamen*, government office in feudal China
²²³ 大老爷 - Dà Lǎoyé - name of a character, Big Old Master
　　　老爷 - generic name for those who worked at the *yamen*
²²⁴ 告示 - gàoshì - official notice; bulletin
²²⁵ 昏诞胡涂话 - hūndàn hútú huà - say something totally ridiculous
²²⁶ 伸手 - shēnshǒu - stretch (or hold) out one's hand
²²⁷ 添 - tiān - add; increase (more rice)

*** 七斤嫂正没好气²²⁸，便用筷子在伊的双丫角中间，直扎²²⁹下去，大喝道，"谁要你来多嘴！你这偷汉²³⁰的小寡妇²³¹！"

*** Qī Jīn Sǎo zhèng méi hǎoqì, biàn yòng kuàizi zài yī de shuāng yājiǎo zhōngjiān, zhí zhā xiàqù, dà hèdào, "shéi yào nǐ lái duōzuǐ! Nǐ zhè tōuhàn de xiǎoguǎfu!"

扑的一声²³²，六斤手里的空碗落在地上了，恰巧²³³又碰着一块砖角²³⁴，立刻破成²³⁵一个很大的缺口²³⁶。七斤直跳起来，捡²³⁷起破碗，合上检查²³⁸一回，也喝道，"入娘的²³⁹！"一巴掌²⁴⁰打倒了六斤。六斤躺²⁴¹着哭，九斤老太拉²⁴²了伊的手，连说着"一代不如一代"，一同走了。

Pū de yì shēng, Liù Jīn shǒu lǐ de kōng wǎn luò zài dì shàng le, qiàqiǎo yòu pèngzhe yí kuài zhuānjiǎo, lìkè pòchéng yí gè hěn dà de quēkǒu. Qī Jīn zhí tiào qǐlái, jiǎnqǐ pò wǎn, hé shàng jiǎnchá yì huí, yě hèdào, "rù niáng de!" Yì bāzhǎng dǎ dǎo le Liù Jīn. Liù Jīn tǎngzhe kū, Jiǔ Jīn Lǎotài lā le yī de shǒu, lián shuōzhe "yí dài bùrú yí dài", yì tóng zǒu le.

八一嫂也发怒，大声说，"七斤嫂，你'恨棒打人²⁴³'……"

Bā Yī Sǎo yě fānù, dàshēng shuō, "Qī Jīn Sǎo, nǐ 'hèn bàng dǎ rén'……"

---

²²⁸ 好气 – hǎoqì – high spirits; high morale
²²⁹ 扎 – zhā – prick
²³⁰ 偷汉 – tōuhàn – to steal a man; have illicit relations with a man
²³¹ 小寡妇 – xiǎoguǎfu – young widow
²³² 扑 的 一声 – pū de yì shēng – the sound of something cracking
²³³ 恰巧 – qiàqiǎo – by chance; fortunately
²³⁴ 砖角 – zhuānjiǎo – corner of a brick
²³⁵ 破成 – pòchéng – break apart
²³⁶ 缺口 – quēkǒu – breach; grab
²³⁷ 捡 – jiǎn – pick up; gather; collect
²³⁸ 检查 – jiǎnchá – check; inspect; examine
²³⁹ 入娘的 – rù niáng de – (curse word) mother's; little fucker; damn
²⁴⁰ 巴掌 – bāzhǎng – palm; hand
²⁴¹ 躺 – tǎng – lie; reline
²⁴² 拉 – lā – pull; draw; tug; drag
²⁴³ 恨棒打人 – hèn bàng dǎ rén – hit (打人) by stick (棒) with hate (恨)

赵七爷本来是笑着旁观[244]的；但自从八一嫂说了"衙门里的大老爷没有告示"这话以后，却有些生气了。这时他已经绕[245]出桌旁，接着说，"'恨棒打人'，算什么呢。大兵是就要到的。你可知道，这回保驾[246]的是张大帅[247]，张大帅就是燕人[248]张翼德[249]的后代，他一支丈[250]八蛇矛[251]，就有万夫不当之勇[252]，谁能抵挡[253]他，"他两手同时捏起空拳[254]，仿佛握[255]着无形的蛇矛模样，***

Zhào Qī Yé běnlái shì xiàozhe pángguān de; dàn zìcóng Bā Yī Sǎo shuō le "yámen lǐ de Dà Lǎoyé méiyǒu gàoshì" zhè huà yǐhòu, què yǒuxiē shēngqì le. Zhè shí tā yǐjīng ràochū zhuō páng, jiēzhe shuō, " 'hèn bàng dǎ rén', suàn shénme ne. Dà bīng shì jiùyào dào de. Nǐ kězhīdào, zhè huí bǎojià de shì Zhāng Dà Shuài, Zhāng Dà Shuài jiùshì Yànrén Zhāng Yìdé de hòudài, tā yì zhī zhàng bā shé máo, jiù yǒu wànfū-búdàng zhī yǒng, shéi néng dǐdǎng tā," tā liǎng shǒu tóngshí niēqǐ kōng quán, fǎngfú wòzhe wúxíng de shé máo múyàng, ***

---

[244] 旁观 – pángguān – look on; be an onlooker

[245] 绕 – rào – move around; circle

[246] 保驾 – bǎojià – escort the emperor

[247] 张大帅 – Zhāng Dà Shuài – name of a character referring to 张勋 (Zhāng Xūn, 1854—1923), who was originally an officer in the Qing dynasty army and kept his allegiance to the former emperor even after he was overthrown. 张勋 and his army kept their queue in honor of the former emperor and were therefore known as 辫子军 (Biànzi Jūn, Pigtail Army). On July 1st of 1917, his army briefly occupied Beijing and announced the restoration of the Qing Dynasty by reinstating 溥仪 (Pǔyí), the last emperor, back on to the Dragon Throne. Twelve days later on July 12th they were defeated.

[248] 燕人 – Yànrén – a person from the state of Yan – 燕 is a former state in the northwest of China

[249] 张翼德 – Zhāng Yìdé – the name for 张益德 used in *The Romance of the Three Kingdoms*. 张益德 is the courtesy name of 张飞 (Zhāng Fēi) who was one of the five tiger generals, known to have been a master general in addition to a warrior.

[250] 丈 – zhàng – *zhang*, a unit of length about 3 1/3 meters (10尺 per 丈, 10丈 per 引, 15引 per 里, 1里 is ½ kilometer) (丈八 – eighteen feet)

[251] (蛇)矛 – (shé) máo – (snake) spear

[252] 万夫不当 – wànfū-búdàng – (成语) full of valor and vigor

[253] 抵挡 – dǐdǎng – keep out; ward off; check; withstand

[254] 拳 – quán – fist

[255] 握 – wò – hold; grasp

*** 向八一嫂抢[256]进几步道，"你能抵挡他么！"

*** xiàng Bā Yī Sǎo qiǎngjìn jǐ bù dào, "nǐ néng dǐdǎng tā me!"

八一嫂正气得抱着孩子发抖[257]，忽然[258]见赵七爷满脸油汗，瞪着眼，准对伊[259]冲[260]过来，便十分害怕，不敢说完话，回身走了。赵七爷也跟着走去，众人一面怪八一嫂多事[261]，一面让开路，几个剪过辫子重新留起的便赶快躲[262]在人丛后面，怕他看见。赵七爷也不细心察访[263]，通过人丛，忽然转入乌桕树后，说道"你能抵挡他么！"跨上独木桥，扬长[264]去了。

Bā Yī Sǎo zhèngqì de bàozhe háizi fādǒu, hūrán jiàn Zhào Qī Yé mǎn liǎn yóu hàn, dèngzhe yǎn, zhǔn duì yī chōngguòlái, biàn shífēn hàipà, bù gǎn shuōwán huà, huíshēn zǒu le. Zhào Qī Yé yě gēnzhe zǒu qù, zhòngrén yí miàn guài Bā Yī Sǎo duōshì, yí miàn ràng kāilù, jǐ gè jiǎnguò biànzi chóngxīn liúqǐ de biàn gǎnkuài duǒ zài réncóng hòumian, pà tā kànjiàn. Zhào Qī Yé yě bú xìxīn cháfǎng, tōngguò réncóng, hūrán zhuǎnrù wūjiùshù hòu, shuōdào "nǐ néng dǐdǎng tā me!" Kuà shàng dúmùqiáo, yángcháng qù le.

村人们呆呆站着，心里计算，都觉得自己确乎[265]抵不住张翼德，因此也决定七斤便要没有性命。七斤既然[266]犯了皇法[267]，***

Cūnrénmen dāidāi zhànzhe, xīnli jìsuàn, dōu juéde zìjǐ quèhū dǐbúzhù Zhāng Yìdé, yīncǐ yě juédìng Qī Jīn biàn yào méiyǒu xìngmìng. Qī Jīn jìrán fàn le huángfǎ, ***

---

[256] 抢 – qiǎng – take; snatch; grab
[257] 发抖 – fādǒu – shiver; shake; tremble
[258] 忽然 – hūrán – suddenly; all of a sudden
[259] 准对伊 – zhǔn duì yī – aim (准) right at (对) her (伊)
[260] 冲 – chōng – charge; rush; dash
[261] 多事 – duōshì – meddlesome
[262] 躲 – duǒ – avoid; hide; dodge
[263] 细心察访 – xìxīn cháfǎng – carefully (细心) inspecting (察访)
[264] 扬长 – yángcháng – stride off; stride out; swaggered out
[265] 确乎 – quèhū – really
[266] 既然 – jìrán – since; as; now that
[267] 犯皇法 – fàn huángfǎ – broke (犯) the laws of the emperor (皇法)

*** 想起他往常对人谈论城中的新闻的时候，就不该含[268]着长烟管显出那般骄傲[269]模样，所以对七斤的犯法，也觉得有些畅快[270]。他们也仿佛想发些议论，却又觉得没有什么议论可发。嗡嗡的一阵[271]乱嚷，蚊子都撞[272]过赤膊[273]身子，闯[274]到乌桕树下去做市[275]；他们也就慢慢地走散回家，关上门去睡觉。七斤嫂咕哝[276]着，也收了家伙和桌子矮凳回家，关上门睡觉了。

*** xiǎngqǐ tā wǎngcháng duì rén tánlùn chéngzhōng de xīnwén de shíhòu, jiù bù gāi hánzhe cháng yānguǎn xiǎnchū nà bān jiāo'ào múyàng, suǒyǐ duì Qī Jīn de fànfǎ, yě juéde yǒu xiē chàngkuài. Tāmen yě fǎngfú xiǎng fā xiē yìlùn, què yòu juéde méiyǒu shénme yìlùn kěfā. Wēngwēng de yí zhèn luàn rǎng, wénzi dōu zhuàngguò chìbó shēnzi, chuǎngdào wūjiùshù xià qù zuòshì; tāmen yě jiù mànmàn de zǒu sàn huíjiā, guānshàng mén qù shuìjiào. Qī Jīn Sǎo gūnongzhe, yě shōu le jiāhuǒ hé zhuōzi ǎidèng huíjiā, guānshàn gmén shuìjiào le.

七斤将破碗拿回家里，坐在门槛[277]上吸烟；但非常忧愁[278]，忘却了吸烟，象牙嘴六尺多长湘妃竹烟管的白铜斗里的火光，渐渐发黑了。他心里但觉得事情似乎十分危急[279]，也想想些方法，想些计画[280]，但总是非常模糊，***

Qī Jīn jiāng pò wǎn ná huíjiā lǐ, zuò zài ménkǎn shàng xīyān; dàn fēicháng yōuchóu, wàngquè le xīyān, xiàngyá zuǐ liù chǐ duō cháng xiāngfēizhú yānguǎn de báitóng dǒu lǐ de huǒguāng, jiànjiàn fā hēi le. Tā xīnli dàn juéde shìqing sìhū shífēn wēijí, yě xiǎngxiǎng xiē fāngfǎ, xiǎng xiē jìhuà, dàn zǒngshì fēicháng móhu, ***

---

[268] 含 – hán – keep in the mouth
[269] 骄傲 – jiāo'ào – arrogant; conceited
[270] 畅快 – chàngkuài – happy; carefree
[271] 阵 – zhèn – measure word for a period of time
[272] 撞 – zhuàng – brushing past
[273] 赤膊 – chìbó – stripped to the waist; barebacked
[274] 闯 – chuǎng – rush; force one's way in or out
[275] 做市 – zuòshì – form a marketplace (i.e. bustling with activity)
[276] 咕哝 – gūnong – mutter; grumble; mumble; murmur
[277] 门槛 – ménkǎn – threshold
[278] 忧愁 – yōuchóu – depressed; sad
[279] 危急 – wēijí – critical; in imminent danger; in a desperate situation
[280] 计画 – jìhuà – plan of action

*** 贯穿[281]不得："辫子呢辫子？丈八蛇矛。一代不如一代！皇帝坐龙庭。破的碗须得上城去钉[282]好。谁能抵挡他？书上一条一条写着。入娘的！……"

*** guànchuān bùdé: "biànzi ne biànzi? Zhàng bā shé máo. Yí dài bùrú yí dài! Huángdì zuò Lóng Tíng. Pò de wǎn xūděi shàngchéng qù dìng hǎo. Shéi néng dǐdǎng tā? Shū shàng yì tiáo yi tiáo xiězhe. Rù niáng de! ……"

第二日清晨，七斤依旧[283]从鲁镇撑航船进城，傍晚回到鲁镇，又拿着六尺多长的湘妃竹烟管和一个饭碗回村。他在晚饭席[284]上，对九斤老太说，这碗是在城内钉合的，因为缺口大，所以要十六个铜钉[285]，三文一个，一总用了四十八文小钱。

Dì-èr rì qīngchén, Qī Jīn yījiù cóng Lǔ Zhèn chēng hángchuán jìnchéng, bàngwǎn huídào Lǔ Zhèn, yòu názhe liù chǐ duō cháng de Xiāng Fēi zhú yānguǎn hé yí gè fànwǎn huí cūn. Tā zài wǎnfàn xí shàng, duì Jiǔ Jīn Lǎotài shuō, zhè wǎn shì zài chéngnèi dìnghé de, yīnwèi quēkǒu dà, suǒyǐ yào shíliù gè tóngdīng, sān wén yí gè, yìzǒng yòng le sìshíbā wén xiǎoqián.

九斤老太很不高兴的说，"一代不如一代，我是活够了。三文钱一个钉；从前的钉，这样的么？从前的钉是……我活了七十九岁了，——"

Jiǔ Jīn Lǎotài hěn bù gāoxìng de shuō, "yí dài bùrú yí dài, wǒ shì huó gòu le. Sān wén qián yí gè dīng; cóngqián de dīng, zhèyàng de me? Cóngqián de dīng shì……wǒ huó le qīshíjiǔ suì le, ——"

此后[286]七斤虽然是照例日日进城，但家景总有些黯淡[287]，***

Cǐhòu Qī Jīn suīrán shì zhàolì rìrì jìnchéng, dàn jiājǐng zǒng yǒu xiē àndàn, ***

---

[281] 贯穿 – guànchuān – run through
[282] 钉 – dìng – fixed; riveted; nailed together
[283] 依旧 – yījiù – as before; still
[284] 席 – xí – seat; place
[285] 铜钉 – tóngdīng – brass nails; brass rivets; brass fasteners
[286] 此后 – cǐhòu – after this; hereafter
[287] 黯淡 – àndàn – dim; faint; dismal; gloomy

*** 村人大抵回避[288]着，不再来听他从城内得来的新闻。七斤嫂也没有好声气，还时常叫他"囚徒"。

*** cūnrén dàdǐ huíbìzhe, bú zài lái tīng tā cóng chéngnèi délái de xīnwén. Qī Jīn Sǎo yě méiyǒu hǎo shēngqì, hái shícháng jiào tā "qiútú".

过了十多日，七斤从城内回家，看见他的女人非常高兴，问他说，"你在城里可听到些什么？"

Guò le shí duō rì, Qī Jīn cóng chéngnèi huíjiā, kànjiàn tā de nǚrén fēicháng gāoxìng, wèn tā shuō, "nǐ zài chéng lǐ kě tīngdào xiē shénme?"

"没有听到些什么。"

"Méiyǒu tīngdào xiē shénme."

"皇帝坐了龙庭没有呢？"

"Huángdì zuò le Lóng Tíng méiyǒu ne?"

"他们没有说。"

"Tāmen méiyǒu shuō."

"咸亨酒店里也没有人说么？"

"Xián Hēng Jiǔdiàn lǐ yě méiyǒu rén shuō me?"

"也没人说。"

"Yě méirén shuō."

"我想皇帝一定是不坐龙庭了。我今天走过赵七爷的店前，看见他又坐着念书了，辫子又盘在顶上了，也没有穿长衫。"

"Wǒ xiǎng huángdì yídìng shì bú zuò Lóng Tíng le. Wǒ jīntiān zǒu guò Zhào Qī Yé de diàn qián, kànjiàn tā yòu zuòzhe niànshū le, biànzi yòu pán zài dǐng shàng le, yě méiyǒu chuān chángshān."

"…………"

"…………"

---

[288] 回避 – huíbì – evade; dodge; avoid (meeting somebody)

"你想，不坐龙庭了罢？"

"Nǐ xiǎng, bú zuò Lóng Tíng le bà?"

"我想，不坐了罢。"

"Wǒ xiǎng, bú zuò le bà."

现在的七斤，是七斤嫂和村人又都早给他相当的尊敬，相当的待遇[289]了。到夏天，他们仍旧在自家门口的土场上吃饭；大家见了，都笑嘻嘻[290]的招呼。九斤老太早已做过八十大寿，仍然不平而且健康。六斤的双丫角，已经变成一支大辫子了；伊虽然新近[291]裹脚[292]，却还能帮同七斤嫂做事，捧着十八个铜钉[293]的饭碗，在土场上一瘸一拐[294]的往来。

Xiànzài de Qī Jīn, shì Qī Jīn Sǎo hé cūnrén yòu dōu zǎo gěi tā xiāngdāng de zūnjìng, xiāngdāng de dàiyù le. Dào xiàtiān, tāmen réngjiù zài zì jiā ménkǒu de tǔcháng shàng chīfàn; dàjiā jiàn le, dōu xiàoxīxī de zhāohū. Jiǔ Jīn Lǎotài zǎoyǐ zuòguò bāshí dàshòu, réngrán bù píng érqiě jiànkāng. Liù Jīn de shuāng yājiǎo, yǐjīng biànchéng yì zhī dà biànzi le; yī suīrán xīnjìn guǒjiǎo, què hái néng bāngtóng Qī Jīn Sǎo zuòshì, pěngzhe shíbā gè tóngdīng de fànwǎn, zài tǔcháng shàng yì qué yì guǎi de wǎnglái.

一九二〇年十月。

---

[289] 待遇 – dàiyù – treatment

[290] 笑嘻嘻 – xiào xīxī – full of smiles

[291] 新近 – xīnjìn – recently; lately

[292] 裹脚 – guǒjiǎo – bind the feet

[293] 十八个铜钉 – shíbā gè tóng dīng – note the bowl that broke earlier had 16 rivets fixing the break. Lǔ Xùn later remarked that they are the same bowl even though here he mentions 18 rivets for this bowl. The author either made a mistake, or the family has broken a couple bowls already.

[294] 一瘸一拐 – yì qué yì guǎi – limp around; walk with a limp; stumbling around

鲁迅－呐喊

故乡

Hometown
故乡
Gùxiāng

故乡 was published in May 1921 in *New Youth* (新青年 Xīn Qīngnián).

After moving to Běijīng in 1912, Lǔ Xùn lived in the Shàoxīng club for a number of years. The Shàoxīng club was a hostel for those of similar geographic origins to live. In 1919, Lǔ Xùn purchased a large family compound for his family and his two brothers' families in Běijīng. This story is about his trip back to Shàoxīng to sell the old family compound.

Upon arriving in his hometown, Lǔ Xùn sees a place little different from the one he left behind twenty years prior. The town is still a barren place with little signs of progress. However, at the slight mention of his childhood friend, Rùntǔ, Lǔ Xùn becomes nostalgic. He remembers the time his family was in charge of the large sacrifice for their clan's ancestors and how they hired Rùntǔ's father to help out. Lǔ Xùn and Rùntǔ became immediate friends and Lǔ Xùn was fascinated by Rùntǔ's stories. Since Lǔ Xùn spent all his days inside the family compound studying the classics, Rùntǔ provided stories of a life Lǔ Xùn knew nothing about. Stories about trapping birds, guarding watermelons, fighting *cha*, and collecting shells by the shore.

Their childhood friendship proved hard to rekindle thirty years later. The wall between intellectual and farmer had grown and Lǔ Xùn found it hard to open up and share stories of the past with his friend. The past decades had been hard on Rùntǔ. Whether it be bandits, officials, or famine, something was always creating obstacles for Rùntǔ and making life difficult for him.

The day before the lunar new year Rùntǔ and others come to see Lǔ Xùn off as he sells their family home in Shàoxīng to prepare for their future in Běijīng. Lǔ Xùn lets Rùntǔ have his choice of his family's belongings and Rùntǔ asks for the incense holder and candlesticks. While Lǔ Xùn slightly chuckles because Rùntǔ still worships idols, he can't help but wonder whether his own *hope* for a better future is any different. His *hope* for better opportunities for his nephew and Rùntǔ's son to be able to stay friends as they get older. He hopes there will be better opportunities for his nephew and Rùntǔ's son and that they can remain friends as they grow older. His *hope* is no more tangible than the idols Rùntǔ worships.

Rùntǔ is based on an actual peasant from an area near Shàoxīng. His real name was 章运水 (Zhāng Yùnshuǐ) and the character Rùntǔ appears in several other pieces of Lǔ Xùn's writing as well.

我的脑里忽然闪出一幅神异的图画来。

故乡
Gùxiāng

我冒了严寒[1]，回到相隔[2]二千余[3]里[4]，别[5]了二十余年的故乡去。

Wǒ mào le yánhán, huídào xiānggé èrqiān yú lǐ, bié le èrshí yú nián de gùxiāng qù.

时候既然[6]是深冬[7]；渐近故乡时，天气又阴晦[8]了，冷风吹进船舱[9]中，呜呜[10]的响，从蓬隙[11]向外一望，苍黄[12]的天底下，远近横[13]着几个萧索[14]的荒村[15]，没有一些活气。我的心禁不住悲凉[16]起来了。阿！这不是我二十年来时时记得的故乡？

Shíhòu jìrán shì shēndōng; jiàn jìn gùxiāng shí, tiānqì yòu yīnhuì le, lěng fēng chuījìn chuáncāng zhōng, wūwū de xiǎng, cóng péng xì xiàng wài yí wàng, cānghuáng de tiāndǐxia, yuǎnjìn héngzhe jǐ gè xiāosuǒ de huāngcūn, méiyǒu yì xiē huóqì. Wǒ de xīn jīnbuzhù bēiliáng qǐlái le. À! Zhè bú shì wǒ èrshí nián lái shíshí jìde de gùxiāng?

我所记得的故乡全不如此[17]。我的故乡好得多了。***

Wǒ suǒ jìde de gùxiāng quán bù rúcǐ. Wǒ de gùxiāng hǎo de duō le. ***

---

[1] 严寒 – yánhán – severe cold; bitter cold
[2] 相隔 – xiānggé – be separated by; be apart; be at a distance of
[3] 余 – yú – more than; odd; over
[4] 里 – lǐ – a Chinese unit of length (equivalent to ½ kilometer)
[5] 别 – bié – separate
[6] 既然 – jìrán – since; as; now that
[7] 深冬 – shēndōng – depth of winter; the coldest days of winter
[8] 阴晦 – yīnhuì – overcast and gloomy
[9] 船舱 – chuáncāng – cabin of a boat
[10] 呜呜 – wūwū – toot; hoot; zoom
[11] 蓬隙 – péng xì – gap between the bushes
[12] 苍黄 – cānghuáng – bluish yellow; greenish yellow
[13] 远近横 – yuǎnjìn héng – all across the horizon; in all directions near and far
[14] 萧索 – xiāosuǒ – desolate and depressing
[15] 荒村 – huāngcūn – desolate, barren village
[16] 悲凉 – bēiliáng – sad and dreary; desolate; forlorn
[17] 如此 – rúcǐ – so; such; in this way

*** 但要我记起他的美丽，说出他的佳处[18]来，却又没有影像[19]，没有言辞[20]了。仿佛也就如此。于是[21]我自己解释[22]说：故乡本也如此，——虽然没有进步，也未必有如我所感的悲凉，这只是我自己心情的改变罢了[23]，因为我这次回乡，本没有什么好心绪[24]。

*** Dàn yào wǒ jìqǐ tā de měilì, shuōchū tā de jiāchù lái, què yòu méiyǒu yǐngxiàng, méiyǒu yáncí le. Fǎngfú yě jiù rúcǐ. Yúshì wǒ zìjǐ jiěshì shuō: gùxiāng běn yě rúcǐ, —— suīrán méiyǒu jìnbù, yě wèibì yǒu rú wǒ suǒ gǎn de bēiliáng, zhè zhǐshì wǒ zìjǐ xīnqíng de gǎibiàn bà le, yīnwèi wǒ zhècì huíxiāng, běn méiyǒu shénme hǎo xīnxù.

我这次是专为了别他而来[25]的。我们多年聚族而居[26]的老屋[27]，已经公同[28]卖给别姓了，交屋[29]的期限[30]，只在本年，所以必须赶在正月初一[31]以前，永别[32]了熟识[33]的老屋，***

Wǒ zhècì shì zhuān wèile bié tā ér lái de. Wǒmen duō nián jù zú ér jū de lǎowū, yǐjīng gōngtóng mài gěi bié xìng le, jiāowū de qīxiàn, zhǐ zài běnnián, suǒyǐ bìxū gǎn zài zhēngyuè chū yī yǐqián, yǒngbié le shúshì de lǎowū, ***

---

[18] 佳处 – jiāchù – fine place; beautiful place
[19] 影像 – yǐngxiàng – image; reflection
[20] 言辞 – yáncí – one's words; what one says
[21] 于是 – yúshì – so; then; thereupon; hence
[22] 解释 – jiěshì – explain; expound; interpret
[23] 罢了 – bà le – [used at the end of a statement to indicate something not worth mentioning]
[24] 心绪 – xīnxù – state of mind; mood
[25] 专为了别他而来 – zhuān wèile bié tā ér lái – came (来) specifically to (专为了) say goodbye (别) and leave my hometown behind; bid my home an everlasting farewell
[26] 聚族而居 – jù zú ér jū – where the clan (族) gathered (聚) to live (居)
[27] 老屋 – lǎowū – old family compound (family compounds were large enough for an extended family of several generations)
[28] 公同 – gōngtóng – together; jointly
[29] 交屋 – jiāowū – the transaction; turn over of the home
[30] 期限 – qīxiàn – allotted time; time limit; deadline
[31] 正月初一 – zhēngyuè chū yī – the Lunar New Year's Day
[32] 永别 – yǒngbié – say goodbye to somebody forever; part forever
[33] 熟识 – shúshì – be well acquainted with; know well

*** 而且远离了熟识的故乡，搬家到我在谋食³⁴的异地³⁵去。

*** érqiě yuǎn lí le shúshì de gùxiāng, bānjiā dào wǒ zài móushí de yìdì qù.

第二日清早晨我到了我家的门口了。瓦楞³⁶上许多枯草³⁷的断茎当风抖³⁸着，正在说明这老屋难免³⁹易主⁴⁰的原因。几房的本家大约已经搬走了，所以很寂静⁴¹。我到了自家的房外，我的母亲早已⁴²迎着出来了，接着⁴³便飞出了八岁的侄儿⁴⁴宏儿⁴⁵。

Dì-èr rì qīng zǎochen wǒ dào le wǒ jiā de ménkǒu le. Wǎlèng shàng xǔduō kūcǎo de duàn jìng dāng fēng dǒuzhe, zhèngzài shuōmíng zhè lǎowū nánmiǎn yì zhǔ de yuányīn. Jǐ fáng de běnjiā dàyuē yǐjīng bān zǒu le, suǒyǐ hěn jìjìng. Wǒ dào le zìjiā de fáng wài, wǒ de mǔqīn zǎoyǐ yíngzhe chūlái le, jiēzhe biàn fēichū le bā suì de zhí'ér Hóng'ér.

我的母亲很高兴，但也藏⁴⁶着许多凄凉⁴⁷的神情，教我坐下，歇息⁴⁸，喝茶，且不谈搬家的事。宏儿没有见过我，远远的对面站着只是看。

Wǒ de mǔqīn hěn gāoxìng, dàn yě cángzhe xǔduō qīliáng de shénqíng, jiào wǒ zuòxià, xiēxī, hē chá, qiě bù tán bānjiā de shì. Hóng'ér méiyǒu jiànguò wǒ, yuǎnyuǎn de duìmiàn zhànzhe zhǐshì kàn.

---

³⁴ 谋食 – móushí – (literally) work for food; make a living; earn one's keep
³⁵ 异地 – yìdì – strange place
³⁶ 瓦楞 – wǎlèng – ridges of a tiled roof
³⁷ 枯草 – kūcǎo – withered grass
³⁸ 断茎当风抖 – duàn jìng dāng fēng dǒu – broken (断) stalks (茎) trembling (抖) in the wind (风)
³⁹ 难免 – nánmiǎn – hard to avoid
⁴⁰ 易主 – yì zhǔ – changing (易) owners (主)
⁴¹ 寂静 – jìjìng – quiet; still; silent
⁴² 早已 – zǎoyǐ – long ago; for a long time
⁴³ 接着 – jiēzhe – following; right after
⁴⁴ 侄儿 – zhí'ér – nephew (Brother's son)
⁴⁵ 宏儿 – Hóng'ér – name of a character in the story, Lǔ Xùn's nephew
⁴⁶ 藏 – cáng – hide; conceal
⁴⁷ 凄凉 – qīliáng – dreary; miserable
⁴⁸ 歇息 – xiēxī – have a rest

鲁迅—呐喊

但我们终于谈到搬家的事。我说外间的寓所[49]已经租定[50]了，又买了几件家具，此外[51]须将[52]家里所有的木器卖去，再去增添[53]。母亲也说好，而且行李也略[54]已齐集[55]，木器不便搬运[56]的，也小半[57]卖去了，只是收不起钱来。

Dàn wǒmen zhōngyú tándào bānjiā de shì. Wǒ shuō wàijiān de yùsuǒ yǐjīng zū dìng le, yòu mǎi le jǐ jiàn jiājù, cǐwài xū jiāng jiā lǐ suǒyǒu de mùqì màiqù, zài qù zēngtiān. Mǔqīn yě shuōhǎo, érqiě xíngli yě lüè yǐ qíjí, mùqì bú biàn bānyùn de, yě xiǎobàn màiqù le, zhǐshì shōubùqǐ qián lái.

"你休息一两天，去拜望[58]亲戚本家一回，我们便可以走了。"母亲说。

"Nǐ xiūxi yì-liǎng tiān, qù bàiwàng qīnqi běnjiā yì huí, wǒmen biàn kěyǐ zǒu le." Mǔqīn shuō.

"是的。"

"Shì de."

"还有闰土[59]，他每到我家来时，总问起你，很想见你一回面。我已经将你到家的大约日期通知他，他也许就要来了。"

"Háiyǒu Rùntǔ, tā měi dào wǒ jiā lái shí, zǒng wènqǐ nǐ, hěn xiǎng jiàn nǐ yì huí miàn. Wǒ yǐjīng jiāng nǐ dào jiā de dàyuē rìqī tōngzhī tā, tā yěxǔ jiù yào lái le."

---

[49] 寓所 – yùsuǒ – residence; accommodation
[50] 租定 – zū dìng – reserve a rental; rent out
[51] 此外 – cǐwài – besides; moreover; in addition
[52] 将 – jiāng – written form of 把
[53] 增添 – zēngtiān – add; increase
[54] 略 – lüè – slightly; a little; somewhat
[55] 齐集 – qíjí – gathered together and ready
[56] 搬运 – bānyùn – carry; transport
[57] 小半 – xiǎobàn – less than half
[58] 拜望 – bàiwàng – respectful visits
[59] 闰土 – Rùntǔ – name of a character, based on a real peasant from Shàoxīng called 章运水 (Zhāng Yùnshuǐ). In Shàoxīng dialect 闰 and 运 have the same pronunciation, so Lǔ Xùn just switched the characters. He chose 土 because it's another one of the five elements as is 水. (See footnote 93 for a description of the origin and meaning of 闰土's name.)

这时候，我的脑里忽然闪[60]出一幅神异[61]的图画来：深蓝[62]的天空中挂[63]着一轮金黄的圆月[64]，下面是海边的沙地[65]，都种着一望无际[66]的碧绿[67]的西瓜，其间有一个十一二岁的少年，项[68]带银圈[69]，手捏[70]一柄[71]钢叉[72]，向一匹[73]猹[74]尽力的刺[75]去，那猹却将身一扭[76]，反从他的胯[77]下逃走了。

Zhè shíhòu, wǒ de nǎo lǐ hūrán shǎnchū yì fú shényì de túhuà lái: shēnlán de tiānkōng zhōng guàzhe yì lún jīnhuáng de yuányuè, xiàmiàn shì hǎibiān de shādì, dōu zhòngzhe yíwàng-wújì de bìlù de xīguā, qíjiān yǒu yí gè shíyī-èr suì de shàonián, xiàng dài yín quān, shǒu niē yì bǐng gāngchā, xiàng yì pǐ chá jìnlì de cìqù, nà chá què jiāng shēn yì niǔ, fǎn cóng tā de kuà xià táozǒu le.

这少年便是闰土。我认识他时，也不过十多岁，***

Zhè shàonián biàn shì Rùntǔ. Wǒ rènshi tā shí, yě bú guò shí duō suì, ***

---

[60] 闪 – shǎn – flash; sparkle; shine
[61] 神异 – shényì – marvelous; miraculous and unusual
[62] 深蓝 – shēnlán – deep, dark blue
[63] 挂 – guà – hang; put up; suspend
[64] 圆月 – yuányuè – a round moon; a full moon
[65] 沙地 – shādì – sand; sandy soil
[66] 一望无际 – yíwàng-wújì – (成语) stretch as far as the eye can see; stretch to the horizon
[67] 碧绿 – bìlù – dark green
[68] 项 – xiàng – nape (of the neck)
[69] 银圈 – yín quān – a silver ring (around the neck)
[70] 捏 – niē – hold between the fingers
[71] 柄 – bǐng – handle
[72] 钢叉 – gāngchā – steel hay fork; pitchfork
[73] 匹 – pǐ – (a measure word for horses and animals)
[74] 猹 – chá – Lǔ Xùn is making up his own character, 猹. He was probably referring to a 獾 (huān, a badger) but the people from his hometown of Shàoxīng called it a *cha* in their local dialect. Thus, Lǔ Xùn creates a character that uses the animal radical with the character that's pronounced *cha* (查)
[75] 刺 – cì – prick; stab
[76] 将身一扭 – jiāng shēn yì niǔ – turns its body around
[77] 胯 – kuà – step; stride

*** 离现在将有三十年了；那时我的父亲还在世，家景[78]也好，我正是一个少爷[79]。那一年，我家是一件大祭祀[80]的值年[81]。这祭祀，说是三十多年才能轮到一回，所以很郑重[82]；正月里供祖像[83]，供品[84]很多，祭器[85]很讲究，拜的人也很多，祭器也很要防偷[86]去。我家只有一个忙月[87]（我们这里给人做工的分三种：整年给一定人家做工的叫长工；按日[88]给人做工的叫短工；自己也种地，只在过年过节以及[89]收租时候来给一定人家做工的称忙月），忙不过来[90]，他便对父亲说，可以叫他的儿子闰土来管祭器的。

*** lí xiànzài jiāng yǒu sānshí nián le; nàshí wǒ de fùqīn hái zàishì, jiājǐng yě hǎo, wǒ zhèng shì yí gè shàoyé. Nà yì nián, wǒ jiā shì yí jiàn dà jìsì de zhí nián. Zhè jìsì, shuō shì sānshí duō nián cái néng lúndào yì huí, suǒyǐ hěn zhèngzhòng; zhēngyuè lǐ gòng zǔxiàng, gòngpǐn hěn duō, jìqì hěn jiǎngjiū, bài de rén yě hěn duō, jìqì yě hěn yào fáng tōu qù. Wǒ jiā zhǐyǒu yí gè mángyuè (wǒmen zhèlǐ gěi rén zuògōng de fēn sān zhǒng: zhěng nián gěi yídìng rénjiā zuògōng de jiào chánggōng; ànrì gěi rén zuògōng de jiào duǎngōng; zìjǐ yě zhòngdì, zhǐ zài guònián guòjié yǐjí shōuzū shíhòu lái gěi yídìng rénjiā zuògōng de chēng mángyuè), mángbúguòlái, tā biàn duì fùqīn shuō, kěyǐ jiào tā de érzi Rùntǔ lái guǎn jìqì de.

---

[78] 家景 – jiājǐng – family situation

[79] 少爷 – shàoyé – young master of the house; "young gentlemen"

[80] 祭祀 – jìsì – (of old customs) offer sacrifices to gods or ancestors

[81] 值年 – zhí nián – in feudal times, family clans would hold large sacrifices to honor their ancestors each year. The whole clan would take turns in organizing and paying for the sacrifice each year. The family's whose turn it was would be known as 值年. In this case, Lǔ Xùn's family was in charge of the sacrifice.

[82] 郑重 – zhèngzhòng – serious; solemn; earnest

[83] 供祖像 – gòng zǔxiàng – offer (供) images of ancestors (祖像)

[84] 供品 – gòngpǐn – offerings

[85] 祭器 – jìqì – sacrificial utensils

[86] 防偷 – fáng tōu – guard against (防) theft (偷)

[87] 忙月 – mángyuè – busy month (referring to a person who only works during the harvest or during festivals and holidays.)

[88] 按日 – ànrì – by the day

[89] 以及 – yǐjí – as well as; along with; and

[90] 忙不过来 – mángbúguòlái – too busy to keep up; so busy that you can't take care of everything

我的父亲允许[91]了；我也很高兴，因为我早听到闰土这名字，而且知道他和我仿佛年纪，闰月[92]生的，五行缺土[93]，所以他的父亲叫他闰土。他是能装〔弓京[94]〕捉[95]小鸟雀[96]的。

Wǒ de fùqīn yǔnxǔ le; wǒ yě hěn gāoxìng, yīnwèi wǒ zǎo tīngdào Rùntǔ zhè míngzi, érqiě zhīdào tā hé wǒ fǎngfú niánjì, rùnyuè shēng de, wǔxíng quē tǔ, suǒyǐ tā de fùqīn jiào tā Rùntǔ. Tā shì néng zhuāng [gōng jīng] zhuō xiǎo niǎoquè de.

我于是日日盼望[97]新年，新年到，闰土也就到了。好容易[98]到了年末，有一日，母亲告诉我，闰土来了，我便飞跑的去看。他正在厨房里，紫色[99]的圆脸，头戴一顶小毡帽[100]，颈上套一个明晃晃[101]的银项圈[102]，***

Wǒ yúshì rìrì pànwàng xīnnián, xīnnián dào, Rùntǔ yě jiù dào le. Hǎo róngyì dào le niánmò, yǒu yí rì, mǔqīn gàosu wǒ, Rùntǔ lái le, wǒ biàn fēipǎo de qù kàn. Tā zhèngzài chúfáng lǐ, zǐsè de yuán liǎn, tóu dài yì dǐng xiǎo zhānmào, jǐng shàng tào yí gè mínghuǎnghuǎng de yín xiàngquān, ***

---

[91] 允许 – yǔnxǔ – permit; allow

[92] 闰月 – rùnyuè – since the lunar calendar only has 360 days, an extra month would need to be inserted every few years. This month is known as 闰月.

[93] 五行缺土 – wǔxíng quē tǔ – This is referring to the superstition of "八字." Depending on the when someone was born, you can pick out two characters from the heavenly stems and earthly stems for the year, month, day, and time they were born for a total of eight characters. The heavenly stems are 甲乙丙丁戊已庚辛壬癸 and the earthly stems are 子丑寅卯辰巳午未申酉戌亥. Looking at these eight characters, one could determine whether the individual formed a complete set of the five elements. The five elements are 金木水火土. If they were lacking one of the elements, then adding that element into their name could compensate. In this case 闰土 was lacking 土 so his father added 土 to his name.

[94] 弓京 – gōng jīng – set snares; set up traps

[95] 捉 – zhuō – catch; capture

[96] 鸟雀 – niǎoquè – birds and sparrows; various types of birds

[97] 盼望 – pànwàng – hope for; long for; look forward to

[98] 好容易 – hǎo róngyì – not without great difficulty, also 好不容易

[99] 紫色 – zǐsè – purple

[100] 毡帽 – zhānmào – felt hat

[101] 明晃晃 – mínghuǎnghuǎng – shining; gleaming

[102] 银项圈 – yín xiàngquān – silver ring around the neck (for decoration but also due to superstition hoping this necklace will help his son live longer)

*** 这可见他的父亲十分爱他，怕他死去，所以在神佛[103]面前许下愿心[104]，用圈子[105]将他套住了。他见人很怕羞[106]，只是不怕我，没有旁人[107]的时候，便和我说话，于是不到半日，我们便熟识了。

*** zhè kějiàn tā de fùqīn shífēn ài tā, pà tā sǐ qù, suǒyǐ zài shénfó miànqián xǔxià yuànxīn, yòng quānzi jiāng tā tàozhù le. Tā jiàn rén hěn pàxiū, zhǐshì bú pà wǒ, méiyǒu pángrén de shíhòu, biàn hé wǒ shuōhuà, yúshì bú dào bànrì, wǒmen biàn shúshì le.

我们那时候不知道谈些什么，只记得闰土很高兴，说是上城之后[108]，见了许多没有见过的东西。

Wǒmen nà shíhòu bù zhīdào tán xiē shénme, zhǐ jìde Rùntǔ hěn gāoxìng, shuō shì shàngchéng zhīhòu, jiàn le xǔduō méiyǒu jiànguò de dōngxi.

第二日，我便要他捕[109]鸟。他说：

Dì-èr rì, wǒ biàn yào tā bǔ niǎo. Tā shuō:

"这不能。须大雪下了才好。我们沙地上，下了雪，我扫出一块空地来，用短棒[110]支[111]起一个大竹匾[112]，撒[113]下秕谷[114]，看鸟雀来吃时，***

"Zhè bù néng. Xū dà xuě xià le cái hǎo. Wǒmen shādì shàng, xià le xuě, wǒ sǎochū yí kuài kōngdì lái, yòng duǎn bàng zhīqǐ yí gè dà zhú biǎn, sǎxià bǐgǔ, kàn niǎoquè lái chī shí, ***

---

[103] 神佛 – shénfó – statue of Buddha; *lit.* the spirit of Buddha
[104] 愿心 – yuànxīn – a vow to Buddha or a Bodhisattva. After one's prayers are answered he or she would then perform some good deed.
[105] 圈子 – quānzi – circle; ring
[106] 怕羞 – pàxiū – coy; shy; bashful
[107] 旁人 – pángrén – adults
[108] 上城之后 – shàngchéng zhīhòu – after coming to town (for his first time)
[109] 捕 – bǔ – catch; capture; seize
[110] 棒 – bàng – stick
[111] 支 – zhī – prop up
[112] 竹匾 – zhú biǎn – bamboo basket
[113] 撒 – sǎ – sprinkle; scatter; spread
[114] 秕谷 – bǐgǔ – blighted grain; a hollow or not full seed

*** 我远远地将缚[115]在棒上的绳子[116]只一拉，那鸟雀就罩[117]在竹匾下了。什么都有：稻鸡[118]，角鸡[119]，鹁鸪[120]，蓝背[121]……"

*** wǒ yuǎnyuǎn de jiāng fù zài bàng shàng de shéngzi zhǐ yì lā, nà niǎoquè jiù zhào zài zhú biǎn xià le. Shénme dōu yǒu: dàojī, jiǎojī, bógū, lánbèi……"

我于是又很盼望下雪。

Wǒ yúshì yòu hěn pànwàng xiàxuě.

闰土又对我说：

Rùntǔ yòu duì wǒ shuō:

"现在太冷，你夏天到我们这里来。我们日里到海边捡贝壳[122]去，红的绿的都有，鬼见怕[123]也有，观音手[124]也有。晚上我和爹[125]管西瓜去，你也去。"

"Xiànzài tài lěng, nǐ xiàtiān dào wǒmen zhèlǐ lái. Wǒmen rì lǐ dào hǎibiān jiǎn bèiké qù, hóng de lǜ de dōu yǒu, guǐjiànpà yě yǒu, Guānyīn shǒu yě yǒu. Wǎnshàng wǒ hé diē guǎn xīguā qù, nǐ yě qù."

"管贼[126]么？"

"Guǎn zéi me?"

---

[115] 缚 – fù – tie up; tie

[116] 绳子 – shéngzi – rope; chord; string

[117] 罩 – zhào – cover; wrap

[118] 稻鸡 – dàojī – paddy chickens; wild pheasants

[119] 角鸡 – jiǎojī – horn chickens; woodcocks

[120] 鹁鸪 – bógū – pigeons; wood pigeons

[121] 蓝背 – lánbèi – (kind of bird) blue backs

[122] 贝壳 – bèiké – shell

[123] 鬼见怕 – guǐjiànpà – ghost-scarers (children would collect shells and string them together to wear as bracelets on their arms and legs as good luck charms and to scare evil spirits.)

[124] 观音手 – Guānyīn shǒu – similar to 鬼见怕 but were made with starfish. Guanyin is commonly known as the Bodhisattva of Mercy and due to her strenuous efforts to save all people from reincarnation she was given one thousand hands to better help people. The starfish with its many "hands" is a good symbol for Guanyin.

[125] 爹 – diē – dad; daddy

[126] 贼 – zéi – thief; burglar

"不是。走路的人口渴[127]了摘[128]一个瓜吃，我们这里是不算偷的。要管的是獾猪[129]，刺猬[130]，猹。月亮底下，你听，啦啦的响了，猹在咬瓜了。你便捏了胡叉[131]，轻轻地走去……"

"Bú shì. Zǒulù de rénkǒu kě le zhāi yí gè guā chī, wǒmen zhèlǐ shì bú suàn tōu de. Yào guǎn de shì huānzhū, cìwei, chá. Yuèliang dǐxia, nǐ tīng, lālā de xiǎng le, chá zài yǎo guā le. Nǐ biàn niē le húchā, qīngqīng de zǒu qù……"

我那时并不[132]知道这所谓猹的是怎么一件东西——便是现在也没有知道——只是无端[133]的觉得状[134]如小狗而很凶猛[135]。

Wǒ nàshí bìngbù zhīdào zhè suǒwèi chá de shì zěnme yí jiàn dōngxi—— biàn shì xiànzài yě méiyǒu zhīdào—— zhǐshì wúduān de juéde zhuàng rú xiǎogǒu ér hěn xiōngměng.

"他不咬人么？"

"Tā bù yǎo rén me?"

"有胡叉呢。走到了，看见猹了，你便刺。这畜生[136]很伶俐[137]，倒向你奔[138]来，反从胯[139]下窜[140]了。他的皮毛是油一般的滑……"

"Yǒu húchā ne. Zǒudào le, kànjiàn chá le, nǐ biàn cì. Zhè chùshēng hěn línglì, dào xiàng nǐ bèn lái, fǎn cóng kuà xià cuàn le. Tā de pímáo shì yóu yì bān de huá……"

---

[127] 渴 – kě – thirsty
[128] 摘 – zhāi – pick; pluck; take off
[129] 獾猪 – huānzhū – badger
[130] 刺猬 – cìwei – hedgehog; porcupine
[131] 胡叉 – húchā – pitchfork
[132] 并不 – bìngbù – not at all
[133] 无端 – wúduān – for no reason
[134] 状 – zhuàng – form; shape
[135] 凶猛 – xiōngměng – ferocious; violent
[136] 畜生 – chùshēng – beast; dirty swine
[137] 伶俐 – línglì – clever; bright; quick-witted
[138] 奔 – bèn – go straight towards; head for
[139] 胯 – kuà – hip
[140] 窜 – cuàn – flee; scurry

我素[141]不知道天下有这许多新鲜事：海边有如许[142]五色的贝壳；西瓜有这样危险的经历，我先前单[143]知道他在水果店里出卖罢了。

Wǒ sù bù zhīdào tiānxià yǒu zhè xǔduō xīnxiān shì: hǎibiān yǒu rúxǔ wǔ sè de bèiké; xīguā yǒu zhèyàng wēixiǎn de jīnglì, wǒ xiānqián dān zhīdào tā zài shuǐguǒ diàn lǐ chūmài bà le.

"我们沙地里，潮汛[144]要来的时候，就有许多跳鱼儿[145]只是跳，都有青蛙[146]似的两个脚……"

"Wǒmen shādì lǐ, cháoxùn yào lái de shíhòu, jiù yǒu xǔduō tiàoyú'ér zhǐshì tiào, dōu yǒu qīngwā shìde liǎng gè jiǎo……"

阿！闰土的心里有无穷无尽[147]的希奇[148]的事，都是我往常[149]的朋友所不知道的。他们不知道一些事，闰土在海边时，他们都和我一样只看见院子里高墙上的四角的天空。

À! Rùntǔ de xīnli yǒu wúqióng-wújìn de xīqí de shì, dōu shì wǒ wǎngcháng de péngyou suǒ bù zhīdào de. Tāmen bù zhīdào yì xiē shì, Rùntǔ zài hǎibiān shí, tāmen dōu hé wǒ yíyàng zhǐ kànjiàn yuànzi lǐ gāo qiáng shàng de sì jiǎo de tiānkōng.

可惜正月过去了，闰土须回家里去，我急得大哭，他也躲[150]到厨房里，哭着不肯出门，但终于被他父亲带走了。他后来还托[151]他的父亲带给我一包贝壳和几支很好看的鸟毛，***

Kěxī zhēngyuè guòqù le, Rùntǔ xū huíjiā lǐ qù, wǒ jíde dà kū, tā yě duǒdào chúfáng lǐ, kūzhe bù kěn chū mén, dàn zhōngyú bèi tā fùqīn dàizǒu le. Tā hòulái hái tuō tā de fùqīn dài gěi wǒ yì bāo bèiké hé jǐ zhī hěn hǎo kàn de niǎo máo, ***

---

[141] 素 – sù – world; basic element; element
[142] 如许 – rúxǔ – so; such; in this way; like that
[143] 单 – dān – only; solely; alone
[144] 潮汛 – cháoxùn – high tide; a major annual occurrence of tides
[145] 跳鱼儿 – tiàoyú'ér – jumping fish
[146] 青蛙 – qīngwā – frog
[147] 无穷无尽 – wúqióng-wújìn – (成语) inexhaustible; infinite; endless; boundless
[148] 希奇 – xīqí – rare; curious
[149] 往常 – wǎngcháng – habitually in the past
[150] 躲 – duǒ – avoid; hide; dodge
[151] 托 – tuō – ask; entrust

*** 我也曾[152]送他一两次东西，但从此没有再见面。

*** wǒ yě céng sòng tā yì-liǎng cì dōngxi, dàn cóngcǐ méiyǒu zài jiànmiàn.

现在我的母亲提起了他，我这儿时的记忆，忽而全都闪电[153]似的苏生[154]过来，似乎看到了我的美丽的故乡了。我应声说：

Xiànzài wǒ de mǔqīn tíqǐ le tā, wǒ zhè érshí de jìyì, hū'ér quán dōu shǎndiàn shìde sūshēng guòlái, sìhū kāndào le wǒ de měilì de gùxiāng le. Wǒ yìngshēng shuō:

"这好极！他，——怎样？……"

"Zhè hǎo jí! Tā, —— zěnyàng?……"

"他？……他景况也很不如意[155]……"母亲说着，便向房外看，"这些人又来了。说是买木器，顺手[156]也就随便拿走的，我得去看看。"

"Tā?……Tā jǐngkuàng yě hěn bù rúyì……" Mǔqīn shuōzhe, biàn xiàng fáng wài kàn, "zhèxiē rén yòu lái le. Shuō shì mǎi mùqì, shùnshǒu yě jiù suíbiàn názǒu de, wǒ děi qù kànkàn."

母亲站起身，出去了。门外有几个女人的声音。我便招[157]宏儿走近面前，和他闲话[158]：问他可会写字，可愿意出门。

Mǔqīn zhànqǐ shēn, chūqù le. Mén wài yǒu jǐ gè nǚrén de shēngyīn. Wǒ biàn zhāo Hóng'ér zǒujìn miànqián, hé tā xiánhuà: wèn tā kěhuì xiě zì, kě yuànyì chū mén.

"我们坐火车去么？"

"Wǒmen zuò huǒchē qù me?"

"我们坐火车去。"

"Wǒmen zuò huǒchē qù."

---

[152] 曾 – céng – once; formerly; sometime ago
[153] 闪电 – shǎndiàn – lightening
[154] 苏生 – sūshēng – come to be; become conscious again; (come to life like a flash of lightening)
[155] 不如意 – bù rúyì – not as one wishes; not satisfactory
[156] 顺手 – shùnshǒu – smoothly; without difficulty
[157] 招 – zhāo – beckon
[158] 闲话 – xiánhuà – idle chat

"船呢？"

"Chuán ne?"

"先坐船，……"

"Xiān zuò chuán, ……"

"哈！这模样了[159]！胡子这么长了！"一种尖利[160]的怪声突然大叫起来。

"Hā! Zhè múyàng le! Húzi zhème cháng le!" Yì zhǒng jiānlì de guài shēng tūrán dàjiào qǐlái.

我吃了一吓，赶忙[161]抬起头，却见一个凸颧骨[162]，薄嘴唇[163]，五十岁上下[164]的女人站在我面前，两手搭在髀[165]间，没有系裙[166]，张着两脚，正像一个画图仪器[167]里细脚[168]伶仃[169]的圆规[170]。

Wǒ chī le yí xià, gǎnmáng táiqǐ tóu, què jiàn yí gè tū quángǔ, bó zuǐchún, wǔshí suì shàngxià de nǚrén zhàn zài wǒ miànqián, liǎng shǒu dā zài bì jiān, méiyǒu jì qún, zhāngzhe liǎng jiǎo, zhèng xiàng yí gè huàtú yíqì lǐ xì jiǎo língdīng de yuánguī.

我愕然[171]了。

Wǒ èrán le.

---

[159] 这模样了 – zhè múyàng le – (exclamation) like this; look at you now

[160] 尖利 – jiānlì – shrill; piercing

[161] 赶忙 – gǎnmáng – hurriedly; hastily

[162] 凸颧骨 – tū quángǔ – protruding (凸) cheekbones (颧骨)

[163] 薄嘴唇 – bó zuǐchún – meager (薄) lips (嘴唇); thin lips

[164] 上下 – shàngxià – [used after a numeral plus measure words] about

[165] 髀 – bì – big legs

[166] 系裙 – jì qún – button up her skirt

[167] 画图仪器 – huàtú yíqì – drafting kit

[168] 细脚 – xì jiǎo – thin feet; small feet (because they were bound)

[169] 伶仃 – língdīng – left alone without any help; lonely

[170] 圆规 – yuánguī – compass (Lǔ Xùn refers to this woman as 圆规 from now on even though he learns her name)

[171] 愕然 – èrán – stunned; astounded

"不认识了么？我还抱过你咧¹⁷²！"

"Bú rènshi le me? Wǒ hái bàoguò nǐ lie!"

我愈加¹⁷³愕然了。幸而我的母亲也就进来，从旁说：

Wǒ yùjiā èrán le. Xìng'ér wǒ de mǔqīn yě jiù jìnlái, cóng páng shuō:

"他多年出门，统忘却¹⁷⁴了。你该记得罢，"便向着我说，"这是斜对门¹⁷⁵的杨二嫂¹⁷⁶，……开豆腐店的。"

"Tā duō nián chūmén, tǒng wàngquè le. Nǐ gāi jìde bà," biàn xiàngzhe wǒ shuō, "zhè shì xié duìmén de Yáng Èr Sǎo, ……kāi dòufu diàn de."

哦，我记得了。我孩子时候，在斜对门的豆腐店里确乎¹⁷⁷终日坐着一个杨二嫂，人都叫伊¹⁷⁸"豆腐西施¹⁷⁹"。但是擦¹⁸⁰着白粉，颧骨没有这么高，嘴唇也没有这么薄，而且终日坐着，我也从没有见过这圆规式的姿势¹⁸¹。那时人说：因为伊，这豆腐店的买卖非常好。但这大约因为年龄的关系，＊＊＊

Ò, wǒ jìde le. Wǒ háizi shíhòu, zài xié duìmén de dòufu diàn lǐ quèhū zhōngrì zuòzhe yí gè Yáng Èr Sǎo, rén dōu jiào yī "dòufu Xīshī." Dànshì cāzhe báifěn, quángǔ méiyǒu zhème gāo, zuǐchún yě méiyǒu zhème bó, érqiě zhōngrì zuòzhe, wǒ yě cóng méiyǒu jiànguò zhè yuánguī shì de zīshì. Nàshí rén shuō: yīnwèi yī, zhè dòufu diàn de mǎimài fēicháng hǎo. Dàn zhè dàyuē yīnwèi niánlíng de guānxì, ＊＊＊

---

¹⁷² 咧 – lie – phrase particle denoting exclamation, similar to 了, 啦, 哩

¹⁷³ 愈加 – yùjiā – all the more; even more; further

¹⁷⁴ 统忘却 – tǒng wàngquè – to forget (忘却) everything (统)

¹⁷⁵ 斜对门 – xié duìmén – kitty-corner; diagonally across

¹⁷⁶ 杨二嫂 – Yáng Èr Sǎo – name of a character, Second Sister Yang, also known as 圆规

¹⁷⁷ 确乎 – quèhū – really

¹⁷⁸ 伊 – he or she (usually she)

¹⁷⁹ 西施 – Xīshī – a lady from the Spring and Autumn period (春秋時代,722 BC – 481 BC) who is famous for her extraordinary beauty. In present times, 西施 (or can also use 西子) refers to a girl with exceptional beauty.

¹⁸⁰ 擦 – cā – clean; wipe

¹⁸¹ 姿势 – zīshì – gesture; posture; position

*** 我却并未蒙¹⁸²着一毫¹⁸³感化¹⁸⁴，所以竟完全忘却了。然而圆规很不平¹⁸⁵，显出鄙夷¹⁸⁶的神色¹⁸⁷，仿佛嗤笑¹⁸⁸法国人不知道拿破仑¹⁸⁹，美国人不知道华盛顿¹⁹⁰似的，冷笑说：

*** wǒ què bìng wèi méngzhe yì háo gǎnhuà, suǒyǐ jìng wánquán wàngquè le. Rán'ér yuánguī hěn bù píng, xiǎnchū bǐyí de shénsè, fǎngfú chīxiào Fǎguórén bù zhīdào Nápòlún, Měiguǒrén bù zhīdào Huáshèngdùn shìde, lěngxiào shuō:

"忘了？这真是贵人眼高¹⁹¹……"

"Wàng le? Zhè zhēnshì guìrén yǎngāo……"

"那有这事……我……"我惶恐¹⁹²着，站起来说。

"Nà yǒu zhè shì……wǒ……" Wǒ huángkǒngzhe, zhànqǐlái shuō.

"那么，我对你说。迅哥儿，你阔¹⁹³了，搬动¹⁹⁴又笨重¹⁹⁵，你还要什么这些破烂¹⁹⁶木器¹⁹⁷，让我拿去罢。我们小户人家¹⁹⁸，用得着。"

"Nàme, wǒ duì nǐ shuō. Xùn Gē'ér, nǐ kuò le, bāndòng yòu bènzhòng, nǐ hái yào shénme zhèxiē pòlàn mùqì, ràng wǒ náqù bà. Wǒmen xiǎohù rénjiā, yòngdezháo."

---

¹⁸² 未蒙 – wèi méng – did not (未) receive (蒙)
¹⁸³ 一毫 – yì háo – a little bit
¹⁸⁴ 感化 – gǎnhuà – an impression on
¹⁸⁵ 不平 – bù píng – feel resentful
¹⁸⁶ 鄙夷 – bǐyí – look down on; despise; underestimate
¹⁸⁷ 神色 – shénsè – expression; look
¹⁸⁸ 嗤笑 – chīxiào – ridicule; sneer at
¹⁸⁹ 拿破仑 – Nápòlún – Napoleon Bonaparte
¹⁹⁰ 华盛顿 – Huáshèngdùn – George Washington
¹⁹¹ 贵人眼高 – guìrén yǎngāo – those of higher status, noble people, looking down on the common people
¹⁹² 惶恐 – huángkǒng – terrified; frightened
¹⁹³ 阔 – kuò – wealthy; rich
¹⁹⁴ 搬动 – bāndòng – to move
¹⁹⁵ 笨重 – bènzhòng – heavy; cumbersome
¹⁹⁶ 破烂 – pòlàn – tattered; ragged; worn-out
¹⁹⁷ 木器 – mùqì – wooden furniture
¹⁹⁸ 小户人家 – xiǎohù rénjiā – (成语) poor folks; a poor, humble family; a family of limited means and without powerful connections

"我并没有阔哩[199]。我须卖了这些，再去……"

"Wǒ bìng méiyǒu kuò lī. Wǒ xū mài le zhèxiē, zài qù……"

"阿呀呀，你放了道台[200]了，还说不阔？你现在有三房姨太太[201]；出门便是八抬的大轿[202]，还说不阔？吓[203]，什么都瞒不过[204]我。"

"Ā yāyā, nǐ fàng le Dàotái le, hái shuō bú kuò? Nǐ xiànzài yǒu sān fáng yítàitài; chūmén biàn shì bā tái de dàjiào, hái shuō bú kuò? Hè, shénme dōu mánbúguò wǒ."

我知道无话可说了，便闭了口，默默[205]的站着。

Wǒ zhīdào wúhuà kěshuō le, biàn bì le kǒu, mòmò de zhànzhe.

"阿呀阿呀，真是愈有钱，便愈是一毫不肯放松，愈是一毫不肯放松，便愈有钱……"圆规一面[206]愤愤[207]的回转身，一面絮絮的说[208]，慢慢向外走，顺便将我母亲的一副手套塞在[209]裤腰[210]里，出去了。

"Ā yā ā yā, zhēnshì yù yǒu qián, biàn yù shì yì háo bù kěn fàngsōng, yù shì yì háo bù kěn fàngsōng, biàn yù yǒu qián……" Yuánguī yí miàn fènfèn de huízhuǎn shēn, yí miàn xùxù de shuō, mànmàn xiàng wài zǒu, shùnbiàn jiāng wǒ mǔqīn de yí fù shǒutào sāi zài kùyāo lǐ, chūqù le.

---

[199] 哩 – lī – phrase particle indicating exclamation, similar to 啦

[200] 道台 – Dàotái – Intendant of Circuit; 道台 is a title for officials during the Qing Dynasty. Even though at the time of this story the Republic founded by Sun Yat-sen (孙中山 Sūn Zhōngshān) is already 6 years old, 杨二嫂 is still using titles from the late Qing Dynasty.

[201] 姨太太 – yítàitài – concubine

[202] 八抬的大轿 – bā tái de dàjiào – 8-man sedan chair; sedan chair that is carried by 8 people

[203] 吓 – hè – [expressing annoyance]

[204] 瞒不过 – mánbúguò – can't hide anything; can't hide the truth from (me)

[205] 默默 – mòmò – silently

[206] 一面…一面… – yí miàn… yí miàn… – [indicating two simultaneous actions] at the same time; simultaneously

[207] 愤愤 – fènfèn – angrily; indignantly

[208] 絮絮的说 – xùxù de shuō – to talk as if you have wads of cotton in your mouth

[209] 塞在 – sāi zài – stuff into

[210] 裤腰 – kùyāo – waist of trousers

此后又有近处的本家和亲戚来访问我。我一面应酬[211]，偷空[212]便收拾些行李，这样的过了三四天。

Cǐhòu yòu yǒu jìnchù de běnjiā hé qīnqi lái fǎngwèn wǒ. Wǒ yí miàn yìngchóu, tōukòng biàn shōushí xiē xíngli, zhèyàng de guò le sān-sì tiān.

一日是天气很冷的午后，我吃过午饭，坐着喝茶，觉得外面有人进来了，便回头去看。我看时，不由[213]的非常出惊[214]，慌忙[215]站起身，迎着走去。

Yí rì shì tiānqì hěn lěng de wǔhòu, wǒ chīguò wǔfàn, zuòzhe hē chá, juéde wàimiàn yǒu rén jìnlái le, biàn huí tóu qù kàn. Wǒ kàn shí, bù yóu de fēicháng chūjīng, huāngmáng zhànqǐ shēn, yíngzhe zǒuqù.

这来的便是闰土。虽然我一见便知道是闰土，但又不是我这记忆上的闰土了。他身材增加了一倍；先前的紫色的圆脸，已经变作灰黄[216]，而且加上了很深的皱纹；眼睛也像他父亲一样，周围都肿[217]得通红，这我知道，在海边种地的人，终日吹着海风，大抵是这样的。他头上是一顶破毡帽，身上只一件极薄的棉衣[218]，浑身[219]瑟索[220]着；***

Zhè lái de biàn shì Rùntǔ. Suīrán wǒ yí jiàn biàn zhīdào shì Rùntǔ, dàn yòu bú shì wǒ zhè jìyì shàng de Rùntǔ le. Tā shēncái zēngjiā le yí bèi; xiānqián de zǐsè de yuán liǎn, yǐjīng biànzuò huīhuáng, érqiě jiāshàng le hěn shēn de zhòuwén; yǎnjing yě xiàng tā fùqīn yíyàng, zhōuwéi dōu zhǒng de tōnghóng, zhè wǒ zhīdào, zài hǎibiān zhòngdì de rén, zhōngrì chuīzhe hǎifēng, dàdǐ shì zhèyàng de. Tā tóu shàng shì yì dǐng pò zhānmào, shēn shàng zhǐ yí jiàn jí báo de miányī, húnshēn sèsuǒzhe; ***

---

[211] 应酬 – yìngchóu – engage in social activities
[212] 偷空 – tōukòng – take time off (from work to do something else); snatch a moment
[213] 不由 – bù yóu – cannot help to; cannot but
[214] 出惊 – chūjīng – astonished; amazed; surprised (similar to 吃惊)
[215] 慌忙 – huāngmáng – in a great rush; in a hurry; hurriedly
[216] 灰黄 – huīhuáng – grayish yellow
[217] 肿 – zhǒng – swell; be swollen
[218] 棉衣 – miányī – cotton-padded clothes
[219] 浑身 – húnshēn – from head to foot; all over
[220] 瑟索 – sèsuǒ – to shiver (due to cold)

*** 手里提着一个纸包和一支长烟管²²¹，那手也不是我所记得的红活²²²
圆实²²³的手，却又粗又笨而且开裂²²⁴，像是松树皮²²⁵了。

*** shǒu lǐ tízhe yí gè zhǐbāo hé yì zhī cháng yānguǎn, nà shǒu yě bú shì wǒ suǒ jìde
de hónghuó yuánshí de shǒu, què yòu cū yòu bèn érqiě kāi liè, xiàng shì sōngshù pí le.

我这时很兴奋，但不知道怎么说才好，只是说：

Wǒ zhèshí hěn xīngfèn, dàn bù zhīdào zěnme shuō cái hǎo, zhǐshì shuō:

"阿！闰土哥，——你来了？……"

"À! Rùntǔ gē, ——nǐ lái le? ……"

我接着便有许多话，想要连珠²²⁶一般涌²²⁷出：角鸡，跳鱼儿，贝
壳，猹，……但又总觉得被什么挡²²⁸着似的，单在脑里面回旋²²⁹，吐不
出口外²³⁰去。

Wǒ jiēzhe biàn yǒu xǔduō huà, xiǎngyào liánzhū yì bān yǒngchū: jiǎojī,
tiàoyú'ér, bèiké, chá, ……dàn yòu zǒng juéde bèi shénme dǎngzhe shìde, dān zài nǎo
lǐmiàn huíxuán, tǔbùchū kǒu wài qù.

他站住了，脸上现出欢喜和凄凉的神情；动着嘴唇，却没有作
声。他的态度终于恭敬²³¹起来了，分明的叫道：

Tā zhànzhu le, liǎn shàng xiànchū huānxǐ hé qīliáng de shénqíng; dòngzhe
zuǐchún, què méiyǒu zuò shēng. Tā de tàidù zhōngyú gōngjìng qǐlái le, fēnmíng de
jiàodào:

---

²²¹ 烟管 – yānguǎn – pipe
²²² 红活 – hónghuó – rosy glow
²²³ 圆实 – yuánshí – round and strong
²²⁴ 开裂 – kāiliè – cracked; chapped
²²⁵ 松树皮 – sōngshù pí – pine bark; the bark (皮) of a pine tree (松树)
²²⁶ 连珠 – liánzhū – string of beads; string of pearls
²²⁷ 涌 – yǒng – gush; well; pour; surge
²²⁸ 挡 – dǎng – block; keep off
²²⁹ 回旋 – huíxuán – circle around
²³⁰ 吐不出口外 – tǔbùchū kǒu wài – nothing comes out of the mouth
²³¹ 恭敬 – gōngjìng – respectful

"老爷[232]！……"

"Lǎoyé! ……"

我似乎打了一个寒噤[233]；我就知道，我们之间已经隔[234]了一层可悲的厚障壁[235]了。我也说不出话。

Wǒ sìhū dǎ le yí gè hánjìn; wǒ jiù zhīdào, wǒmen zhījiān yǐjīng gé le yì céng kěbēi de hòu zhàngbì le. Wǒ yě shuōbùchū huà.

他回过头去说，"水生[236]，给老爷磕头[237]。"便拖出躲在背后的孩子来，这正是一个廿[238]年前的闰土，只是黄[239]瘦些，颈子上没有银圈罢了[240]。"这是第五个孩子，没有见过世面，躲躲闪闪[241]……"

Tā huíguò tóu qù shuō, "Shuǐshēng, gěi lǎoyé kētóu." Biàn tuōchū duǒ zài bèihòu de háizi lái, zhè zhèng shì yí gè nián nián qián de Rùntǔ, zhǐshì huáng shòu xiē, jǐngzi shàng méiyǒu yín quān bà le. "Zhè shì dì-wǔ gè háizi, méiyǒu jiànguò shìmiàn, duǒduǒ-shǎnshǎn……"

母亲和宏儿下楼来了，他们大约也听到了声音。

Mǔqīn hé Hóng'ér xià lóu lái le, tāmen dàyuē yě tīngdào le shēngyīn.

"老太太。信是早收到了。我实在喜欢的不得了，知道老爷回来……"闰土说。

"Lǎo tàitài. Xìn shì zǎo shōudào le. Wǒ shízài xǐhuān de bùdéliǎo, zhīdào lǎoyé huílái……" Rùntǔ shuō.

---

[232] 老爷 – lǎoyé – master; overlord

[233] 寒噤 – hánjìn – tremble (with cold or fear)

[234] 隔 – gé – separate; partition

[235] 障壁 – zhàngbì – barrier wall

[236] 水生 – Shuǐshēng – name of a character, Rùntǔ's son

[237] 磕头 – kētóu – kowtow; to show somebody in authority too much respect and be willing to obey them

[238] 廿 – niàn – 20, a score

[239] 黄 – huáng – (of a person's face or skin) having a slightly yellow color which does not look healthy

[240] 罢了 – bà le – [used at the end of a statement to indicate something not worth mentioning]

[241] 躲躲闪闪 – duǒduǒ-shǎnshǎn – (成语) be evasive; equivocate; hedge

"阿，你怎的这样客气起来。你们先前不是哥弟称呼么？还是照旧[242]：迅哥儿。"母亲高兴的说。

"À, nǐ zěn de zhèyàng kèqi qǐlái. Nǐmen xiānqián bú shì gēdì chēnghū me? Háishi zhàojiù: Xùn Gē'ér." Mǔqīn gāoxìng de shuō.

"阿呀，老太太真是……这成什么规矩。那时是孩子，不懂事……"闰土说着，又叫水生上来打拱[243]，那孩子却害羞[244]，紧紧[245]的只贴在他背后。

"Ā yā, lǎo tàitài zhēnshì…… zhè chéng shénme guīju. Nàshí shì háizi, bù dǒngshì……" Rùntǔ shuōzhe, yòu jiào Shuǐshēng shànglái dǎgǒng, nà háizi què hàixiū, jǐnjǐn de zhǐ tiē zài tā bèihòu.

"他就是水生？第五个？都是生人[246]，怕生也难怪[247]的；还是宏儿和他去走走。"母亲说。

"Tā jiùshì Shuǐshēng? Dì-wǔ gè? Dōu shì shēngrén, pà shēng yě nánguài de; háishi Hóng'ér hé tā qù zǒuzǒu." Mǔqīn shuō.

宏儿听得这话，便来招[248]水生，水生却松松爽爽[249]同[250]他一路出去了。母亲叫闰土坐，他迟疑[251]了一回，终于就了坐[252]，***

Hóng'ér tīng de zhè huà, biàn lái zhāo Shuǐshēng, Shuǐshēng què sōngsōng-shuǎngshuǎng tóng tā yí lù chūqù le. Mǔqīn jiào Rùntǔ zuò, tā chíyí le yì huí, zhōngyú jiù le zuò, ***

---

[242] 照旧 – zhàojiù – as before; as usual; as of old
[243] 打拱 – dǎgǒng – a salute made by cupping one hand around the other that is fisted, and holding and shaking them gently up and down in front of one's chest.
[244] 害羞 – hàixiū – be bashful; be shy
[245] 紧紧 – jǐnjǐn – tight; taut; close
[246] 生人 – shēngrén – stranger
[247] 难怪 – nánguài – be understandable; be pardonable
[248] 招 – zhāo – beckon
[249] 松松爽爽 – sōngsōng-shuǎngshuǎng – entirely at ease
[250] 同 – tóng – with
[251] 迟疑 – chíyí – hesitate
[252] 就坐 – jiùzuò – take a seat

*** 将长烟管靠在桌旁，递²⁵³过纸包来，说：

*** jiāng cháng yānguǎn kào zài zhuō páng, dìguò zhǐbāo lái, shuō:

"冬天没有什么东西了。这一点干青豆倒是自家晒²⁵⁴在那里的，请老爷……"

"Dōngtiān méiyǒu shénme dōngxi le. Zhè yì diǎn gān qīngdòu dào shì zì jiā shài zài nàli de, qǐng lǎoyé……"

我问问他的景况。他只是摇头²⁵⁵。

Wǒ wènwèn tā de jǐngkuàng. Tā zhǐshì yáotóu.

"非常难。第六个孩子也会帮忙了，却总是吃不够……又不太平……什么地方都要钱，没有规定……收成²⁵⁶又坏。种出东西来，挑去卖，总要捐²⁵⁷几回钱，折了本²⁵⁸；不去卖，又只能烂掉²⁵⁹……"

"Fēicháng nán. Dì-liù gè háizi yě huì bāngmāng le, què zǒngshì chībúgòu……yòu bú tàipíng……shénme dìfāng dōu yào qián, méiyǒu guīdìng……shōuchéng yòu huài. Zhòngchū dōngxi lái, tiāo qù mài, zǒng yào juān jǐ huí qián, shé le běn; bú qù mài, yòu zhǐ néng làndiào……"

他只是摇头；脸上虽然刻着许多皱纹，却全然不动，仿佛石像一般。他大约只是觉得苦，却又形容不出，沉默²⁶⁰了片时²⁶¹，便拿起烟管来默默²⁶²的吸烟了。

Tā zhǐshì yáotóu; liǎn shàng suīrán kèzhe xǔduō zhòuwén, què quánrán bú dòng, fǎngfú shí xiàng yì bān. Tā dàyuē zhǐshì juéde kǔ, què yòu xíngróng bùchū, chénmò le piànshí, biàn náqǐ yānguǎn lái mòmò de xīyān le.

---

253 递 – dì – hand over; pass; give
254 晒 – shài – dry in the sun; bask
255 摇头 – yáotóu – shake one's head
256 收成 – shōuchéng – the harvest of crops
257 捐 – juān – contribute; donate; subscribe
258 折本 – shéběn – lose money in business
259 烂掉 – làndiào – go bad; rot
260 沉默 – chénmò – silent
261 片时 – piànshí – moment in time
262 默默 – mòmò – quietly; silently

母亲问他，知道他的家里事务忙，明天便得回去；又没有吃过午饭，便叫他自己到厨下炒饭吃去。

Mǔqīn wèn tā, zhīdào tā de jiā lǐ shìwù máng, míngtiān biàn děi huíqù; yòu méiyǒu chīguò wǔfàn, biàn jiào tā zìjǐ dào chú xià chǎo fàn chī qù.

他出去了；母亲和我都叹息他的景况：多子，饥荒[263]，苛税[264]，兵，匪[265]，官[266]，绅[267]，都苦得他像一个木偶人[268]了。母亲对我说，凡是[269]不必搬走的东西，尽可以送他，可以听他自己去拣择[270]。

Tā chūqù le; mǔqīn hé wǒ dōu tànxī tā de jǐngkuàng: duō zǐ, jīhuāng, kē shuì, bīng, fěi, guān, shēn, dōu kǔ de tā xiàng yí gè mù'ǒu rén le. Mǔqīn duì wǒ shuō, fánshì bú bì bān zǒu de dōngxi, jìn kěyǐ sòng tā, kěyǐ tīng tā zìjǐ qù jiǎnzé.

下午，他拣好了几件东西：两条长桌，四个椅子，一副香炉[271]和烛台[272]，一杆[273]抬秤[274]。他又要所有的草灰[275]（我们这里煮饭是烧稻草[276]的，那灰，可以做沙地的肥料[277]），***

Xiàwǔ, tā jiǎn hǎo le jǐ jiàn dōngxi: liǎng tiáo chángzhuō, sì gè yǐzi, yí fù xiānglú hé zhútái, yì gǎn táichèng. Tā yòu yào suǒyǒu de cǎohuī (wǒmen zhèlǐ zhǔ fàn shì shāo dàocǎo de, nà huī, kěyǐ zuò shādì de fēiliào), ***

---

[263] 饥荒 – jīhuāng – famine; crop failure
[264] 苛税 – kē shuì – severe taxes; heavily taxed
[265] 匪 – fěi – bandit; robber
[266] 官 – guān – government officials
[267] 绅 – shēn – gentry
[268] 木偶人 – mù'ǒu rén – wooden figure; puppet
[269] 凡是 – fánshì – every; any; all
[270] 拣择 – jiǎnzé – choose; select; pick out
[271] 香炉 – xiānglú – incense burner
[272] 烛台 – zhútái – candlestick
[273] 杆 – gǎn – [measure word for something with a shaft]
[274] 抬秤 – táichèng – a balance; huge steelyard (usually worked by three persons, with two lifting the steelyard on a shoulder pole and the third adjusting the weight)
[275] 草灰 – cǎo huī – ashes from grass
[276] 稻草 – dàocǎo – straw; grass from the rice fields
[277] 肥料 – féiliào – fertilizer

*** 待²⁷⁸我们启程²⁷⁹的时候，他用船来载²⁸⁰去。

*** dài wǒmen qǐchéng de shíhòu, tā yòng chuán lái zài qù.

夜间，我们又谈些闲天²⁸¹，都是无关紧要的话；第二天早晨，他就领了水生回去了。

Yèjiān, wǒmen yòu tán xiē xiántiān, dōu shì wúguān jǐnyào de huà; dì-èr tiān zǎochen, tā jiù lǐng le Shuǐshēng huíqù le.

又过了九日，是我们启程的日期。闰土早晨便到了，水生没有同来，却只带着一个五岁的女儿管船只。我们终日很忙碌²⁸²，再没有谈天的工夫。来客也不少，有送行²⁸³的，有拿东西的，有送行兼²⁸⁴拿东西的。待到²⁸⁵傍晚²⁸⁶我们上船的时候，这老屋里的所有破旧大小粗细东西，已经一扫²⁸⁷而空了。

Yòu guò le jiǔ rì, shì wǒmen qǐchéng de rìqī. Rùntǔ zǎochen biàn dào le, Shuǐshēng méiyǒu tóng lái, què zhǐ dàizhe yí gè wǔ suì de nǚ'er guǎn chuánzhī. Wǒmen zhōngrì hěn mánglù, zài méiyǒu tántiān de gōngfu. Lái kè yě bù shǎo, yǒu sòngxíng de, yǒu ná dōngxi de, yǒu sòngxíng jiān ná dōngxi de. Dàidào bàngwǎn wǒmen shàng chuán de shíhòu, zhè lǎowū lǐ de suǒyǒu pòjiù dàxiǎo cūxì dōngxi, yǐjīng yì sǎo ér kōng le.

我们的船向前走，两岸的青山在黄昏²⁸⁸中，***

Wǒmen de chuán xiàngqián zǒu, liǎng àn de qīngshān zài huánghūn zhōng,
***

---

278 待 － dài － wait for; await
279 启程 － qǐchéng － set out; start on a journey
280 载 － zài － carry; hold
281 闲天 － xiántiān － idle chatter
282 忙碌 － mánglù － busy; bustling about
283 送行 － sòngxíng － see somebody off; wish someone bon voyage
284 兼 － jiān － simultaneously; concurrently
285 待到 － dàidào － by the time; when
286 傍晚 － bàngwǎn － toward evening; at nightfall; at dusk
287 一扫而空 － yì sǎo ér kōng － everything is cleared away
288 黄昏 － huánghūn － dusk

*** 都装成了深黛[289]颜色，连着退向船后梢[290]去。

*** dōu zhuāngchéng le shēn dài yánsè, liánzhe tuì xiàng chuán hòu shāoqù.

宏儿和我靠着船窗，同看外面模糊[291]的风景，他忽然问道：

Hóng'ér hé wǒ kàozhe chuán chuāng, tóng kàn wàimiàn móhu de fēngjǐng, tā hūrán wèndào:

"大伯[292]！我们什么时候回来？"

"Dàbó! Wǒmen shénmē shíhòu huílái?"

"回来？你怎么还没有走就想回来了。"

"Huílái? Nǐ zěnme hái méiyǒu zǒu jiù xiǎng huílái le."

"可是，水生约[293]我到他家玩去咧……"他睁[294]着大的黑眼睛，痴痴[295]的想。

"Kěshì, Shuǐshēng yuē wǒ dào tā jiā wán qù lie……" Tā zhēngzhe dà de hēi yǎnjing, chīchī de xiǎng.

我和母亲也都有些惘然[296]，于是又提起闰土来。母亲说，那豆腐西施的杨二嫂，自从我家收拾行李以来，本是每日必到的，前天伊在灰堆[297]里，掏[298]出十多个碗碟来，***

Wǒ hé mǔqīn yě dōu yǒu xiē wǎngrán, yúshì yòu tíqǐ Rùntǔ lái. Mǔqīn shuō, nà dòufu Xīshī de Yáng Èr Sǎo, zìcóng wǒ jiā shōushí xíngli yǐlái, běn shì měi rì bì dào de, qiántiān yī zài huī duī lǐ, tāochū shí duō gè wǎndié lái, ***

---

[289] 深黛 – shēn dài – deep blue
[290] 梢 – shāo – stern (of the boat); tip; the end of (the boat)
[291] 模糊 – móhu – indistinct; blurred; dim; vague
[292] 大伯 – dàbó – father's elder brother; uncle (a polite form of address for an elderly man)
[293] 约 – yuē – invite
[294] 睁 – zhēng – open (the eyes)
[295] 痴痴 – chīchī – silly; idiotic
[296] 惘然 – wǎngrán – frustrated; disappointed
[297] 灰堆 – huī duī – pile (堆) of ashes (灰)
[298] 掏 – tāo – dig (a hole, etc.); hollow out; scoop out

*** 议论之后，便定说是闰土埋²⁹⁹着的，他可以在运灰的时候，一齐³⁰⁰搬回家里去；杨二嫂发见³⁰¹了这件事，自己很以为功³⁰²，便拿了那狗气杀³⁰³（这是我们这里养鸡的器具，木盘上面有着栅栏³⁰⁴，内盛³⁰⁵食料，鸡可以伸进颈子去啄³⁰⁶，狗却不能，只能看着气死），飞也似的跑了，亏³⁰⁷伊装着这么高低的小脚，竟跑得这样快。

*** yìlùn zhīhòu, biàn dìng shuō shì Rùntǔ máizhe de, tā kěyǐ zài yùn huī de shíhòu, yìqí bān huíjiā lǐ qù; Yáng Èr Sǎo fāxiàn le zhè jiàn shì, zìjǐ hěn yǐwéi gōng, biàn ná le nà gǒuqìshā (zhè shì wǒmen zhèlǐ yǎng jī de qìjù, mù pán shàngmian yǒuzhe zhàlan, nèi chéng shíliào, jī kěyǐ shēnjìn jǐngzi qù zhuó, gǒu què bù néng, zhǐ néng kànzhe qìsǐ), fēi yě shìde pǎo le, kuī yī zhuāngzhe zhème gāodī de xiǎo jiǎo, jìng pǎo de zhèyàng kuài.

老屋离我愈远了；故乡的山水也都渐渐远离了我，但我却并不感到怎样的留恋³⁰⁸。我只觉得我四面有看不见的高墙，将我隔成孤身³⁰⁹，使我非常气闷³¹⁰；那西瓜地上的银项圈的小英雄的影像，我本来十分清楚，现在却忽地³¹¹模糊了，又使我非常的悲哀。

Lǎowū lí wǒ yù yuǎn le; gùxiāng de shānshuǐ yě dōu jiànjiàn yuǎn lí le wǒ, dàn wǒ què bìngbù gǎndào zěnyàng de liúliàn. Wǒ zhǐ juéde wǒ sìmiàn yǒu kànbújiàn de gāo qiáng, jiāng wǒ géchéng gūshēn, shǐ wǒ fēicháng qìmèn; nà xīguā dìshàng de yín xiàngquān de xiǎo yīngxióng de yǐngxiàng, wǒ běnlái shífēn qīngchu, xiànzài què hūde móhu le, yòu shǐ wǒ fēicháng de bēi'āi.

---

²⁹⁹ 埋 – mái – bury

³⁰⁰ 一齐 – yìqí – at the same time; simultaneously

³⁰¹ 发见 – fāxiàn – (same as 发现) discover; find; detect

³⁰² 功 – gōng – contribution; meritorious service (or deed)

³⁰³ 狗气杀 – gǒuqìshā – a dog teaser (explanation in story follows in parenthesis)

³⁰⁴ 栅栏 – zhàlan – railings; fence; (in this context) a lattice-like cage

³⁰⁵ 盛 – chéng – hold; contain

³⁰⁶ 啄 – zhuó – peck

³⁰⁷ 亏 – kuī – deficient; lack

³⁰⁸ 留恋 – liúliàn – recall with nostalgia

³⁰⁹ 孤身 – gūshēn – be all by oneself (relatives are not close by)

³¹⁰ 气闷 – qìmèn – depressing; in low spirits

³¹¹ 忽地 – hūde – suddenly; all of a sudden

母亲和宏儿都睡着了。

Mǔqīn hé Hóng'ér dōu shuìzháo le.

我躺着，听船底潺潺[312]的水声，知道我在走我的路。我想：我竟[313]与闰土隔绝[314]到这地步[315]了，但我们的后辈还是一气[316]，宏儿不是正在想念水生么。我希望他们不再像我，又大家隔膜[317]起来……然而我又不愿意他们因为要一气，都如我的辛苦展转[318]而生活，也不愿意他们都如闰土的辛苦麻木[319]而生活，也不愿意都如别人的辛苦恣睢[320]而生活。他们应该有新的生活，为我们所未经[321]生活过的。

Wǒ tǎngzhe, tīng chuándǐ chánchán de shuǐ shēng, zhīdào wǒ zài zǒu wǒ de lù. Wǒ xiǎng: wǒ jìng yǔ Rùntǔ géjué dào zhè dìbù le, dàn wǒmen de hòubèi háishi yí qì, Hóng'ér bú shì zhèngzài xiǎngniàn Shuǐshēng me. Wǒ xīwàng tāmen bú zài xiàng wǒ, yòu dàjiā gémó qǐlái……rán'ér wǒ yòu bú yuànyì tāmen yīnwèi yào yí qì, dōu rú wǒ de xīnkǔ zhǎnzhuǎn ér shēnghuó, yě bú yuànyì tāmen dōu rú Rùntǔ de xīnkǔ mámù ér shēnghuó, yě bú yuànyì dōu rú biérén de xīnkǔ zìsuī ér shēnghuó. Tāmen yīnggāi yǒu xīn de shēnghuó, wèi wǒmen suǒ wèi jīng shēnghuóguò de.

我想到希望，忽然害怕起来了。闰土要香炉和烛台的时候，我还暗地里笑他，以为他总是崇拜[322]偶像[323]，什么时候都不忘却。***

Wǒ xiǎngdào xīwàng, hūrán hàipà qǐlái le. Rùntǔ yào xiānglú hé zhútái de shíhòu, wǒ hái àndìli xiào tā, yǐwéi tā zǒngshì chóngbài ǒuxiàng, shénmē shíhòu dōu bú wàngquè. ***

---

[312] 潺潺 – chánchán – the sound of water passing the boat
[313] 竟 – jìng – in the end; eventually
[314] 隔绝 – géjué – completely; cut off; isolated
[315] 地步 – dìbù – condition; situation; plight (usually unfavorable)
[316] 一气 – yíqì – to speak on the same level; to be buddies
[317] 隔膜 – gémó – lack of mutual understanding
[318] 展转 – zhǎnzhuǎn – vagabond; treadmill; pass through different hands or places
[319] 麻木 – mámù – numb
[320] 恣睢 – zìsuī – focus on doing as one pleases; hedonistic; do what feels good
[321] 未经 – wèi jīng – not yet experienced
[322] 崇拜 – chóngbài – worship; adore
[323] 偶像 – ǒuxiàng – image; idol

*** 现在我所谓希望，不也是我自己手制[324]的偶像么？只是他的愿望切近[325]，我的愿望茫远[326]罢了。

*** Xiànzài wǒ suǒwèi xīwàng, bù yě shì wǒ zìjǐ shǒuzhì de ǒuxiàng me? Zhǐshì tā de yuànwàng qièjìn, wǒ de yuànwàng máng yuǎn bà le.

　　我在朦胧[327]中，眼前展开一片海边碧绿的沙地来，上面深蓝的天空中挂着一轮金黄的圆月。我想：希望本是无所谓有，无所谓无的。这正如地上的路；其实地上本没有路，走的人多了，也便成了路。

　　Wǒ zài ménglóng zhōng, yǎn qián zhǎnkāi yí piàn hǎibiān bìlù de shādì lái, shàngmian shēnlán de tiānkōng zhōng guàzhe yì lún jīnhuáng de yuányuè. Wǒ xiǎng: xīwàng běn shì wúsuǒwèi yǒu, wúsuǒwèi wú de. Zhè zhèng rú dì shàng de lù; qíshí dì shàng běn méiyǒu lù, zǒu de rén duō le, yě biànchéng le lù.

一九二一年一月

---

[324] 手制 – shǒuzhì – hand made
[325] 切近 – qièjìn – to be close at hand
[326] 茫远 – máng yuǎn – murky distance
[327] 朦胧 – ménglóng – dim; hazy; obscure

端午节

Dragonboat Holiday
端午节
Duānwǔjié

端午节 was first published in September 1922 in *Fiction Monthly* (小说月报 Xiǎoshuō Yuèbào).

After the establishment of the Republic, life did not change very much at first. The overthrow of the Qing dynasty resulted in a Republic dominated by a military man, Yuán Shìkǎi (袁世凯), who did little to benefit the common people and improve government. In the story, the main character chooses the pet phrase, "差不多" meaning "not much different." Given the historical context of the times, one can understand why he would feel this way. While the name of China changed, nothing much else did, causing Lǔ Xùn (known as Fāng Xuánchuò (方玄绰) in the story) to become disillusioned with the revolution and much else in life.

端午节 is Dragonboat Holiday in China and is a typical time to get paid and also to repay debts. The story is about the main character, Fāng Xuánchuò, not getting paid for his teaching position or his government position and what he does about it (not much). Basically his philosophy is to not do anything because everything will have the same result anyways. His family has to borrow from friends and relatives to make ends meet. After a mass demonstration, in which Fāng Xuánchuò did not participate, the government finally issues back pay to the teachers and officials. However, once the finance department has the checks to disperse, they refuse to issue to people like Fāng Xuánchuò who did not help in the protest. Fāng Xuánchuò refuses to beg for his check which he believes he already rightly deserves. Instead he goes to a good friend and asks for a temporary loan. While his friend congratulates him on not capitulating to the finance department's demands, he quickly becomes incensed when he finds Fāng Xuánchuò is visiting only to ask for a loan. Fāng Xuánchuò can't really blame his friend because he remembers doing the same thing. When he was still getting paid, someone came to ask him for a loan. Instead of helping out, Fāng Xuánchuò pretended he had no money to spare.

The backdrop of this story is based on actual events. The government did stop paying their workers, which escalated into a mass demonstration demanding back pay. On June 3rd, 1921 at Xīnhuámén (新华门), at the gate outside the government offices at Zhōngnánhǎi (中南海), 10,000 teachers and students took to the streets of Běijīng to demand their back pay before classes could resume. Several people were hurt, and the government eventually resumed pay for the teachers and government officials.

在新华门前烂泥里被国军打得头破血出之后，
倒居然也发了一点薪水。

端午节[1]
Duānwǔjié

方玄绰[2]近来爱说"差不多"这一句话，几乎成了"口头禅[3]"似的；而且不但说，的确也[4]盘据[5]在他脑里了。他最初说的是"都一样"，后来大约觉得欠稳当[6]了，便改为"差不多"，一直使用到现在。

Fāng Xuánchuò jìnlái ài shuō "chàbuduō" zhè yí jù huà, jīhū chéng le "kǒutóuchán" shìde; érqiě búdàn shuō, díquè yě pánjù zài tā nǎo lǐ le. Tā zuìchū shuō de shì "dōu yíyàng", hòulái dàyuē juéde qiàn wěndàng le, biàn gǎiwéi "chàbuduō", yìzhí shǐyòng dào xiànzài.

他自从发见[7]了这一句平凡[8]的警句[9]以后，虽然引起了不少的新感慨[10]，同时却也到许多新慰安[11]。譬如[12]看见老辈[13]威压[14]青年，＊＊＊

Tā zìcóng fāxiàn le zhè yí jù píngfán de jǐngjù yǐhòu, suīrán yǐnqǐ le bù shǎo de xīn gǎnkǎi, tóngshí què yě dào xǔduō xīn wèi'ān. Pìrú kànjiàn lǎobèi wēiyā qīngnián, ＊＊＊

---

[1] 端午节 – Duānwǔjié – Dragonboat Festival, every year on the fifth day of the fifth lunar month (around June) near the summer solstice. A traditional time to repay debts (similar to Mid Autumn Festival 中秋节 Zhōngqiūjié)

[2] 方玄绰 – Fāng Xuánchuò – name of the main character and referring to Lǔ Xùn. Friends of Lǔ Xùn used the surname 方 to address him as a comparison of Lǔ Xùn to a character from an 18th century novel called 儒林外史(Rúlín Wàishǐ, the Scholars)

[3] 口头禅 – kǒutóuchán – pet phrase

[4] 不但…也… – búdàn…yě… – not only…but also…

[5] 盘据 – pánjù – illegally or forcibly occupy

[6] 欠稳当 – qiàn wěndàng – lacking security; not 100% reliable

[7] 发见 – fāxiàn – (same as 发现) discover; find; detect

[8] 平凡 – píngfán – ordinary; common

[9] 警句 – jǐngjù – aphorism; epigram; a short phrase that says something true or wise

[10] 感慨 – gǎnkǎi – sigh with deep feeling

[11] 慰安 – wèi'ān – console; comfort; appease

[12] 譬如 – pìrú – for example; for instance

[13] 老辈 – lǎobèi – older generation; elders

[14] 威压 – wēiyā – lord over; forcibly keep under their control

鲁迅－呐喊

*** 在先是要愤愤[15]的，但现在却就转念道[16]，将来这少年有了儿孙时，大抵也要摆架子[17]的罢，便再没有什么不平[18]了。又如看见兵士[19]打车夫，在先也要愤愤的，但现在也就转念道，倘使[20]这车夫当了兵，这兵拉了车，大抵也就这么打，便再也不放在心上了。他这样想着的时候，有时也疑心[21]是因为自己没有和恶社会奋斗[22]的勇气，所以瞒心昧己[23]的故意造出来的一条逃路[24]，很近于"无是非之心[25]"，远不如改正了好。然而这意见总反而[26]在他脑里生长起来。

*** zài xiān shì yào fènfèn de, dàn xiànzài què jiù zhuǎnniàn dào, jiānglái zhè shàonián yǒu le érsūn shí, dàdǐ yě yào bǎi jiàzi de bà, biàn zài méiyǒu shénme bù píng le. Yòu rú kànjiàn bīngshì dǎ chēfū, zài xiān yě yào fènfèn de, dàn xiànzài yě jiù zhuǎnniàn dào, tǎngshǐ zhè chēfū dāng le bīng, zhè bīng lā le chē, dàdǐ yě jiù zhème dǎ, biàn zàiyě bù fàng zài xīn shàng le. Tā zhèyàng xiǎngzhe de shíhòu, yǒushí yě yíxīn shì yīnwèi zìjǐ méiyǒu hé è shèhuì fèndòu de yǒngqì, suǒyǐ mánxīn-mèijǐ de gùyì zào chūlái de yì tiáo táolù, hěn jìn yú "wú shìfēi zhī xīn", yuǎn bù rú gǎizhèng le hǎo. Rán'ér zhè yìjiàn zǒng fǎn'ér zài tā nǎo lǐ shēngzhǎng qǐlái.

---

[15] 愤愤 – fènfèn – angrily; indignantly
[16] 转念道 – zhuǎnniàn dào – think over; reconsider and give up an idea
[17] 摆架子 – bǎi jiàzi – put on airs
[18] 不平 – bù píng – feel resentful
[19] 兵士 – bīngshì – soldier
[20] 倘使 – tǎngshǐ – if; supposing; in case
[21] 疑心 – yíxīn – suspicion
[22] 奋斗 – fèndòu – fight to achieve a goal; struggle; strive
[23] 瞒心昧己 – mánxīn-mèijǐ – (成语) conceal (瞒) from your heart (心), conceal (昧) from yourself (己); do something you know you shouldn't do but do anyways; do evil against one's conscience; blot out one's conscience and deceive oneself
[24] 逃路 – táolù – path to escape
[25] 无是非之心 – wú shìfēi zhī xīn – one who no longer can discern right from wrong (is no longer human) – from Mencius, 孟子, Gongsun Chou chapter, 公孙丑, "无是非之心，非人也"
[26] 反而 – fǎn'ér – instead; on the contrary

他将这"差不多说"最初公表的时候是在北京首善学校[27]的讲堂上，其时大概是提起关于历史上的事情来，于是[28]说到"古今人不相远[29]"，说到各色人等[30]的"性相近[31]"，终于牵扯[32]到学生和官僚[33]身上，大发[34]其[35]议论道：

Tā jiāng zhè "chàbùduō shuō" zuìchū gōngbiǎo de shíhòu shì zài Běijīng Shǒushàn Xuéxiào de jiǎngtáng shàng, qíshí dàgài shì tíqǐ guānyú lìshǐ shàng de shìqing lái, yúshì shuōdào "gǔ jīn rén bù xiāng yuǎn", shuōdào gèsè-rénděng de "xìng xiāng jìn", zhōngyú qiānchě dào xuésheng hé guānliáo shēn shàng, dàfā qí yìlùn dào:

"现在社会上时髦[36]的都通行[37]骂官僚，而学生骂得尤[38]利害。然而官僚并不[39]是天生的特别种族[40]，就是平民[41]变就的。***

"Xiànzài shèhuì shàng shímáo de dōu tōngxíng mà guānliáo, ér xuésheng mà de yóu lìhài. Rán'ér guānliáo bìngbù shì tiānshēng de tèbié zhǒngzú, jiùshì píngmín biàn jiù de. ***

---

[27] 首善学校 – Shǒushàn Xuéxiào – College of the Highest Good; a satirical reference to a "首善之区" a traditional epithet for Běijīng

[28] 于是 – yúshì – so; then; thereupon; hence

[29] 古今人不相远 – gǔ jīn rén bù xiāng yuǎn – people (人) of today (今) and the past (古) aren't (不) so different from each other (相远)

[30] 各色人等 – gèsè-rénděng – (成语) any and all sorts of people

[31] 性相近 – xìng xiāng jìn – human nature is all similar (even if customs are vastly different) – from the *Analects* of Confucius, 论语, the Yang Huo (阳货) chapter. "性相近也，习相远也"

[32] 牵扯 – qiānchě – involve; drag in

[33] 官僚 – guānliáo – government official; bureaucrat (at the time of the story, 1922, Lǔ Xùn was also serving in the Ministry of Education and a professor at Běijīng University, 北京大学)

[34] 大发 – dàfā – to proclaim; to let out completely; try to make something big

[35] 其 – qí – it (refers to something preceding it)

[36] 时髦 – shímáo – popular

[37] 通行 – tōngxíng – current; general

[38] 尤 – yóu – particularly; especially

[39] 并不 – bìngbù – not at all

[40] 种族 – zhǒngzú – race

[41] 平民 – píngmín – the common people

*** 现在学生出身的官僚就不少，和老官僚有什么两样呢？'易地则皆然[42]'，思想言论[43]举动丰采[44]都没有什么大区别[45]……便是学生团体[46]新办的许多事业，不是也已经难免[47]出弊病[48]，大半烟消火灭[49]了么？差不多的。但中国将来之可虑[50]就在此[51]……"

*** Xiànzài xuésheng chūshēn de guānliáo jiù bù shǎo, hé lǎo guānliáo yǒu shénme liǎng yàng ne? 'Yì dì zé jiē rán', sīxiǎng yánlùn jǔdòng fēngcǎi dōu méiyǒu shénme dà qūbié…… biàn shì xuésheng tuántǐ xīn bàn de xǔduō shìyè, bú shì yě yǐjīng nánmiǎn chū bìbìng, dàbàn yānxiāo-huǒmiè le me? Chàbuduō de. Dàn Zhōngguó jiānglái zhī kělù jiù zài cǐ……"

散坐[52]在讲堂[53]里的二十多个听讲者，有的怅然[54]了，或者是以为这话对；有的勃然[55]了，大约是以为侮辱[56]了神圣[57]的青年；有几个却对他微笑[58]了，大约以为这是他替自己的辩解[59]：***

Sànzuò zài jiǎngtáng lǐ de èrshí duō gè tīngjiǎngzhě, yǒu de chàngrán le, huòzhě shì yǐwéi zhè huà duì; yǒu de bórán le, dàyuē shì yǐwéi wǔrǔ le shénshèng de qīngnián; yǒu jǐ gè què duì tā wēixiào le, dàyuē yǐwéi zhè shì tā tì zìjǐ de biànjiě: ***

---

[42] 易地则皆然 – yì dì zé jiē rán – "exchange (易) their places (地) and they'll all (皆) act the same (然)" – from Mencius, 孟子, the Li Lou chapter, 离娄.

[43] 言论 – yánlùn – opinion in politics and other affairs

[44] 丰采 – fēngcǎi – charisma (same as 风采)

[45] 区别 – qūbié – difference

[46] 团体 – tuántǐ – organization; group; team

[47] 难免 – nánmiǎn – hard to avoid; unavoidable

[48] 弊病 – bìbìng – drawback; disadvantage

[49] 烟消火灭 – yānxiāo-huǒmiè – (成语) to disappear and leave no trace; the smoke (烟) disappears (消) and the fire (火) is put out (灭)

[50] 可虑 – kělù – worth considering

[51] 在此 – zài cǐ – here; is here (referring to time or location)

[52] 散坐 – sànzuò – seated scattered about; seated at random

[53] 讲堂 – jiǎngtáng – lecture hall

[54] 怅然 – chàngrán – disappointed; upset

[55] 勃然 – bórán – agitatedly; excitedly

[56] 侮辱 – wǔrǔ – insult; humiliate; subject somebody to indignities

[57] 神圣 – shénshèng – sacred; holy

[58] 微笑 – wēixiào – smile

[59] 辩解 – biànjiě – make excuses

*** 因为方玄绰就是兼[60]做官僚的。

*** yīnwèi Fāng Xuánchuò jiùshì jiān zuò guānliáo de.

      而其实却是都错误。这不过是他的一种新不平；虽说不平，又只是他的一种安分[61]的空论。他自己虽然不知道是因为懒，还是因为无用，总之[62]觉得是一个不肯运动，十分安分守己[63]的人。总长[64]冤[65]他有神经病[66]，只要地位还不至于动摇[67]，他决不开一开口；教员的薪水欠[68]到大半年了，只要别有官俸[69]支持，他也决不开一开口。不但不开口，当教员联合索薪[70]的时候，他还暗地里以为欠斟酌[71]，太嚷嚷[72]；直到[73]听得同寮[74]过分的奚落[75]他们了，***

      Ér qíshí què shì dōu cuòwù. Zhè búguò shì tā de yì zhǒng xīn bù píng; suīshuō bù píng, yòu zhǐshì tā de yì zhǒng ānfèn de kōnglùn. Tā zìjǐ suīrán bù zhīdào shì yīnwèi lǎn, háishi yīnwèi wúyòng, zǒngzhī juéde shì yí gè bù kěn yùndòng, shífēn ānfèn-shǒujǐ de rén. Zǒngzhǎng yuān tā yǒu shénjīngbìng, zhǐyào dìwèi hái bù zhìyú dòngyáo, tā juébù kāi yì kāikǒu; jiàoyuán de xīnshuǐ qiàndào dàbàn nián le, zhǐyào bié yǒu guānfèng zhīchí, tā yě juébù kāi yì kāikǒu. Búdàn bù kāikǒu, dāng jiàoyuán liánhé suǒ xīn de shíhòu, tā hái àndìli yǐwéi qiàn zhēnzhuó, tài rāngrang; zhídào tīng de tóngliáo guòfèn de xīluò tāmen le, ***

---

[60] 兼 – jiān – simultaneously; concurrently

[61] 安分 – ānfèn – honest and dutiful

[62] 总之 – zǒngzhī – in a word; in short

[63] 安分守己 – ānfèn-shǒujǐ – (成语) law abiding and well behaved; be content with one's lot and act one's part; know one's place; act proper to one's status

[64] 总长 – zǒngzhǎng – head of a department; minister; cabinet minister (a name used from 1912 to 1927; now called 部长)

[65] 冤 – yuān – malign; to say bad things about somebody/something publicly

[66] 神经病 – shénjīngbìng – mental disorder

[67] 动摇 – dòngyáo – move; shake; waver

[68] 欠 – qiàn – owe (debt or money)

[69] 官俸 – guānfèng – official salary

[70] 索薪 – suǒ xīn – demand for their salary (owed to them)

[71] 欠斟酌 – qiàn zhēnzhuó – lacking deliberation; short of consideration

[72] 嚷嚷 – rāngrang – shout; yell

[73] 直到 – zhídào – until

[74] 同寮 – tóngliáo – fellow official; colleague (lit. *same small room*)

[75] 奚落 – xīluò – make gibes about; taunt

*** 这才略⁷⁶有些小感慨，后来一转念，这或者因为自己正缺钱，而别的官并不兼做教员的缘故⁷⁷罢，于是就释然⁷⁸了。

*** zhè cái lüè yǒu xiē xiǎo gǎnkǎi, hòulái yì zhuǎnniàn, zhè huòzhě yīnwèi zìjǐ zhèng quē qián, ér bié de guān bìngbù jiān zuò jiàoyuán de yuángù bà, yúshì jiù shìrán le.

他虽然也缺钱，但从没有加入教员的团体内，大家议决⁷⁹罢课⁸⁰，可是不去上课了。政府说"上了课才给钱"，他才略⁸¹恨⁸²他们的类乎⁸³用果子耍⁸⁴猴子；一个大教育家⁸⁵说道"教员一手挟⁸⁶书包一手要钱不高尚⁸⁷"，他才对于⁸⁸他的太太正式的发牢骚⁸⁹了。

Tā suīrán yě quē qián, dàn cóng méiyǒu jiārù jiàoyuán de tuántǐ nèi, dàjiā yìjué bàkè, kěshì bú qù shàngkè le. Zhèngfǔ shuō "shàng le kè cái gěi qián", tā cái lüè hèn tāmen de lèihū yòng guǒzi shuǎ hóuzi; yí gè dà jiàoyùjiā shuōdào "jiàoyuán yì shǒu xié shūbāo yì shǒu yào qián bù gāoshàng", tā cái duìyú tā de tàitài zhèngshì de fā láosāo le.

"喂，怎么只有两盘？"听了"不高尚说"这一日的晚餐时候，他看着菜蔬⁹⁰说。

"Wèi, zěnme zhǐyǒu liǎng pán?" Tīng le "bù gāoshàng shuō" zhè yí rì de wǎncān shíhòu, tā kànzhe càishū shuō.

---

⁷⁶ 略 – lüè – slightly; a little; somewhat
⁷⁷ 缘故 – yuángù – cause; reason
⁷⁸ 释然 – shìrán – feel relieved; feel at ease
⁷⁹ 议决 – yìjué – discuss and decide
⁸⁰ 罢课 – bàkè – (teacher's) strike; stop holding classes
⁸¹ 略 – lüè – slightly; somewhat; a little
⁸² 恨 – hèn – hate
⁸³ 类乎 – lèihū – resemble; take after
⁸⁴ 耍 – shuǎ – play (tricks)
⁸⁵ 教育家 – jiàoyùjiā – modern education specialist – referring to 范源濂 (Fàn Yuánlián) who actually made this remark in March 1921 when he was serving as minister of education since the Běijīng professors went on strike demanding back pay.
⁸⁶ 挟 – xié – hold something under the arm
⁸⁷ 高尚 – gāoshàng – noble; lofty
⁸⁸ 对于 – duìyú – (used to introduce the performer of an action or relevant people or things) toward(s); as for
⁸⁹ 发牢骚 – fāláosāo – give vent to peevish complaints; whine
⁹⁰ 菜蔬 – càishū – vegetables; greens (same as 蔬菜)

他们是没有受过新教育的，太太并无学名或雅号[91]，所以也就没有什么称呼了，照老例[92]虽然也可以叫"太太"但他又不愿意太守旧[93]，于是就发明了一个"喂"字。太太对他却连"喂"字也没有，只要脸向着他说话，依据[94]习惯法，他就知道这话是对他而发的。

Tāmen shì méiyǒu shòuguò xīn jiàoyù de, tàitài bìng wú xuémíng huò yǎhào, suǒyǐ yě jiù méiyǒu shénme chēnghū le, zhàolǎolì suīrán yě kěyǐ jiào "tàitài" dàn tā yòu bú yuànyì tài shǒujiù, yúshì jiù fāmíng le yí gè "wèi" zì. Tàitài duì tā què lián "wèi" zì yě méiyǒu, zhǐyào liǎn xiàngzhe tā shuōhuà, yījù xíguàn fǎ, tā jiù zhīdào zhè huà shì duì tā ér fā de.

"可是上月领来[95]的一成半[96]都完了……昨天的米，也还是好容易[97]才赊[98]来的呢。"伊站在桌旁脸对着他说。

"Kěshì shàngyuè lǐng lái de yì chéng bàn dōu wán le……zuótiān de mǐ, yě háishi hǎo róngyì cái shē lái de ne?" Yī zhàn zài zhuō páng liǎn duìzhe tā shuō.

"你看，还说教书的要薪水[99]是卑鄙[100]哩[101]。这种东西似乎连人要吃饭，饭要米做，米要钱买这一点粗浅[102]事情都不知道……"

"Nǐ kàn, hái shuō jiāoshū de yào xīnshuǐ shì bēibǐ lī. Zhè zhǒng dōngxi sìhū lián rén yào chīfàn, fàn yào mǐ zuò, mǐ yào qián mǎi zhè yì diǎn cūqiǎn shìqing dōu bù zhīdào……"

---

[91] 雅号 – yǎhào – elegant nickname

[92] 照老例 – zhàolǎolì – according to established and past precedents

[93] 守旧 – shǒujiù – adhere to past practices; stick to old ways; be conservative

[94] 依据 – yījù – form a basis for action; in accordance to

[95] 领来 – lǐng lái – receive; draw; get

[96] 一成半 – yì chéng bàn – 15% (成 – 1/10, 10%)

[97] 好容易 – hǎoróngyì – not without great difficulty, also 好不容易

[98] 赊 – shē – buy or sell on credit

[99] 薪水 – xīnshuǐ – wages; salary

[100] 卑鄙 – bēibǐ – base; immoral; despicable

[101] 哩 – lī – end of phrase particle denoting exclamation, similar to 了，啦

[102] 粗浅 – cūqiǎn – superficial; shallow

"对啦[103]。没有钱怎么买米，没有米怎么煮……"

"Duì lā. Méiyǒu qián zěnme mǎi mǐ, méiyǒu mǐ zěnme zhǔ……"

他两颊[104]都鼓[105]起来了，仿佛气恼[106]这答案正和他的议论"差不多"，近乎[107]随声附和[108]模样；接着便将头转向别一面去了，依据习惯法，这是宣告[109]讨论中止[110]的表示。

Tā liǎng jiá dōu gǔ qǐlái le, fǎngfú qìnǎo zhè dá'àn zhèng hé tā de yìlùn "chàbuduō", jìnhū suíshēng-fùhè múyàng; jiēzhe biàn jiāng tóu zhuǎnxiàng bié yí miàn qù le, yījù xíguàn fǎ, zhè shì xuāngào tǎolùn zhōngzhǐ de biǎoshì.

待到[111]凄风[112]冷雨这一天，教员们因为向政府去索欠薪[113]，在新华门前烂泥[114]里被国军[115]打得头破血出[116]之后，倒居然[117]也发了一点薪水[118]。***

Dàidào qī fēng lěng yǔ zhè yì tiān, jiàoyuánmen yīnwèi xiàng zhèngfǔ qù suǒ qiànxīn, zài Xīnhuámén qián lànní lǐ bèi guójūn dǎ de tóupò-xuèchū zhīhòu, dào jūrán yě fā le yì diǎn xīnshuǐ. ***

---

[103] 啦 – lā – [the representation of the combined sounds "le" and "a" denoting exclamation, interrogation, etc.]

[104] 颊 – jiá – cheek

[105] 鼓 – gǔ – rouse; agitate; (tighten)

[106] 气恼 – qìnǎo – get angry

[107] 近乎 – jìnhū – be close to; be little short of

[108] 随声附和 – suíshēng-fùhè – (成语) echo other people's views thoughtlessly

[109] 宣告 – xuāngào – declare; proclaim

[110] 中止 – zhōngzhǐ – discontinue; suspend

[111] 待到 – dàidào – by the time; when

[112] 凄风 – qī fēng – cold wind

[113] 欠薪 – qiànxīn – owe salary; delay paying a salary

[114] 烂泥 – lànní – mud; slush

[115] 国军 – guójūn – government troops

[116] 头破血出 – tóupò-xuèchū – (成语) to be beaten black and blue; be beaten up

[117] 居然 – jūrán – unexpectedly; actually; to one's surprise

[118] Based on an actual even that happened June 3, 1921 where teachers and students from all different schools, numbering more than 10,000, protested demanding back salary. Several people were hurt.

*** 方玄绰不费举手[119]之劳[120]的领了钱[121]，酌[122]还些旧债[123]，却还缺[124]一大笔款[125]，这是因为官俸也颇[126]有些拖欠[127]了。当[128]是时，便是廉吏清官[129]们也渐[130]以为薪之不可不索，而况[131]兼做教员的方玄绰，自然更表同情于学界[132]起来，所以大家主张[133]继续罢课的时候，他虽然仍未到场[134]，事后却尤其[135]心悦[136]诚服[137]的确守[138]了公共的决议。

*** Fāng Xuánchuò bú fèi jǔshǒu zhī láo de lǐng le qián, zhuó huán xiē jiù zhài, què hái quē yí dà bǐ kuǎn, zhè shì yīnwèi guānfèng yě pō yǒu xiē tuōqiàn le. Dāng shì shí, biàn shì liánlì qīngguānmen yě jiàn yǐwéi xīn zhī bù kě bù suǒ, érkuàng jiān zuò jiàoyuán de Fāng Xuánchuò, zìrán gèng biǎo tóngqíng yú xuéjiè qǐlái, suǒyǐ dàjiā zhǔzhāng jìxù bàkè de shíhòu, tā suīrán réng wèi dàochǎng, shìhòu què yóuqí xīnyuè chéngfú díquè shǒu le gōnggòng de juéyì.

然而政府竟[139]又付钱，学校也就开课了。***

Rán'ér zhèngfǔ jìng yòu fù qián, xuéxiào yě jiù kāi kè le. ***

---

[119] 不费举手 – bú fèi jǔshǒu – without as much as raising a finger; not having (不费) to raise (举) one's hand (手)

[120] 劳 – láo – work; labor

[121] 领钱 – lǐngqián – receive some cash

[122] 酌 – zhuó – consider; deliberate

[123] 旧债 – jiù zhài – old debts

[124] 缺 – quē – lack; be deficient; be short of

[125] 款 – kuǎn – a sum of money; fund

[126] 颇 – pō – quite; rather; considerably

[127] 拖欠 – tuōqiàn – fail to pay one's debts; be in arrears

[128] 当 – dāng – [used at the beginning of a sentence as an adverbial adjunct] when…; at the time…

[129] 廉吏清官 – liánlì qīngguān – honest and upright officials

[130] 渐 – jiàn – gradually; by degrees

[131] 而况 – érkuàng – besides; furthermore

[132] 学界 – xuéjiè – fellows in the academic world

[133] 主张 – zhǔzhāng – advocate

[134] 仍未到场 – réng wèi dàochǎng – yet not present (at the meeting)

[135] 尤其 – yóuqí – especially; particularly

[136] 心悦 – xīnyuè – happy and pleased from the heart

[137] 诚服 – chéngfú – be convinced by; obey

[138] 守 – shǒu – guard; defend; abide by

[139] 竟 – jìng – in the end; eventually

*** 但在前几天，却有学生总会[140]上一个呈文[141]给政府，说"教员倘若[142]不上课，便要付欠薪[143]。"这虽然并无效，而方玄绰却忽而[144]记起前回政府所说的"上了课才给钱"的话来，"差不多"这一个影子[145]在他眼前又一幌[146]，而且并不消灭[147]，于是他便在讲堂上公表[148]了。

*** Dàn zài qián jǐ tiān, què yǒu Xuésheng Zǒng Huì shàng yí gè chéngwén gěi zhèngfǔ, shuō "jiàoyuán tǎngruò bú shàngkè, biàn yào fù qiàn xīn." Zhè suīrán bìng wúxiào, ér Fāng Xuánchuò què hū'ér jìqǐ qián huí zhèngfǔ suǒ shuō de "shàng le kè cái gěi qián" de huà lái, "chàbuduō" zhè yí gè yǐngzi zài tā yǎn qián yòu yì huǎng, érqiě bìngbù xiāomiè, yúshì tā biàn zài jiǎngtáng shàng gōngbiǎo le.

准此[149]，可见如果将"差不多说"锻炼罗织[150]起来，自然也可以判[151]作一种挟带私心[152]的不平，但总不能说是专为自己做官的辩解。只是每到这些时，他又常常喜欢拉上中国将来的命运之类的问题， 一不小心，***

Zhǔn cǐ, kějiàn rúguǒ jiāng "chàbuduō shuō" duànliàn luózhī qǐlái, zìrán yě kěyǐ pànzuò yì zhǒng xiédài sīxīn de bù píng, dàn zǒng bù néng shuō shì zhuān wèi zìjǐ zuòguān de biànjiě. Zhǐshì měi dào zhèxiē shí, tā yòu chángcháng xǐhuān lāshàng Zhōngguó jiānglái de mìngyùn zhī lèi de wèntí, yí bù xiǎoxīn, ***

---

[140] 学生总会 – Xuésheng Zǒng Huì – Student Alliance
[141] 呈文 – chéngwén – document submitted to a superior; memorial; petition
[142] 倘若 – tǎngruò – if; supposing; in case
[143] 教员倘若不上课，便要付欠薪 – if the professors don't attend class, they will have to forfeit the money they are owed
[144] 忽而 – hū'ér – suddenly; all of a sudden
[145] 影子 – yǐngzi – trace; sign; vague impression
[146] 幌 – huǎng – flash (before one's eyes and don't really catch it)
[147] 消灭 – xiāomiè – eliminate; wipe out
[148] 公表 – gōngbiǎo – express publicly
[149] 准此 – zhǔn cǐ – because of this; relying on this
[150] 罗织 – luózhī – frame up, support, shore up
[151] 判 – pàn – judge; decide
[152] 挟带私心 – xiédài sīxīn – tainted by personal motives; holding (挟带) such ideas, thoughts out of personal interest (私心)

*** 便连自己也以为是一个忧国[153]的志士[154]；人们是每苦于[155]没有"自知之明[156]"的。

*** biàn lián zìjǐ yě yǐwéi shì yí gè yōuguó de zhìshì; rénmen shì měi kǔ yú méiyǒu "zìzhīzhīmíng" de.

但是"差不多"的事实又发生了，政府当初虽只不理[157]那些招人头痛[158]的教员，后来竟不理到无关痛痒[159]的官吏，欠而又欠，终于逼得先前[160]鄙薄[161]教员要钱的好官，也很有几员化为索薪大会里的骁将[162]了。惟有几种日报上却很发了些鄙薄讥笑[163]他们的文字。方玄绰也毫不为奇[164]，毫不介意[165]，因为他根据[166]了他的"差不多说"，知道这是新闻记者还未缺少润笔[167]的缘故，***

Dànshì "chàbuduō" de shìshí yòu fāshēng le, zhèngfǔ dāngchu suī zhǐ bù lǐ nàxiē zhāo rén tóutòng de jiàoyuán, hòulái jìng bù lǐ dào wúguān-tòngyǎng de guānlì, qiàn ér yòu qiàn, zhōngyú bī de xiānqián bǐbó jiàoyuán yào qián de hǎo guān, yě hěn yǒu jǐ yuán huàwéi suǒ xīn dàhuì lǐ de xiāojiàng le. Wéi yǒu jǐ zhǒng rìbào shàng què hěn fā le xiē bǐbó jīxiào tāmen de wénzì. Fāng Xuánchuò yě háobù wéiqí, háobù jièyì, yīnwèi tā gēnjù le tā de "chàbuduō shuō", zhīdào zhè shì xīnwén jìzhě hái wèi quēshǎo rùnbǐ de yuángù, ***

---

[153] 忧国 – yōuguó – concern for the country

[154] 志士 – zhìshì – person of ideals and integrity; righteous warriors

[155] 于 – yú – from

[156] 自知之明 – zìzhīzhīmíng – (成语) the wisdom of one's own limitation; self-knowledge

[157] 不理 – bù lǐ – refuse to acknowledge; pay no attention to; take no notice of; ignore

[158] 招人头痛 – zhāo rén tóutòng – give people (招人) a headache (头痛)

[159] 无关痛痒 – wúguān-tòngyǎng – (成语) a matter of no consequence

[160] 先前 – xiānqián – before; previously

[161] 鄙薄 – bǐbó – despise; scorn

[162] 骁将 – xiāojiàng – intrepid general; doughty general; brave general

[163] 讥笑 – jīxiào – ridicule; sneer at

[164] 毫不为奇 – háobù wéiqí – not (不) the least bit (毫) surprised (为奇)

[165] 毫不介意 – háobú jièyì – not (不) mind (介意) the least bit (毫); don't take seriously

[166] 根据 – gēnjù – on the basis of; according to

[167] 润笔 – rùnbǐ – payment for writers, artists, and poets

*** 万一¹⁶⁸政府或是阔人¹⁶⁹停了津贴¹⁷⁰，他们多半也要开大会的。

*** wànyī zhèngfǔ huò shì kuòrén tíng le jīntiē, tāmen duōbàn yě yào kāi dàhuì de.

他既¹⁷¹已表同情于教员的索薪，自然也赞成¹⁷²同寮的索俸¹⁷³，然而他仍¹⁷⁴安坐在衙门¹⁷⁵中，照例¹⁷⁶的并不一同去讨债¹⁷⁷。至于¹⁷⁸有人疑心他孤高¹⁷⁹，那可也不过是一种误解罢了。他自己说，他是自从出世以来，只有人向他来要债，他从没有向人去讨过债，所以这一端¹⁸⁰是"非其所长¹⁸¹"。而且他是不敢见手握¹⁸²经¹⁸³经济之权¹⁸⁴的人物， 这种人待到失了权势¹⁸⁵之后，***

Tā jì yǐ biǎo tóngqíng yú jiàoyuán de suǒ xīn, zìrán yě zànchéng tóngliáo de suǒ fèng, rán'ér tā réng ānzuò zài yámen zhōng, zhàolì de bìngbù yì tóng qù tǎozhài. Zhìyú yǒu rén yíxīn tā gūgāo, nà kě yě búguò shì yì zhǒng wùjiě bà le. Tā zìjǐ shuō, tā shì zìcóng chūshì yǐlái, zhǐyǒu rén xiàng tā lái yào zhài, tā cóng méiyǒu xiàng rén qù tǎoguò zhài, suǒyǐ zhè yì duān shì "fēi qí suǒzhǎng". Érqiě tā shì bù gǎn jiàn shǒu wò jīng jīngjì zhī quán de rénwù, zhè zhǒng rén dàidào shī le quánshì zhīhòu, ***

---

¹⁶⁸ 万一 – wànyī – just in case; if by any chance
¹⁶⁹ 阔人 – kuòrén – wealthy person
¹⁷⁰ 津贴 – jīntiē – subsidy; allowance
¹⁷¹ 既…也… – jì…yě… – both…and; as well as
¹⁷² 赞成 – zànchéng – approve of; assent; agree with; give one's blessing to
¹⁷³ 俸 – fèng – salary; pay
¹⁷⁴ 仍 – réng – still; yet
¹⁷⁵ 衙门 – yámen – *yamen*, government office in feudal China
¹⁷⁶ 照例 – zhàolì – as a rule; as usual; usually
¹⁷⁷ 讨债 – tǎozhài – demand their back salary
¹⁷⁸ 至于 – zhìyú – as for; as to
¹⁷⁹ 孤高 – gūgāo – arrogant; haughty; supercilious
¹⁸⁰ 端 – duān – reason; cause
¹⁸¹ 非其所长 – fēi qí suǒzhǎng – not very good at; not born to do
¹⁸² 手握 – shǒu wò – hold (the financial power) in one's hands
¹⁸³ 经 – jīng – pass through; undergo
¹⁸⁴ 经济之权 – jīngjì zhī quán – financial power
¹⁸⁵ 权势 – quánshì – power and influence

***捧[186]着一本《大乘起信论[187]》讲佛学的时候，固然[188]也很是"蔼然可亲[189]"的了，但还在宝座[190]上时，却总是一副阎王[191]脸，将别人都当奴才[192]看，自以为手操[193]着你们这些穷小子们的生杀之权[194]。他因此不敢见，也不愿见他们。这种脾气，虽然有时连自己也觉得是孤高，但往往同时也疑心这其实是没本领[195]。

*** pěngzhe yì běn 《Dàchéng Qǐ Xìn Lùn》 jiǎng Fóxué de shíhòu, gùrán yě hěn shì "ǎirán-kěqīn" de le, dàn hái zài bǎozuò shàng shí, què zǒngshì yí fù Yánwang liǎn, jiāng biérén dōu dāng núcái kàn, zì yǐwéi shǒu cāozhe nǐmen zhèxiē qióng xiǎozimen de shēngshā zhī quán. Tā yīncǐ bù gǎn jiàn, yě bú yuàn jiàn tāmen. Zhè zhǒng píqi, suīrán yǒushí lián zìjǐ yě juéde shì gūgāo, dàn wǎngwǎng tóngshí yě yíxīn zhè qíshí shì méi běnlǐng.

　　大家左索右索[196]，总自一节一节的挨过去了，但比起先前[197]来，方玄绰究竟是万分的拮据[198]，***

　　Dàjiā zuǒ suǒ yòu suǒ, zǒng zì yì jié yì jié de áiguò qù le, dàn bǐqǐ xiānqián lái, Fāng Xuánchuò jiūjìng shì wànfēn de jiéjū, ***

---

[186] 捧 – pěng – hold in both hands (in a show of being pious)
[187] 大乘起信论 – Dàchéng Qǐ Xìn Lùn – a Buddhist document, Mahayana's (马鸣菩萨 Mǎmíng Púsà) "*Awakening of Faith*"
[188] 固然 – gùrán – [used to acknowledge a fact in order to make a contrary statement which is the speaker's real intent] no doubt; it is true
[189] 蔼然可亲 – ǎirán-kěqīn – (成语) amicable and kind (蔼然) so easy to become more close to (可亲)
[190] 宝座 – bǎozuò – throne
[191] 阎王 – Yánwang – *Yama*; King of Hell; an extremely cruel person
[192] 奴才 – núcái – slave
[193] 手操 – shǒu cāo – hand is holding; grasping
[194] 生杀之权 – shēngshā zhī quán – the power over life and death
[195] 本领 – běnlǐng – skill; ability; capability
[196] 左索右索 – zuǒ suǒ yòu suǒ – borrowing on your left, borrowing from your right; borrow a little bit here and there
[197] 先前 – xiānqián – the past
[198] 拮据 – jiéjū – in straightened circumstances; short of money; hard up

*** 所以使用的小厮[199]和交易[200]的店家不消说，便是方太太对于他也渐渐的缺了敬意[201]，只要看伊近来不很附和[202]，而且常常提出独创[203]的意见，有些唐突[204]的举动，也就可以了然[205]了。到了阴历五月初四[206]的午前，他一回来，伊便将一叠账单[207]塞[208]在他的鼻子跟前，这也是往常[209]所没有的。

*** suǒyǐ shǐyòng de xiǎosī hé jiāoyì de diànjiā bù xiāo shuō, biàn shì Fāng Tàitài duìyú tā yě jiànjiàn de quē le jìngyì, zhǐyào kàn yī jìnlái bù hěn fùhè, érqiě chángcháng tíchū dúchuàng de yìjiàn, yǒu xiē tángtū de jǔdòng, yě jiù kěyǐ liǎorán le. Dào le yīnlì wǔyuè chūsì de wǔ qián, tā yì huílái, yī biàn jiāng yì dié zhàngdān sāi zài tā de bízi gēnqián, zhè yě shì wǎngcháng suǒ méiyǒu de.

"一总[210]总得一百八十块钱才够开消[211]……发了么？"伊并不对着他看的说。

"Yìzǒng zǒngděi yìbǎi bāshí kuài qián cái gòu kāixiāo…fā le me?" Yī bìngbù duìzhe tā kàn de shuō.

"哼，我明天不做官了。钱的支票是领来的了，***

"Hēng, wǒ míngtiān bú zuòguān le. Qián de zhīpiào shì lǐng lái de le, ***

---

[199] 小厮 – xiǎosī – a young male servant; page boy; page
[200] 交易 – jiāoyì – business; deal; trade; transaction
[201] 敬意 – jìngyì – respect; tribute
[202] 附和 – fùhè – echo; parrot
[203] 独创 – dúchuàng – original creation
[204] 唐突 – tángtū – be rude; offend
[205] 了然 – liǎorán – understand; be clear
[206] 阴历五月初四 – yīnlì wǔyuè chūsì – the 4th day of the fifth lunar month; the day before 端午节

初 – is used to indicate days at the beginning of the month. The first 9 days are 初一 to 初九, the second ten are 十一 to 十九 and the last ten are 廿一 to 廿九.

廿 – niàn – twenty; a score.
[207] 叠账单 – dié zhàngdān – a stack (叠) of (unpaid) bills (账单)
[208] 塞 – sāi – stuff; shove in
[209] 往常 – wǎngcháng – habitually; in the past
[210] 一总 – yìzǒng – altogether; all told; in all
[211] 开消 – kāixiāo – pay (money); settle; meet

***可是索薪大会的代表不发放²¹²，先说是没有同去的人都不发，后来又说是要到他们跟前去亲领²¹³。他们今天单捏²¹⁴着支票，就变了阎王脸了，我实在怕看见……我钱也不要了，官也不做了，这样无限量的卑屈²¹⁵……"

*** kěshì suǒ xīn dàhuì de dàibiǎo bù fāfàng, xiān shuō shì méiyǒu tóng qù de rén dōu bù fā, hòulái yòu shuō shì yào dào tāmen gēnqián qù qīn lǐng. Tāmen jīntiān dān niēzhe zhīpiào, jiù biàn le Yánwang liǎn le, wǒ shízài pà kànjiàn……wǒ qián yě bú yào le, guān yě bú zuò le, zhèyàng wúxiàn liàng de bēiqū……"

方太太见了这少见的义愤²¹⁶，倒有些愕然²¹⁷了，但也就沉静下来。

Fāng Tàitai jiàn le zhè shǎo jiàn de yìfèn, dào yǒu xiē èrán le, dàn yě jiù chénjìng xiàlái.

"我想，还不如去亲领罢，这算什么呢。"伊看着他的脸说。

"Wǒ xiǎng, hái bù rú qù qīn lǐng bà, zhè suàn shénme ne." Yī kànzhe tā de liǎn shuō.

"我不去！这是官俸，不是赏钱²¹⁸，照例应该由会计科²¹⁹送来的。"

"Wǒ bú qù! Zhè shì guānfèng, bú shì shǎngqián, zhàolì yīnggāi yóu kuàijìkē sònglái de."

"可是不送来又怎么好呢……哦，昨夜忘记说了，孩子们说那学费，***

"Kěshì bú sònglái yòu zěnme hǎo ne……Ò, zuóyè wàngjì shuō le, háizimen shuō nà xuéfèi, ***

---

²¹² 发放 – fāfàng – grant; provide
²¹³ 亲领 – qīn lǐng – receive in person
²¹⁴ 捏 – niē – hold between the fingers; pinch
²¹⁵ 卑屈 – bēiqū – humiliation; low injustice; menial
²¹⁶ 义愤 – yìfèn – righteous; indignation
²¹⁷ 愕然 – èrán – stunned; astounded
²¹⁸ 赏钱 – shǎngqián – tips; reward of money
²¹⁹ 会计科 – kuàijìkē – accounting department

*** 学校里已经催[220]过好几次了，说是倘若再不缴[221]……"

*** xuéxiào lǐ yǐjīng cuīguò hǎo jǐ cì le, shuō shì tǎngruò zài bù jiǎo……"

"胡说[222]！做老子的办事教书都不给钱，儿子去念几句书倒要钱？"

"Húshuō! Zuò lǎozi de bànshì jiāoshū dōu bù gěi qián, érzi qù niàn jǐ jù shū dào yào qián?"

伊觉得他已经不很顾忌[223]道理，似乎就要将自己当作校长[224]来出气[225]，犯不上[226]，便不再言语[227]了。

Yī juéde tā yǐjīng bù hěn gùjì dàolǐ, sìhū jiùyào jiāng zìjǐ dàngzuò xiàozhǎng lái chūqì, fànbushàng, biàn bú zài yányǔ le.

两个默默的吃了午饭。他想了一会，又懊恼[228]的出去了。

Liǎng gè mòmò de chī le wǔfàn. Tā xiǎng le yí huì, yòu àonǎo de chūqù le.

照旧例[229]，近年是每逢节根[230]或年关的前一天，他一定须在夜里的十二点钟才回家，一面[231]走，一面掏[232]着怀中[233]，***

Zhàojiùlì, jìn nián shì měi féng jiégēn huò niánguān de qián yì tiān, tā yídìng xū zài yè lǐ de shí'èr diǎn zhōng cái huíjiā, yí miàn zǒu, yí miàn tāozhe huái zhōng, ***

---

[220] 催 – cuī – hurry; urge; press; speed up
[221] 缴 – jiǎo – pay; hand over; hand in
[222] 胡说 – húshuō – nonsense
[223] 顾忌 – gùjì – scruple; misgiving
[224] 校长 – xiàozhǎng – head of a school (headmaster; principal; president; chancellor)
[225] 出气 – chūqì – give vent to one's anger
[226] 犯不上 – fànbushàng – not worthwhile
[227] 言语 – yányǔ – speak; answer; reply
[228] 懊恼 – àonǎo – annoyed; vexed; upset
[229] 照旧例 – zhàojiùlì – as before; as usual; ;as of old; in recent years
[230] 每逢节根 – měi féng jiégēn – on every festive occasion
[231] 一面…一面… – yí miàn… yí miàn… – [indicating simultaneous actions] at the same time; simultaneously
[232] 掏 – tāo – draw out; pull out; fish out
[233] 怀中 – huái zhōng – in (中) one's jacket pocket (the pocket near your chest (怀))

*** 一面大声的叫道，"喂，领来了！"于是递给[234]伊一叠[235]簇新[236]的中交票[237]，脸上很有些得意的形色。谁知道初四这一天却破了例[238]，他不到七点钟便回家来。方太太很惊疑[239]，以为他竟已辞了职了，但暗暗地察看[240]他脸上，却也并不见有什么格外倒运[241]的神情。

*** yí miàn dàshēng de jiàodào, "wèi, lǐng lái le!" Yúshì dìgěi yī yì dié cùxīn de Zhōng Jiāo piào, liǎn shàng hěn yǒu xiē déyì de xíngsè. Shéi zhīdào chūsì zhè yì tiān què pò le lì, tā bú dào qī diǎn zhōng biàn huíjiā lái. Fāng Tàitài hěn jīngyí, yǐwéi tā jìng yǐ cí le zhí le, dàn ànàn de chákàn tā liǎn shàng, què yě bìngbù jiàn yǒu shénme géwài dàoyùn de shénqíng.

"怎么了？……这样早？……"伊看定了他说。

"Zěnmele?……zhèyàng zǎo?……" Yī kàndìng le tā shuō.

"发不及[242]了，领不出了，银行已经关了门，得等初八。"

"Fābùjí le, lǐngbùchū le, yínháng yǐjīng guān le mén, děi děng chūbā."

"亲领？……"伊惴惴[243]的问。

"Qīn lǐng?……." Yī zhuìzhuì de wèn.

"亲领这一层也已经取消了，听说仍旧由会计科分送[244]。可是银行今天已经关了门，休息三天，得等到初八的上午。"***

"Qīn lǐng zhè yì céng yě yǐjīng qǔxiāo le, tīngshuō réngjiù yóu kuàijìkē fēnsòng. Kěshì yínháng jīntiān yǐjīng guān le mén, xiūxi sān tiān, děi děngdào chūbā de shàngwǔ." ***

---

[234] 递给 – dìgěi – hand (递) over (给); pass; give

[235] 叠 – dié – pile

[236] 簇新 – cùxīn – brand new

[237] 中交票 – Zhōng Jiāo piào – China Communication bills; money (票) issued by the Bank of China (中) and the Bank of Communications (交)

[238] 破例 – pòlì – break the pattern; break the habit; make an exception

[239] 惊疑 – jīngyí – surprised and bewildered; apprehensive and perplexed

[240] 察看 – chákàn – inspect; look carefully at; observe

[241] 倒运 – dàoyùn – have bad luck; get into trouble

[242] 发不及 – fābùjí – not enough time to issue (the checks) in time

[243] 惴惴 – zhuìzhuì – apprehensively

[244] 分送 – fēnsòng – divide and hand out; distribute

*** 他坐下，眼睛看着地面了，喝过一口茶，才又慢慢的开口说，"幸而衙门里也没有什么问题了，大约到初八就准有钱……向不相干[245]的亲戚朋友[246]去借钱，实在是一件烦难事。我午后硬着头皮去寻金永生[247]，谈了一会，他先恭维[248]我不去索薪，不肯亲领，非常之清高，一个人正应该这样做；待到知道我想要向他通融[249]五十元，就像我在他嘴里塞了一大把盐[250]似的，凡有[251]脸上可以打皱[252]的地迫[253]都打起皱来，说房租[254]怎样的收不起，买卖怎样的赔本[255]，在同事面前亲身领款[256]，也不算什么的，即刻[257]将我支使[258]出来了。"

*** Tā zuòxià, yǎnjing kànzhe dìmiàn le, hēguò yì kǒu chá, cái yòu mànmàn de kāikǒu shuō, "xìng'ér yámen lǐ yě méiyǒu shénme wèntí le, dàyuē dào chūbā jiù zhǔn yǒu qián……xiàng bù xiānggān de qīnqi-péngyou qù jiè qián, shízài shì yí jiàn fánnán shì. Wǒ wǔhòu yìngzhe tóupí qù xún Jīn Yǒngshēng, tán le yí huì, tā xiān gōngwéi wǒ bú qù suǒ xīn, bù kěn qīn lǐng, fēicháng zhī qīnggāo, yí gè rén zhèng yīnggāi zhèyàng zuò; dàidào zhīdào wǒ xiǎngyào xiàng tā tōngróng wǔshí yuán, jiù xiàng wǒ zài tā zuǐ lǐ sāi le yí dà bǎ yán shìde, fányǒu liǎn shàng kěyǐ dǎzhòu de dìpò dōu dǎqǐ zhòu lái, shuō fángzū zěnyàng de shōubùqǐ, mǎimài zěnyàng de péiběn, zài tóngshì miànqián qīnshēn lǐngkuǎn, yě bú suàn shénme de, jíkè jiāng wǒ zhīshǐ chūlái le."

---

[245] 不相干 – bù xiānggān – be irrelevant; have nothing to do with
[246] 亲戚朋友 – qīnqi-péngyou – relatives (亲戚) and friends (朋友)
[247] 金永生 – Jīn Yǒngshēng – name of a character, "Gold Eternal Life"
[248] 恭维 – gōngwéi – flatter; compliment
[249] 通融 – tōngróng – stretch a point
[250] 盐 – yán – salt
[251] 凡有 – fányǒu – wherever; all over
[252] 打皱 – dǎzhòu – to wrinkle
[253] 地迫 – dìpò – place
[254] 房租 – fángzū – rent (for a house, flat, etc.)
[255] 赔本 – péiběn – run a business at a loss; make a loss
[256] 领款 – lǐngkuǎn – receive funds; draw money
[257] 即刻 – jíkè – at once; immediately; instantly
[258] 支使 – zhīshǐ – send away

"这样紧急的节根，谁还肯借出钱去呢。"方太太却只淡淡[259]的说，并没有什么慨然[260]。

"Zhèyàng jǐnjí de jiégēn, shéi hái kěn jièchū qián qù ne." Fāng Tàitài què zhǐ dàndàn de shuō, bìng méiyǒu shénme kǎirán.

方玄绰低下头来了，觉得这也无怪其然[261]的，况且自已和金永生本来很疏远[262]。他接着[263]就记起去年年关的事来，那时有一个同乡来借十块钱，他其时明明已经收到了衙门的领款凭单[264]的了，因为死怕这人将来未必会还钱，便装了副为难[265]的神色，说道衙门里既然[266]领不到俸钱，学校里又不发薪水，实在"爱莫能助[267]"，将他空手送走了。他虽然自已并不看见装了怎样的脸，但此时却觉得很局促[268]，嘴唇微微[269]一动，又摇一摇头[270]。

Fāng Xuánchuò dīxià tóu lái le, juéde zhè yě wúguài qí rán de, kuàngqiě zìjǐ hé Jīn Yǒngshēng běnlái hěn shūyuǎn. Tā jiēzhe jiù jìqǐ qùnián niánguān de shì lái, nàshí yǒu yí gè tóngxiāng lái jiè shí kuài qián, tā qí shí míngmíng yǐjīng shōudào le yámen de lǐngkuǎn píngdān de le, yīnwèi sǐ pà zhè rén jiānglái wèibì huì huán qián, biàn zhuāng le fù wéinán de shénsè, shuōdào yámen lǐ jìrán lǐngbúdào fèng qián, xuéxiào lǐ yòu bù fā xīnshuǐ, shízài "àimònéngzhù", jiāng tā kōngshǒu sòng zǒu le. Tā suīrán zì yǐ bìngbù kànjiàn zhuāng le zěnyàng de liǎn, dàn cǐshí què juéde hěn júcù, zuǐchún wēiwēi yí dòng, yòu yáo yì yáotóu.

---

[259] 淡淡 – dàndàn – indifferent; cool
[260] 慨然 – kǎirán – with deep feeling
[261] 无怪其然 – wúguài qí rán – there is nothing strange
[262] 疏远 – shūyuǎn – drift apart; become estranged
[263] 接着 – jiēzhe – follow; carry on
[264] 凭单 – píngdān – a certificate for drawing money, goods, etc.; voucher
[265] 装副为难 – zhuāng fù wéinán – putting on the most helpless expression
[266] 既然 – jìrán – since; as; now that
[267] 爱莫能助 – àimònéngzhù – (成语) be willing yet unable to help; be willing to lend a hand but unable to do so; have one's hands tied
[268] 局促 – júcù – sheepish; feel or show constraint; looking or feeling embarrassed because you have done something silly or wrong
[269] 微微 – wēiwēi – slight; faint
[270] 摇头 – yáotóu – shake one's head (in disapproval)

然而不多久，他忽而恍然大悟[271]似的发命令了：叫小厮即刻上街去赊一瓶莲花白[272]。他知道店家希图[273]明天多还帐[274]，大抵是不敢不赊的，假如不赊，则[275]明天分文不还，正是他们应得的惩罚[276]。

Rán'ér bù duō jiǔ, tā hū'ér huǎngrán-dàwù shìde fā mìnglìng le: jiào xiǎosī jíkè shàngjiē qù shē yì píng Liánhuā Bái. Tā zhīdào diànjiā xītú míngtiān duō huánzhàng, dàdǐ shì bù gǎn bù shē de, jiǎrú bù shē, zé míngtiān fēn wén bù huán, zhèng shì tāmen yīngdé de chéngfá.

莲花白竟赊来了，他喝了两杯，青白色的脸上泛了红[277]，吃完饭，又颇有些高兴了，他点上一枝大号哈德门[278]香烟，从桌上抓起一本《尝试集[279]》来，躺[280]在床上就要看。

Liánhuā Bái jìng shē lái le, tā hē le liǎng bēi, qīngbáisè de liǎn shàng fàn le hóng, chīwán fàn, yòu pō yǒu xiē gāoxìng le, tā diǎnshàng yì zhī dàhào Hādémén xiāngyān, cóng zhuō shàng zhuāqǐ yì běn 《Chángshì Jí》 lái, tǎng zài chuáng shàng jiùyào kàn.

"那么明天怎么对付[281]店家呢？"方太太追上去，站在床面前看着他的脸说。

"Nàme míngtiān zěnme duìfù diànjiā ne?" Fāng Tàitài zhuī shàngqù, zhàn zài chuáng miànqián kànzhe tā de liǎn shuō.

---

[271] 恍然大悟 – huǎngrán-dàwù – (成语) suddenly realize; suddenly see the light
[272] 莲花白 – Liánhuā Bái – White Lotus, a famous brand of Chinese liquor and specialty of Běijīng
[273] 希图 – xītú – harbor the intention of; intend to; attempt to
[274] 还帐 – huánzhàng – clear one's tab; pay off one's bill or account
[275] 则 – zé – then
[276] 惩罚 – chéngfá – punish; penalize
[277] 泛红 – fànhóng – turn red
[278] 哈德门 – Hādémén – brand of cigarettes
[279] 尝试集 – Chángshì Jí – *Experiment*, written by 胡适 (Hú Shì) (1891-1962), an influential and pioneering work of poetry written in colloquial Chinese. Published in March of 1920 by 上海亚东图书馆, The Oriental Book Company.
[280] 躺 – tǎng – lie; recline
[281] 对付 – duìfù – deal with; cope with; tackle

"店家？……教他们初八的下半天[282]来。"

"Diànjiā? …… jiào tāmen chūbā de xiàbàntiān lái."

"我可不能这么说。他们不相信，不答应的。"

"Wǒ kě bù néng zhème shuō. Tāmen bù xiāngxìn, bù dāying de."

"有什么不相信。他们可以问去，全衙门里什么人也没有领到，都得初八！"他戟[283]着第二个指头[284]在帐子[285]里的空中画了一个半圆，方太太跟着指头也看了一个半圆，只见这手便去翻开[286]了《尝试集》。

"Yǒu shénme bù xiāngxìn. Tāmen kěyǐ wèn qù, quán yámen lǐ shénme rén yě méiyǒu lǐngdào, dōu děi chūbā!" Tā jǐzhe dì-èr gè zhǐtóu zài zhàngzi lǐ de kōngzhōng huà le yí gè bànyuán, Fāng Tàitài gēnzhe zhǐtóu yě kàn le yí gè bànyuán, zhǐ jiàn zhè shǒu biàn qù fānkāi le 《Chángshì Jí》.

方太太见他强横[287]到出乎[288]情理[289]之外了，也暂时开不得口。

Fāng Tàitài jiàn tā qiánghèng dào chūhū qínglǐ zhī wài le, yě zànshí kāibùdé kǒu.

"我想，这模样是闹[290]不下去的，将来总得想点法，做点什么别的事……"伊终于寻到了别的路，说。

"Wǒ xiǎng, zhè múyàng shì nào bú xiàqù de, jiānglái zǒngděi xiǎng diǎnfǎ, zuò diǎn shénme bié de shì……" Yī zhōngyú xúndào le biéde lù, shuō.

---

[282] 下半天 – xiàbàntiān – afternoon
[283] 戟 – jǐ – extend
[284] 第二个指头 – dì-èr gè zhǐtóu – index finger
[285] 帐子 – zhàngzi – mosquito netting
[286] 翻开 – fānkāi – open; turn the page
[287] 强横 – qiánghèng – rude and unreasonable; surly; arrogant
[288] 出乎 – chūhū – to exceed
[289] 情理 – qínglǐ – put in order
[290] 闹不下去 – nào bú xiàqù – can't keep going like this

"什么法呢？我'文不像誊录生，武不像救火兵[291]'，别的做什么？"

"Shénme fǎ ne? Wǒ 'wén bú xiàng ténglùshēng, wǔ bú xiàng jiùhuǒbīng', bié de zuò shénme?"

"你不是给上海的书铺子[292]做过文章么？"

"Nǐ bú shì gěi Shànghǎi de shūpùzi zuòguò wénzhāng me?"

"上海的书铺子？买稿[293]要一个一个的算字，空格不算数[294]。你看我做在那里的白话诗[295]去，空白有多少，怕只值[296]三百大钱一本罢。收版权税[297]又半年六月没消息，'远水救不得近火[298]'，谁耐烦[299]。"

"Shànghǎi de shūpùzi? Mǎi gǎo yào yí gè yí gè de suàn zì, kōnggé bú suàn shǔ. Nǐ kàn wǒ zuò zài nàli de báihuàshī qù, kòngbái yǒu duōshǎo, pà zhǐ zhí sānbǎi dàqián yì běn bà. Shōu bǎnquánshuì yòu bànnián liùyuè méi xiāoxī, 'yuǎn shuǐ jiùbùdé jìn huǒ', shéi nàifán."

"那么，给这里的报馆[300]里……"

"Nàme, gěi zhèlǐ de bàoguǎn lǐ……"

---

[291] 文不像誊录生，武不像救火兵 – wén bú xiàng ténglùshēng, wǔ bú xiàng jiùhuǒbīng – in regards to scholar affairs (文) not as good as (不像) the people who copy books (誊录生), in regards to martial skills (武) not as good as (不像) firefighters (救火兵) (i.e. lacks the skills of both white and blue collar workers)

[292] 书铺子 – shūpùzi – publisher

[293] 稿 – gǎo – manuscript; original text

[294] 空格不算数 – kōnggé bú suàn shǔ – don't count (不算数) the blank spaces (空格)

[295] 白话诗 – báihuàshī – free verse written in the vernacular; colloquial language poetry (a type of poetry pioneered in 1919 free from the rules of traditional poetry)

[296] 值 – zhí – be worth

[297] 版权税 – bǎnquánshuì – royalties to use copyright

[298] 远水救不得近火 – yuǎn shuǐ jiùbùdé jìn huǒ – (成语) waters from afar (远水) can't put out (救不得) a nearby fire (近火)

[299] 耐烦 – nàifán – patient

[300] 报馆 – bàoguǎn – newspaper office

"给报馆里？便在这里很大的报馆里，我靠着一个学生在那里做编辑[301]的大情面[302]，一千字也就是这几个钱，即使[303]一早做到夜，能够养活你们么？况且我肚子里也没有这许多文章。"

"Gěi bàoguǎn lǐ? Biàn zài zhèlǐ hěn dà de bàoguǎn lǐ, wǒ kàozhe yí gè xuésheng zài nàli zuò biānjí de dà qíngmiàn, yìqiān zì yě jiùshì zhè jǐ gè qián, jíshǐ yìzǎo zuòdào yè, nénggòu yǎnghuó nǐmen me? Kuàngqiě wǒ dùzi lǐ yě méiyǒu zhè xǔduō wénzhāng."

"那么，过了节怎么办呢？"

"Nàme, guò le jié zěnmebàn ne?"

"过了节么？——仍旧做官……明天店家来要钱，你只要说初八的下午。"

"Guò le jié me? ——Réngjiù zuòguān……míngtiān diànjiā lái yào qián, nǐ zhǐyào shuō chūbā de xiàwǔ."

他又要看《尝试集》了。方太太怕失了机会，连忙吞吞吐吐[304]的说：

Tā yòu yào kàn 《Chángshì Jí》 le. Fāng Tàitài pà shī le jīhuì, liánmáng tūntūn-tǔtǔ de shuō:

"我想，过了节，到了初八，我们……倒不如去买一张彩票[305]……"

"Wǒ xiǎng, guò le jié, dào le chūbā, wǒmen……dào bù rú qù mǎi yì zhāng cǎipiào……"

"胡说！会说这样无教育的……"

"Húshuō! Huì shuō zhèyàng wújiàoyù de……"

---

[301] 编辑 – biānjí – editor; compiler
[302] Lǔ Xùn really did have a former student who was working at 北京早晨 (Běijīng Zǎochen), *The Běijīng Morning Post*.
[303] 即使 – jiùshì – even; even if; even though
[304] 吞吞吐吐 – tūntūn-tǔtǔ – (speak) hesitantly and incoherently
[305] 彩票 – cǎipiào – lottery ticket

这时候，他忽而又记起被金永生支使出来以后的事了。那时他惘惘[306]的走过稻香村[307]，看店门口竖[308]着许多斗大[309]的字的广告道"头彩[310]几万元"，仿佛记得心里也一动，或者也许放慢[311]了脚步的罢，但似乎因为舍不得[312]皮夹[313]里仅[314]存的六角钱，所以竟也毅然决然[315]的走远了。他脸色一变，方太太料想[316]他是在恼着伊的无教育，便赶紧退开，没有说完话。方玄绰也没有说完话，将腰一伸[317]，咿咿呜呜[318]的就念《尝试集》。

Zhè shíhòu, tā hū'ér yòu jìqǐ bèi Jīn Yǒngshēng zhīshǐ chūlái yǐhòu de shì le. Nàshí tā wǎngwǎng de zǒuguò Dào Xiāng Cūn, kàn diàn ménkǒu shùzhe xǔduō dǒudà de zì de guǎnggào dào "tóucǎi jǐ wàn yuán", fǎngfú jìde xīnli yě yí dòng, huòzhě yěxǔ fàngmàn le jiǎobù de bà, dàn sìhū yīnwèi shěbùdé píjiā lǐ jǐn cún de liù jiǎo qián, suǒyǐ jìng yě yìrán-juérán de zǒu yuǎn le. Tā liǎnsè yí biàn, Fāng Tàitài liàoxiǎng tā shì zài nǎozhe yī de wújiàoyù, biàn gǎnjǐn tuì kāi, méiyǒu shuōwán huà. Fāng Xuánchuò yě méiyǒu shuōwán huà, jiāng yāo yì shēn, yīyī-wūwū de jiù niàn 《Chángshì Jí》.

一九二二年六月。

---

306 惘惘 – wǎngwǎng – disappointed
307 稻香村 – Dào Xiāng Cūn – name of a store, "Fields of Fragrance Village"
308 竖 – shù – set upright; erect; stand
309 斗大 – dǒudà – large and bold
310 头彩 – tóucǎi – first prize in a lottery
311 放慢 – fàngmàn – slow down
312 舍不得 – shěbùdé – not willing to give away
313 皮夹 – píjiā – leather wallet
314 仅 – jǐn – only; barely; merely
315 毅然决然 – yìrán-juérán – （成语）resolutely, determinedly; strong-minded, decisively; firmly
316 料想 – liàoxiǎng – expect; presume
317 将腰一伸 – jiāng yāo yì shēn – stretch out his body
318 咿咿呜呜 – yīyī-wūwū – the sound you make when reading a book

鲁迅—呐喊

白光

The White Light
白光
Bái Guāng

白光 was published in July of 1922 in Shanghai's *Eastern Magazine* (东方杂志, Dōngfāng Zázhì).

白光 begins with Chén Shìchéng (陈士成) staring at a list of names of candidates who successfully passed the district examination. After his sixteenth failure, Chén Shìchéng is understandably distraught. He drifts back home and sulks in disbelief. The other families in the same compound return to their rooms early recognizing the look on Chén Shìchéng's face. Chén Shìchéng turns his disappointment into a search for a mythical buried treasure. Previous excavation attempts illustrate the frequent disappointments he has had over the years. A white light from the moon begins to shine onto his desk which he takes as a sign of the buried treasure's location. He begins digging and digging only to unveil an old jaw bone.

A voice in his head tells him the treasure is not in this room, but is actually in the distant mountains. He rushes out through the city gates into the night only to wash up dead in a lake the next morning.

This story is based on one of Lǔ Xùn's uncles, Zhōu Zǐjīng (周子京) who lived in the family compound in Shàoxīng (绍兴城) and helped teach Lǔ Xùn the classics in Lǔ Xùn's younger years. He spent years studying for the civil service exam, yet repeatedly failed to pass. He was something of a nuisance in the family compound and did not contribute much except to teach the children the classics.

Lǔ Xùn's uncle and Chén Shìchéng highlight one of the flaws in the civil service exam in feudal China. While the system prepared people very well in the classics of China, it also produced many people who never passed the exams, but yet had spent years and years in preparation. After their failure they lacked any other skills to support themselves and their families. Lǔ Xùn's uncle eventually committed suicide by lighting himself on fire and jumping off a bridge into the water below. He died a few days later.

白光
Bái Guāng

陈士成[1]看过县考[2]的榜[3]，回到家里的时候，已经是下午了。他去得本[4]很早，一见榜，便先在这上面寻陈字[5]。陈字也不少，似乎也都争先恐后[6]的跳进他眼睛里来，然而接着[7]的却全不是士成这两个字。他于是[8]重新再在十二张榜[9]的圆图[10]里细细地搜寻[11]，看的人全已散尽[12]了，而陈士成在榜上终于没有见，单[13]站在试院[14]的照壁[15]的面前。

Chén Shìchéng kànguò xiànkǎo de bǎng, huídào jiā lǐ de shíhòu, yǐjīng shì xiàwǔ le. Tā qù de běn hěn zǎo, yí jiàn bǎng, biàn xiān zài zhè shàngmian xún chén zì. Chén zì yě bù shǎo, sìhū yě dōu zhēngxiān-kǒnghòu de tiàojìn tā yǎnjing lǐ lái, rán'ér jiēzhe de què quán bú shì Shìchéng zhè liǎng gè zì. Tā yúshì chóngxīn zài zài shí'èr zhāngbǎng de yuántú lǐ xìxì de sōuxún, kàn de rén quán yǐ sànjìn le, ér Chén Shìchéng zài bǎng shàng zhōngyú méiyǒu jiàn, dān zhàn zài shìyuàn de zhàobì de miànqián.

---

[1] 陈士成 – Chén Shìchéng – name of the main character
[2] 县考 – xiànkǎo – district examinations
[3] 榜 – bǎng – a list of names posted up
[4] 本 – běn – originally
[5] 陈字 – chén zì – the character 陈
[6] 争先恐后 – zhēngxiān-kǒnghòu – (成语) push ahead for fear of lagging behind; strive to be ahead of others and be afraid to lag behind
[7] 接着 – jiēzhe – follow; carry on; right after
[8] 于是 – yúshì – so; then; thereupon; hence
[9] 张榜 – zhāngbǎng – posted; put up a notice; post a notice
[10] 圆图 – yuántú – The list of successful candidates of the district examinations were written on a 榜 and a list of 50 names would be written on each page in such a way as to form a circle.
[11] 搜寻 – sōuxún – search high and low for a missing person or article
[12] 散尽 – sànjìn – completely dispersed; nobody left; to be totally dispersed
[13] 单 – dān – alone; only; solely
[14] 试院 – shìyuàn – testing center
[15] 照壁 – zhàobì – the short stretch of wall outside of a large gate of a house, garden, or park (for privacy)

鲁迅－呐喊

凉风虽然拂拂[16]的吹动他斑白[17]的短发，初冬的太阳却还是很温和的来晒[18]他。但他似乎被太阳晒得头晕了，脸色越加变成灰白，从劳乏[19]的红肿的两眼里，发出古怪的闪光[20]。这时他其实早已不看到什么墙上的榜文了，只见有许多乌黑的圆圈，在眼前泛泛[21]的游走[22]。

Liángfēng suīrán fúfú de chuīdòng tā bānbái de duǎnfà, chūdōng de tàiyáng què háishi hěn wēnhé de lái shài tā. Dàn tā sìhū bèi tàiyáng shài dé tóuyūn le, liǎnsè yuè jiā biànchéng huībái, cóng láofá de hóngzhǒng de liǎng yǎn lǐ, fāchū gǔguài de shǎnguāng. Zhèshí tā qíshí zǎoyǐ bù kāndào shénme qiáng shàng de bǎngwén le, zhǐ jiàn yǒu xǔduō wūhēi de yuánquān, zài yǎn qián fànfàn de yóuzǒu.

隽[23]了秀才[24]，***

Juàn le xiùcái, ***

---

[16] 拂拂 – fúfú – whisk; flick; to brush away
[17] 斑白 – bānbái – grizzled; grey
[18] 晒 – shài – (of the sun) shine upon
[19] 劳乏 – láofá – fatigued and tired
[20] 闪光 – shǎnguāng – flash of light
[21] 泛泛 – fànfàn – float; general; not penetrating; superficial
[22] 游走 – yóuzǒu – wondering
[23] 隽 – juàn – obtain
[24] 秀才 – xiùcái – the first level of the Ming and Qing civil examination system. Those who passed the exam would have a great career ahead of them working with the government or teaching the classics. The downside as shown by 陈士成 's failure, is that the test requires lots of time to be spent reading the classics which does not easily translate into other careers if one fails. The different levels are:

秀才 – Budding Talent – those who passed a district (county) wide test, known as 道考, became 秀才. Once you are a 秀才, then you are deemed knowledgeable to teach others the classics.

举人 – jǔrén – Selectmen – every three years a provincial wide test (乡试 xiāngshì) was held. Those who passed became 举人.

状元 – zhuàngyuán – Advanced Scholar – the scholar who headed the successful candidates at the imperial examination; the very best scholar of all the examinees. Number one scholar in the country. This term applies to both military and literary candidates (and now other fields):

武状元 – wǔ zhuàngyuán – number one military fighter, usually becomes general.

文状元 – wén zhuàngyuán – number one literary scholar.

上省去乡试，一径²⁵联捷²⁶上去，……绅士²⁷们既然千方百计²⁸的来攀亲²⁹，人们又都像看见神明似的敬畏³⁰，深悔³¹先前的轻薄³²，发昏，……赶走³³了租住在自己破宅门³⁴里的杂姓³⁵——那是不劳说赶³⁶，自己就搬的，——屋宇³⁷全新了，门口是旗竿³⁸和扁额³⁹，……要清高⁴⁰可以做京官⁴¹，否则不如谋外放⁴²。……他平日安排停当⁴³的前程⁴⁴，

*** shàng shěng qù xiāngshì, yíjìng liánjié shàngqù, …… shēnshìmen jìrán qiānfāng-bǎijì de lái pānqīn, rénmen yòu dōu xiàng kànjiàn shénmíng shìde jìngwèi, shēn huǐ xiānqián de qīngbó, fāhūn, ……gǎnzǒu le zū zhù zài zìjǐ pò zháimén lǐ de záxìng——nà shì bù láo shuō gǎn, zìjǐ jiù bān de, —— wūyú quán xīn le, ménkǒu shì qígān hé biǎn'é, ……yào qīnggāo kěyǐ zuò jīngguān, fǒuzé bù rú móu wàifàng……Tā píngrì ānpái tíngdang de qiánchéng, ***

---

²⁵ 一径 – yíjìng – directly; straightaway; straight
²⁶ 联捷 – liánjié – spreading the good news of victory after victory
²⁷ 绅士 – shēnshì – gentlemen; gentry
²⁸ 千方百计 – qiānfāng-bǎijì – (成语) a thousand ways (千方), a hundred plans (百计); be every possible means; do everything possible
²⁹ 攀亲 – pānqīn – claim kinship
³⁰ 敬畏 – jìngwèi – respect and deference
³¹ 深悔 – shēn huǐ – bitterly regretting; deeply regretting
³² 轻薄 – qīngbó – doesn't give much respect; look down on people
³³ 赶走 – gǎnzǒu – expel
³⁴ 破宅门 – pò zháimén – dilapidated (破) family compound (宅门)
³⁵ 杂姓 – záxìng – last names different from his own
³⁶ 不劳说赶 – bù láo shuō gǎn – not (不) put somebody through the trouble (劳) of driving them off (说赶)
³⁷ 屋宇 – wūyú – houses; buildings
³⁸ 旗竿 – qígān – flag pole (traditional way of advertising one's status)
³⁹ 扁额 – biǎn'é – plaque (another traditional way of advertising one's status)
⁴⁰ 清高 – qīnggāo – noble-minded; honest and upright
⁴¹ 京官 – jīngguān – government official in the capitol
⁴² 谋外放 – móu wàifàng – seek (谋) a post outside the capital city (外放) (i.e. a provincial post)
⁴³ 停当 – tíngdang – ready; settled
⁴⁴ 前程 – qiánchéng – future; prospect; career

鲁迅 — 呐喊

*** 这时候又像受潮⁴⁵的糖塔⁴⁶一般，刹时⁴⁷倒塌⁴⁸，只剩下一堆碎片⁴⁹了。他不自觉的旋转⁵⁰了觉得涣散⁵¹了身躯⁵²，惘惘⁵³的走向归家⁵⁴的路。

*** zhè shíhòu yòu xiàng shòucháo de táng tǎ yìbān, shàshí dǎotà, zhǐ shèngxià yì duī suìpiàn le. Tā bú zìjué de xuánzhuǎn le juéde huànsàn le shēnqū, wǎngwǎng de zǒuxiàng guī jiā de lù.

他刚到自己的房门口，七个学童⁵⁵便一齐⁵⁶放开喉咙⁵⁷，吱⁵⁸的念起书来。他大吃一惊⁵⁹，耳朵边似乎敲⁶⁰了一声磬⁶¹，只见七个头拖⁶²了小辫子⁶³在眼前幌⁶⁴，幌得满房，黑圈子也夹⁶⁵着跳舞。***

Tā gāngdào zìjǐ de fáng ménkǒu, qī gè xuétóng biàn yìqí fàngkāi hóulóng, zhī de niànqǐ shū lái. Tā dàchī-yìjīng, ěrduo biān sìhū qiāo le yì shēng qìng, zhǐ jiàn qī gè tóu tuō le xiǎo biànzi zài yǎn qián huǎng, huǎng de mǎn fáng, hēi quānzi yě jiāzhe tiàowǔ. ***

---

⁴⁵ 受潮 – shòucháo – be made moist; become damp
⁴⁶ 糖塔 – táng tǎ – candy pagoda
⁴⁷ 刹时 – shàshí – suddenly; in a split second
⁴⁸ 倒塌 – dǎotà – collapse; topple down
⁴⁹ 碎片 – suìpiàn – broken pieces; chips; fragments
⁵⁰ 旋转 – xuánzhuǎn – spin; rotate; revolve
⁵¹ 涣散 – huànsàn – lax; slack
⁵² 身躯 – shēnqū – body; stature
⁵³ 惘惘 – wǎngwǎng – disappointedly
⁵⁴ 归家 – guī jiā – return home (to the dilapidated family compound)
⁵⁵ 学童 – xuétóng – child who is a student; school boy
⁵⁶ 一齐 – yìqí – at the same time; simultaneously
⁵⁷ 喉咙 – hóulóng – throat
⁵⁸ 吱 – zhī – to make a sound (sound of children reciting their texts)
⁵⁹ 大吃一惊 – dàchī-yìjīng – (成语) be greatly surprised; be quite taken aback
⁶⁰ 敲 – qiāo – knock; beat; strike
⁶¹ 磬 – qìng – a musical instrument from ancient times that is in the shape of a square and usually made from jade or stone. Similar to a chime.
⁶² 拖 – tuō – hang down; droop
⁶³ 辫子 – biànzi – pig tails; queues (traditional hair style during the Qing dynasty. See *A Story About Hair* (头发的事情) for more explanation)
⁶⁴ 幌 – huǎng – flash; appear
⁶⁵ 夹 – jiā – press from both sides; place in between

*** 他坐下了，他们送上晚课来，脸上都显出小觑[66]他的神色。

*** Tā zuòxià le, tāmen sòngshàng wǎnkè lái, liǎn shàng dōu xiǎnchū xiǎoqù tā de shénsè

"回去罢。"他迟疑[67]了片时[68]，这才悲惨[69]的说。

"Huíqu bà." Tā chíyí le piànshí, zhè cái bēicǎn de shuō.

他们胡乱[70]的包了书包，挟[71]着，一溜烟[72]跑走了。

Tāmen húluàn de bāo le shūbāo, xiézhe, yí liùyān pǎozǒu le.

陈士成还看见许多小头夹着黑圆圈在眼前跳舞，有时杂乱，有时也摆成[73]异样的阵图[74]，然而渐渐的减少了，模胡[75]了。

Chén Shìchéng hái kànjiàn xǔduō xiǎotóu jiāzhe hēi yuánquān zài yǎn qián tiàowǔ, yǒushí záluàn, yǒushí yě bǎichéng yíyàng de zhèntú, rán'ér jiànjiàn de jiǎnshǎo le, móhú le.

"这回[76]又完了！"

"Zhè huí yòu wán le!"

他大吃一惊，直跳起来，分明就在耳边的话，回过头去却并没有什么人，***

Tā dàchī-yìjīng, zhí tiào qǐlái, fēnmíng jiù zài ěr biān de huà, huíguò tóu qù què bìng méiyǒu shénme rén, ***

---

[66] 小觑 – xiǎoqù – despise; look down upon
[67] 迟疑 – chíyí – hesitate
[68] 片时 – piànshí – an instant; a moment; a short while
[69] 悲惨 – bēicǎn – miserable; tragic
[70] 胡乱 – húluàn – carelessly; casually; at random
[71] 挟 – xié – hold something under the arm
[72] 一溜烟 – yí liùyān – puff of smoke; in a flash; quickly
[73] 摆成 – bǎichéng – cluster together
[74] 阵图 – zhèntú – orderly pattern; a system of battle formations
[75] 模胡 – móhú – blurred; indistinct; dim; vague; fade away
[76] 回 – huí – measure word for number of times doing something

*** 仿佛又听得嗡[77]的敲了一声磬，自己的嘴也说道：

*** fǎngfú yòu tīng de wēng de qiāo le yì shēng qìng, zìjǐ de zuǐ yě shuōdào:

"这回又完了！"

"Zhè huí yòu wán le!"

他忽而[78]举起一只手来，屈指计数[79]着想，十一，十三回，连今年是十六回，竟没有一个考官[80]懂得文章，有眼无珠[81]，也是可怜的事，便不由[82]嘻嘻[83]的失了笑。然而他愤然[84]了，蓦地[85]从书包布底下抽[86]出誊真[87]的制艺和试帖[88]来，拿着往外走，刚近房门，却看见满眼都明亮，连一群鸡也正在笑他，便禁不住心头突突[89]的狂跳，只好缩回[90]里面了。

Tā hū'ér jǔqǐ yì zhī shǒu lái, qūzhǐ jìshǔzhe xiǎng, shíyī, shísān huí, lián jīnnián shì shíliù huí, jìng méiyǒu yí gè kǎoguān dǒng de wénzhāng, yǒuyǎn-wúzhū, yě shì kělián de shì, biàn bù yóu xīxī de shī le xiào. Rán'ér tā fènrán le, mòde cóng shūbāo bù dǐxia chōuchū téngzhēn de zhìyì hé shìtiě lái, názhe wǎng wài zǒu, gāng jìn fángmén, què kànjiàn mǎnyǎn dōu míngliàng, lián yì qún jī yě zhèngzài xiào tā, biàn jīnbuzhù xīntóu tūtū de kuáng tiào, zhǐhǎo suōhuí lǐmiàn le.

---

[77] 嗡 – wēng – drone; buzz; hum

[78] 忽而 – hū'ér – suddenly; all of a sudden

[79] 屈指计数 – qūzhǐ jìshǔ – can be counted on one's fingers; very few; less than 10

[80] 考官 – kǎoguān – exam official

[81] 有眼无珠 – yǒuyǎn-wúzhū – (成语) to have eyes but no pupils; not be able to see somebody or something of great importance; have eyes but see not; possess no true discernment

[82] 不由 – bù yóu – cannot help but

[83] 嘻嘻的失笑 – xīxī de shīxiào – grinning (嘻嘻) and laughing in spite of oneself (失笑); cannot help laughing and grinning

[84] 愤然 – fènrán – become indignant; used to express an angry look

[85] 蓦地 – mòde – suddenly; all of a sudden; unexpectedly

[86] 抽 – chōu – take out

[87] 誊真 – téngzhēn – copy in writing

[88] 制艺和试帖 – zhìyì hé shìtiě – exam essays (制艺) and (和) exam poems (试帖)

[89] 突突 – tūtū – sound of thumping; beating of the heart; pitapat

[90] 缩回 – suōhuí – draw back; recoil

他又就了坐[91]，眼光格外的闪烁[92]；他目睹[93]着许多东西，然而很模胡，——是倒塌了的糖塔一般的前程躺[94]在他面前，这前程又只是广大[95]起来，阻住[96]了他的一切路。

Tā yòu jiù le zuò, yǎnguāng géwài de shǎnshuò; tā mùdǔzhe xǔduō dōngxi, rán'ér hěn móhú, ——shì dǎotā le de táng tǎ yì bān de qiánchéng tǎng zài tā miànqián, zhè qiánchéng yòu zhǐshì guǎngdà qǐlái, zǔzhù le tā de yí qiè lù.

别家的炊烟[97]早消歇[98]了，碗筷[99]也洗过了，而陈士成还不去做饭。寓[100]在这里的杂姓是知道老例[101]的，凡[102]遇到县考的年头，看见发榜后的这样的眼光，不如及早关了门，不要多管事。最先就绝[103]了人声，接着是陆续[104]的熄[105]了灯火，独[106]有月亮，却缓缓[107]的出现在寒夜[108]的空中。

Bié jiā de chuīyān zǎo xiāoxiē le, wǎnkuài yě xǐguò le, ér Chén Shìchéng hái bú qù zuòfàn. Yù zài zhèlǐ de záxìng shì zhīdào lǎolì de, fán yùdào xiànkǎo de niántóu, kànjiàn fābǎng hòu de zhèyàng de yǎnguāng, bù rú jízǎo guān le mén, bú yào duō guǎnshì. Zuì xiān jiù jué le rénshēng, jiēzhe shì lùxù de xī le dēnghuǒ, dú yǒu yuèliang, què huǎnhuǎn de chūxiàn zài hányè de kōngzhōng.

---

[91] 就坐 – jiùzuò – take a seat; be seated
[92] 闪烁 – shǎnshuò – twinkle; glimmer; glisten
[93] 目睹 – mùdǔ – see with one's own eyes; witness
[94] 躺 – tǎng – lie; recline
[95] 广大 – guǎngdà – intense; vast; wide; extensive
[96] 阻住 – zǔzhù – block; hinder; obstruct
[97] 炊烟 – chuīyān – smoke from the kitchen chimney
[98] 消歇 – xiāoxiē – disappear and take a rest; to put a stop
[99] 碗筷 – wǎnkuài – bowls and chopsticks
[100] 寓 – yù – live; reside
[101] 老例 – lǎolì – habit; convention; a rule or routine that has been used for ages
[102] 凡 – fán – all; every; any
[103] 绝 – jué – cut off; sever
[104] 陆续 – lùxù – one after another; in succession
[105] 熄 – xī – put out; extinguish
[106] 独 – dú – only; sole
[107] 缓缓 – huǎnhuǎn – slowly; unhurriedly; leisurely; little by little
[108] 寒夜 – hányè – chilly night

空中青碧[109]到如一片海，略有些浮云[110]，仿佛有谁将粉笔[111]洗在笔洗[112]里似的摇曳[113]。月亮对着陈士成注下寒冷的光波来，当初也不过像是一面新磨[114]的铁镜[115]罢了[116]，而这镜却诡秘[117]的照透[118]了陈士成的全身，就在他身上映出铁的月亮的影。

Kōng zhōng qīngbì dào rú yí piàn hǎi, lüè yǒu xiē fúyún, fǎngfú yǒu shéi jiāng fěnbǐ xǐ zài bǐxǐ lǐ shìde yáoyè. Yuèliang duìzhe Chén Shìchéng zhùxià hánlěng de guāngbō lái, dāngchū yě búguò xiàng shì yí miàn xīn mó de tiě jìng bà le, ér zhè jìng què guǐmì de zhàotòu le Chén Shìchéng de quánshēn, jiù zài tā shēn shàng yìngchū tiě de yuèliang de yǐng.

他还在房外的院子里徘徊[119]，眼里颇[120]清静了，四近[121]也寂静[122]。但这寂静忽又无端[123]的纷扰[124]起来，他耳边又确凿[125]听到急促[126]的低声说：

Tā hái zài fáng wài de yuànzi lǐ páihuái, yǎn lǐ pō qīngjìng le, sìjìn yě jìjìng. Dàn zhè jìjìng hū yòu wúduān de fēnrǎo qǐlái, tā ěr biān yòu quèzáo tīngdào jícù de dīshēng shuō:

---

[109] 青碧 - qīngbì - dark blue
[110] 浮云 - fúyún - clouds drifting by; floating clouds
[111] 粉笔 - fěnbǐ - chalk
[112] 笔洗 - bǐxǐ - a ceramic bowl in which an ink pencil is washed.
[113] 摇曳 - yáoyè - flicker; sway
[114] 磨 - mó - polish
[115] 铁镜 - tiě jìng - steel (铁) mirror (镜)
[116] 罢了 - bà le - [used at the end of a statement to indicate something not worth mentioning] that's it; only; not much
[117] 诡秘 - guǐmì - mysterious; secretive
[118] 照透 - zhàotòu - shine right through
[119] 徘徊 - páihuái - pace up and down
[120] 颇 - pō - quite; rather; considerably
[121] 四近 - sìjìn - neighborhood; vicinity
[122] 寂静 - jìjìng - quiet; still; silent
[123] 无端 - wúduān - for no reason
[124] 纷扰 - fēnrǎo - confusion; turmoil
[125] 确凿 - quèzáo - conclusive; authentic; irrefutable; absolute; firm
[126] 急促 - jícù - hurried; rapid

"左弯[127]右弯……"

"Zuǒ wān yòu wān……"

他耸然[128]了，倾耳[129]听时，那声音却又提高的复述[130]道：

Tā sǒngrán le, qīng'ěr tīng shí, nà shēngyīn què yòu tígāo de fùshù dào:

"右弯！"

"Yòu wān!"

他记得了。这院子，是他家还未如此雕零[131]的时候，一到夏天的夜间，夜夜和他的祖母在此纳凉[132]的院子。那时他不过十岁有零的孩子，躺在竹榻[133]上，祖母便坐在榻[134]旁边，讲给他有趣的故事听。伊[135]说是曾经听得伊的祖母说，陈氏的祖宗是巨富[136]的，这屋子便是祖基[137]，祖宗埋[138]着无数的银子，有福气[139]的子孙一定会得到的罢，***

Tā jìde le. Zhè yuànzi, shì tā jiā hái wèi rúcǐ diāolíng de shíhòu, yí dào xiàtiān de yèjiān, yèyè hé tā de zǔmǔ zài cǐ nà liáng de yuànzi. Nàshí tā búguò shí suì yǒu líng de háizi, tǎng zài zhútà shàng, zǔmǔ biàn zuò zài tà pángbiān, jiǎng gěi tā yǒuqù de gùshi tīng. Yī shuō shì céngjīng tīng de yī de zǔmǔ shuō, Chén shì de zǔzōng shì jùfù de, zhè wūzi biàn shì zǔjī, zǔzōng máizhe wúshù de yínzi, yǒu fúqì de zǐsūn yídìng huì dédào de bà, ***

---

[127] 弯 – wān – turn

[128] 耸然 – sǒngrán – become excited

[129] 倾耳 – qīng'ěr – to listen carefully

[130] 复述 – fùshù – repeat; retell

[131] 雕零 – diāolíng – zero engravings (i.e. rundown; thread-bare; withered)

[132] 纳凉 – nàliáng – enjoy the cool air; enjoy the shade

[133] 竹榻 – zhútà – bamboo bed; bed made from bamboo poles; bamboo couch

[134] 榻 – tà – couch; bed

[135] 伊 – yī – he or she (usually she)

[136] 巨富 – jùfù – tremendously rich; extremely wealthy

[137] 祖基 – zǔjī – the base of the family clan

[138] 埋 – mái – bury

[139] 福气 – fúqì – happy lot; good fortune

*** 然而至今还没有现。至于[140]处所，那是藏在一个谜语[141]的中间：

*** rán'ér zhìjīn hái méiyǒu xiàn. Zhìyú chùsuǒ, nà shì cáng zài yí gè míyǔ de zhōngjiān:

"左弯右弯，前走后走，量金量银[142]不论[143]斗[144]。"

"Zuǒ wān yòu wān, qián zǒu hòu zǒu, liàng jīn liàng yín bú lùn dǒu."

对于[145]这谜语，陈士成便在平时，本也常常暗地里加以揣测[146]的，可惜大抵刚以为可以通[147]，却又立刻觉得不合[148]了。有一回，他确有把握[149]，知道这是在租给唐家的房底下的了，然而总没有前去发掘[150]的勇气；过了几时，可又觉得太不相像了。至于他自己房子里的几个掘过的旧痕迹[151]，那却全是先前几回下第[152]以后的发了怔忡[153]的举动，后来自己一看到，也还感到惭愧[154]而且羞人[155]。

Duìyú zhè míyǔ, Chén Shìchéng biàn zài píngshí, běn yě chángcháng àndìli jiāyǐ chuǎicè de, kěxī dàdǐ gāng yǐwéi kěyǐ tōng, què yòu lìkè juéde bù hé le. Yǒu yì huí, tā què yǒu bǎwò, zhīdào zhè shì zài zūgěi Táng jiā de fáng dǐxia de le, rán'ér zǒng méiyǒu qián qù fājué de yǒngqì; guò le jǐshí, kě yòu juéde tài bù xiāngxiàng le. Zhìyú tā zìjǐ fángzi lǐ de jǐ gè juéguò de jiù hénjì, nà què quán shì xiānqián jǐ huí xiàdì yǐhòu de fā le zhèngchōng de jǔdòng, hòulái zìjǐ yí kàndào, yě hái gǎndào cánkuì érqiě xiūrén.

---

[140] 至于 – zhìyú – as for; as to

[141] 谜语 – míyǔ – riddle; conundrum

[142] 量金量银 – liàng jīn liàng yín – sack of gold, sack of silver

[143] 不论 – bú lùn – no matter (what, who, how, etc.)

[144] 斗 – dǒu – a measurement of capacity for grain (10 liters)

[145] 对于 – duìyú – as for

[146] 揣测 – chuǎicè – infer; unlock; guess; solve

[147] 通 – tōng – understand; know; figure out

[148] 不合 – bù hé – not conform to; unsuitable for

[149] 把握 – bǎwò – assurance; certainty

[150] 发掘 – fājué – excavate; unearth; explore

[151] 痕迹 – hénjì – mark; trace; vestige

[152] 下第 – xiàdì – failure of the imperial examinations

[153] 怔忡 – zhèngchōng – alarmed and panicky; terrified; panic-stricken

[154] 惭愧 – cánkuì – ashamed or abashed

[155] 羞人 – xiūrén – feel embarrassed or ashamed

但今天铁的光罩[156]住了陈士成，又软软[157]的来劝他了，他或者偶一[158]迟疑[159]，便给他正经[160]的证明，又加上阴森[161]的摧逼[162]，使他不得不又向自己的房里转过眼光去。

Dàn jīntiān tiě de guāng zhàozhù le Chén Shìchéng, yòu ruǎnruǎn de lái quàn tā le, tā huòzhě ǒuyì chíyí, biàn gěi tā zhèngjīng de zhèngmíng, yòu jiāshàng yīnsēn de cuībī, shǐ tā bùdébù yòu xiàng zìjǐ de fáng lǐ zhuǎnguò yǎnguāng qù.

白光如一柄[163]白团扇[164]，摇摇摆摆[165]的闪起在他房里了。

Bái guāng rú yì bǐng bái tuán shàn, yáoyáo-bǎibǎi de shǎnqǐ zài tā fáng lǐ le.

"也终于在这里！"

"Yě zhōngyú zài zhèlǐ!"

他说着，狮子[166]似的赶快走进那房里去，但跨进里面的时候，便不见了白光的影踪[167]，只有莽苍苍[168]的一间旧房，和几个破书桌都没在昏暗[169]里。他爽然[170]的站着，慢慢的再定睛，***

Tā shuōzhe, shīzi shìde gǎnkuài zǒujìn nà fáng lǐ qù, dàn kuàjìn lǐmiàn de shíhòu, biàn bú jiàn le bái guāng de yǐngzōng, zhǐyǒu mǎngcāngcāng de yì jiān jiù fáng, hé jǐ gè pò shūzhuō dōu mò zài hūn'àn lǐ. Tā shuǎngrán de zhànzhe, mànmàn de zài dìngjīng, ***

---

[156] 罩 – zhào – cover; wrap; envelope
[157] 软软 – ruǎnruǎn – softly
[158] 偶一 – ǒuyī – by chance; by accident; occasionally
[159] 迟疑 – chíyí – hesitate
[160] 正经 – zhèngjīng – serious
[161] 阴森 – yīnsēn – (of a place, atmosphere, expression, etc.) gloomy; ghastly
[162] 摧逼 – cuībī – urge; comply; force; drive
[163] 柄 – bǐng – (measure word for things that can be carried)
[164] 白团扇 – bái tuán shàn – white, round fan
[165] 摇摇摆摆 – yáoyáo-bǎibǎi – (成语) walk like a duck; shilly-shally; sway; swing; rock; vacillate
[166] 狮子 – shīzi – lion
[167] 影踪 – yǐngzōng – trace of its shadow
[168] 莽苍苍 – mǎngcāngcāng – vast and hazy; open; spacious
[169] 昏暗 – hūn'àn – dim; dusky
[170] 爽然 – shuǎngrán – dejected; at a loss

*** 然而白光却分明的又起来了，这回更广大，比硫黄火[171]更白净[172]，比朝雾[173]更霏微[174]，而且便在靠东墙的一张书桌下。

*** rán'ér bái guāng què fēnmíng de yòu qǐlái le, zhè huí gèng guǎngdà, bǐ liúhuáng huǒ gèng báijìng, bǐ zhāowù gèng fēiwēi, érqiě biàn zài kào dōng qiáng de yì zhāng shūzhuō xià.

陈士成狮子似的奔到门后边，伸手去摸锄头[175]，撞[176]着一条黑影。他不知怎的有些怕了，张惶[177]的点了灯，看锄头无非[178]倚[179]着。他移开[180]桌子，用锄头一气[181]掘起四块大方砖[182]，蹲身[183]一看，照例[184]是黄澄澄[185]的细沙[186]，揎了袖[187]爬开细沙，便露出下面的黑土来。 他极小心的，幽静[188]的，***

Chén Shìchéng shīzi shìde bēn dào mén hòubiān, shēnshǒu qù mō chútóu, zhuàngzhe yì tiáo hēi yǐng. Tā bù zhī zěn de yǒu xiē pà le, zhānghuáng de diǎn le dēng, kàn chútóu wúfēi yǐzhe. Tā yíkāi zhuōzi, yòng chútóu yí qì juéqǐ sì kuài dàfāng zhuān, dūn shēn yí kàn, zhàolì shì huángdēngdēng de xì shā, xuān le xiù pákāi xì shā, biàn lùchū xiàmiàn de hēi tǔ lái. Tā jí xiǎoxīn de, yōujìng de, ***

---

[171] 硫黄火 – liúhuáng huǒ – the flames (火) of burning sulfur (硫黄)
[172] 白净 – báijìng – (of skin) fair and clear
[173] 朝雾 – zhāowù – morning mist
[174] 霏微 – fēiwēi – hazy; foggy
[175] 锄头 – chútóu – hoe
[176] 撞 – zhuàng – bump against; run into
[177] 张惶 – zhānghuáng – alarmed; hastily
[178] 无非 – wúfēi – no more than; nothing but; simply; only
[179] 倚 – yǐ – lean on or against; rest on or against
[180] 移开 – yíkāi – move away; shift
[181] 一气 – yí qì – at one go; without a break; at a stretch
[182] 砖 – zhuān – flagstones; a large flat square piece of stone that is used for floors, paths, etc.
[183] 蹲身 – dūn shēn – crouched down
[184] 照例 – zhàolì – as usual; as a rule; usually
[185] 黄澄澄 – huángdēngdēng – golden
[186] 细沙 – xì shā – fine sand
[187] 揎袖 – xuān xiù – rolling up his sleeves
[188] 幽静 – yōujìng – quiet and secluded; peaceful

*** 一锄一锄往下掘，然而深夜究竟太寂静了，尖铁触土[189]的声音，总是钝重[190]的不肯瞒[191]人的发响。

*** yì chú yì chú wǎngxià jué, rán'ér shēnyè jiūjìng tài jìjìng le, jiān tiě chù tǔ de shēngyīn, zǒngshì dùnzhòng de bù kěn mán rén de fāxiǎng.

土坑[192]深到二尺[193]多了，并不见有瓮口[194]，陈士成正心焦[195]，一声脆响[196]，颇[197]震[198]得手腕[199]痛，锄尖[200]碰到什么坚硬[201]的东西了；他急忙抛[202]下锄头，摸索[203]着看时，一块大方砖在下面。他的心抖得很利害[204]，聚精会神[205]的挖[206]起那方砖来，下面也满是先前一样的黑土，

***

Tǔkēng shēndào èr chǐ duō le, bìngbù jiàn yǒu wèng kǒu, Chén Shìchéng zhèng xīnjiāo, yì shēng cuìxiǎng, pō zhèn de shǒuwàn tòng, chú jiān pèngdào shénme jiānyìng de dōngxi le; tā jímáng pāoxià chútóu, mōsuǒzhe kàn shí, yí kuài dàfāng zhuān zài xiàmiàn. Tā de xīn dǒu de hěn lìhài, jùjīng-huìshén de wāqǐ nà fāng zhuān lái, xiàmiàn yě mǎn shì xiānqián yíyàng de hēi tǔ, ***

---

[189] 尖铁触土 – jiān tiě chù tǔ – the tip (尖) of the metal (铁) hitting (触) the ground (土)

[190] 钝重 – dùnzhòng – deep and loud

[191] 瞒 – mán – hide the truth from; conceal from

[192] 土坑 – tǔkēng – hole in the ground

[193] 尺 – chǐ – *chi,* a unit of length (1/3 of a meter)

[194] 瓮口 – wèng kǒu – the mouth of an urn or crock (usually containing silver)

[195] 心焦 – xīnjiāo – anxious; worried

[196] 脆响 – cuìxiǎng – clear and crisp sound (the sound of the hoe hitting something hard)

[197] 颇 – pō – quite; rather; considerably

[198] 震 – zhèn – shock; vibrate

[199] 手腕 – shǒuwàn – wrists

[200] 锄尖 – chú jiān – the tip of the hoe

[201] 坚硬 – jiānyìng – hard; solid

[202] 抛 – pāo – throw; toss; fling

[203] 摸索 – mōsuǒ – grope; feel about; fumble

[204] 利害 – lìhài – terrible; formidable

[205] 聚精会神 – jùjīng-huìshén – (成语) concentrate one's attention; with attention

[206] 挖 – wā – dig; excavate

*** 爬松²⁰⁷了许多土，下面似乎还无穷²⁰⁸。但忽而又触²⁰⁹着坚硬的小东西了，圆的，大约是一个锈铜钱²¹⁰；此外也还有几片破碎²¹¹的磁片²¹²。

*** pá sōng le xǔduō tǔ, xiàmiàn sìhū hái wúqióng. Dàn hū'ér yòu chùzhe jiānyìng de xiǎo dōngxi le, yuán de, dàyuē shì yí gè xiù tóngqián; cǐwài yě háiyǒu jǐ piàn pòsuì de cí piàn.

陈士成心里仿佛觉得空虚²¹³了，浑身²¹⁴流汗，急躁²¹⁵的只爬搔²¹⁶；这其间，心在空中一抖动²¹⁷，又触着一种古怪的小东西了，这似乎约略²¹⁸有些马掌形²¹⁹的，但触手²²⁰很松脆²²¹。他又聚精会神的挖起那东西来，谨慎²²²的撮²²³着，就灯光下仔细看时，那东西斑斑剥剥²²⁴的像是烂骨头²²⁵，***

Chén Shìchéng xīnli fǎngfú juéde kōngxū le, húnshēn liú hàn, jízào de zhǐ pá sāo; zhè qí jiān, xīn zài kōng zhōng yì dǒudòng, yòu chùzhe yì zhǒng gǔguài de xiǎo dōngxi le, zhè sìhū yuēlüè yǒu xiē mǎzhǎng xíng de, dàn chù shǒu hěn sōngcuì. Tā yòu jùjīng-huìshén de wāqǐ nà dōngxi lái, jǐnshèn de cuōzhe, jiù dēngguāng xià zǐxì kàn shí, nà dōngxi bānbān-bōbō de xiàng shì làn gǔtóu, ***

---

²⁰⁷ 爬松 – pá sōng – loosen up (the dirt) with one's hands
²⁰⁸ 无穷 – wúqióng – infinite; endless; boundless; inexhaustible
²⁰⁹ 触 – chù – touch
²¹⁰ 锈铜钱 – xiù tóngqián – rusty, copper coin
²¹¹ 破碎 – pòsuì – tattered; broken
²¹² 磁片 – cí piàn – pieces of porcelain
²¹³ 空虚 – kōngxū – hollow; void
²¹⁴ 浑身 – húnshēn – from head to foot; all over
²¹⁵ 急躁 – jízào – impetuous; rash; impatient
²¹⁶ 爬搔 – pá sāo – crawl (爬) and scratch (搔)
²¹⁷ 抖动 – dǒudòng – shake; tremble; vibrate
²¹⁸ 约略 – yuēlüè – rough; approximate
²¹⁹ 马掌形 – mǎzhǎng xíng – shape (形) of a horseshoe (马掌)
²²⁰ 触手 – chù shǒu – to the touch; touch (触) of the hand (手)
²²¹ 松脆 – sōngcuì – light and crisp
²²² 谨慎 – jǐnshèn – prudent; careful; cautious
²²³ 撮 – cuō – scoop up
²²⁴ 斑斑剥剥 – bānbān-bōbō – peel away; fade away
²²⁵ 烂骨头 – làn gǔtóu – worn out bones

*** 上面还带着一排零落²²⁶不全的牙齿。他已经误到这许是下巴骨²²⁷了，而那下巴骨也便在他手里索索²²⁸的动弹²²⁹起来，而且笑吟吟²³⁰的显出笑影，终于听得他开口道：

*** shàngmian hái dàizhe yì pái língluò bù quán de yáchǐ. Tā yǐjīng wùdào zhè xǔ shì xiàba gǔ le, ér nà xiàba gǔ yě biàn zài tā shǒu lǐ suǒsuǒ de dòngtán qǐlái, érqiě xiàoyínyín de xiǎochū xiào yǐng, zhōngyú tīng de tā kāikǒu dào:

"这回又完了！"

"Zhè huí yòu wán le!"

他栗然²³¹的发了大冷，同时也放了手，下巴骨轻飘飘²³²的回到坑²³³底里不多久，他也就逃²³⁴到院子里了。他偷看²³⁵房里面，灯火如此辉煌²³⁶，下巴骨如此嘲笑，异乎²³⁷寻常的怕人，便再不敢向那边看。他躲在远处的檐²³⁸下的阴影²³⁹里，觉得较为安全了；***

Tā lìrán de fā le dà lěng, tóngshí yě fàng le shǒu, xiàba gǔ qīngpiāopiāo de huídào kēng dǐ lǐ bù duō jiǔ, tā yě jiù táodào yuànzi lǐ le. Tā tōukàn fáng lǐmiàn, dēnghuǒ rúcǐ huīhuáng, xiàba gǔ rúcǐ cháoxiào, yìhū xúncháng de pàrén, biàn zài bù gǎn xiàng nàbiān kàn. Tā duǒ zài yuǎnchù de yán xià de yīnyǐng lǐ, juéde jiào wéi ānquán le; ***

---

²²⁶ 零落 – língluò – scattered
²²⁷ 下巴骨 – xiàba gǔ – jaw bone
²²⁸ 索索 – suǒsuǒ – shuttering; shaking
²²⁹ 动弹 – dòngtán – to move; stir; play with (the jaw bone)
²³⁰ 笑吟吟 – xiàoyínyín – to smile kindly; grin
²³¹ 栗然 – lìrán – shudder; tremble
²³² 轻飘飘 – qīngpiāopiāo – light as a feather; buoyant
²³³ 坑 – kēng – hole; pit; hollow
²³⁴ 逃 – táo – run away; escape; flee
²³⁵ 偷看 – tōukàn – steal a look; peep
²³⁶ 辉煌 – huīhuáng – brilliant; splendid; glorious
²³⁷ 异乎 – yìhū – different from (the usual, etc.)
²³⁸ 檐 – yán – eaves; the overhanging portion of a Chinese style roof
²³⁹ 阴影 – yīnyǐng – shadow

*** 但在这平安中，忽而耳朵边又听得窃窃[240]的低声说：

*** dàn zài zhè píng'ān zhōng, hū'ér ěrduo biān yòu tīng de qièqiè de dīshēng shuō:

"这里没有……到山里去……"

"Zhèlǐ méiyǒu……dào shān lǐ qù……"

陈士成似乎记得白天在街上也曾[241]听得有人说这种话，他不待再听完，已经恍然大悟[242]了。他突然仰面[243]向天，月亮已向西高峰[244]这方面隐[245]去，远想离城三十五里的西高峰正在眼前，朝笏[246]一般黑魆魆[247]的挺立[248]着，周围便放出浩大[249]闪烁[250]的白光来。

Chén Shìchéng sìhū jìde báitiān zài jiē shàng yě céng tīng de yǒu rén shuō zhè zhǒng huà, tā bú dài zài tīngwán, yǐjīng huǎngrán-dàwù le. Tā tūrán yǎngmiàn xiàng tiān, yuèliang yǐ xiàng Xī Gāofēng zhè fāngmiàn yǐnqù, yuǎn xiǎng lí chéng sānshíwǔ lǐ de Xī Gāofēng zhèngzài yǎn qián, cháohù yì bān hēixūxū de tǐnglìzhe, zhōuwéi biàn fàngchu hàodà shǎnshuò de bái guāng lái.

而且这白光又远远的就在前面了。

Érqiě zhè bái guāng yòu yuǎnyuǎn de jiù zài qiánmiàn le.

"是的，到山里去！"

"Shì de, dào shān lǐ qù!"

---

[240] 窃窃 – qièqiè – secretly; surreptitiously; furtively

[241] 曾 – céng – once; formerly; sometime ago

[242] 恍然大悟 – huǎngrán-dàwù – (成语) suddenly realize; suddenly see the light

[243] 仰面 – yǎngmiàn – face upwards

[244] 西高峰 – Xī Gāofēng – name of a mountain peak, Western Peak
　　　　高峰 – gāofēng – peak; summit; height

[245] 隐 – yǐn – hidden from view; concealed

[246] 朝笏 – cháohù – narrow and long tablets high officials carried to court when summoned by the emperor, made of ivory, jade, or bamboo which they would use to record events.

[247] 黑魆魆 – hēixūxū – dark; black; of low light

[248] 挺立 – tǐnglì – stand firm; stand upright

[249] 浩大 – hàodà – very great; huge; vast

[250] 闪烁 – shǎnshuò – twinkle; glimmer; glisten

他决定的想，惨然[251]的奔[252]出去了。几回的开门之后，门里面便再不闻一些声息[253]。灯火结了大灯花[254]照着空屋和坑洞，毕毕剥剥[255]的炸了几声之后，便渐渐的缩小以至[256]于无有[257]，那是残油[258]已经烧尽[259]了。

Tā juédìng de xiǎng, cǎnrán de bēn chūqù le. Jǐ huí de kāi mén zhīhòu, mén lǐmiàn biàn zài bù wén yì xiē shēngxī. Dēnghuǒ jié le dà dēnghuā zhàozhe kōng wū hé kēng dòng, bìbì-bōbō de zhà le jǐ shēng zhīhòu, biàn jiànjiàn de suōxiǎo yǐzhì yú wúyǒu, nà shì cán yóu yǐjīng shāojìn le.

"开城门来……"

"Kāi chéngmén lái……"

含着[260]大希望的恐怖的悲声[261]，游丝[262]似的在西关门[263]前的黎明[264]中，战战兢兢[265]的叫喊[266]。

Hánzhe dà xīwàng de kǒngbù de bēishēng, yóusī shìde zài Xī Guān Mén qián de límíng zhōng, zhànzhàn-jīngjīng de jiàohǎn.

---

[251] 惨然 – cǎnrán – saddened; grieved
[252] 奔 – bēn – run quickly; hurry
[253] 声息 – shēngxī – [often used in negative sentences] sound
[254] 灯花 – dēnghuā – the flickering of a candlewick
[255] 毕毕剥剥 – bìbì-bōbō – sound of the fire crackling (also used for popcorn)
[256] 以至 – yǐzhì – down to
[257] 无有 – wúyǒu – no more; nothing left
[258] 残油 – cán yóu – remaining oil
[259] 烧尽 – shāojìn – to burn out
[260] 含 – hán – containing
[261] 悲声 – bēishēng – sorrowful sound; a mournful cry
[262] 游丝 – yóusī – gossamer
[263] 西关门 – Xī Guān Mén – name of a place, West Gate (closed)
[264] 黎明 – límíng – dawn; daybreak
[265] 战战兢兢 – zhànzhàn-jīngjīng – (成语) gingerly; timorously
[266] 叫喊 – jiàohǎn – shout; yell; howl

第二天的日中，有人在离西门[267]十五里的万流湖[268]里看见一个浮尸[269]，当即[270]传扬[271]开去，终于传到地保[272]的耳朵里了，便叫乡下人捞[273]将[274]上来。那是一个男尸，五十多岁，"身中面白无须[275]"，浑身也没有什么衣裤[276]。或者说这就是陈士成。但邻居懒得去看，也并无尸亲[277]认领[278]，于是[279]经县委员相验[280]之后，便由[281]地保埋了。至于死因[282]，那当然是没有问题的，剥取[283]死尸的衣服本来是常有的事，够不上疑心到谋害[284]去：***

Dì-èr tiān de rì zhōng, yǒu rén zài lí Xī Mén shíwǔ lǐ de Wànliú Hú lǐ kànjiàn yí gè fúshī, dāngjí chuányáng kāi qù, zhōngyú chuándào dìbǎo de ěrduo lǐ le, biàn jiào xiāngxià rén lāo jiāng shànglái. Nà shì yí gè nán shī, wǔshí duō suì, "shēn zhōng miàn bái wúxū", húnshēn yě méiyǒu shénme yīkù. Huòzhě shuō zhè jiùshì Chén Shìchéng. Dàn línjū lǎn de qù kàn, yě bìng wúshīqīn rènlǐng, yúshì jīng xiànwěiyuán xiàngyàn zhīhòu, biàn yóu dìbǎo mái le. Zhìyú sǐyīn, nà dāngrán shì méiyǒu wèntí de, bāoqǔ sǐshī de yīfu běnlái shì cháng yǒu de shì, gòubúshàng yíxīn dào móuhài qù: ***

---

[267] 西门 – Xī Mén – name of a place, West Gate
[268] 万流湖 – Wànliú Hú – name of a lake, Wanliu Lake
[269] 浮尸 – fúshī – floating corpse
[270] 当即 – dāngjí – at once; right away; on the spot
[271] 传扬 – chuányáng – to spread (by word of mouth)
[272] 地保 – dìbǎo – local sheriff
[273] 捞 – lāo – drag for; dredge up; fish for; scoop up from the water
[274] 将 – jiāng – [used in between the verb and the complement of direction, i.e. 捞将上来]
[275] 身中面白无须 – shēn zhōng miàn bái wúxū – average height (身中), pale complexion (面白), and beardless (无须)
[276] 衣裤 – yīkù – coat and trousers
[277] 尸亲 – shīqīn – relatives of the corpse
[278] 认领 – rènlǐng – claim (lost property)
[279] 于是 – yúshì – so; then; thereupon; hence
[280] 县委员相验 – xiànwěiyuán xiàngyàn – district (县) coroner's (委员) examination (相验)
[281] 由 – yóu – by
[282] 死因 – sǐyīn – cause of death
[283] 剥取 – bāoqǔ – take away forcibly
[284] 谋害 – móuhài – plot to murder

*** 而且仵作[285]也证明是生前的落水，因为他确凿曾在水底里挣命[286]，所以十个指甲[287]里都满嵌[288]着河底泥[289]。

*** érqiě wǔzuò yě zhèngmíng shì shēng qián de luò shuǐ, yīnwèi tā quèzáo céng zài shuǐ dǐ lǐ zhèngmìng, suǒyǐ shí gè zhǐjia lǐ dōu mǎn qiànzhe hé dǐ ní.

· 一九二二年六月。

---

[285] 仵作 – wǔzuò – coroner; medical examiner of dead or wounded bodies
[286] 挣命 – zhèngmìng – fight for life; struggle to save one's life
[287] 指甲 – zhǐjia – nail
[288] 嵌 – qiàn – inlay; embed
[289] 河底泥 – hé dǐ ní – mud (泥) from the river (河) bottom (底)

兔和猫

Rabbits and a Cat
兔和猫
Tù Hé Māo

兔和猫 was published in October 1922 in Běijīng's *Morning Post Supplement* (晨报副刊 Chénbào Fùkān)

兔和猫 is about Third Missus, Lǔ Xùn's sister-in-law, buying a couple of rabbits. The kids find the rabbits adorable and love to play with them. Since the rabbits begin eating the furniture and wall paper, Third Missus moves them into the courtyard under the mulberry tree. The rabbits manage to scare away the birds that come looking to eat some of the berries from the tree, but the family is most concerned with the neighborhood cat who likes to strut across the courtyard wall. Lǔ Xùn's dog, "S," is relied upon to guard the rabbits from this pesky feline.

A few days later, the two rabbits disappear. No one has seen them for quite some time and they begin to worry. However, the two rabbits return from their burrow along with a couple of baby rabbits. The children find this particularly entertaining.

A few days later the rabbits disappear again. The family worries after the rabbits don't reappear for quite some time. Third Missus begins digging into their burrow in search of the rabbits, but only finds rabbit fur, a sure sign that the cat found them.

Third Missus checks a second, new burrow and there finds the two parent rabbits along with seven new baby rabbits. Not willing to take any more risks, she brings the whole bunch inside and raises the baby rabbits herself. Since the parent rabbits don't seem to being doing a very good job, she makes sure that each of the baby rabbits gets their fair and equal share of the mother's milk.

While the Third Missus focuses on tending to the rabbits, Lǔ Xùn has his eye on some potassium cyanide hoping to avenge the rabbits by poisoning the cat.

Lǔ Xùn wrote this story when he had a Russian poet, Vasily Eroshenko, who visited him in Běijīng. He also wrote *A Comedy of Ducks* (鸭的喜剧), which is more about his experience with the Russian poet.

三太太从此不但深恨黑猫，
而且颇不以大兔为然了。

兔和猫
Tù Hé Māo

住在我们后进院子里的三太太[1]，在夏间买了一对[2]白兔，是给伊[3]的孩子们看的。

Zhù zài wǒmen hòujìn yuànzi lǐ de Sān Tàitai, zài xià jiān mǎi le yí duì bái tù, shì gěi yī de háizimen kàn de.

这一对白兔，似乎离娘[4]并不久，虽然是异类，也可以看出他们的天真烂熳[5]来。但也竖直[6]了小小的通红的长耳朵，动着鼻子[7]，眼睛里颇[8]现[9]些惊疑[10]的神色，大约究竟觉得人地生疏[11]，没有在老家时候的安心了。 这种东西，倘[12]到庙会[13]日期自己出去买，***

Zhè yí duì bái tù, sìhū lí niáng bìngbù jiǔ, suīrán shì yìlèi, yě kěyǐ kànchū tāmen de tiānzhēn-lànmàn lái. Dàn yě shùzhí le xiǎoxiǎo de tōnghóng de cháng ěrduo, dòngzhe bízi, yǎnjing lǐ pō xiàn xiē jīngyí de shénsè, dàyuē jiūjìng juéde réndì-shēngshū, méiyǒu zài lǎojiā shíhòu de ānxīn le. Zhè zhǒng dōngxi, tǎng dào miàohuì rìqī zìjǐ chūqù mǎi, ***

---

[1] 三太太 – Sān Tàitai – Third Missus, refers to wife of 周建人 (Zhōu Jiànrén), Lǔ Xùn's youngest brother. She is called the Third Missus because she is the wife of the third eldest male living at the family compound, 周树人 (Zhōu Shùrén, aka Lǔ Xùn) being the oldest, and 周作人 (Zhōu Zuòrén) being the second eldest.

[2] 对 – duì – pair; couple

[3] 伊 – yī – he or she (usually she)

[4] 离娘 – lí niáng – away from their mother

[5] 天真烂熳 – tiānzhēn-lànmàn – (成语) innocent; simple and unaffected; naive

[6] 竖直 – shùzhí – set upright; erect; stand

[7] 鼻子 – bízi – nose

[8] 颇 – pō – quite; rather; considerably

[9] 现 – xiàn – appear; reveal

[10] 惊疑 – jīngyí – surprised and bewildered; apprehensive and perplexed

[11] 人地生疏 – réndì-shēngshū – (成语) be unfamiliar with the place and the people

[12] 倘 – tǎng – if; supposing; in case

[13] 庙会 – miàohuì – temple fair – also called a 庙市, in olden times during a festival holiday or on other decided days, a fair or market would be held at the temple catering to the pilgrims who came to pay tribute to the gods

*** 每个至多[14]不过两吊[15]钱，而三太太却花了一元，因为是叫小使[16]上店买来的。

*** měi gè zhìduō bú guò liǎng diào qián, ér Sān Tàitài què huā le yì yuán, yīnwèi shì jiào xiǎoshǐ shàng diàn mǎi lái de.

孩子们自然大得意了，嚷着围住了看；大人也都围着看；还有一匹[17]小狗名叫S的也跑来，闯[18]过去一嗅[19]，打了一个喷嚏[20]，退了几步。三太太吆喝[21]道，"S，听着，不准你咬他！"于是[22]在他头上打了一拳[23]，S便退开了，从此并不咬。

Háizimen zìrán dà déyì le, rǎngzhe wéizhù le kàn; dàrén yě dōu wéizhe kàn; háiyǒu yì pǐ xiǎogǒu míng jiào S de yě pǎolái, chuǎngguò qù yí xiù, dǎ le yí gè pēntì, tuì le jǐ bù. Sān Tàitài yāohe dào, "S, tīngzhe, bù zhǔn nǐ yǎo tā!" Yúshì zài tā tóu shàng dǎ le yì quán, S biàn tuì kāi le, cóngcǐ bìngbù yǎo.

这一对兔总是关在后窗后面[24]的小院子里的时候多，听说是因为太喜欢撕壁纸[25]，也常常啃[26]木器脚[27]。这小院子里有一株野桑树[28]，***

Zhè yí duì tù zǒngshì guān zài hòuchuāng hòumian de xiǎo yuànzi lǐ de shíhòu duō, tīngshuō shì yīnwèi tài xǐhuān sī bìzhǐ, yě chángcháng kěn mùqì jiǎo. Zhè xiǎo yuànzi lǐ yǒu yì zhū yě sāngshù, ***

---

[14] 至多 – zhìduō – at most; maximum of

[15] 吊 – diào – a string (of coins); 1000 制钱 would equal one 吊
　　制钱 – zhìqián – (during the Ming and Qing dynasties) copper coins of standard content

[16] 小使 – xiǎoshǐ – servant; little envoy; little ambassador

[17] 匹 – pǐ – [measure word for dogs, horses, etc.]

[18] 闯 – chuǎng – rush; force one's way in or out

[19] 嗅 – xiù – smell; sniff; scent

[20] 喷嚏 – pēntì – sneeze

[21] 吆喝 – yāohe – cry out loudly; shout loudly; scold

[22] 于是 – yúshì – so; then; thereupon; hence

[23] 拳 – quán – fist

[24] 后窗后面 – hòuchuāng hòumian – behind (后面) the back window (后窗)

[25] 撕壁纸 – sī bìzhǐ – tear (撕) wallpaper (壁纸)

[26] 啃 – kěn – gnaw; nibble

[27] 木器脚 – mùqì jiǎo – legs (脚) of wooden furniture (木器)

[28] 野桑树 – yě sāngshù – wild (野) mulberry tree (桑树)

*** 桑子²⁹落地，他们最爱吃，便连喂³⁰他们的菠菜³¹也不吃了。乌鸦³²喜鹊³³想要下来时，他们便躬³⁴着身子用后脚在地上使劲³⁵的一弹³⁶，砉³⁷的一声直跳³⁸上来，像飞起了一团³⁹雪，鸦鹊⁴⁰吓⁴¹得赶紧⁴²走，这样的几回，再也不敢近来了。三太太说，鸦鹊到不打紧⁴³，至多也不过抢吃⁴⁴一点食料，可恶⁴⁵的是一匹大黑猫，常在矮墙⁴⁶上恶狠狠⁴⁷的看，这却要防⁴⁸的，幸而S和猫是对头⁴⁹，或者还不至于⁵⁰有什么罢。

*** sāngzi luòdì, tāmen zuì ài chī, biàn lián wèi tāmen de bōcài yě bù chī le. Wūyā xǐquè xiǎngyào xiàlái shí, tāmen biàn gōngzhe shēnzi yòng hòujiǎo zài dì shàng shǐjìn de yì tán, huā de yì shēng zhí tiào shànglái, xiàng fēiqǐ le yì tuán xuě, yā què xià de gǎnjǐn zǒu, zhèyàng de jǐ huí, zài yě bù gǎn jìn lái le. Sān Tàitài shuō, yā què dào bù dǎjǐn, zhìduō yě bú guò qiǎng chī yì diǎn shíliào, kěwù de shì yì pǐ dà hēi māo, cháng zài ǎi qiáng shàng èhěnhěn de kàn, zhè què yào fáng de, xìng'ér S hé māo shì duìtóu, huòzhě hái bú zhìyú yǒu shénme bà.

---

²⁹ 桑子 – sāngzi – berries (from the mulberry trees)
³⁰ 喂 – wèi – feed
³¹ 菠菜 – bōcài – spinach
³² 乌鸦 – wūyā – crow
³³ 喜鹊 – xǐquè – magpie, a type of bird
³⁴ 躬 – gōng – bow
³⁵ 使劲 – shǐjìn – exert all one's strength
³⁶ 弹 – tán – spring; leap
³⁷ 砉 – huā – "whoosh" [the sound of something whizzing by]
³⁸ 直跳 – zhí tiào – jump straight up
³⁹ 团 – tuán – [measure word for a ball, lump, or anything shaped like a ball]
⁴⁰ 鸦鹊 – yā què – crows and magpies
⁴¹ 吓 – xià – frighten; scare; intimidate
⁴² 赶紧 – gǎnjǐn – lose no time; hasten
⁴³ 不打紧 – bù dǎjǐn – not very pressing; no need to worry about
⁴⁴ 抢吃 – qiǎng chī – steal a bite to eat
⁴⁵ 可恶 – kěwù – hateful; abominable; detestable
⁴⁶ 矮墙 – ǎi qiáng – low wall (of the courtyard)
⁴⁷ 恶狠狠 – èhěnhěn – fierce; ferocious
⁴⁸ 防 – fáng – guard against; prevent
⁴⁹ 对头 – duìtóu – enemy
⁵⁰ 至于 – zhìyú – go as far as to

鲁迅—呐喊

孩子们时时捉[51]他们来玩耍[52]；他们很和气[53]，竖起[54]耳朵，动着鼻子，驯良[55]的站在小手的圈子里，但一有空，却也就溜开去了。他们夜里的卧榻[56]是一个小木箱[57]，里面铺[58]些稻草[59]，就在后窗的房檐[60]下。

Háizimen shíshí zhuō tāmen lái wánshuǎ; tāmen hěn héqì, shùqǐ ěrduo, dòngzhe bízi, xùnliáng de zhàn zài xiǎo shǒu de quānzi lǐ, dàn yì yǒu kòng, què yě jiù liūkāi qù le. Tāmen yè lǐ de wòtà shì yí gè xiǎo mù xiāng, lǐmiàn pū xiē dàocǎo, jiù zài hòuchuāng de fángyán xià.

这样的几个月之后，他们忽而[61]自己掘土[62]了，掘得非常快，前脚一抓[63]，后脚一踢[64]，不到半天，已经掘成一个深洞[65]。大家都奇怪，后来仔细看时，原来一个的肚子比别一个的大得多了。他们第二天便将[66]干草和树叶衔[67]进洞里去，忙了大半天。

Zhèyàng de jǐ gè yuè zhīhòu, tāmen hū'ér zìjǐ juétǔ le, jué de fēicháng kuài, qiánjiǎo yì zhuā, hòujiǎo yì tī, bú dào bàntiān, yǐjīng juéchéng yí gè shēn dòng. Dàjiā dōu qíguài, hòulái zǐxì kàn shí, yuánlái yí gè de dùzi bǐ bié yí gè de dà de duō le. Tāmen dì-èr tiān biàn jiāng gāncǎo hé shùyè xiánjìn dòng lǐ qù, máng le dàbàntiān.

---

[51] 捉 – zhuō – hold firmly; grasp
[52] 玩耍 – wánshuǎ – play with; have fun with
[53] 和气 – héqì – gentle; kind; polite; good-natured
[54] 竖起 – shùqǐ – hold up (high); raise up
[55] 驯良 – xùnliáng – docile; tame; affable; quiet (temperament)
[56] 卧榻 – wòtà – bed; nest; (resting area)
[57] 木箱 – mù xiāng – wooden box
[58] 铺 – pū – spread out; extend; unfold
[59] 稻草 – dàocǎo – straw from the rice fields
[60] 房檐 – fángyán – eaves (the lower edges of a roof that stick out over the walls)
[61] 忽而 – hū'ér – suddenly; all of a sudden
[62] 掘土 – juétǔ – dig
[63] 抓 – zhuā – claw; scratch
[64] 踢 – tī – kick
[65] 深洞 – shēn dòng – deep (深) hole or cave (洞)
[66] 将 – jiāng – written form of 把
[67] 衔 – xián – hold in the mouth

大家都高兴，说又有小兔可看了；三太太便对孩子们下了戒严[68]令，从此不许再去捉。我的母亲也很喜欢他们家族的繁荣[69]，还说待生下来的离了乳[70]，也要去讨[71]两匹来养在自己的窗外面。

Dàjiā dōu gāoxìng, shuō yòu yǒu xiǎotù kěkàn le; Sān Tàitài biàn duì háizimen xià le jièyánlìng, cóngcǐ bù xǔ zài qù zhuō. Wǒ de mǔqīn yě hěn xǐhuān tāmen jiāzú de fánróng, hái shuō dài shēng xiàlái de lí le rǔ, yě yào qù tǎo liǎng pǐ lái yǎng zài zìjǐ de chuāng wàimiàn.

他们从此便住在自造的洞府[72]里，有时也出来吃些食，后来不见了，可不知道他们是预先[73]运粮[74]存在里面呢还是竟不吃。过了十多天，三太太对我说，那两匹又出来了，大约小兔是生下来又都死掉了，因为雌[75]的一匹的奶非常多，却并不见有进去哺养[76]孩子的形迹[77]。伊言语之间颇气愤[78]，然而也没有法。

Tāmen cóngcǐ biàn zhù zài zì zào de dòngfǔ lǐ, yǒushí yě chūlái chī xiē shí, hòulái bú jiàn le, kě bù zhīdào tāmen shì yùxiān yùn liáng cúnzài lǐmiàn ne háishi jìng bù chī. Guò le shí duō tiān, Sān Tàitài duì wǒ shuō, nà liǎng pǐ yòu chūlái le, dàyuē xiǎotù shì shēng xiàlái yòu dōu sǐdiào le, yīnwèi cí de yì pǐ de nǎi fēicháng duō, què bìngbù jiàn yǒu jìnqù bǔyǎng háizi de xíngjì. Yī yányǔ zhījiān pō qìfèn, rán'ér yě méiyǒu fǎ.

有一天，太阳很温暖，也没有风，树叶都不动，我忽听得许多人在那里笑，***

Yǒu yì tiān, tàiyáng hěn wēnnuǎn, yě méiyǒu fēng, shùyè dōu bú dòng, wǒ hū tīng de xǔduō rén zài nàli xiào, ***

---

[68] 下戒严令 – xià jièyánlìng – issue (下) an injunction (戒严令); issue an order
[69] 繁荣 – fánróng – flourishing; prosperous; booming
[70] 离乳 – lí rǔ – wean; (for a newborn animal) stop breastfeeding
[71] 讨 – tǎo – ask for
[72] 洞府 – dòngfǔ – hole dwelling; cave dwelling
[73] 预先 – yùxiān – in advance; beforehand; prior
[74] 运粮 – yùn liáng – carry or transport (运) grain (粮)
[75] 雌 – cí – female
[76] 哺养 – bǔyǎng – feed (a baby); nurse
[77] 形迹 – xíngjì – a person or animal's movements and expressions
[78] 气愤 – qìfèn – indignant; furious

*** 寻声看时，却见许多人都靠着三太太的后窗看：原来有一个小兔，在院子里跳跃[79]了。这比他的父母买来的时候还小得远，但也已经能用后脚一弹地，迸跳起来了。孩子们争[80]着告诉我说，还看见一个小兔到洞口来探[81]一探头，但是即刻[82]便缩[83]回去了，那该是他的弟弟罢。

*** xún shēng kàn shí, què jiàn xǔduō rén dōu kàozhe Sān Tàitài de hòuchuāng kàn: yuánlái yǒu yí gè xiǎotù, zài yuànzi lǐ tiàoyuè le. Zhè bǐ tā de fùmǔ mǎilái de shíhòu hái xiǎo de yuǎn, dàn yě yǐjīng néng yòng hòujiǎo yì tán dì, bèng tiào qǐlái le. Háizimen zhēngzhe gàosu wǒ shuō, hái kànjiàn yí gè xiǎotù dào dòng kǒu lái tàn yí tàn tóu, dànshì jíkè biàn suō huíqu le, nà gāi shì tā de dìdi bà.

那小的也捡[84]些草叶吃，然而大的似乎不许他，往往夹口[85]的抢去了，而自己并不吃。孩子们笑得响，那小的终于吃惊了，便跳着钻[86]进洞里去；大的也跟到洞门口，用前脚推着他的孩子的脊梁[87]，推进之后，又爬开泥土来封[88]了洞。

Nà xiǎo de yě jiǎn xiē cǎoyè chī, rán'ér dà de sìhū bù xǔ tā, wǎngwǎng jiā kǒu de qiǎng qù le, ér zìjǐ bìngbù chī. Háizimen xiào de xiǎng, nà xiǎo de zhōngyú chījīng le, biàn tiàozhe zuānjìn dòng lǐ qù; dà de yě gēn dào dòng ménkǒu, yòng qiánjiǎo tuīzhe tā de háizi de jíliáng, tuījìn zhīhòu, yòu pákāi nítǔ lái fēng le dòng.

从此小院子里更热闹，窗口也时时有人窥探[89]了。

Cóngcǐ xiǎo yuànzi lǐ gèng rènào, chuāngkǒu yě shíshí yǒu rén kuītàn le.

---

[79] 跳跃 – tiàoyuè – jump; leap; bound
[80] 争 – zhēng – contend; vie; compete; strive
[81] 探 – tàn – stretch forward; peep out
[82] 即刻 – jíkè – at once; immediately; instantly
[83] 缩 – suō – drawback; withdraw; recoil
[84] 捡 – jiǎn – pick up; gather; collect
[85] 夹口 – jiā kǒu – pulling from the mouth
[86] 钻 – zuān – go through; make one's way into; get into
[87] 脊梁 – jíliáng – back (of the body)
[88] 封 – fēng – seal
[89] 窥探 – kuītàn – spy upon; pry into

然而竟又全不见了那小的和大的。这时是连日[90]的阴天[91]，三太太又虑到遭了那大黑猫的毒手[92]的事去。我说不然[93]，那是天气冷，当然都躲[94]着，太阳一出，一定出来的。

Rán'ér jìng yòu quán bú jiàn le nà xiǎo de hé dà de. Zhè shí shì liánrì de yīntiān, Sān Tàitài yòu lùdào zāo le nà dà hēi māo de dúshǒu de shì qù. Wǒ shuō bù rán, nà shì tiānqì lěng, dāngrán dōu duǒzhe, tàiyáng yì chū, yídìng chūlái de.

太阳出来了，他们却都不见。于是大家就忘却[95]了。

Tàiyáng chūlái le, tāmen què dōu bú jiàn. Yúshì dàjiā jiù wàngquè le.

惟[96]有三太太是常在那里喂他们菠菜的，所以常想到。伊有一回走进窗后的小院子去，忽然在墙角[97]上发见[98]了一个别的洞，再看旧洞口，却依稀[99]的还见有许多爪痕[100]。这爪痕倘说是大兔的，爪该不会有这样大，伊又疑心到那常在墙上的大黑猫去了，伊于是也就不能不定下发掘[101]的决心[102]了。伊终于出来取了锄子[103]，一路掘下去，***

Wéi yǒu Sān Tàitài shì cháng zài nàli wèi tāmen bōcài de, suǒyǐ cháng xiǎngdào. Yī yǒu yì huí zǒujìn chuānghòu de xiǎo yuànzi qù, hūrán zài qiángjiǎo shàng fāxiàn le yí gè bié de dòng, zài kàn jiù dòng kǒu, què yīxī de hái jiàn yǒu xǔduō zhuǎ hén. Zhè zhuǎ hén tǎng shuō shì dà tù de, zhuǎ gāi bú huì yǒu zhèyàng dà, yī yòu yíxīn dào nà cháng zài qiáng shàng de dà hēi māo qù le, yī yúshì yě jiù bù néng bù dìngxià fājué de juéxīn le. Yī zhōngyú chūlái qǔ le chúzi, yí lù jué xiàqù, ***

---

[90] 连日 − liánrì − for days on end
[91] 阴天 − yīntiān − an overcast sky; cloudy day
[92] 毒手 − dúshǒu − murderous scheme
[93] 不然 − bù rán − not so
[94] 躲 − duǒ − avoid; hide; dodge
[95] 忘却 − wàngquè − forget
[96] 惟 − wéi − only; alone
[97] 墙角 − qiángjiǎo − corner; junction of two walls
[98] 发见 − fāxiàn − (same as 发现) discover; find; detect
[99] 依稀 − yīxī − vaguely; dimly
[100] 爪痕 − zhuǎ hén − claw marks; paw prints
[101] 发掘 − fājué − excavate; unearth; explore
[102] 决心 − juéxīn − determination; resolution
[103] 锄子 − chúzi − hoe

*** 虽然疑心，却也希望着意外[104]的见了小白兔的，但是待到底[105]，却只见一堆烂草夹些兔毛，怕还是临蓐[106]时候所铺的罢，此外是冷清清[107]的，全没有什么雪白的小兔的踪迹[108]，以及[109]他那只一探头未出洞外的弟弟了。

*** suīrán yíxīn, què yě xīwàngzhe yìwài de jiàn le xiǎo bái tù de, dànshì dài dàodǐ, què zhǐ jiàn yì duī làn cǎo jiā xiē tù máo, pà háishi línrù shíhòu suǒ pū de bà, cǐwài shì lěngqīngqīng de, quán méiyǒu shénme xuěbái de xiǎotù de zōngjì, yǐjí tā nà zhǐ yí tàntóu wèi chū dòng wài de dìdi le.

气愤和失望和凄凉[110]，使伊不能不再掘那墙角上的新洞了。一动手，那大的两匹便先窜[111]出洞外面。伊以为他们搬了家了，很高兴，然而仍然[112]掘，待见底，那里面也铺着草叶和兔毛，而上面却睡着七个很小的兔，遍[113]身肉红色，细看时，眼睛全都没有开。

Qìfèn hé shīwàng hé qīliáng, shǐ yī bù néng bù zài jué nà qiángjiǎo shàng de xīn dòng le. Yí dòngshǒu, nà dà de liǎng pǐ biàn xiān cuànchū dòng wàimiàn. Yī yǐwéi tāmen bān le jiā le, hěn gāoxìng, rán'ér réngrán jué, dài jiàn dǐ, nà lǐmiàn yě pūzhe cǎo yè hé tù máo, ér shàngmian què shuìzhe qī gè hěn xiǎo de tù, biàn shēn ròu hóngsè, xì kàn shí, yǎnjing quán dōu méiyǒu kāi.

一切都明白了，三太太先前的预料[114]果[115]不错。***

Yí qiè dōu míngbai le, Sān Tàitài xiānqián de yùliào guǒ bú cuò. ***

---

[104] 意外 – yìwài – unexpected; unforeseen
[105] 到底 – dàodǐ – to the end; to the finish
[106] 临蓐 – línrù – at birth; just before (临) giving birth (蓐)
[107] 冷清清 – lěngqīngqīng – deserted; desolate
[108] 踪迹 – zōngjì – trace; track
[109] 以及 – yǐjí – as well as; along with; and
[110] 凄凉 – qīliáng – dreary; miserable
[111] 窜 – cuàn – flee; scurry
[112] 仍然 – réngrán – still; yet
[113] 遍 – biàn – all over; everywhere
[114] 预料 – yùliào – expected result
[115] 果 – guǒ – (same as 果然) really; as expected; sure enough

*** 伊为预防危险起见[116]，便将七个小的都装在木箱中，搬进自己的房里，又将大的也捺[117]进箱里面，勒令[118]伊去哺乳[119]。

*** Yī wèi yùfáng wēixiǎn qǐjiàn, biàn jiāng qī gè xiǎo de dōu zhuāng zài mù xiāng zhōng, bānjìn zìjǐ de fáng lǐ, yòu jiāng dà de yě nàjìn xiāng lǐmiàn, lèlìng yī qù bǔrǔ.

三太太从此不但深恨黑猫，而且[120]颇不以大兔为然[121]了。据说[122]当初那两个被害之先，死掉的该还有，因为他们生一回，决不至于只两个，但为了哺乳不匀[123]，不能争食的就先死了。这大概也不错的，现在七个之中，就有两个很瘦弱[124]。所以三太太一有闲空[125]，便[126]捉住母兔，将小兔一个一个轮流[127]的摆在肚子上来喝奶，不准有多少。

Sān Tàitài cóngcǐ búdàn shēn hèn hēi māo, érqiě pō bùyǐ dà tù wéirán le. Jùshuō dāngchū nà liǎng gè bèi hài zhī xiān, sǐdiào de gāi háiyǒu, yīnwèi tāmen shēng yì huí, juébù zhìyú zhǐ liǎng gè, dàn wèile bǔrǔ bù yún, bù néng zhēng shí de jiù xiān sǐ le. Zhè dàgài yě bú cuò de, xiànzài qī gè zhī zhōng, jiù yǒu liǎng gè hěn shòuruò. Suǒyǐ Sān Tàitài yì yǒu xiánkòng, biàn zhuōzhù mǔ tù, jiāng xiǎotù yí gè yí gè lúnliú de bǎi zài dùzi shàng lái hē nǎi, bù zhǔn yǒu duōshǎo.

母亲对我说，那样麻烦的养兔法，***

Mǔqīn duì wǒ shuō, nàyàng máfan de yǎng tù fǎ, ***

---

[116] 起见 – qǐjiàn – be for; for the sake of

[117] 捺 – nà – press down; restrain

[118] 勒令 – lèlìng – compel (by legal authority); order

[119] 哺乳 – bǔrǔ – breastfeed

[120] 不但…而且… – búdàn… érqiě… – not only…but also

[121] 不以…为然 – bùyǐ…wéirán – (成语) disapprove of something; disagree with; to not think of as correct

[122] 据说 – jùshuō – it is said; they say; allegedly

[123] 匀 – yún – eve up; divide evenly

[124] 瘦弱 – shòuruò – thin and weak; fragile

[125] 闲空 – xiánkòng – free time; leisure

[126] 一…便… – yī… biàn… – once…then (similar to "一…就…")

[127] 轮流 – lúnliú – take turns; do something in turn

*** 伊历来[128]连听也未曾[129]听到过，恐怕是可以收入《无双谱[130]》的。

*** yī lìlái lián tīng yě wèicéng tīngdàoguò, kǒngpà shì kěyǐ shōurù 《Wú Shuāng Pǔ》 de.

白兔的家族更繁荣[131]；大家也又都高兴了。

Bái tù de jiāzú gèng fánróng; dàjiā yě yòu dōu gāoxìng le.

但自此之后[132]，我总觉得凄凉。夜半在灯下坐着想，那两条小性命，竟是人不知鬼不觉[133]的早在不知什么时候丧失[134]了，生物史上不着[135]一些痕迹[136]，并S也不叫一声。我于是记起旧事来，先前我住在S会馆[137]里，清早起身，只见大槐树[138]下一片散乱的鸽子[139]毛，这明明是膏于鹰吻[140]的了，***

Dàn zìcǐ zhīhòu, wǒ zǒng juéde qīliáng. Yèbàn zài dēng xià zuòzhe xiǎng, nà liǎng tiáo xiǎo xìngmìng, jìng shì rén bù zhī guǐ bù jué de zǎo zài bù zhī shénmē shíhòu sàngshī le, shēngwù shǐ shàng bù zháo yì xiē hénjì, bìng S yě bú jiào yì shēng. Wǒ yúshì jìqǐ jiùshì lái, xiānqián wǒ zhù zài S huìguǎn lǐ, qīngzǎo qǐshēn, zhǐ jiàn dà huáishù xià yí piàn sǎnluàn de gēzi máo, zhè míngmíng shì gāo yú yīng wěn de le, ***

---

[128] 历来 – lìlái – always; all through the ages

[129] 未曾 – wèicéng – have not; did not

[130] 无双谱 – Wú Shuāng Pǔ – *One and Only*, by Jīn Gǔliáng (金古良) of the Qing dynasty. A collection of 40 paintings of famous and unusual people from the Han dynasty (206B.C. – A.D. 220) to the Song dynasty (960-1279). A poem accompanies each painting.

[131] 繁荣 – fánróng – flourishing; prosperous; booming

[132] 自此之后 – zìcǐ zhīhòu – henceforward

[133] 人不知鬼不觉 – rén bù zhī guǐ bù jué – (成语) without a soul knowing anything about it

[134] 丧失 – sàngshī – lose; forfeit

[135] 着 – zháo – feel; touch

[136] 痕迹 – hénjì – mark; trace; vestige

[137] S会馆 – S huìguǎn – refers to the Shàoxīng Club (绍兴县馆), a hostel for fellow provincials located in Běijīng's Xuānwǔmén Wài (宣武门外). Lǔ Xùn lived here from May 1912 to November 1919 while working at the Ministry of Education.

[138] 槐树 – huáishù – locust tree; Chinese scholartree

[139] 鸽子 – gēzi – pigeon; dove

[140] 膏于鹰吻 – gāo yú yīng wěn – the feastings (膏) of (于) a hawk's (鹰) mouth (吻)

*** 上午[141]长班[142]来一打扫，便什么都不见，谁知道曾有一个生命断送[143]在这里呢？我又曾路过[144]西四牌楼[145]，看见一匹小狗被马车轧[146]得快死，待回来时，什么也不见了，搬掉[147]了罢，过往行人憧憧[148]的走着，谁知道曾有一个生命断送在这里呢？夏夜，窗外面，常听到苍蝇[149]的悠长[150]的吱吱[151]的叫声，这一定是给蝇虎[152]咬住了，然而我向来无所容心[153]于其间，而别人并且不听到……

*** shàngwǔ chángbān lái yì dǎsǎo, biàn shénme dōu bú jiàn, shéi zhīdào céng yǒu yí gè shēngmìng duànsòng zài zhèlǐ ne? Wǒ yòu céng lùguò Xī Sì Páilóu, kànjiàn yì pǐ xiǎogǒu bèi mǎchē yà de kuài sǐ, dài huílái shí, shénme yě bú jiàn le, bāndiào le bà, guòwǎng xíngrén chōngchōng de zǒuzhe, shéi zhīdào céng yǒu yí gè shēngmìng duànsòng zài zhèlǐ ne? Xiàyè, chuāng wàimiàn, cháng tīngdào cāngyíng de yōucháng de zhīzhī de jiàoshēng, zhè yídìng shì gěi yínghǔ yǎozhù le, rán'ér wǒ xiàng lái wúsuǒróngxīn yú qíjiān, ér biérén bìngqiě bù tīngdào……

假使[154]造物[155]也可以责备[156]，那么，***

Jiǎshǐ zàowù yě kěyǐ zébèi, nàme, ***

---

[141] 上午 – shàngwǔ – in the morning; before noon
[142] 长班 – chángbān – servant; janitor
[143] 断送 – duànsòng – forfeit (one's life, future, etc.); ruin
[144] 路过 – lùguò – pass by; pass through
[145] 西四牌楼 – Xī Sì Páilóu – West Fourth Archway
　　　牌楼 – decorated archway
[146] 轧 – yà – roll; run over
[147] 搬掉 – bāndiào – cleared away
[148] 憧憧 – chōngchōng – flickering; moving
[149] 苍蝇 – cāngyíng – fly
[150] 悠长 – yōucháng – long; long-drawn-out
[151] 吱吱 – zhīzhī – buzz (the sound of a small animal or fly)
[152] 蝇虎 – yínghǔ – a spider that feeds on flies (menemerus)
[153] 无所容心 – wúsuǒróngxīn – (成语) wasn't bothered by
[154] 假使 – jiǎshǐ – if; in case; in the event that
[155] 造物 – zàowù – the divine force that created the universe
[156] 责备 – zébèi – reproach; blame; censure; take somebody to task

*** 我以为他实在将生命造得太滥¹⁵⁷了，毁¹⁵⁸得太滥了。

*** wǒ yǐwéi tā shízài jiāng shēngmìng zào de tài làn le, huǐ de tài làn le.

嗥¹⁵⁹的一声，又是两条猫在窗外打起架来。

Háo de yì shēng, yòu shì liǎng tiáo māo zài chuāng wài dǎqǐ jià lái.

"迅儿！你又在那里打猫了？"

"Xùn'ér! Nǐ yòu zài nàli dǎ māo le?"

"不，他们自己咬。他那里会给我打呢。"

"Bù, tāmen zìjǐ yǎo. Tā nǎli huì gěi wǒ dǎ ne."

我的母亲是素来¹⁶⁰很不以我的虐待¹⁶¹猫为然的，现在大约疑心我要替小兔抱不平¹⁶²，下什么辣手¹⁶³，便起来探问¹⁶⁴了。而我在全家的口碑¹⁶⁵上，却的确算一个猫敌¹⁶⁶。我曾经害过猫，平时也常打猫，尤其是在他们配合¹⁶⁷的时候。但我之所以打的原因并非因为他们配合，是因为他们嚷，嚷到使我睡不着，我以为配合是不必这样大嚷而特嚷的。

Wǒ de mǔqīn shì sùlái hěn bùyǐ wǒ de nuèdài māo wéirán de, xiànzài dàyuē yíxīn wǒ yào tì xiǎotù bàobùpíng, xià shénme làshǒu, biàn qǐlái tànwèn le. Ér wǒ zài quán jiā de kǒubēi shàng, què díquè suàn yí gè māo dí. Wǒ céngjīng hàiguò māo, píngshí yě cháng dǎ māo, yóuqí shì zài tāmen pèihé de shíhòu. Dàn wǒ zhī suǒyǐ dǎ de yuányīn bìngfēi yīnwèi tāmen pèihé, shì yīnwèi tāmen rǎng, rǎngdào shǐ wǒ shuìbùzháo, wǒ yǐwéi pèihé shì bú bì zhèyàng dà rǎng ér tè rǎng de.

---

¹⁵⁷ 滥 – làn – excessive; indiscriminate

¹⁵⁸ 毁 – huǐ – destroy; ruin; damage

¹⁵⁹ 嗥 – háo – howl; yowl; wail

¹⁶⁰ 素来 – sùlái – always; usually

¹⁶¹ 虐待 – nüèdài – maltreat; ill-treat

¹⁶² 抱不平 – bàobùpíng – feel indignant at the injustice suffered by another

¹⁶³ 辣手 – làshǒu – ruthless method

¹⁶⁴ 探问 – tànwèn – make cautious inquiries about

¹⁶⁵ 口碑 – kǒubēi – public reputation (referring to words about you spoken aloud (口), in contrast to having your words engraved on a stone monument (碑), i.e. your spoken stone tablet)

¹⁶⁶ 猫敌 – māo dí – cat's enemy; enemy (敌) of cats (猫)

¹⁶⁷ 配合 – pèihé – to mate; to find one's mate

况且黑猫害了小兔，我更是"师出有名[168]"的了。我觉得母亲实在太修善[169]，于是不由[170]的就说出模棱[171]的近乎[172]不以为然的答话来。

Kuàngqiě hēi māo hài le xiǎotù, wǒ gèng shì "shīchū-yǒumíng" de le. Wǒ juéde mǔqīn shízài tài xiū shàn, yúshì bù yóu de jiù shuōchū ·móléng de jìnhū bùyǐwéirán de dáhuà lái.

造物太胡闹[173]，我不能不反抗他了，虽然也许是倒是帮他的忙……

Zàowù tài húnào, wǒ bù néng bù fǎnkàng tā le, suīrán yěxǔ shì dào shì bāng tā de máng……

那黑猫是不能久在矮墙上高视阔步[174]的了，我决定的想，于是又不由的一瞥[175]那藏在书箱里的一瓶青酸钾[176]。

Nà hēi māo shì bù néng jiǔ zài ǎi qiáng shàng gāoshì-kuòbù de le, wǒ juédìng de xiǎng, yúshì yòu bù yóu de yì piē nà cáng zài shūxiāng lǐ de yì píng qīngsuān jiǎ.

一九二二年十月

---

[168] 师出有名 – shīchū-yǒumíng – (成语) to have sufficient reason for recourse; to have adequate justification for a certain action
[169] 修善 – xiūshàn – forgiving and kind; charitable
[170] 不由 – bù yóu – cannot help but
[171] 模棱 – móléng – (referring to attitudes and opinions) ambiguous; vague
[172] 近乎 – jìnhū – be little short of
[173] 胡闹 – húnào – act willfully and make a scene
[174] 高视阔步 – gāoshì-kuòbù – (成语) carry oneself proudly; stalk; strut; prance
[175] 一瞥 – yì piē – a glimpse of something
[176] 青酸钾 – qīngsuān jiǎ – potassium (钾) cyanide (青酸)

鸭的喜剧

A Comedy of Ducks
鸭的喜剧
Yā de Xǐjù

鸭的喜剧 was published in December 1922 in *The Lady's Magazine* (妇女杂志 Fùnǚ Zázhì).

The story recalls the events of Lǔ Xùn's guest from Russia, Vasily Eroshenko, living with Lǔ Xùn's eldest younger brother, Zhōu Zuòrén (also known as Zhòngmì), from 1922-1923. Since the Russian poet was blind, he relied heavily on his hearing for enjoyment. He spoke Russian, English, Japanese and was a master in the one world language, Esperanto. While he could not see, he got great satisfaction from hearing the different sounds around him which led him to buying a few animals for the Zhōu household. He was also an advocate of self-sufficiency, suggesting to have a garden and raise farm animals.

Reminiscing over his time spent in Burma, he complains Běijīng is too quiet with no animals about creating noise. Upon hearing from Lǔ Xùn that frogs are aplenty after a heavy rain, he goes out to buy tadpoles which he raises in a small pond. Next, a few chicks appear, coming from Zhòngmì's room. The chicks gorge themselves on the courtyard lawn, but tend to eat too much and die frequently. Vasily Eroshenko actually wrote his only short story while in Běijīng about this called, *The Tragedy of a Chick.*

A lady selling ducklings comes by and Eroshenko is thrilled with the little animals and buys four of them. They quack about the compound, eat up the tadpoles from the pond, and slowly grow to maturity. By the time the ducklings are full grown, Eroshenko is already off to a conference on Esperanto in Finland. Lǔ Xùn not knowing his friend is going to return soon afterward writes this short story in his honor. Lǔ Xùn's title for this story, *A Comedy of Ducks* (鸭的喜剧), contrasts with Eroshenko's work, *The Tragedy of Chick* (鸡的悲剧), which Lǔ Xùn had helped translate from Japanese into Chinese.

仲密夫人也出来了，
报告了小鸭吃完科斗的故事。
"唉，唉！……"他说。

俄国的盲诗人爱罗先珂[1]君带了他那六弦琴[2]到北京之后不久，便向我诉苦[3]说："寂寞[4]呀，寂寞呀，在沙漠上似的寂寞呀！"

Éguó de máng shīrén Àiluóxiānkē Jūn dài le tā nà liùxiánqín dào Běijīng zhīhòu bù jiǔ, biàn xiàng wǒ sùkǔ shuō: "jìmò yā, jìmò yā, zài shāmò shàng shìde jìmò yā!"

这应该是真实的，但在我却未曾[5]感得；我住得久了，"入芝兰之室，久而不闻其香[6]"，只以为很是嚷嚷[7]罢了。然而我之所谓[8]嚷嚷，或者也就是他之所谓寂寞罢。

Zhè yīnggāi shì zhēnshí de, dàn zài wǒ què wèicéng gǎn de; wǒ zhù de jiǔ le, "rù zhīlán zhī shì, jiǔ ér bù wén qí xiāng", zhǐ yǐwéi hěn shì rǎngrǎng bale. Rán'ér wǒ zhī suǒwèi rǎngrǎng, huòzhě yě jiùshì tā zhī suǒwèi jìmò bà.

---

[1] 爱罗先珂 – Àiluóxiānkē – Eroshenko, Vasily (1890-1952), a Russian poet and author of children's books. At the age of four he contracted measles and as a result became blind in both eyes. He spent time living in Japan, Thailand, Burma, and India before coming to China. He was actually tossed out of Japan on suspicion of anarchism before arriving in Shànghǎi. The Russian poet was fluent in English, Japanese and Esperanto (世界语 Shìjièyǔ), the one-world language. In Běijīng he taught Esperanto while living in the Zhōu family compound. The wives of Lǔ Xùn's two younger brothers were both Japanese so Vasily was be able to communicate with them. He stayed in Běijīng from 1922-1923.

[2] 六弦琴 – liùxiánqín – balalaika, a musical instrument like a guitar with a body shaped like a triangle with two, three, or four strings. Popular in Russia.

[3] 诉苦 – sùkǔ – complain

[4] 寂寞 – jìmò – lonely; lonesome

[5] 未曾 – wèicéng – have not; did not

[6] 入芝兰之室，久而不闻其香 – rù zhī lán zhī shì, jiǔ ér bù wén qí xiāng – after entering (入) a room (室) full of fragrant irises and orchids (芝兰) for too long (久), you no (不) longer smell (闻) their (其) fragrance (香) – from the locus classicus, from Book Six (六本) of the *Family Sayings of Confucius* (孔子家语 Kǒngzǐ Jiā Yǔ)

芝兰 – iris and orchid (fragrant flowers representing beautiful surroundings)

[7] 嚷嚷 – rǎngrǎng – shout; yell; make an uproar

[8] 所谓 – suǒwèi – so-called

我可是觉得在北京仿佛没有春和秋。老于[9]北京的人说，地气北转[10]了，这里在先是没有这么和暖[11]。只是我总以为没有春和秋；冬末和夏初衔接[12]起来，夏才去，冬又开始了。

Wǒ kěshì juéde zài Běijīng fǎngfú méiyǒu chūn hé qiū. Lǎo yú Běijīng de rén shuō, dìqì běi zhuǎn le, zhèlǐ zàixiān shì méiyǒu zhème hénuǎn. Zhǐshì wǒ zǒng yǐwéi méiyǒu chūn hé qiū; dōngmò hé xiàchū xiánjiē qǐlái, xià cái qù, dōng yòu kāishǐ le.

一日就是这冬末夏初的时候，而且是夜间，我偶而[13]得了闲暇[14]，去访问[15]爱罗先珂君。他一向寓在仲密[16]君的家里；这时一家的人都睡了觉了，天下很安静。他独自靠在自己的卧榻[17]上，很高的眉棱[18]在金黄色的长发之间微蹙[19]了，是在想他旧游之地的缅甸[20]，缅甸的夏夜。"这样的夜间，"他说，"在缅甸是遍地[21]是音乐。***

Yí rì jiùshì zhè dōngmò xiàchū de shíhòu, érqiě shì yèjiān, wǒ ǒu'ér dé le xiánxiá, qù fǎngwèn Àiluóxiānkē Jūn. Tā yí xiàng yù zài Zhòngmì Jūn de jiā lǐ; zhè shí yì jiā de rén dōu shuì le jiào le, tiānxià hěn ānjìng. Tā dúzì kào zài zìjǐ de wòtà shàng, hěn gāo de méiléng zài jīnhuángsè de cháng fā zhījiān wēi cù le, shì zài xiǎng tā jiù yóu zhī dì de Miǎndiàn, Miǎndiàn de xiàyè. "Zhèyàng de yèjiān," tā shuō, "zài Miǎndiàn shì biàndì shì yīnyuè. ***

---

[9] 于 – yǔ – from

[10] 地气北转 – dìqì běi zhuǎn – the warm energy goes to the north; a change in the climate

　　地气 – is a description of the energy (or warm heat) that has been stored underground and spiritually and physically affects creatures and nature (including the weather)

[11] 和暖 – hénuǎn – pleasantly warm; genial

[12] 衔接 – xiánjiē – join; dovetail

[13] 偶而 – ǒu'ér – (same as 偶尔) occasionally; from time to time; once in a while

[14] 闲暇 – xiánxiá – leisure

[15] 访问 – fǎngwèn – visit; call on

[16] 仲密 – Zhòngmì – another name for 周作人 (Zhōu Zùorén), the older of Lǔ Xùn's two younger brothers

[17] 卧榻 – wòtà – bed

[18] 眉棱 – méiléng – parts of the forehead that jut out slightly, just above the eyebrows

[19] 微蹙 – wēi cù – slightly (微) creased (蹙); slightly wrinkled

[20] 缅甸 – Miǎndiàn – Burma; Myanmar

[21] 遍地 – biàndì – everywhere; all over

*** 房里，草间，树上，都有昆虫[22]吟叫[23]，各种声音，成为[24]合奏[25]，很神奇。其间[26]时时夹[27]着蛇鸣[28]：'嘶嘶[29]！'可是也与虫声相和[30]协[31]……"他沉思[32]了，似乎想要追想起那时的情景来。

*** Fáng lǐ, cǎo jiān, shù shàng, dōu yǒu kūnchóng yínjiào, gè zhǒng shēngyīn, chéngwéi hézòu, hěn shénqí. Qíjiān shíshí jiāzhe shé míng: 'sīsī!' Kěshì yě yǔ chóng shēng xiānghé xié……" Tā chénsī le, sìhū xiǎngyào zhuī xiǎngqǐ nàshí de qíngjǐng lái.

我开不得口。这样奇妙[33]的音乐，我在北京确乎[34]未曾听到过，所以即使如何[35]爱国[36]，也辩护[37]不得，因为他虽然目无所见[38]，耳朵是没有聋[39]的。

Wǒ kāibùdé kǒu. Zhèyàng qímiào de yīnyuè, wǒ zài Běijing quèhū wèicéng tīngdàoguò, suǒyǐ jíshǐ rúhé àiguó, yě biànhù bùdé, yīnwèi tā suīrán mù wúsuǒ jiàn, ěrduo shì méiyǒu lóng de.

"北京却连蛙鸣也没有……"他又叹息[40]说。

"Běijing què lián wāmíng yě méiyǒu……" Tā yòu tànxī shuō.

---

[22] 昆虫 – kūnchóng – insect
[23] 吟叫 – yínjiào – sing and chirp
[24] 成为 – chéngwéi – become; turn into
[25] 合奏 – hézòu – instrumental ensemble
[26] 其间 – qíjiān – time; period; course
[27] 夹 – jiā – press from both sides; place in between
[28] 鸣 – míng – (of birds, animals, or insects) cry; utter a cry
[29] 嘶嘶 – sīsī – *hiss hiss*
[30] 相和 – xiānghé – in proper proportion; in step with each other
[31] 协 – xié – assist
[32] 沉思 – chénsī – be lost in thought; ponder; contemplate
[33] 奇妙 – qímiào – marvelous; wonderful; intriguing
[34] 确乎 – quèhū – indeed; really
[35] 即使如何 – jíshǐ rúhé – no matter how
[36] 爱国 – àiguó – patriotic; love one's country
[37] 辩护 – biànhù – speak in defense of; try to justify or defend
[38] 目无所见 – mù wúsuǒ jiàn – his eyes (目) see (见) nothing (无所) (he's blind)
[39] 聋 – lóng – deaf; hard of hearing
[40] 叹息 – tànxī – heave a sigh; sigh

"蛙鸣[41]是有的！"这叹息，却使我勇猛[42]起来了，于是[43]抗议[44]说，"到夏天，大雨之后，你便能听到许多虾蟆[45]叫，那是都在沟[46]里面的，因为北京到处都有沟。"

　　"Wāmíng shì yǒu de! Zhè tànxī, què shǐ wǒ yǒngměng qǐlái le, yúshì kàngyì shuō, "dào xiàtiān, dàyǔ zhī hòu, nǐ biàn néng tīngdào xǔduō háma jiào, nà shì dōu zài gōu lǐmiàn de, yīnwèi Běijing dàochù dōu yǒu gōu."

　　"哦……"

　　"Ò……"

　　过了几天，我的话居然[47]证实[48]了，因为爱罗先珂君已经买到了十几个科斗子[49]。他买来便放在他窗外的院子中央[50]的小池里。那池的长有三尺[51]，宽[52]有二尺，是仲密所掘[53]，以种荷花[54]的荷池[55]。从这荷池里，虽然从来没有见过养出半朵[56]荷花来，***

　　Guò le jǐ tiān, wǒ de huà jūrán zhèngshí le, yīnwèi Àiluóxiānkē Jūn yǐjīng mǎidào le shí jǐ gè kēdǒuzi. Tā mǎi lái biàn fàng zài tā chuāng wài de yuànzi zhōngyāng de xiǎo chí lǐ. Nà chí de cháng yǒu sān chǐ, kuān yǒu èr chǐ, shì Zhòngmì suǒ jué, yǐ zhòng héhuā de hé chí. Cóng zhè hé chí lǐ, suīrán cónglái méiyǒu jiànguò yǎngchū bàn duǒ héhuā lái, ***

---

[41] 蛙鸣 – wāmíng – croaking of frogs
[42] 勇猛 – yǒngměng – full of valor; intrepid
[43] 于是 – yúshì – so; then; thereupon; hence
[44] 抗议 – kàngyì – protest
[45] 虾蟆 – háma – frog; toad
[46] 沟 – gōu – ditch; trench; channel; sluice
[47] 居然 – jūrán – unexpectedly; to one's surprise
[48] 证实 – zhèngshí – confirm; verify; bear out
[49] 科斗子 – kēdǒuzi – tadpoles
[50] 中央 – zhōngyāng – center; middle
[51] 尺 – chǐ – chi, a unit of length ($\frac{1}{3}$ of a meter)
[52] 宽 – kuān – wide; broad
[53] 掘 – jué – dig
[54] 荷花 – héhuā – lotus
[55] 荷池 – hé chí – lotus pond
[56] 朵 – duǒ – [measure word for flowers, clouds, etc]

*** 然而养虾蟆却实在是一个极合式的处所[57]。科斗成群结队[58]的在水里面游泳；爱罗先珂君也常常踱[59]来访他们。有时候，孩子告诉他说，"爱罗先珂先生，他们生了脚[60]了。"他便高兴的微笑道，"哦！"

*** rán'ér yǎng háma què shízài shì yí gè jí héshì de chùsuǒ. Kēdǒu chéngqún-jiéduì de zài shuǐ lǐmiàn yóuyǒng; Àiluóxiānkē Jūn yě chángcháng duó lái fǎng tāmen. Yǒu shíhòu, háizi gàosu tā shuō, "Àiluóxiānkē Xiānshēng, tāmen shēng le jiǎo le." Tā biàn gāoxìng de wēixiào dào, "ò!"

然而养成池沼[61]的音乐家却只是爱罗先珂君的一件事。他是向来[62]主张[63]自食其力[64]的，常说女人可以畜牧[65]，男人就应该种田[66]。所以遇到很熟的友人，他便要劝诱[67]他就在院子里种白菜；也屡次[68]对仲密夫人劝告，劝伊[69]养蜂[70]，养鸡，养猪，养牛，养骆驼[71]。后来仲密家果然[72]有了许多小鸡，***

Rán'ér yǎngchéng chízhǎo de yīnyuèjiā què zhǐshì Àiluóxiānkē Jūn de yí jiàn shì. Tā shì xiànglái zhǔzhāng zìshí-qílì de, cháng shuō nǚrén kěyǐ xùmù, nánrén jiù yīnggāi zhòngtián. Suǒyǐ yùdào hěn shú de yǒurén, tā biàn yào quànyòu tā jiù zài yuànzi lǐ zhòng báicài; yě lǚcì duì Zhòngmì Fūrén quàngào, quàn yī yǎng fēng, yǎng jī, yǎng zhū, yǎng niú, yǎng luòtuo. Hòulái Zhòngmì jiā guǒrán yǒu le xǔduō xiǎo jī, ***

---

[57] 处所 – chùsuǒ – place; area; location
[58] 成群结队 – chéngqún-jiéduì – (成语) form a group or a team; make a formation
[59] 踱 – duó – pace; stroll
[60] 生脚 – shēng jiǎo – to grow legs; sprout legs
[61] 池沼 – chízhǎo – relatively large pond
[62] 向来 – xiànglái – always; typically
[63] 主张 – zhǔzhāng – hold; maintain; advocate
[64] 自食其力 – zìshí-qílì – (成语) eat off one's own strength; earn one's own living; earn one's bread
[65] 畜牧 – xùmù – raise livestock or poultry
[66] 种田 – zhòngtián – do farm work
[67] 劝诱 – quànyòu – talk somebody into; persuade someone to; induce
[68] 屡次 – lǚcì – time and again; repeatedly
[69] 伊 – yī – he or she (usually she)
[70] 蜂 – fēng – bee; wasp
[71] 骆驼 – luòtuo – camel
[72] 果然 – guǒrán – really; as expected; sure enough

*** 满院飞跑[73]，啄[74]完了铺地锦[75]的嫩叶[76]，大约也许就是这劝告的结果了。

*** mǎnyuàn fēipǎo, zhuówán le pūdìjǐn de nèn yè, dàyuē yěxǔ jiùshì zhè quàngào de jiéguǒ le.

　　从此卖小鸡的乡下人也时常来，来一回便买几只，因为小鸡是容易积食[77]，发痧[78]，很难得长寿的；而且有一匹[79]还成了爱罗先珂君在北京所作唯一[80]的小说《小鸡的悲剧[81]》里的主人公[82]。有一天的上午，那乡下人竟意外[83]的带了小鸭来了，咻咻[84]的叫着；但是仲密夫人说不要。爱罗先珂君也跑出来，他们就放一个在他两手里，而小鸭便在他两手里咻咻的叫。***

　　Cóngcǐ mài xiǎo jī de xiāngxiàrén yě shícháng lái, lái yì huí biàn mǎi jǐ zhī, yīnwèi xiǎojī shì róngyì jīshí, fāshā, hěn nándé chángshòu de; érqiě yǒu yì pǐ hái chéng le Àiluóxiānkē Jūn zài Běijing suǒ zuò wéiyī de xiǎoshuō 《Xiǎo Jī de Bēijù》 lǐ de zhǔréngōng. Yǒu yì tiān de shàngwǔ, nà xiāngxiàrén jìng yìwài de dài le xiǎo yā lái le, xiūxiū de jiàozhe; dànshì Zhòngmì Fūrén shuō bú yào. Àiluóxiānkē Jūn yě pǎo chūlái, tāmen jiù fàng yí gè zài tā liǎng shǒu lǐ, ér xiǎo yā biàn zài tā liǎng shǒu lǐ xiūxiū de jiào. ***

---

[73] 满院飞跑 – mǎnyuàn fēipǎo – scampering all about the courtyard

[74] 啄 – zhuó – peck

[75] 铺地锦 – pūdìjǐn – carpeting the ground

[76] 嫩叶 – nèn yè – tender leaves; young leaves

[77] 积食 – jīshí – indigestion (die from eating too much)

[78] 发痧 – fāshā – suffer sunstroke

[79] 匹 – pǐ – [measure word for chicks, dogs, horses, etc.]

[80] 唯一 – wéiyī – only; sole

[81] 小鸡的悲剧 – Xiǎo Jī de Bēijù – *The Tragedy of a Chick*. Eroshenko wrote this children's story in Japanese in June 1922. After Lǔ Xùn translated it to Chinese, the story was published in 《妇女杂志》 (Fùnǚ Zázhì, *The Lady's Magazine*) on October 1st. Lǔ Xùn's story is called 鸭的喜剧 (*A Comedy of Ducks*) is a play on the words of Eroshenko's work.

[82] 主人公 – zhǔréngōng – main character (in a literary work)

[83] 意外 – yìwài – unexpected; unforeseen

[84] 咻咻 – xiūxiū – *queep queep* – the sound of a duckling

*** 他以为这也很可爱，于是又不能不买了，一共买了四个，每个八十文。

*** Tā yǐwéi zhè yě hěn kě'ài, yúshì yòu bù néng bù mǎi le, yí gòng mǎi le sì gè, měi gè bāshí wén.

小鸭也诚然[85]是可爱，遍身[86]松花黄[87]，放在地上，便蹒跚[88]的走，互相招呼，总是在一处。大家都说好，明天去买泥鳅[89]来喂[90]他们罢。爱罗先珂君说，"这钱也可以归我出的[91]。"

Xiǎo yā yě chéngrán shì kě'ài, biàn shēn sōnghuāhuáng, fàng zài dì shàng, biàn pánshān de zǒu, hùxiāng zhāohū, zǒngshì zài yí chù. Dàjiā dōu shuōhǎo, míngtiān qù mǎi níqiū lái wèi tāmen bà. Àiluóxiānkē shuō, "zhè qián yě kěyǐ guī wǒ chū de."

他于是教书去了[92]；大家也走散。不一会，仲密夫人拿冷饭来喂他们时，在远处[93]已听得泼水[94]的声音，跑到一看，原来那四个小鸭都在荷池里洗澡了，而且还翻筋斗[95]，吃东西呢。等到拦[96]他们上了岸[97]，
***

Tā yúshì jiāoshū qù le; dàjiā yě zǒu sàn. Bù yí huì, Zhòngmì Fūrén ná lěng fàn lái wèi tāmen shí, zài yuǎnchù yǐ tīng de pō shuǐ de shēngyīn, pǎodào yí kàn, yuánlái nà sì gè xiǎo yā dōu zài hé chí lǐ xǐzǎo le, érqiě hái fān jīndǒu, chī dōngxi ne. Děngdào lán tāmen shàng le àn, ***

---

[85] 诚然 – chéngrán – really; honestly; indeed
[86] 遍身 – biànshēn – whole body
[87] 松花黄 – sōnghuāhuáng – the light yellow (黄) color of pine tree (松) flowers (花)
[88] 蹒跚 – pánshān – limp; hobble
[89] 泥鳅 – níqiū – loach; eel
[90] 喂 – wèi – feed
[91] 这钱也可以归我出的 – zhè qián yě kěyǐ guī wǒ chū de – this money (这钱) can (可以) also (也) come from (归出) me (我); I can pay for this too
[92] He taught a class on Russian literature speaking in Esperanto.
[93] 远处 – yuǎnchù – a distance; a distant place
[94] 泼水 – pō shuǐ – splashing water
[95] 翻筋斗 – fān jīndǒu – turn a somersault
[96] 拦 – lán – bar; block; hold back (from swimming in the pond)
[97] 岸 – àn – bank; shore; coast

*** 全池已经是浑水[98]，过了半天，澄清[99]了，只见泥[100]里露[101]出几条细藕[102]来；而且再也寻不出一个已经生了脚的科斗了。

*** quán chí yǐjīng shì húnshuǐ, guò le bàntiān, chéngqīng le, zhǐ jiàn ní lǐ lùchū jǐ tiáo xì ǒu lái; érqiě zài yě xúnbùchū yí gè yǐjīng shēng le jiǎo de kēdǒu le.

"伊和希珂先[103]，没有了，虾蟆的儿子。"傍晚[104]时候，孩子们一见他回来，最小的一个便赶紧说。

"Yīhéxīkēxiān, méiyǒu le, háma de érzi." Bàngwǎn shíhòu, háizimen yí jiàn tā huílái, zuì xiǎo de yí gè biàn gǎnjǐn shuō.

"唔[105]，虾蟆？"

"Ń, háma?"

仲密夫人也出来了，报告了小鸭吃完科斗的故事。

Zhòngmì Fūrén yě chūlái le, bàogào le xiǎo yā chīwán kēdǒu de gùshi.

"唉[106]，唉！……"他说。

"Ài, ài!......" tā shuō.

待到[107]小鸭褪[108]了黄毛，爱罗先珂君却忽而[109]渴念[110]着他的 ***

Dàidào xiǎo yā tuì le huáng máo, Àiluóxiānkē Jūn què hū'ér kěniànzhe tā de ***

---

[98] 浑水 – húnshuǐ – muddy water

[99] 澄清 – chéngqīng – clear up; clarify

[100] 泥 – ní – mud; mire

[101] 露 – lù – show; reveal; betray

[102] 细藕 – xì ǒu – scraggly (细) lotus roots (藕)

[103] 伊和希珂先 – Yīhéxīkēxiān – kids trying to pronounce Eroshenko's name

[104] 傍晚 – bàngwǎn – toward evening; at nightfall; at dusk

[105] 唔 – ń – exclamation to indicate query, question, doubt

[106] 唉 – ài – [a sigh of sadness or regret]

[107] 待到 – dàidào – by the time; when

[108] 褪 – tuì – fall off; lose

[109] 忽而 – hū'ér – suddenly; all of a sudden

[110] 渴念 – kěniàn – yearn for; think of somebody or something with nostalgic longing; miss

*** "俄罗斯母亲[111]"了，便匆匆[112]的向赤塔[113]去。

*** "Éluósī Mǔqīn" le, biàn cōngcōng de xiàng Chìtǎ qù.

待到四处[114]蛙鸣的时候，小鸭也已经长成[115]，两个白的，两个花的，而且不复[116]咻咻的叫，都是"鸭鸭"的叫了。荷花池也早已[117]容[118]不下他们盘桓[119]了，幸而仲密的住家的地势[120]是很低的，夏雨一降[121]，院子里满积了水[122]，他们便欣欣然[123]，游水，钻[124]水，拍翅子[125]，"鸭鸭"的叫。

Dàidào sìchù wāmíng de shíhòu, xiǎo yā yě yǐjīng zhǎngchéng, liǎng gè bái de, liǎng gè huā de, érqiě bú fù xiūxiū de jiào, dōu shì "yāyā" de jiào le. Héhuā chí yě zǎoyǐ róngbúxià tāmen pánhuán le, xìng'ér Zhòngmì de zhùjiā de dìshì shì hěn dī de, xià yǔ yí jiàng, yuànzi lǐ mǎn jī le shuǐ, tāmen biàn xīnxīnrán, yóu shuǐ, zuān shuǐ, pāi chìzi, "yāyā" de jiào.

现在又从夏末交了冬初，而爱罗先珂君还是绝无[126]消息，不知道究竟在那里了。

Xiànzài yòu cóng xiàmò jiāo le dōngchū, ér Àiluóxiānkē Jūn háishi jué wú xiāoxī, bù zhīdào jiūjìng zài nǎli le.

---

[111] 俄罗斯母亲 – Éluósī Mǔqīn – Mother Russia, a nickname used by Russians for their country

[112] 匆匆 – cōngcōng – hurriedly; hastily

[113] 赤塔 – Chìtǎ – Chita, Zabaykalsky Krai (a city in southeastern Siberia)

[114] 四处 – sìchù – all around; everywhere

[115] 长成 – zhǎngchéng – grown to maturity; full grown; mature

[116] 不复 – bú fù – no longer; not anymore

[117] 早已 – zǎoyǐ – long ago; for a long time

[118] 容 – róng – fit

[119] 盘桓 – pánhuán – paddle about

[120] 地势 – dìshì – physical features of a place; relief; topography

[121] 一降 – yí jiàng – a rainfall; a fall of rain

[122] 满积水 – mǎn jīshuǐ – flood; overflow

[123] 欣欣然 – xīnxīnrán – cheerful; become happy and joyous

[124] 钻 – zuān – poke into; go through

[125] 拍翅子 – pāi chìzi – beat (拍) their wings (翅子) (against the surface of the water)

[126] 绝无 – jué wú – none at all

只有四个鸭，却还在沙漠上"鸭鸭"的叫。

Zhǐyǒu sì gè yā, què hái zài shāmò shàng "yāyā" de jiào.

一九二二年十月

社戏

Village Opera
社戏
Shè Xì

社戏 was first published in November 1922 in Shanghai's *Fiction Monthly* (小说月报 Xiǎoshuō Yuèbào).

The story is an autobiographical story about Lǔ Xùn's different experiences with Chinese opera. The story begins while Lǔ Xùn is living in Běijīng. His friend insists that Běijīng opera is the best and he must experience one. The *cling* and *clang* of the opera deafens Lǔ Xùn causing him to run out of opera house shortly afterward. He sees one more in Běijīng before bidding farewell to Chinese opera forever. He insists he is ill-suited for opera.

However, he remembers seeing a truly great opera when he was younger in his mother's hometown, a small village near Shàoxīng (绍兴城). In the summers Lǔ Xùn spent time with his mother visiting her hometown. In this village all the people were related and surnamed, 鲁. Lǔ Xùn chose his pen name of 鲁迅 in honor of his mother whose maiden name was also 鲁.

In this village, Lǔ Xùn plays with the peasant children and catches shrimp with them. Every year the neighboring village held a village opera, a 社戏. Since this area around Shàoxīng is full of canals, much of the transportation was and still is done by boat. The children rent a boat for the evening and row 5 *li* (2.5 kilometers) to the neighboring town and watch the opera from their boat. After watching for a while, they get bored and begin rowing back home. Taking a break halfway from home, they steal some Arhat beans from one of the kid's father's fields and enjoy the snack on the boat in the middle of the river.

They arrive back to their village past midnight, where Lǔ Xùn's mother is anxiously waiting for them. Looking back at this day, Lǔ Xùn can't remember tasting better Arhat beans or experiencing a better opera.

双喜说，那就是有名的铁头老生。

社戏[1]

Shèxì

　　我在倒数[2]上去的二十年中，只看过两回中国戏[3]，前十年是绝不看，因为没有看戏的意思和机会，那两回全在后十年，然而都没有看出什么来就走了。

　　Wǒ zài dàoshǔ shàng qù de èrshí nián zhōng, zhǐ kànguò liǎng huí Zhōngguó xì, qián shí nián shì jué bú kàn, yīnwèi méiyǒu kàn xì de yìsi hé jīhuì, nà liǎng huí quán zài hòu shí nián, rán'ér dōu méiyǒu kànchū shénme lái jiù zǒu le.

　　第一回是民国元年[4]我初到北京的时候，当时一个朋友对我说，北京戏最好，你不去见见世面[5]么[6]？我想，看戏是有味的，而况[7]在北京呢。于是[8]都兴致勃勃[9]的跑到什么园，戏文[10]已经开场了，在外面也早听到冬冬[11]地响。我们挨[12]进门，***

　　Dì-yī huí shì Mínguó yuánnián wǒ chū dào Běijīng de shíhòu, dāngshí yí gè péngyou duì wǒ shuō, Běijīng xì zuìhǎo, nǐ bú qù jiànjiàn shìmiàn me? Wǒ xiǎng, kàn xì shì yǒu wèi de, érkuàng zài Běijīng ne. Yúshì dōu xìngzhì-bóbó de pǎodào shénme yuán, xìwén yǐjīng kāichǎng le, zài wàimiàn yě zǎo tīngdào dōngdōng de xiǎng. Wǒmen āijin mén, ***

---

[1] 社戏 – shèxì – a village opera (in 绍兴城 (Shàoxīngchéng), a 社戏 is an opera held every year in a certain location or village)

[2] 倒数 – dàoshǔ – count backwards

[3] 中国戏 – Zhōngguó xì – Chinese opera

[4] 民国元年 – Mínguó yuánnián – first year (元年) of the Republic of China (民国), 1912 (Lǔ Xùn was working in Běijīng for the newly formed republic's Ministry of Education. He would stay in Běijīng until 1926)

[5] 世面 – shìmiàn – various aspects of society; society; world; life

[6] 么 – me – used to indicate an implicit statement, similar to 吗

[7] 而况 – érkuàng – besides; furthermore

[8] 于是 – yúshì – so; then; thereupon; hence

[9] 兴致勃勃 – xìngzhì-bóbó – (成语) (act) with great gusto; merry; sprightly; feel a surge of exhilaration

[10] 戏文 – xìwén – actor's part or lines

[11] 冬冬 – dōngdōng – the sound of *dong dong*

[12] 挨 – āi – get close to; next to or near to

*** 几个红的绿的在我的眼前一闪烁[13]，便又看见戏台下满是许多头，再定神[14]四面[15]看，却见中间也还有几个空座，挤过去要坐时，又有人对我发议论，我因为耳朵[16]已经喤[17]的响着了，用了心，才听到他是说"有人，不行！"

*** jǐ gè hóng de lǜ de zài wǒ de yǎnqián yì shǎnshuò, biàn yòu kànjiàn xìtái xià mǎn shì xǔduō tóu, zài dìngshén sìmiàn kàn, què jiàn zhōngjiān yě háiyǒu jǐ gè kòngzuò, jǐguò qù yào zuò shí, yòu yǒu rén duì wǒ fā yìlùn, wǒ yīnwèi ěrduo yǐjīng huáng de xiǎngzhe le, yòng le xīn, cái tīngdào tā shì shuō "yǒu rén, bù xíng!"

我们退到后面，一个辫子很光的却来领[18]我们到了侧面[19]，指出一个地位来。这所谓[20]地位者，原来是一条长凳[21]，然而他那坐板比我的上腿[22]要狭[23]到四分之三[24]，他的脚比我的下腿[25]要长过三分之二。我先是没有爬上去的勇气，接着[26]便联想[27]到私刑[28]拷打[29]的刑具，***

Wǒmen tuìdào hòumian, yí gè biànzi hěn guāng de què lái lǐng wǒmen dào le cèmiàn, zhǐchū yí gè dìwèi lái. Zhè suǒwèi dìwèizhě, yuánlái shì yì tiáo chángdèng, rán'ér tā nà zuòbǎn bǐ wǒ de shàngtuǐ yào xiá dào sì fēn zhī sān, tā de jiǎo bǐ wǒ de xiàtuǐ yào cháng guò sān fēn zhī èr. Wǒ xiān shì méiyǒu páshàng qù de yǒngqì, jiēzhe biàn liánxiǎng dào sīxíng kǎodǎ de xíngjù, ***

---

[13] 闪烁 – shǎnshuò – twinkle; glimmer; glisten
[14] 定神 – dìngshén – concentrate one's attention
[15] 四面 – sìmiàn – (on) four sides; (on) all sides
[16] 耳朵 – ěrduo – ear
[17] 喤 – huáng – the loud harmonious sound of drums
[18] 领 – lǐng – lead; usher
[19] 侧面 – cèmiàn – side; profile
[20] 所谓 – suǒwèi – so-called
[21] 长凳 – cháng dèng – long bench
[22] 上腿 – shàngtuǐ – upper leg (above the knee)
[23] 狭 – xiá – narrow
[24] 四分之三 – sì fēn zhī sān – three quarters; three (三) of (之) four (四) parts (分)
[25] 下腿 – xiàtuǐ – lower leg (below the knee)
[26] 接着 – jiēzhe – follow; carry on
[27] 联想 – liánxiǎng – associate something with (in the mind)
[28] 私刑 – sīxíng – beating without legal sanction; illegal punishment; lynching
[29] 拷打 – kǎodǎ – flog; beat; torture

*** 不由[30]的毛骨悚然[31]的走出了。

*** bù yóu de máogǔ-sǒngrán de zǒuchū le.

　　走了许多路，忽[32]听得我的朋友的声音道，"究竟怎的？"我回过脸去，原来他也被我带出来了。他很诧异[33]的说，"怎么总是走，不答应？"我说，"朋友，对不起，我耳朵只在冬冬喤喤的响，并没有听到你的话。"

　　Zǒu le xǔduō lù, hū tīng de wǒ de péngyou de shēngyīn dào, "jiūjìng zěn de?" Wǒ huíguò liǎn qù, yuánlái tā yě bèi wǒ dài chūlái le. Tā hěn chàyì de shuō, "zěnme zǒngshì zǒu, bù dāyìng?" Wǒ shuō, "péngyou, duìbuqǐ, wǒ ěrduo zhǐ zài dōngdōng- huánghuáng de xiǎng, bìng méiyǒu tīngdào nǐ de huà."

　　后来我每一想到，便很以为奇怪，似乎这戏太不好，——否则便是我近来在戏台下不适[34]于[35]生存了[36]。

　　Hòulái wǒ měi yì xiǎngdào, biàn hěn yǐwéi qíguài, sìhū zhè xìtài bù hǎo, —— fǒuzé biàn shì wǒ jìnlái zài xìtái xià bú shì yú shēngcún le.

　　第二回忘记了那一年，总之是募集[37]湖北水灾捐[38]而谭叫天[39]还没有死。捐法[40]是两元钱买一张戏票，***

　　Dì-èr huí wàngjì le nǎ yì nián, zǒngzhī shì mùjí Húběi shuǐzāi juān ér Tán Jiàotiān hái méiyǒu sǐ. Juān fǎ shì liǎng yuán qián mǎi yì zhāng xìpiào, ***

---

[30] 不由 – bù yóu – cannot help; cannot but
[31] 毛骨悚然 – máogǔ-sǒngrán – (成语) with one's hair standing on end; absolutely terrified; bloodcurdling
[32] 忽 – hū – suddenly
[33] 诧异 – chàyì – be surprised; be astonished
[34] 不适 – bú shì – unwell; indisposed
[35] 于 – yú – for
[36] Lǔ Xùn is alluding to Darwin's theory of evolution which was well in known in China during this story.
[37] 募集 – mùjí – raise; collect
[38] 水灾捐 – shuǐzāi juān – donation (捐) for relief of flood (水灾) victims
[39] 谭叫天 – Tán Jiàotiān – 谭鑫培 (Tán Xīnpéi, 1847-1917) also known as 小叫天 (Xiǎo Jiàotiān), an opera actor famous for his interpretation of 老生戏 (Old Man)
[40] 捐法 – juān fǎ – the method of donating

*** 可以到第一舞台⁴¹去看戏，扮演⁴²的多是名角⁴³，其一就是小叫天。我买了一张票，本是对于⁴⁴劝募人⁴⁵聊以⁴⁶塞责⁴⁷的，然而似乎又有好事家⁴⁸乘机⁴⁹对我说了些叫天不可不看的大法要⁵⁰了。我于是忘了前几年的冬冬喤喤之灾⁵¹，竟到第一舞台去了，但大约一半也因为重价⁵²购来的宝票⁵³，总得⁵⁴使用了才舒服。我打听⁵⁵得叫天出台是迟⁵⁶的，而第一舞台却是新式构造⁵⁷，用不着争座位，便放了心，延宕⁵⁸到九点钟才去，

***

*** kěyǐ dào Dì-yī Wǔtái qù kàn xì, bànyǎn de duō shì míngjué, qí yī jiùshì Xiǎo Jiàotiān. Wǒ mǎi le yì zhāng piào, běn shì duìyú quànmù rén liáoyǐ sèzé de, rán'ér sìhū yòu yǒu hàoshìjiā chéngjī duì wǒ shuō le xiē Jiàotiān bù kě bù kàn de dà fǎyào le. Wǒ yúshì wàng le qián jǐ nián de dōngdōng-huánghuáng zhī zāi, jìng dào Dì-yī Wǔtái qù le, dàn dàyuē yì bàn yě yīnwèi zhòngjià gòulái de bǎopiào, zǒngděi shǐyòng le cái shūfu. Wǒ dǎtīng de Jiàotiān chūtái shì chí de, ér Dì-Yī Wǔtái què shì xīn shì gòuzào, yòngbuzháo zhēng zuòwèi, biàn fàng le xīn, yándàng dào jiǔ diǎn zhōng cái qù, ***

---

⁴¹ 第一舞台 – Dì-Yī Wǔtái – name of the theater, "Number One Theater"
⁴² 扮演 – bànyǎn – play the part of; act
⁴³ 名角 – míngjué – famous actor or actress
⁴⁴ 对于 – duìyú – (used to introduce the performer of an action or relevant people or things) toward(s); as for
⁴⁵ 劝募人 – quànmù rén – person who solicits contributions through persuasions
⁴⁶ 聊以 – liáoyǐ – so as to; used to for the time being
⁴⁷ 塞责 – sèzé – do something out of a sense of duty, but not out of any personal interest
⁴⁸ 好事家 – hàoshìjiā – nosy person; busybody
⁴⁹ 乘机 – chéngjī – seize the opportunity
⁵⁰ 法要 – fǎyào – absolute necessity; essential (要义) of Buddhist doctrine (佛法) (has to be seen)
⁵¹ 灾 – zāi – misfortune; adversity
⁵² 重价 – zhòngjià – expensive price; high price tag
⁵³ 宝票 – bǎopiào – precious ticket
⁵⁴ 总得 – zǒngděi – must; have to; be bound to
⁵⁵ 打听 – dǎtīng – ask about; inquire about
⁵⁶ 迟 – chí – late; tardy
⁵⁷ 新式构造 – xīn shì gòuzào – modern structure; modern theater
⁵⁸ 延宕 – yándàng – delay; put off; procrastinate

*** 谁料照例[59]，人都满了，连立足[60]也难，我只得挤在远处的人丛[61]中看一个老旦[62]在台上唱。那老旦嘴边插[63]着两个点火的纸捻子[64]，旁边有一个鬼卒[65]，我费尽思量[66]，才疑心他或者是目连的母亲[67]，因为后来又出来了一个和尚[68]。然而我又不知道那名角是谁，就去问挤小[69]在我的左边的一位胖绅士[70]。他很看不起似的斜瞥[71]了我一眼，说道，"龚云甫[72]！" ***

*** shéi liào zhàolì, rén dōu mǎn le, lián lìzú yě nán, wǒ zhǐdé jǐ zài yuǎnchù de réncóng zhōng kàn yí gè lǎodàn zài tái shàng chàng. Nà lǎodàn zuǐ biān chāzhe liǎng gè diǎnhuǒ de zhǐ niǎnzi, pángbiān yǒu yí gè guǐzú, wǒ fèijìn sīliàng, cái yíxīn tā huòzhě shì Mùlián de mǔqīn, yīnwèi hòulái yòu chūlái le yí gè Héshang. Rán'ér wǒ yòu bù zhīdào nà míngjué shì shéi, jiù qù wèn jǐ xiǎo zài wǒ de zuǒbian de yí wèi pàng shēnshì. Tā hěn kànbùqǐ shìde xiépiē le wǒ yì yǎn, shuōdào, "Gōng Yúnfǔ!" ***

---

[59] 谁料照例 – shéi liào zhàolì – who (谁) would have thought (料) it was as usual (照例)

[60] 立足 – lìzú – standing room

[61] 丛 – cóng – a group of people or things

[62] 旦 – dàn – the female character type in traditional Chinese opera, etc.

生 – shēng – the male character type in traditional Chinese opera

[63] 插 – chā – stick in; insert; thrust

[64] 捻子 – niǎnzi – wick (of a candle or oil lantern)

[65] 鬼卒 – guǐzú – devil soldier; evil soldier

[66] 费尽思量 – fèijìn sīliàng – to wrack your brains out

[67] 目连的母亲 – Mùlián de mǔqīn – According to 《盂兰盆经》(Yúlánpén Jīng), the Yulanpen Scriptures, one can perform Buddhist rites to secure the rebirth of ones parents or ancestors in the heavenly abodes. From these scriptures, the story of Mulian and his mother has been turned into one of the most popular Chinese operas, 《目连救母》(Mùlián Jiù Mǔ), Mulian Saves his Mother. Due to his mother's covetousness and greed during her time alive, she goes to Hell in the afterlife. The filial Mulian goes to Hell to save his mother. The plot while expressing Buddhist themes and morals, is undoubtedly influenced by the traditional Chinese values of filial piety.

[68] 和尚 – Héshang – Buddhist monk

[69] 挤小 – jǐ xiǎo – squeezed in; squeezed down

[70] 胖绅士 – pàng shēnshì – a fat (胖) gentleman (绅士)

[71] 斜瞥 – xiépiē – shoot a disdainful glance; shoot a sidelong glance

[72] 龚云甫 – Gōng Yúnfǔ – Gong Yunfu (1862—1932), a Běijīng opera actor, famous for his roles as 老旦戏 (his role playing an old woman)

*** 我深愧[73]浅陋[74]而且粗疏[75]，脸上一热，同时脑里也制出了决不再问的定章[76]，于是看小旦唱，看花旦唱，看老生唱，看不知什么角色唱，看一大班人乱打，看两三个人互打[77]，从九点多到十点，从十点到十一点，从十一点到十一点半，从十一点半到十二点，——然而叫天竟[78]还没有来。

*** Wǒ shēn kuì qiǎnlòu érqiě cūshū, liǎn shàng yí rè, tóngshí nǎo lǐ yě zhìchū le juébù zài wèn de dìngzhāng, yúshì kàn xiǎodàn chàng, kàn huādàn chàng, kàn lǎoshēng chàng, kàn bù zhī shénme juésè chàng, kàn yí dà bān rén luàn dǎ, kàn liǎng-sān gè rén hù dǎ, cóng jiǔ diǎn duō dào shí diǎn, cóng shí diǎn dào shíyī diǎn, cóng shíyī diǎn dào shíyī diǎn bàn, cóng shíyī diǎn bàn dào shí'èr diǎn, ——rán'ér Jiàotiān jìng hái méiyǒu lái.

我向来没有这样忍耐[79]的等待过什么事物，而况这身边的胖绅士的吁吁的喘气[80]，这台上的冬冬喤喤的敲打，红红绿绿的晃荡[81]，加之以[82]十二点，忽而[83]使我省误[84]到在这里不适于生存了。我同时便机械[85]的拧转身子[86]，***

Wǒ xiàng lái méiyǒu zhèyàng rěnnài de děngdài guò shénme shìwù, érkuàng zhè shēnbiān de pàng shēnshì de xūxū de chuǎnqì, zhè tái shàng de dōngdōng-huánghuáng de qiāodǎ, hónghóng-lùlù de huàngdàng, jiāzhī yǐ shí'èr diǎn, hū'ér shǐ wǒ xǐngwù dào zài zhèlǐ bú shì yú shēngcún le. Wǒ tóngshí biàn jīxiè de nǐngzhuǎn shēnzi, ***

---

[73] 愧 – kuì – ashamed; conscience-stricken
[74] 浅陋 – qiǎnlòu – (of knowledge) meager; mean
[75] 粗疏 – cūshū – careless; inattentive
[76] 定章 – dìngzhāng – resolution
[77] 互打 – hù dǎ – hit (打) each other (互)
[78] 竟 – jìng – in the end; eventually
[79] 忍耐 – rěnnài – exercise patience; restrain oneself
[80] 吁吁的喘气 – xūxū de chuǎnqì – pant for breath
[81] 晃荡 – huàngdàng – rock; shake; sway; whirl
[82] 加之以 – jiāzhī yǐ – add to all this
[83] 忽而 – hū'ér – suddenly; all of a sudden
[84] 省误 – xǐngwù – suddenly realize the truth; suddenly see the light
[85] 机械 – jīxiè – mechanical; inflexible; rigid
[86] 拧转身子 – nǐngzhuǎn shēnzi – twisting (拧) and turning (转) my body (身子)

*** 用力往外只一挤[87]，觉得背后便已满满的，大约那弹性[88]的胖绅士早在我的空处胖开了他的右半身了。我后无回路，自然挤而又挤，终于出了大门。街上除了专等看客[89]的车辆之外，几乎没有什么行人了，大门口却还有十几个人昂[90]着头看戏目[91]，别有一堆人站着并不看什么，我想：他们大概是看散戏之后出来的女人们的，而叫天却还没有来……

*** yònglì wǎng wài zhǐ yì jǐ, juéde bèihòu biàn yǐ mǎnmǎn de, dàyuē nà tánxìng de pàng shēnshì zǎo zài wǒ de kòngchù pàng kāi le tā de yòu bànshēn le. Wǒ hòu wúhuí lù, zìrán jǐ ér yòu jǐ, zhōngyú chū le dà mén. Jiē shàng chúle zhuān děng kànkè de chēliàng zhī wài, jīhū méiyǒu shénme xíngrén le, dà ménkǒu què háiyǒu shíjǐ gè rén ángzhe tóu kàn xìmù, bié yǒu yì duī rén zhànzhe bìngbù kàn shénme, wǒ xiǎng: tāmen dàgài shì kàn sàn xì zhī hòu chūlái de nǚrénmen de, ér Jiàotiān què hái méiyǒu lái……

然而夜气[92]很清爽[93]，真所谓"沁人心脾[94]"，我在北京遇着这样的好空气，仿佛这是第一遭[95]了。

Rán'ér yèqì hěn qīngshuǎng, zhēn suǒwèi "qìnrén-xīnpí", wǒ zài Běijīng yùzhe zhèyàng de hǎo kōngqì, fǎngfú zhè shì dì-yī zāo le.

这一夜，就是我对于中国戏告了别的一夜，此后再没有想到他，即使[96]偶而经过戏园，我们也漠不相关[97]，***

Zhè yí yè, jiùshì wǒ duìyú Zhōngguó xì gào le bié de yí yè, cǐhòu zài méiyǒu xiǎngdào tā, jíshǐ ǒu'ér jīngguò xìyuán, wǒmen yě mò bù xiāngguān, ***

---

[87] 往外只一挤 – wǎng wài zhǐ yì jǐ – shove my way out; make way through the crowd to the door

[88] 弹性 – tánxìng – elasticity; resilience; spring

[89] 专等看客 – zhuān děng kànkè – especially (专) waiting (等) for the spectators (看客)

[90] 昂头 – áng tóu – hold one's head high

[91] 戏目 – xìmù – (theatrical) program

[92] 夜气 – yèqì – night atmosphere

[93] 清爽 – qīngshuǎng – fresh and cool

[94] 沁人心脾 – qìnrén-xīnpí – (成语) gladdening the heart and refreshing the mind; to breath such fresh air that you feel completely invigorated

[95] 遭 – zāo – (measure word) round; time; turn

[96] 即使 – jíshǐ – even; even if; even though

[97] 漠不相关 – mò bù xiāngguān – to be indifferent that they are so interrelated

*** 精神上早已一在天之南一在地之北[98]了。

*** jīngshén shàng zǎoyǐ yí zài tiān zhī nán yí zài dì zhī běi le.

      但是前几天，我忽在无意之中看到一本日本文的书，可惜忘记了书名[99]和著者[100]，总之[101]是关于中国戏的。其中有一篇，大意仿佛说，中国戏是大敲[102]，大叫，大跳，使看客头昏脑眩[103]，很不适于剧场[104]，但若[105]在野外散漫[106]的所在，远远的看起来，也自有他的风致[107]。我当时觉着这正是说了在我意中而未曾[108]想到的话，因为我确记得在野外看过很好的戏，到北京以后的连进两回戏园去，也许还是受了那时的影响哩[109]。可惜我不知道怎么一来，竟将[110]书名忘却[111]了。

      Dànshì qián jǐ tiān, wǒ hū zài wúyì zhī zhōng kàndào yì běn Rìběnwén de shū, kěxī wàngjì le shūmíng hé zhùzhě, zǒngzhī shì guānyú Zhōngguó xì de. Qízhōng yǒu yì piān, dàyì fǎngfú shuō, Zhōngguó xì shì dà qiāo, dà jiào, dà tiào, shǐ kànkè tóuhūn-nǎoxuàn, hěn bú shì yú jùchǎng, dàn ruò zài yěwài sǎnmàn de suǒzài, yuǎnyuǎn de kànqǐlái, yě zì yǒu tā de fēngzhì. Wǒ dāngshí juézhe zhè zhèng shì shuō le zài wǒ yì zhōng ér wèicéng xiǎngdào de huà, yīnwèi wǒ què jìde zài yěwài kànguò hěn hǎo de xì, dào Běijīng yǐhòu de lián jìn liǎng huí xìyuán qù, yěxǔ háishi shòu le nàshí de yǐngxiǎng lī. Kěxī wǒ bù zhīdào zěnme yì lái, jìng jiāng shūmíng wàngquè le.

---

[98] 一在天之南一在地之北 – yī zài tiān zhī nán yī zài dì zhī běi – to be poles apart; to be as far apart as the Heaven is in the south and the earth is in the north

[99] 书名 – shūmíng – the title of the book

[100] 著者 – zhùzhě – author

[101] 总之 – zǒngzhī – in a word; in short

[102] 敲 – qiāo – knock; beat; strike

[103] 头昏脑眩 – tóuhūn-nǎoxuàn – (成语) feel dizzy; often used to describe extreme tension or fatigue of nerve caused by a long time of working

[104] 剧场 – jùchǎng – theater

[105] 若 – ruò – if

[106] 散漫 – sǎnmàn – careless and sloppy; unorganized

[107] 风致 – fēngzhì – distinctive flavor; local color

[108] 未曾 – wèicéng – have not; did not

[109] 哩 – lī – end of phrase particle, similar to 呢 but with anticipating a negative response

[110] 将 – jiāng – written form of 把

[111] 忘却 – wàngquè – forget

至于[112]我看好戏的时候，却实在已经是"远哉遥遥[113]"的了，其时恐怕我还不过十一二岁。我们鲁镇[114]的习惯，本来是凡有[115]出嫁[116]的女儿，倘[117]自己还未当家[118]，夏间便大抵回到母家去消夏[119]。那时我的祖母虽然还康建，但母亲也已分担[120]了些家务，所以夏期便不能多日的归省[121]了，只得在扫墓[122]完毕[123]之后，抽空[124]去住几天，这时我便每年跟了我的母亲住在外祖母[125]的家里。那地方叫平桥村[126]，是一个离海边不远，极偏僻[127]的，***

Zhìyú wǒ kàn hǎo xì de shíhòu, què shízài yǐjīng shì "yuǎn zāi yáoyáo" de le, qí shí kǒngpà wǒ hái bú guò shíyī-èr suì. Wǒmen Lǔ Zhèn de xíguàn, běnlái shì fányǒu chūjià de nǚ'er, tǎng zìjǐ hái wèi dāngjiā, xià jiān biàn dàdǐ huídào mǔjiā qù xiāoxià. Nàshí wǒ de zǔmǔ suīrán hái kāngjiàn, dàn mǔqīn yě yǐ fēndān le xiē jiāwù, suǒyǐ xià qī biàn bù néng duō rì de guīxǐng le, zhǐdé zài sǎomù wánbì zhī hòu, chōukòng qù zhù jǐ tiān, zhèshí wǒ biàn měi nián gēn le wǒ de mǔqīn zhù zài wàizǔmǔ de jiā lǐ. Nà dìfāng jiào Píng Qiáo Cūn, shì yí gè lí hǎibiān bù yuǎn, jí piānpì de, ***

---

[112] 至于 – zhìyú – as to; as for

[113] 远哉遥遥 – yuǎn zāi yáoyáo – far away; remote; distant days of yore

　　哉 – [indicating exclamation, used for emphasis]

[114] 鲁镇 – Lǔ Zhèn – name of a town, the town of 鲁

[115] 凡有 – fányǒu – whoever; every; any; all

[116] 出嫁 – chūjià – (of a woman) get married

[117] 倘 – tǎng – if; supposing; in case

[118] 当家 – dāngjiā – be in charge of housework

[119] 消夏 – xiāoxià – pass the summer in a leisurely way

[120] 分担 – fēndān – share responsibility for (Lǔ Xùn's father had a bad addiction to both opium and alcohol which his mother would also responsible for)

[121] 归省 – guīxǐng – to return home to visit one's parents

[122] 扫墓 – sǎomù – pay respects to a dead person at his/her tomb (during 清明, the Clear-and-Bright festival, in the spring time is a traditional time to visit the family graves)

[123] 完毕 – wánbì – finish; complete; end; be over

[124] 抽空 – chōukòng – manage to find time

[125] 外祖母 – wàizǔmǔ – grandmother (on the mother's side)

[126] 平桥村 – Píng Qiáo Cūn – name of a village, Flat Bridge Village

[127] 偏僻 – piānpì – remote; out of the way

*** 临河¹²⁸的小村庄¹²⁹；住户¹³⁰不满三十家，都种田¹³¹，打鱼，只有一家很小的杂货店。但在我是乐土¹³²：因为我在这里不但得到优待¹³³，又¹³⁴可以免¹³⁵念"秩秩斯干幽幽南山¹³⁶"了。

*** línhé de xiǎocūnzhuāng; zhùhù bù mǎn sānshí jiā, dōu zhòngtián, dǎ yú, zhǐyǒu yì jiā hěn xiǎo de záhuòdiàn. Dàn zài wǒ shì lètǔ: yīnwèi wǒ zài zhèlǐ búdàn dédào yōudài, yòu kěyǐ miǎn niàn "zhì zhì sī gàn yōu yōu nán shān" le.

和我一同¹³⁷玩的是许多小朋友，因为有了远客¹³⁸，他们也都从父母那里得了减少¹³⁹工作的许可¹⁴⁰，伴¹⁴¹我来游戏¹⁴²。在小村里，一家的客，几乎也就是公共的。我们年纪都相仿¹⁴³，但论起行辈¹⁴⁴来，***

Hé wǒ yìtóng wán de shì xǔduō xiǎopéngyou, yīnwèi yǒu le yuǎnkè, tāmen yě dōu cóng fùmǔ nàlǐ dé le jiǎnshǎo gōngzuò de xǔkě, bàn wǒ lái yóuxì. Zài xiǎocūn lǐ, yì jiā de kè, jīhū yě jiùshì gōnggòng de. Wǒmen niánjì dōu xiāngfǎng, dàn lùnqǐ hángbèi lái, ***

---

¹²⁸ 临河 – línhé – along the river; near the river
¹²⁹ 小村庄 – xiǎocūnzhuāng – hamlet; small village
¹³⁰ 住户 – zhùhù – household
¹³¹ 种田 – zhòngtián – do farm work
¹³² 乐土 – lètǔ – heaven; wonderful place; paradise
¹³³ 优待 – yōudài – give preferential treatment
¹³⁴ 不但…又… – búdàn…yòu… – not only…but also
¹³⁵ 免 – miǎn – excuse somebody from something; exempt; dispense with
¹³⁶ 秩秩斯干幽幽南山 – zhì zhì sī gàn yōu yōu nán shān – from 诗经 (Shījīng) · 小雅 (Xiǎo Yǎ) · 斯干 (Sī Gàn), the *Poetry Classics*. The passage roughly translates to "the water of the mountain stream incessantly flows clearly (秩秩斯干), the southern mountains are in deep silence and tranquility (幽幽南山)" (南山 is also known as 祁连山, Qílián Shān.) Even for Chinese, the difficult language of Classical Chinese is frustrating.
¹³⁷ 一同 – yìtóng – together; (do something or take part in some activity) at the same time and place
¹³⁸ 远客 – yuǎnkè – guest from afar
¹³⁹ 减少 – jiǎnshǎo – reduce; decrease; lesson; cut down
¹⁴⁰ 许可 – xǔkě – permit; allow
¹⁴¹ 伴 – bàn – accompany
¹⁴² 游戏 – yóuxì – play
¹⁴³ 相仿 – xiāngfǎng – similar
¹⁴⁴ 行辈 – hángbèi – (of brother's and sisters) list according to seniority

*** 却至少是叔子[145]，有几个还是太公[146]，因为他们合村都同姓，是本家。然而我们是朋友，即使偶而吵闹起来，打了太公，一村的老老少少，也决没有一个会想出"犯上[147]"这两个字来，而他们也百分之九十九[148]不识字。

*** què zhìshǎo shì shūzi, yǒu jǐ gè háishi tàigōng, yīnwèi tāmen hé cūn dōu tóngxìng, shì běnjiā. Rán'ér wǒmen shì péngyou, jíshǐ ǒu'ér chǎonào qǐlái, dǎ le tàigōng, yì cūn de lǎolǎo-shàoshào, yě jué méiyǒu yí gè huì xiǎngchū "fànshàng" zhè liǎng gè zì lái, ér tāmen yě bǎi fēn zhī jiǔshíjiǔ bù shízì.

我们每天的事情大概是掘[149]蚯蚓[150]，掘来穿在铜丝[151]做的小钩[152]上，伏[153]在河沿[154]上去钓虾[155]。虾是水世界里的呆子[156]，决不惮[157]用了自己的两个钳[158]捧[159]着钩尖[160]送到嘴里去的，所以不半天便可以钓到一大碗。这虾照例[161]是归我吃的。其次便是一同去放牛[162]，***

Wǒmen měi tiān de shìqing dàgài shì jué qiūyǐn, juélái chuān zài tóngsī zuò de xiǎo gōu shàng, fú zài héyán shàng qù diào xiā. Xiā shì shuǐ shìjiè lǐ de dāizi, juébù dàn yòng le zìjǐ de liǎng gè qián pěngzhe gōu jiān sòngdào zuǐ lǐ qù de, suǒyǐ bú bàntiān biàn kěyǐ diàodào yí dà wǎn. Zhè xiā zhàolì shì guī wǒ chī de. Qí cì biàn shì yìtóng qù fàng niú, ***

---

[145] 叔子 - shūzi - father's younger brother; uncle
[146] 太公 - tàigōng - great grandfather
[147] 犯上 - fànshàng - offend your seniors; defy one's elders, superiors, etc.
[148] 百分之九十九 - bǎi fēn zhī jiǔshíjiǔ - 99%
[149] 掘 - jué - dig
[150] 蚯蚓 - qiūyǐn - earthworm
[151] 铜丝 - tóngsī - copper wire
[152] 钩 - gōu - hook
[153] 伏 - fú - lie; lie with one's face downward
[154] 河沿 - héyán - river bank
[155] 钓虾 - diào xiā - fish with hook and bait (钓) for shrimp (虾)
[156] 呆子 - dāizi - idiot
[157] 惮 - dàn - fear; dread
[158] 钳 - qián - feelers; pincers
[159] 捧 - pěng - hold in both hands (pincers)
[160] 钩尖 - gōu jiān - point of the hook
[161] 照例 - zhàolì - as a rule; as usual; usually
[162] 放牛 - fàng niú - put cattle out to pasture; graze cattle

*** 但或者因为高等动物了的缘故罢，黄牛[163]水牛[164]都欺生[165]，敢于[166]欺侮[167]我，因此我也总不敢走近身，只好远远地跟着，站着。这时候，小朋友们便不再原谅我会读"秩秩斯干"，却全都嘲笑起来了。

*** dàn huòzhě yīnwèi gāoděng dòngwù le de yuángù bà, huángniú shuǐniú dōu qīshēng, gǎnyú qīwǔ wǒ, yīncǐ wǒ yě zǒng bù gǎn zǒu jìn shēn, zhǐhǎo yuǎnyuǎn de gēnzhe, zhànzhe. Zhè shíhòu, xiǎopéngyoumen biàn bú zài yuánliàng wǒ huì dú "zhì zhì sī gàn", què quán dōu cháoxiào qǐlái le.

至于我在那里所第一盼望[168]的，却在到赵庄[169]去看戏。赵庄是离平桥村五里[170]的较大的村庄；平桥村太小，自己演不起戏[171]，每年总付给赵庄多少钱，算作合做的。当时我并不想到他们为什么年年要演戏[172]。现在想，那或者是春赛[173]，是社戏了。

Zhìyú wǒ zài nàli suǒ dì-yī pànwàng de, què zài dào Zhào Zhuāng qù kàn xì. Zhào Zhuāng shì lí Píng Qiáo Cūn wǔ lǐ de jiào dà de cūnzhuāng. Píng Qiáo Cūn tài xiǎo, zìjǐ yǎnbùqǐ xì, měi nián zǒng fùgěi Zhào Zhuāng duōshǎo qián, suàn zuò hézuò de. Dāngshí wǒ bìngbù xiǎngdào tāmen wèishénme niánnián yào yǎnxì. Xiànzài xiǎng, nà huòzhě shì chūn sài, shì shèxì le.

就在我十一二岁时候的这一年，这日期也看看等到了。不料[174]这一年真可惜，在早上就叫不到船。***

Jiù zài wǒ shíyī-èr suì shíhòu de zhè yì nián, zhè rìqī yě kànkàn děngdào le. Bú liào zhè yì nián zhēn kěxī, zài zǎoshang jiù jiàobúdào chuán. ***

---

[163] 黄牛 – huángniú – ox

[164] 水牛 – shuǐniú – water buffaloes

[165] 欺生 – qīshēng – (of horses, mules, etc.) be ungovernable by strangers

[166] 敢于 – gǎnyú – dare to; have the courage to

[167] 欺侮 – qīwǔ – bully; humiliate

[168] 盼望 – pànwàng – hope for; long for; look forward to

[169] 赵庄 – Zhào Zhuāng, name of a village

[170] 里 – lǐ – *li,* a Chinese unit of length ($^1/_2$ kilometer)
(10 尺 in 1 丈, 10 丈 in 1 引, 15 引 per 1 里, 1 里 is a ½ kilometer)

[171] 演不起戏 – yǎnbùqǐ xì – can't afford to put its own opera

[172] 演戏 – yǎnxì – put on a play; act in a play

[173] 春赛 – chūnsài – a ritual event in the spring to thank the gods

[174] 不料 – bú liào – unexpectedly; to one's surprise

*** 平桥村只有一只早出晚归的航船[175]是大船，决没有留用[176]的道理。其余[177]的都是小船，不合用；央[178]人到邻村[179]去问，也没有，早都给别人定下了。外祖母很气恼，怪家里的人不早定，絮叨[180]起来。母亲便宽慰[181]伊，说我们鲁镇的戏比小村里的好得多，一年看几回，今天就算了。只有我急得要哭，母亲却竭力[182]的嘱咐[183]我，说万[184]不能装模装样[185]，怕又招[186]外祖母生气，又不准和别人一同去，说是怕外祖母要担心。

*** Píng Qiáo Cūn zhǐyǒu yì zhī zǎo chū wǎn guī de hángchuán shì dà chuán, jué méiyǒu liúyòng de dàolǐ. Qíyú de dōu shì xiǎo chuán, bù hé yòng; yāng rén dào líncūn qù wèn, yě méiyǒu, zǎo dōu gěi biérén dìngxià le. Wàizǔmǔ hěn qìnǎo, guài jiā lǐ de rén bù zǎo dìng, xùdāo qǐlái. Mǔqīn biàn kuānwèi yī, shuō wǒmen Lǔ Zhèn de xì bǐ xiǎoxūn lǐ de hǎo de duō, yì nián kàn jǐ huí, jīntiān jiùsuàn le. Zhǐyǒu wǒ jí de yào kū, mǔqīn què jiélì de zhǔfù wǒ, shuō wàn bù néng zhuāngmú-zhuāngyàng, pà yòu zhāo wàizǔmǔ shēngqì, yòu bù zhǔn hé biérén yìtóng qù, shuō shì pà wàizǔmǔ yào dānxīn.

总之，是完了。到下午，我的朋友都去了，戏已经开场了，我似乎听到锣鼓[187]的声音，而且知道他们在戏台下买豆浆[188]喝。

Zǒngzhī, shì wán le. Dào xiàwǔ, wǒ de péngyou dōu qù le, xì yǐjīng kāichǎng le, wǒ sìhū tīngdào luógǔ de shēngyīn, érqiě zhīdào tāmen zài xìtái xià mǎi dòujiāng hē.

---

[175] 航船 – hángchuán – ferry boat; ship; boat
[176] 留用 – liúyòng – continue to employ; keep on
[177] 其余 – qíyú – the rest; the remainder
[178] 央 – yāng – entreat; send somebody to do something serious
[179] 邻村 – líncūn – neighboring village; adjacent village
[180] 絮叨 – xùdāo – talk tediously at length; be a chatter box; be long-winded
[181] 宽慰 – kuānwèi – comfort; console
[182] 竭力 – jiélì – do one's utmost; strain every nerve
[183] 嘱咐 – zhǔfù – enjoin; exhort
[184] 万 – wàn – (used in the negative) absolutely
[185] 装模装样 – zhuāngmú-zhuāngyàng – （成语）act affectedly and cause a scene
[186] 招 – zhāo – attract; incur; count
[187] 锣鼓 – luógǔ – gongs and drums
[188] 豆浆 – dòujiāng – soy milk

这一天我不钓虾，东西也少吃。母亲很为难[189]，没有法子想。到晚饭时候，外祖母也终于觉察[190]了，并且说我应当不高兴，他们太怠慢[191]，是待客[192]的礼数[193]里从来没有的。吃饭之后，看过戏的少年们也都聚拢[194]来了，高高兴兴的来讲戏。只有我不开口；他们都叹息[195]而且表同情。忽然[196]间，一个最聪明的双喜[197]大悟[198]似的提议了，他说，"大船？八叔[199]的航船不是回来了么？"十几个别的少年也大悟，立刻撺掇[200]起来，说可以坐了这航船和我一同去。我高兴了。然而外祖母又怕都是孩子，不可靠；母亲又说是若叫大人一同去，他们白天全有工作，***

Zhè yì tiān wǒ bú diào xiā, dōngxi yě shǎo chī. Mǔqīn hěn wéinán, méiyǒu fǎzi xiǎng. Dào wǎnfàn shíhòu, wàizǔmǔ yě zhōngyú juéchá le, bìngqiě shuō wǒ yīngdāng bù gāoxìng, tāmen tài dàimàn, shì dàikè de lǐshù lǐ cónglái méiyǒu de. Chīfàn zhīhòu, kànguò xì de shàoniánmen yě dōu jùlǒng lái le, gāogāo-xìngxìng de lái jiǎng xì. Zhǐyǒu wǒ bù kāikǒu; tāmen dōu tànxī érqiě biǎo tóngqíng. Hūrán jiān, yí gè zuì cōngmíng de Shuāngxǐ dàwù shìde tíyì le, tā shuō, "dà chuán? Bā Shū de hángchuán bú shì huílái le me?" Shíjǐ gè bié de shàonián yě dàwù, lìkè cuānduo qǐlái, shuō kěyǐ zuò le zhè hángchuán hé wǒ yìtóng qù. Wǒ gāoxìng le. Rán'ér wàizǔmǔ yòu pà dōu shì háizi, bù kěkào; mǔqīn yòu shuō shì ruò jiào dàrén yìtóng qù, tāmen báitiān quán yǒu gōngzuò, ***

---

[189] 为难 — wéinán — make things difficult for

[190] 觉察 — juéchá — detect; become aware of; perceive

[191] 怠慢 — dàimàn — [used as an apology for not having properly entertained a visitor] a poor host

[192] 待客 — dàikè — to entertain a guest; to treat a guest

[193] 礼数 — lǐshù — courtesy; etiquette; protocol; ceremony

[194] 聚拢 — jùlǒng — gather; assemble; collect

[195] 叹息 — tànxī — heave a sigh; sigh

[196] 忽然 — hūrán — all of a sudden; suddenly

[197] 双喜 — Shuāngxǐ — name of a character

[198] 大悟 — dàwù — realize something big; to achieve total enlightenment

[199] 八叔 — Bā Shū — name of a character, Eighth Grandpa, also known as 八公公 (Bā Gōnggong)

叔 — form of address for a man about one's father's age; uncle

[200] 撺掇 — cuānduo — instigate; incite; abet

*** 要他熬夜²⁰¹，是不合情理的。在这迟疑²⁰²之中，双喜可又看出底细²⁰³来了，便又大声的说道，"我写包票²⁰⁴！船又大；迅哥儿向来²⁰⁵不乱跑；我们又都是识水性²⁰⁶的！"

*** yào tā áoyè, shì bù hé qínglǐ de. Zài zhè chíyí zhī zhōng, Shuāngxǐ kě yòu kànchū dǐxì lái le, biàn yòu dàshēng de shuōdào, "wǒ xiě bāopiào! Chuán yòu dà; Xùn Gē'ér xiànglái bú luàn pǎo; wǒmen yòu dōu shì shí shuǐxìng de!"

诚然²⁰⁷！这十多个少年，委实²⁰⁸没有一个不会凫水²⁰⁹的，而且两三个还是弄潮²¹⁰的好手。

Chéngrán! Zhè shí duō gè shàonián, wěishí méiyǒu yí gè bú huì fúshuǐ de, érqiě liǎng-sān gè háishi nòngcháo de hǎoshǒu.

外祖母和母亲也相信，便不再驳回²¹¹，都微笑了。我们立刻一哄的出了门。

Wàizǔmǔ hé mǔqīn yě xiāngxìn, biàn bú zài bóhuí, dōu wēixiào le. Wǒmen lìkè yí hòng de chū le mén.

我的很重的心忽而轻松了，身体也似乎舒展²¹²到说不出的大。一出门，***

Wǒ de hěn zhòng de xīn hū'ér qīngsōng le, shēntǐ yě sìhū shūzhǎn dào shuōbùchū de dà. Yì chū mén, ***

---

²⁰¹ 熬夜 – áoyè – stay up late; burn the midnight oil
²⁰² 迟疑 – chíyí – hesitate
²⁰³ 底细 – dǐxì – ins and outs; exact details
²⁰⁴ 包票 – bāopiào – a note of guarantee
²⁰⁵ 向来 – xiànglái – always; all along; typically
²⁰⁶ 识水性 – shí shuǐxìng – familiar (识) with the depth, currents and other characteristics of a river, lake, etc (水性)
²⁰⁷ 诚然 – chéngrán – indeed; really; honestly; is it true
²⁰⁸ 委实 – wěishí – really; indeed
²⁰⁹ 凫水 – fúshuǐ – to swim
²¹⁰ 弄潮 – nòngcháo – to swim in tidal waters like the open sea
²¹¹ 驳回 – bóhuí – reject; turn down; overrule
²¹² 舒展 – shūzhǎn – limber up; stretch

*** 便望见月下的平桥内泊[213]着一只白篷[214]的航船，大家跳下船，双喜拔前篙[215]，阿发[216]拔后篙，年幼[217]的都陪我坐在舱中，较大的聚在船尾[218]。母亲送出来吩咐[219]"要小心"的时候，我们已经点开船，在桥石上一磕[220]，退后几尺[221]，即又上前出了桥。于是架起两支橹[222]，一支两人，一里一换，有说笑的，有嚷的，夹着潺潺[223]的船头激水[224]的声音，在左右都是碧绿[225]的豆麦[226]田地的河流中，飞一般径向[227]赵庄前进了。

*** biàn wàngjiàn yuè xià de Píng Qiáo nèi bózhe yì zhǐ bái péng de hángchuán, dàjiā tiàoxià chuán, Shuāngxǐ bá qiángāo, Ā Fā bá hòugāo, niányòu de dōu péi wǒ zuò zài cāng zhōng, jiào dà de jù zài chuánwěi. Mǔqīn sòng chūlái fēnfù "yào xiǎoxīn" de shíhòu, wǒmen yǐjīng diǎn kāi chuán, zài qiáo shí shàng yì kē, tuì hòu jǐ chǐ, jí yòu shàng qián chū le qiáo. Yúshì jiàqǐ liǎng zhī lǔ, yì zhī liǎng rén, yì lǐ yí huàn, yǒu shuōxiào de, yǒu rǎng de, jiāzhe chánchán de chuántóu jīshuǐ de shēngyīn, zài zuǒyòu dōu shì bìlù de dòu mài tiándì de héliú zhōng, fēi yì bān jìng xiàng Zhào Zhuāng qiánjìn le.

两岸的豆麦和河底的水草所发散[228]出来的清香，***

Liǎng àn de dòu mài hé hé dǐ de shuǐcǎo suǒ fāsàn chūlái de qīngxiāng, ***

---

[213] 泊 – bó – anchor a ship; be at anchor; moor
[214] 白篷 – bái péng – white awning; white canopy
[215] 拔前篙 – bá qiángāo – to seize (拔) the front pole (前篙) (to pole the boat)
[216] 阿发 – Ā Fā – name of a character
[217] 年幼 – niányòu – younger kids
[218] 船尾 – chuánwěi – the stern; tail of the boat
[219] 吩咐 – fēnfù – tell; bid; order; instruct
[220] 磕 – kē – knock (against something hard)
[221] 尺 – chǐ – *chi*, a unit of length ($\frac{1}{3}$ of a meter)
[222] 橹 – lǔ – scull; sweep; one of a pair of small oars used by a single person rowing a boat, one in each hand
[223] 潺潺 – chánchán – sound of water passing by the boat
[224] 激水 – jīshuǐ – a strong river current; the flowing of the river
[225] 碧绿 – bìlù – dark green
[226] 豆麦 – dòu mài – beans and wheat
[227] 径向 – jìng xiàng – directly (径) towards (向); straight towards
[228] 发散 – fāsàn – exude

*** 夹杂²²⁹在水气²³⁰中扑面²³¹的吹来；月色便朦胧²³²在这水气里。淡黑²³³的起伏²³⁴的连山²³⁵，仿佛是踊跃²³⁶的铁的兽脊²³⁷似的，都远远的向船尾跑去了，但我却还以为船慢。他们换了四回手²³⁸，渐望见依稀²³⁹的赵庄，而且似乎听到歌吹了，还有几点火，料想²⁴⁰便是戏台，但或者也许是渔火²⁴¹。

*** jiāzá zài shuǐqì zhōng pūmiàn de chuī lái; yuèsè biàn ménglóng zài zhè shuǐqì lǐ. Dàn hēi de qǐfú de lián shān, fǎngfú shì yǒngyuè de tiě de shòu jǐ shìde, dōu yuǎnyuǎn de xiàng chuánwěi pǎoqù le, dàn wǒ què hái yǐwéi chuán màn. Tāmen huàn le sì huí shǒu, jiàn wàngjiàn yīxī de Zhào Zhuāng, érqiě sìhū tīngdào gē chuī le, háiyǒu jǐ diǎn huǒ, liàoxiǎng biàn shì xìtái, dàn huòzhě yěxǔ shì yúhuǒ.

那声音大概是横笛²⁴²，宛转²⁴³，悠扬²⁴⁴，使我的心也沉静，然而又自失²⁴⁵起来，觉得要和他弥散²⁴⁶在含着豆麦蕴藻²⁴⁷之香的夜气里。

Nà shēngyīn dàgài shì héngdí, wǎnzhuǎn, yōuyáng, shǐ wǒ de xīn yě chénjìng, rán'ér yòu zì shī qǐlái, juéde yào hé tā mísàn zài hánzhe dòu mài yùn zǎo zhī xiāng de yèqì lǐ.

---

²²⁹ 夹杂 – jiāzá – be mixed up with; be mingled with
²³⁰ 水气 – shuǐqì – vapor; mist; fog
²³¹ 扑面 – pūmiàn – blow on one's face
²³² 朦胧 – ménglóng – dim; hazy; obscure
²³³ 淡黑 – dàn hēi – light (淡) black (黑); grey
²³⁴ 起伏 – qǐfú – rise and fall
²³⁵ 连山 – lián shān – succession of mountains; rising and falling of mountains
²³⁶ 踊跃 – yǒngyuè – leap; jump
²³⁷ 兽脊 – shòu jǐ – spine (脊) of a beast (兽)
²³⁸ 四回手 – sì huí shǒu – four shifts (of poling the boat)
²³⁹ 依稀 – yīxī – vaguely; dimly
²⁴⁰ 料想 – liàoxiǎng – presume; expect
²⁴¹ 渔火 – yúhuǒ – fires of fisherman's boats (used at night to attract fish)
²⁴² 横笛 – héngdí – flute
²⁴³ 宛转 – wǎnzhuǎn – sweet and agreeable
²⁴⁴ 悠扬 – yōuyáng – (of music, etc.) melodious
²⁴⁵ 自失 – zì shī – lose all sense of self
²⁴⁶ 弥散 – mísàn – to spread out in all directions
²⁴⁷ 蕴藻 – yùn zǎo – floating (蕴) river plants (藻)

那火接近了，果然[248]是渔火；我才记得先前望见的也不是赵庄。那是正对船头的一丛[249]松柏林[250]，我去年也曾经[251]去游玩过，还看见破的石马[252]倒在地下，一个石羊[253]蹲在草里呢。过了那林，船便弯[254]进了叉港[255]，于是赵庄便真在眼前了。

Nà huǒ jiējìn le, guǒrán shì yúhuǒ; wǒ cái jìde xiānqián wàngjiàn de yě bú shì Zhào Zhuāng. Nà shì zhèng duì chuántóu de yì cóng sōngbǎi lín, wǒ qùnián yě céngjīng qù yóu wánguò, hái kànjiàn pò de shí mǎ dǎo zài dì xià, yí gè shí yáng dūn zài cǎo lǐ ne. Guò le nà lín, chuán biàn wānjìn le chǎgǎng, yúshì Zhào Zhuāng biàn zhēn zài yǎnqián le.

最惹眼[256]的是屹立[257]在庄外临河的空地上的一座戏台，模胡在远处的月夜中，和空间几乎分不出界限，我疑心画上见过的仙境[258]，就在这里出现了。这时船走得更快，不多时，在台上显出人物来，红红绿绿的动，近台的河里一望乌黑的是看戏的人家的船篷[259]。

Zuì rěyǎn de shì yìlì zài zhuāng wài línhé de kōngdì shàng de yí zuò xìtái, móhú zài yuǎnchù de yuè yè zhōng, hé kōngjiān jīhū fēnbùchū jièxiàn, wǒ yíxīn huà shàng jiànguò de xiānjìng, jiù zài zhèlǐ chūxiàn le. Zhè shí chuán zǒu de gèng kuài, bù duō shí, zài tái shàng xiǎnchū rénwù lái, hónghóng-lǜlǜ de dòng, jìn tái de hé lǐ yí wàng wūhēi de shì kàn xì de rénjiā de chuánpéng.

"近台没有什么空了，我们远远的看罢。"阿发说。

"Jìn tái méiyǒu shénme kòng le, wǒmen yuǎnyuǎn de kàn bà." Ā Fā shuō.

---

[248] 果然 – guǒrán – as expected; really; sure enough
[249] 丛 – cóng – thicket; grove
[250] 松柏林 – sōngbǎi lín – a forest (林) of pine and cypress trees (松柏)
[251] 曾经 – céngjīng – once; formerly
[252] 石马 – shí mǎ – stone horse
[253] 石羊 – shí yáng – stone sheep
[254] 弯 – wān – bend; flex
[255] 叉港 – chǎgǎng – small inlet; small cove
[256] 惹眼 – rěyǎn – attractive to the eyes
[257] 屹立 – yìlì – stand towering like a giant; stand erect
[258] 仙境 – xiānjìng – fairyland
[259] 船篷 – chuánpéng – boat awnings; boat canopies

这时船慢了，不久就到，果然近不得台旁，大家只能下了篙，比那正对戏台的神棚²⁶⁰还要远。其实我们这白篷的航船，本²⁶¹也不愿意和乌篷²⁶²的船在一处，而况没有空地呢……

Zhè shí chuán màn le, bù jiǔ jiù dào, guǒrán jìnbùdé tái páng, dàjiā zhǐ néng xià le gāo, bǐ nà zhèng duì xìtái de shén péng hái yào yuǎn. Qíshí wǒmen zhè bái péng de hángchuán, běn yě bú yuànyì hé wū péng de chuán zài yí chù, érkuàng méiyǒu kōngdì ne……

在停船的匆忙²⁶³中，看见台上有一个黑²⁶⁴的长胡子的背上插²⁶⁵着四张旗²⁶⁶，捏²⁶⁷着长枪²⁶⁸，和一群²⁶⁹赤膊²⁷⁰的人正打仗²⁷¹。双喜说，那就是有名的铁头老生²⁷²，能连²⁷³翻八十四个筋斗²⁷⁴，***

Zài tíng chuán de cōngmáng zhōng, kànjiàn tái shàng yǒu yí gè hēi de cháng húzi de bèi shàng chāzhe sì zhāng qí, niēzhe cháng qiāng, hé yì qún chìbó de rén zhèng dǎzhàng. Shuāngxǐ shuō, nà jiùshì yǒumíng de tiě tóu lǎoshēng, néng lián fān bāshísì gè jīndǒu, ***

---

²⁶⁰ 神棚 – shén péng – the god shed (during the village opera a temporary shed would be erected so that the gods could also enjoy the performance and where sacrifices would be made for them. The gods who were represented at the shed would be denoted with a wooden tablet. The gods would be those of land, grain, fire, wealth, and disease.)

²⁶¹ 本 – běn – originally

²⁶² 乌篷 – wū péng – black-canopied (referring to private boats; a white canopy referred to passenger boats)

²⁶³ 匆忙 – cōngmáng – hastily; in a hurry

²⁶⁴ 黑 – hēi – black symbolizes loyalty

²⁶⁵ 插 – chā – protruding; struck to

²⁶⁶ 四张旗 – sì zhāng qí – four flags (each flag represented the number of units under a military officer's command)

²⁶⁷ 捏 – niē – hold between the fingers

²⁶⁸ 长枪 – cháng qiāng – long spear

²⁶⁹ 群 – qún – group; herd; flock

²⁷⁰ 赤膊 – chìbó – stripped to the waist; barebacked

²⁷¹ 打仗 – dǎzhàng – fight a battle; go to war

²⁷² 铁头老生 – tiě tóu lǎoshēng – Iron Head (铁头) playing the role of an old man (老生)

²⁷³ 连 – lián – in succession

²⁷⁴ 翻筋斗 – fān jīndǒu – turn a somersault

*** 他日里亲自数[275]过的。

*** tā rì lǐ qīnzì shǔguò de.

　　我们便都挤在船头上看打仗，但那铁头老生却又并不翻筋斗，只有几个赤膊的人翻，翻[276]了一阵[277]，都进去了，接着走出一个小旦来，咿咿呀呀[278]的唱。双喜说，"晚上看客少，铁头老生也懈[279]了，谁肯显本领[280]给白地[281]看呢？"我相信这话对，因为其时台下已经不很有人，乡下人为了明天的工作，熬不得夜[282]，早都睡觉去了，疏疏朗朗[283]的站着的不过是几十个本村和邻村的闲汉[284]。乌篷船里的那些土财[285]主的家眷[286]固然在，然而他们也不在乎[287]看戏，多半是专到戏台下来吃糕饼[288]水果和瓜子的。所以简直可以算白地。

　　Wǒmen biàn dōu jǐ zài chuántóu shàng kàn dǎzhàng, dàn nà tiě tóu lǎoshēng què yòu bìngbù fān jīndǒu, zhǐyǒu jǐ gè chìbó de rén fān, fān le yí zhèn, dōu jìnqù le, jiēzhe zǒuchū yí gè xiǎodàn lái, yīyī-yāyā de chàng. Shuāngxǐ shuō, "wǎnshàng kànkè shǎo, tiě tóu lǎoshēng yě xiè le, shéi kěn xiǎn běnlǐng gěi báidì kàn ne?" Wǒ xiāngxìn zhè huà duì, yīnwèi qí shí tái xià yǐjīng bù hěn yǒu rén, xiāngxiàrén wéi le míngtiān de gōngzuò, áobùdé yè, zǎo dōu shuìjiào qù le, shūshū-lǎnglǎng de zhànzhe de bú guò shì jǐshí gè běncūn hé líncūn de xiánhàn. Wū péng chuán lǐ de nàxiē tǔcái zhǔ de jiājuàn gùrán zài, rán'ér tāmen yě bú zàihu kàn xì, duōbàn shì zhuān dào xìtái xià lái chī gāobǐng shuǐguǒ hé guāzi de. Suǒyǐ jiǎnzhí kěyǐ suàn báidì.

---

[275] 亲自数 – qīnzì shǔ – personally (亲自) count (数)
[276] 翻 – fān – turn (over, up, upside down, etc.)
[277] 阵 – zhèn – (measure word) a time; instance
[278] 咿咿呀呀 – yīyī-yāyā – the sound of a small child would make; a shrill falsetto
[279] 懈 – xiè – slack; lax
[280] 本领 – běnlǐng – skill; ability; capability
[281] 白地 – báidì – empty house (not many people)
[282] 熬不得夜 – áobùdé yè – not able (不得) to stay up (熬) all night (夜)
[283] 疏疏朗朗 – shūshū-lǎnglǎng – thinly scattered about; sparse
[284] 闲汉 – xiánhàn – idlers
[285] 土财 – tǔcái – local rich (rich off the land)
[286] 家眷 – jiājuàn – wife and children; one's family
[287] 不在乎 – búzàihu – not mind; not care
[288] 糕饼 – gāobǐng – cakes and cookies; pastries

然而我的意思却也并不在乎看翻筋斗。我最愿意看的是一个人蒙了白布[289]，两手在头上捧着一支棒似的蛇头[290]的蛇精[291]，其次是套了黄布衣[292]跳老虎。但是等了许多时都不见，小旦虽然进去了，立刻又出来了一个很老的小生[293]。我有些疲倦[294]了，托[295]桂生[296]买豆浆去。他去了一刻，回来说，"没有。卖豆浆的聋子[297]也回去了。日里倒有，我还喝了两碗呢。现在去舀[298]一瓢[299]水来给你喝罢。"

Rán'ér wǒ de yìsi què yě bìngbù zàihu kàn fān jīndǒu. Wǒ zuì yuànyì kàn de shì yí gè rén méng le báibù, liǎng shǒu zài tóu shàng pěngzhe yì zhī bàng shìde shé tóu de shé jīng, qícì shì tào le huáng bùyī tiào lǎohǔ. Dànshì děng le xǔduō shí dōu bú jiàn, xiǎodàn suīrán jìnqù le, lìkè yòu chūlái le yí gè hěn lǎo de xiǎoshēng. Wǒ yǒu xiē píjuàn le, tuō Guìshēng mǎi dòujiāng qù. Tā qù le yí kè, huílái shuō, "méiyǒu. Mài dòujiāng de lóngzi yě huíqù le. Rì lǐ dào yǒu, wǒ hái hē le liǎng wǎn ne. Xiànzài qù yǎo yì piáo shuǐ lái gěi nǐ hē bà."

我不喝水，支撑[300]着仍然[301]看，也说不出见了些什么，只觉得戏子[302]的脸都渐渐的有些稀奇[303]了，那五官[304]渐不明显，***

Wǒ bù hē shuǐ, zhīchēngzhe réngrán kàn, yě shuōbùchū jiàn le xiē shénme, zhǐ juéde xìzi de liǎn dōu jiànjiàn de yǒu xiē xīqí le, nà wǔguān jiàn bù míngxiǎn, ***

---

[289] 蒙白布 – méng báibù – covered (蒙) with plain white cloth (白布);

[290] 蛇头 – shé tóu – snakehead

[291] 蛇精 – shé jīng – snake spirit

[292] 套黄布衣 – tào huáng bùyī – dressed in yellow

[293] 老的小生 – lǎo de xiǎoshēng – an old man (老的) playing the part of a young sheng (小生)

[294] 疲倦 – píjuàn – tired; fatigued

[295] 托 – tuō – ask; entrust

[296] 桂生 – Guìshēng – name of a character

[297] 聋子 – lóngzi – a person who is deaf

[298] 舀 – yǎo – to ladle

[299] 瓢 – piáo – gourd ladle

[300] 支撑 – zhīchēng – prop up; shore up; sustain

[301] 仍然 – réngrán – still; yet

[302] 戏子 – xìzi – actor

[303] 稀奇 – xīqí – strange; curious; rare

[304] 五官 – wǔguān – facial features (also means "the five sense organs" – ears, eyes, lips, nose, and tongue)

*** 似乎融³⁰⁵成一片的再没有什么高低³⁰⁶。年纪小的几个多打呵欠³⁰⁷了，大的也各管自己谈话。忽而一个红衫³⁰⁸的小丑³⁰⁹被绑³¹⁰在台柱子³¹¹上，给³¹²一个花白胡子的用马鞭³¹³打起来了，大家才又振作³¹⁴精神的笑着看。在这一夜里，我以为这实在要算是最好的一折³¹⁵。

*** sìhū róngchéng yí piàn de zài méiyǒu shénme gāodī. Niánjì xiǎo de jǐ gè duō dǎ hēqiàn le, dà de yě gè guǎn zìjǐ tánhuà. Hū'ér yí gè hóng shān de xiǎochǒu bèi bǎng zài táizhùzi shàng, gěi yí gè huābái húzi de yòng mǎbiān dǎ qǐlái le, dàjiā cái yòu zhènzuò jīngshén de xiàozhe kàn. Zài zhè yí yè lǐ, wǒ yǐwéi zhè shízài yào suànshì zuìhǎo de yì zhé.

　　然而老旦终于出台了。老旦本来是我所最怕的东西，尤其³¹⁶是怕他坐下了唱。这时候，看见大家也都很扫兴³¹⁷，才知道他们的意见是和我一致³¹⁸的。那老旦当初还只是踱来踱去³¹⁹的唱，后来竟在中间的一把交椅³²⁰上坐下了。***

　　Rán'ér lǎodàn zhōngyú chū tái le. Lǎodàn běnlái shì wǒ suǒ zuì pà de dōngxi, yóuqí shì pà tā zuòxià le chàng. Zhè shíhòu, kànjiàn dàjiā yě dōu hěn sǎoxìng, cái zhīdào tāmen de yìjiàn shì hé wǒ yízhì de. Nà lǎodàn dāngchu hái zhǐshì duǒlái duǒqù de chàng, hòulái jìng zài zhōngjiān de yì bǎ jiāoyǐ shàng zuòxià le. ***

---

³⁰⁵ 融 – róng – melt; blend; fuse
³⁰⁶ 高低 – gāodī – height
³⁰⁷ 呵欠 – hēqiàn – to yawn (same as 哈欠)
³⁰⁸ 红衫 – hóng shān – red shirt; red jacket
³⁰⁹ 小丑 – xiǎochǒu – clown; buffoon
³¹⁰ 绑 – bǎng – tie up
³¹¹ 台柱子 – táizhùzi – pillar; mainstay
³¹² 给 – gěi – let
³¹³ 马鞭 – mǎbiān – horse whip
³¹⁴ 振作 – zhènzuò – display vigor
³¹⁵ 折 – zhé – act (of an opera or play)
³¹⁶ 尤其 – yóuqí – especially; particularly
³¹⁷ 扫兴 – sǎoxìng – have one's spirits dampened; feel disappointed
³¹⁸ 一致 – yìzhì – identical; consistent
³¹⁹ 踱来踱去 – duǒlái duǒqù – pace to and fro; pace up and down
³²⁰ 交椅 – jiāoyǐ – armchair

*** 我很担心；双喜他们却就破口喃喃[321]的骂。我忍耐的等着，许多工夫[322]，只见那老旦将手一抬，我以为就要站起来了，不料他却又慢慢的放下在原地方，仍旧唱。全船里几个人不住的吁气[323]，其余[324]的也打起哈欠[325]来。双喜终于熬不住[326]了，说道，怕他会唱到天明还不完，还是我们走的好罢。大家立刻都赞成[327]，和开船时候一样踊跃[328]，三四人径奔[329]船尾，拔了篙，点退几丈[330]，回转[331]船头，驾起橹[332]，骂着老旦，又向那松柏林前进了。

*** Wǒ hěn dānxīn; Shuāngxǐ tāmen què jiù pòkǒu nánnán de mà. Wǒ rěnnài de děngzhe, xǔduō gōngfu, zhǐ jiàn nà lǎodàn jiāng shǒu yì tái, wǒ yǐwéi jiùyào zhàn qǐlái le, bú liào tā què yòu mànmàn de fàngxià zài yuán dìfāng, réngjiù chàng. Quán chuán lǐ jǐ gè rénbúzhù de xūqì, qíyú de yě dǎqǐ hāqian lái. Shuāngxǐ zhōngyú áobúzhù le, shuōdào, pà tā huì chàngdào tiān míng hái bù wán, háishi wǒmen zǒu de hǎo bà. Dàjiā lìkè dōu zànchéng, hé kāi chuán shíhòu yíyàng yǒngyuè, sān-sì rén jìng bēn chuánwěi, bá le gāo, diǎn tuì jǐ zhàng, huízhuǎn chuántóu, jiàqǐ lǔ, màzhe lǎodàn, yòu xiàng nà sōngbǎi lín qiánjìn le.

月还没有落，仿佛看戏也并不很久似的，而一离赵庄，月光又显得格外的皎洁[333]。回望戏台在灯火光中，***

Yuè hái méiyǒu luò, fǎngfú kàn xì yě bìngbù hěn jiǔ shìde, ér yì lí Zhào Zhuāng, yuèguāng yòu xiǎnde géwài de jiǎojié. Huí wàng xìtái zài dēnghuǒ guāng zhōng, ***

---

[321] 破口喃喃 – pòkǒu nánnán – to mutter and curse under one's breathe
[322] 工夫 – gōngfu – time
[323] 吁气 – xūqì – an impatient sigh; groan
[324] 其余 – qíyú – the rest; the remainder
[325] 哈欠 – hāqian – yawn
[326] 熬不住 – áobúzhù – unable to endure the pain
[327] 赞成 – zànchéng – approve of; assent; agree with; give one's blessing to
[328] 踊跃 – yǒngyuè – eagerly; enthusiastically
[329] 奔 – bēn – run quickly; hurry; rush
[330] 丈 – zhàng – *zhang*, a unit of length equivalent to $3\frac{1}{3}$ meters
    (10 尺 in 1 丈, 10 丈 in 1 引, 15 引 per 1 里, 1 里 is a ½ kilometer)
[331] 回转 – huízhuǎn – turn around
[332] 驾橹 – jià lǔ – setting (驾) the oars (橹); placing the oars at the ready
[333] 皎洁 – jiǎojié – (of moonlight) bright and clear

***　却又如初来未到时候一般，又漂渺³³⁴得像一座仙山楼阁³³⁵，满被红霞罩³³⁶着了。吹到耳边来的又是横笛，很悠扬³³⁷；我疑心老旦已经进去了，但也不好意思说再回去看。

***　què yòu rú chūlái wèi dào shíhòu yì bān, yòu piāomiǎo de xiàng yí zuò xiānshān-lóugé, mǎn bèi hóngxiá zhàozhe le. Chuīdào ěr biān lái de yòu shì héngdí, hěn yōuyáng; wǒ yíxīn lǎodàn yǐjīng jìnqù le, dàn yě bù hǎoyìsī shuō zài huíqù kàn.

　　　不多久，松柏林早在船后了，船行也并不慢，但周围的黑暗只是浓³³⁸，可知已经到了深夜。他们一面议论着戏子，或骂，或笑，一面³³⁹加紧³⁴⁰的摇船³⁴¹。这一次船头的激水声更其响亮³⁴²了，那航船，就像一条大白鱼背着一群孩子在浪花³⁴³里蹿³⁴⁴，连夜渔³⁴⁵的几个老渔父³⁴⁶，也停了艇子³⁴⁷看着喝采³⁴⁸起来。

　　　Bù duōjiǔ, sōngbǎi lín zǎo zài chuán hòu le, chuán xíng yě bìngbù màn, dàn zhōuwéi de héi'àn zhǐshì nóng, kězhī yǐjīng dào le shēnyè. Tāmen yí miàn yìlùnzhe xìzi, huò mà, huò xiào, yí miàn jiājǐn de yáochuán. Zhè yí cì chuántóu de jīshuǐ shēng gèng qí xiǎngliàng le, nà hángchuán, jiù xiàng yì tiáo dà báiyú bēizhe yì qún háizi zài lànghuā lǐ cuān, lián yèyú de jǐ gè lǎo yúfù, yě tíng le tǐngzi kànzhe hècǎi qǐlái.

---

³³⁴ 漂渺 – piāomiǎo – hazy; dimly discernable
³³⁵ 仙山楼阁 – xiānshān-lóugé – (成语) divine mountain abode of the immortals; a serene and secluded place that is far from the bustling city.
³³⁶ 红霞罩 – hóngxiá zhào – covered (罩) in a rosy evening glow (红霞)
³³⁷ 悠扬 – yōuyáng – (of music, etc.) melodious
³³⁸ 浓 – nóng – thick; dense; concentrated
³³⁹ 一面…一面… – yí miàn… yí miàn… – at the same time
³⁴⁰ 加紧 – jiājǐn – step up; speed up; intensify
³⁴¹ 摇船 – yáochuán – row a boat
³⁴² 响亮 – xiǎngliàng – loud and clear; resounding; resonant
³⁴³ 浪花 – lànghuā – the foam of breaking waves; white caps
³⁴⁴ 蹿 – cuān – leap up
³⁴⁵ 夜渔 – yèyú – night fishing
³⁴⁶ 老渔父 – lǎo yúfù – old fisherman
³⁴⁷ 艇子 – tǐngzi – a light boat
³⁴⁸ 喝采 – hècǎi – (same as 喝彩) acclaim; cheer on

离平桥村还有一里模样，船行却慢了，摇船的都说很疲乏[349]，因为太用力，而且许久没有东西吃。这回想出来的是桂生，说是罗汉豆[350]正旺相[351]，柴火[352]又现成，我们可以偷一点来煮吃。大家都赞成，立刻近岸停了船；岸上的田里，乌油油[353]的都是结实的罗汉豆。

Lí Píng Qiáo Cūn háiyǒu yì lǐ múyàng, chuán xíng què màn le, yáochuán de dōu shuō hěn pífá, yīnwèi tài yònglì, érqiě xǔjiǔ méiyǒu dōngxi chī. Zhè huí xiǎngchūlái de shì Guìshēng, shuō shì Luóhàn dòu zhèng wàngxiàng, cháihuo yòu xiànchéng, wǒmen kěyǐ tōu yì diǎn lái zhǔ chī. Dàjiā dōu zànchéng, lìkè jìn àn tíng le chuán; àn shàng de tián lǐ, wūyóuyóu de dōu shì jiēshi de Luóhàn dòu.

"阿阿，阿发，这边是你家的，这边是老六一[354]家的，我们偷那一边的呢？"双喜先跳下去了，在岸上说。

"Ā ā, Ā Fā, zhèbiān shì nǐ jiā de, zhèbiān shì Lǎo Liùyī jiā de, wǒmen tōu nǎ yì biān de ne?" Shuāngxǐ xiān tiào xiàqù le, zài àn shàng shuō.

我们也都跳上岸。阿发一面跳，一面说道，"且慢[355]，让我来看一看罢，"他于是往来的摸了一回，直起身来说道，"偷我们的罢，我们的大得多呢。" 一声答应，大家便散开在阿发家的豆田里，各摘了一大捧，***

Wǒmen yě dōu tiào shàng àn. Ā Fā yí miàn tiào, yí miàn shuōdào, "qiěmàn, ràng wǒ lái kàn yí kàn bà," tā yúshì wǎnglái de mō le yì huí, zhíqǐ shēn lái shuōdào, "tōu wǒmen de bà, wǒmen de dà de duō ne." Yì shēng dāying, dàjiā biàn sànkāi zài Ā Fā jiā de dòu tián lǐ, gè zhāi le yí dà pěng, ***

---

[349] 疲乏 – pífá – worn out; tired

[350] 罗汉豆 – Luóhàn dòu – "Arhat beans" – a term in Shàoxīng Dialect for a type of lima beans known as 蚕豆 (cándòu) in Mandarin. Arhat is a saint of Hinyana Buddhism.

[351] 旺相 – wàngxiàng – abundant; in season

[352] 柴火 – cháihuo – firewood

[353] 乌油油 – wūyóuyóu – black; glistening

[354] 老六一 – Lǎo Liùyī – name of a character, Old 61 (a.k.a. 六一公公) (according to Shàoxīng customs for naming children, 老六一 would have been born when his grandpa was 61 and named 61 in his honor.)

[355] 且慢 – qiěmàn – wait a moment; don't leave so soon

*** 抛³⁵⁶入船舱³⁵⁷中。双喜以为再多偷，倘给阿发的娘知道是要哭骂的，于是各人便到六一公公的田里又各偷了一大捧。

*** pāorù chuáncāng zhōng. Shuāngxǐ yǐwéi zài duō tōu, tǎng gěi Ā Fā de niáng zhīdào shì yào kū mà de, yúshì gè rén biàn dào Liùyī Gōnggong de tián lǐ yòu gè tōu le yí dà pěng.

我们中间几个年长的仍然慢慢的摇着船，几个到后舱去生火，年幼的和我都剥豆³⁵⁸。不久豆熟了，便任凭³⁵⁹航船浮³⁶⁰在水面上，都围起来用手撮³⁶¹着吃。吃完豆，又开船，一面洗器具，豆荚豆壳³⁶²全抛在河水里，什么痕迹³⁶³也没有了。双喜所虑³⁶⁴的是用了八公公³⁶⁵船上的盐³⁶⁶和柴，这老头子很细心，一定要知道，会骂的。然而大家议论之后，归结³⁶⁷是不怕。***

Wǒmen zhōngjiān jǐ gè nián zhǎng de réngrán mànmàn de yáozhe chuán, jǐ gè dào hòu cāng qù shēng huǒ, niányòu de hé wǒ dōu bāo dòu. Bù jiǔ dòu shú le, biàn rènpíng hángchuán fú zài shuǐ miàn shàng, dōu wéi qǐlái yòng shǒu cuōzhe chī. Chīwán dòu, yòu kāi chuán, yí miàn xǐ qìjù, dòujiá dòuké quán pāo zài hé shuǐ lǐ, shénme hénjì yě méiyǒu le. Shuāngxǐ suǒ lǜ de shì yòng le Bā Gōnggong chuán shàng de yán hé chái, zhè lǎotóuzi hěn xìxīn, yídìng yào zhīdào, huì mà de. Rán'ér dàjiā yìlùn zhīhòu, guījié shì bú pà. ***

---

³⁵⁶ 抛 – pāo – throw; toss; fling

³⁵⁷ 船舱 – chuáncāng – cabin (of the boat)

³⁵⁸ 剥豆 – bāo dòu – peel the bean; shell the bean

³⁵⁹ 任凭 – rènpíng – at one's convenience; at one's discretion

³⁶⁰ 浮 – fú – float

³⁶¹ 撮 – cuō – scoop up

³⁶² 豆荚豆壳 – dòujiá dòuké – the pods (豆荚) and bean shells (豆壳)

³⁶³ 痕迹 – hénjì – mark; trace; vestige

³⁶⁴ 虑 – lǜ – concern; anxiety; worry

³⁶⁵ 八公公 – Bā Gōnggong – name of a character, Eighth Grandpa, also known as 八叔 (Bā Shū)

³⁶⁶ 盐 – yán – salt

³⁶⁷ 归结 – guījié – sum up; put in a nutshell

*** 他如果骂，我们便要他归还³⁶⁸去年在岸边拾³⁶⁹去的一枝枯柏树³⁷⁰，而且当面叫他"八癞子³⁷¹"。

*** Tā rúguǒ mà, wǒmen biàn yào tā guīhuán qùnián zài àn biān shíqù de yì zhī kū jiùshù, érqiě dāngmiàn jiào tā "Bā Làizi".

"都回来了！那里会错。我原说过写包票的！"双喜在船头上忽而大声的说。

"Dōu huílái le! Nǎli huì cuò. Wǒ yuán shuōguò xiě bāopiào de!" Shuāngxǐ zài chuántóu shàng hū'ér dàshēng de shuō.

我向船头一望，前面已经是平桥。桥脚³⁷²上站着一个人，却是我的母亲，双喜便是对伊说着话。我走出前舱去，船也就进了平桥了，停了船，我们纷纷都上岸。母亲颇有些生气，说是过了三更³⁷³了，怎么回来得这样迟，但也就高兴了，笑着邀³⁷⁴大家去吃炒米。

Wǒ xiàng chuántóu yí wàng, qiánmiàn yǐjīng shì Píng Qiáo. Qiáo jiǎo shàng zhànzhe yí gè rén, què shì wǒ de mǔqīn, Shuāngxǐ biàn shì duì yī shuōzhe huà. Wǒ zǒuchū qián cāng qù, chuán yě jiù jìn le Píng Qiáo le, tíng le chuán, wǒmen fēnfēn dōu shàng àn. Mǔqīn pō yǒu xiē shēngqì, shuō shì guò le sān gēng le, zěnme huílái de zhèyàng chí, dàn yě jiù gāoxìng le, xiàozhe yāo dàjiā qù chī chǎomǐ.

大家都说已经吃了点心³⁷⁵，又渴睡³⁷⁶，***

Dàjiā dōu shuō yǐjīng chī le diǎnxīn, yòu kěshuì, ***

---

³⁶⁸ 归还 – guīhuán – give back; return
³⁶⁹ 拾 – shí – pick up (from the ground); collect
³⁷⁰ 枯柏树 – kū jiùshù – a dried up (枯) tallow tree (柏树)
³⁷¹ 八癞子 – Bā Làizi – Eighth Leprosy; Eighth scabies (Eighth Grandpa has ringworm scars)
³⁷² 桥脚 – qiáo jiǎo – foot of the bridge
³⁷³ 三更 – sān gēng – around midnight; past midnight; Third Watch
　　更 – one of the five two-hour periods into which the night was formerly divided
³⁷⁴ 邀 – yāo – invite; request
³⁷⁵ 点心 – diǎnxīn – light refreshment
³⁷⁶ 渴睡 – kěshuì – yearning for sleep

*** 不如及早睡的好，各自³⁷⁷回去了。

*** bù rú jízǎo shuì de hǎo, gèzì huíqù le.

第二天，我向午才起来，并没有听到什么关系八公公盐柴事件的纠葛³⁷⁸，下午仍然去钓虾。

Dì-èr tiān, wǒ xiàngwǔ cái qǐlái, bìng méiyǒu tīngdào shénme guānxì Bā Gōnggong yán chái shìjiàn de jiūgé, xiàwǔ réngrán qù diào xiā.

"双喜，你们这班小鬼³⁷⁹，昨天偷了我的豆了罢？又不肯好好的摘³⁸⁰，踏³⁸¹坏了不少。"我抬头看时，是六一公公棹³⁸²着小船，卖了豆回来了，船肚³⁸³还有剩下的一堆豆。

"Shuāngxǐ, nǐmen zhè bān xiǎoguǐ, zuótiān tōu le wǒ de dòu le bà? Yòu bù kěn hǎohǎo de zhāi, tà huài le bù shǎo." Wǒ táitóu kàn shí, shì Liùyī Gōnggong zhàozhe xiǎo chuán, mài le dòu huílái le, chuándù lǐ háiyǒu shèngxià de yì duī dòu.

"是的。我们请客。我们当初还不要你的呢。你看，你把我的虾吓³⁸⁴跑了！"双喜说。

"Shì de. Wǒmen qǐngkè. Wǒmen dāngchu hái bú yào nǐ de ne. Nǐ kàn, nǐ bǎ wǒ de xiā xià pǎo le!" Shuāng Xǐ shuō.

六一公公看见我，便停了楫³⁸⁵，笑道，"请客？——这是应该的。"于是对我说，"迅哥儿，昨天的戏可好么？"

Liùyī Gōnggong kànjiàn wǒ, biàn tíng le jí, xiàodào, "qǐngkè? ——Zhè shì yīnggāi de." Yúshì duì wǒ shuō, "Xùn Gē'ér, zuótiān de xì kěhǎo me?"

---

³⁷⁷ 各自 – gèzì – each; respective
³⁷⁸ 纠葛 – jiūgē – entanglement; dispute
³⁷⁹ 小鬼 – xiǎoguǐ – an endearing term of address to a child; little devil
³⁸⁰ 摘 – zhāi – pick; pluck; take off
³⁸¹ 踏 – tà – tread; step on; stamp; trample
³⁸² 棹 – zhào – pole (a boat); row; paddle
³⁸³ 船肚 – chuándù – middle of the boat
³⁸⁴ 吓 – xià – frighten; scare; intimidate
³⁸⁵ 楫 – jí – oar

我点一点头[386]，说道，"好。"

Wǒ diǎn yì diǎntóu, shuōdào, "hǎo."

"豆可中吃[387]呢？"

"Dòu kězhòng chī ne?"

我又点一点头，说道，"很好。"

Wǒ yòu diǎn yì diǎntóu, shuōdào, "hěn hǎo."

不料六一公公竟非常感激起来，将大拇指[388]一翘[389]，得意的说道，"这真是大市镇[390]里出来的读过书的人才识货！我的豆种[391]是粒粒挑选[392]过的，乡下人不识好歹[393]，还说我的豆比不上别人的呢。我今天也要送些给我们的姑奶奶[394]尝尝去……"他于是打着楫子[395]过去了。

Bú liào Liùyī Gōnggong jìng fēicháng gǎnjī qǐlái, jiāng dàmǔzhǐ yí qiào, déyì de shuōdào, "zhè zhēnshì dà shìzhèn lǐ chūlái de dúguò shū de rén cái shíhuò! Wǒ de dòuzhǒng shì lìlì tiāoxuǎnguò de, xiāngxiàrén bù shí hǎodǎi, hái shuō wǒ de dòu bǐbúshàng biérén de ne. Wǒ jīntiān yě yào sòng xiē gěi wǒmen de gūnǎinai chángcháng qù……" Tā yúshì dǎzhe jízi guòqù le.

待到[396]母亲叫我回去吃晚饭的时候，桌上便有一大碗煮熟[397]了的罗汉豆，就是六一公公送给母亲和我吃的。***

Dàidào mǔqīn jiào wǒ huíqù chī wǎnfàn de shíhòu, zhuō shàng biàn yǒu yí dà wǎn zhǔshú le de Luóhàn dòu, jiùshì Liùyī Gōnggong sònggěi mǔqīn hé wǒ chī de. ***

---

[386] 点头 – diǎntóu – nod (your head in approval)
[387] 中吃 – zhòngchī – (similar to 好吃) tasty; good to eat
[388] 大拇指 – dàmǔzhǐ – thumb
[389] 翘 – qiào – stick up; rise on end; tilt
[390] 市镇 – shìzhèn – town
[391] 豆种 – dòuzhǒng – bean seeds
[392] 粒粒挑选 – lìlì tiāoxuǎn – pick seed by seed; pick one by one
[393] 好歹 – hǎodǎi – what's good and what's bad
[394] 姑奶奶 – gūnǎinai – (informal term of address) father's sister; great aunt
[395] 楫子 – jízi – oars
[396] 待到 – dàidào – by the time; when
[397] 煮熟 – zhǔshú – cooked; boiled; to cook thoroughly

*** 听说他还对母亲极口夸奖³⁹⁸我，说"小小年纪便有见识，将来一定要中³⁹⁹状元⁴⁰⁰。姑奶奶，你的福气是可以写包票的了。"但我吃了豆，却并没有昨夜的豆那么好。

*** Tīngshuō tā hái duì mǔqīn jíkǒu kuājiǎng wǒ, shuō "xiǎoxiǎo niánjì biàn yǒu jiànshi, jiānglái yídìng yào zhòng zhuàngyuán. Gūnǎinai, nǐ de fúqì shì kěyǐ xiě bāopiào de le." Dàn wǒ chī le dòu, què bìng méiyǒu zuóyè de dòu nàme hǎo.

真的，一直到现在，我实在再没有吃到那夜似的好豆，——也不再看到那夜似的好戏了。

Zhēn de, yì zhí dào xiànzài, wǒ shízài zài méiyǒu chīdào nà yè shìde hǎo dòu, —— yě bú zài kāndào nà yè shìde hǎo xì le.

一九二二年十月。

---

³⁹⁸ 极口夸奖 – jíkǒu kuājiǎng – praise something to the skies; give high praise for something

极口 – jíkǒu – try hard (to claim, attack or contest, etc.)

³⁹⁹ 中 – zhòng – hit; become

⁴⁰⁰ 状元 – zhuàngyuán – the scholar who headed the successful candidates at the imperial examination; the very best scholar of all the examinees; number one scholar in the whole country

鲁迅—呐喊

LaVergne, TN USA
08 October 2010

200046LV00005B/56/P